口　絵

国立ヴェネツィア文書館所蔵　San Matteo di Mazzorbo, pergamena, b.1（1254/3/30）．
ベアトリーチェの嫁資問題をめぐる裁判文書（第3章参照）

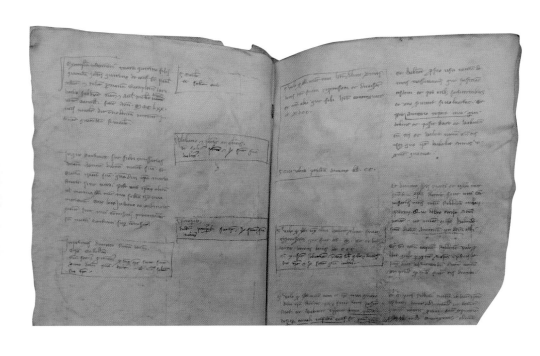

国立ヴェネツィア文書館所蔵　Procuratori di San Marco, de ultra, b.239, commissaria Marco Querini.
サン・マルコ財務官の帳簿（第4章参照）。遺言書の写しと遺言に基づく支払いなどが記録されている

国立ヴェネツィア文書館所蔵　Cassiere della bolla ducale, Grazie, reg.3（n.58），「恩恵」の記録簿（第6章参照）

国立マルチャーナ図書館所蔵　Cod. Marc. Lat. X, 36a（=3326), f.158v（159L）.
14世紀の都市年代記付属の家リスト（第7章参照）

目　　次

口絵　i

地図　x

凡例　xiv

序　論 ………………………………………………………… 1

　（1）中世ヴェネツィアへのまなざし　1
　（2）中世都市研究とイタリア　6
　（3）家族史研究と本書の課題　11
　（4）都市コムーネとヴェネツィア　15

第Ⅰ部　13世紀ヴェネツィアの家族生活

第1章　中世イタリア都市の家族史とヴェネツィア ………… 23

　はじめに　23

　第1節　欧米における中・近世イタリア家族史　23

　第2節　ヴェネツィア支配層の家・家族　33

　　（1）貴族身分を構成する家　33

　　（2）商人の生活史　38

　おわりに　46

第2章　家族生活の枠組み——都市条例とその社会的背景 ……… 49

　はじめに　49

　第1節　相続と嫁資の規定　51

　　（1）前コムーネ期の慣習と都市条例の成立　51

v

（2）相続の規定　55
　（3）嫁資の規定　60
第2節　東地中海への発展と都市条例　64
　（1）東地中海への発展　64
　（2）不動産売買　68
おわりに　72

第3章　家族生活の実態──ヴィアロ家の人々……………… 75

はじめに　75
第1節　東地中海と後背地の間で　77
第2節　女性たちの活躍，争う父と息子　86
　（1）ベアトリーチェの嫁資をめぐる問題　87
　（2）ピエトロ・ヴィアロと息子たちの争い　93
おわりに　100

第4章　家族生活の展開──サン・マルコ財務官と都市民の相続戦略 ………………………………………………………… 103

はじめに　103
第1節　サン・マルコ財務官の機能と発展　105
第2節　ヴェネツィアの遺言書　111
第3節　遺言執行人としての職務の拡大　118
　（1）13世紀前半　118
　（2）永遠の喜捨　1250年代　122
　（3）動産の投資　1260年代　126
第4節　都市民の相続戦略の変容　130
おわりに　134

目　次

第Ⅱ部　権力の変化と家・親族

第 5 章　13〜14 世紀のイタリア諸都市の変化とヴェネツィア ……………………………………………… 139

はじめに　139
第 1 節　「コムーネの危機」とヴェネツィア　140
第 2 節　1980 年以降の都市内部の変遷についての研究　145
第 3 節　家族，親族と新しい時代変化の見取り図　153
おわりに　156

第 6 章　親族と制度の相互作用──評議会・反乱・統治技法 … 159

はじめに　159
第 1 節　親族をめぐる評議会決議　159
　（1）13 世紀〜14 世紀のヴェネツィア制度史　159
　（2）ヴェネツィアにおける評議会制度の発展　162
　（3）評議会の決議と親族　165
　（4）セッラータと金球くじ　171
第 2 節　クエリーニ・ティエポロの反乱　179
　（1）反乱の概要　179
　（2）反乱の参加者と「家」　182
　（3）反乱後の処置　187
第 3 節　恩恵（gratia）制度　193
　（1）「権力の技法」としての恩恵　193
　（2）ヴェネツィアの恩恵　196
　（3）恩恵に見る家族　レジスター 1 とレジスター 16 の比較　199
　（4）恩恵に見る家族と「国家」　203
おわりに　211

第7章　家意識と貴族アイデンティティ
　——都市年代記付属の家リスト……………………… 213

　はじめに　213
　第1節　史料としての家リスト　214
　第2節　家リストの成り立ち　219
　　（1）『アルティーノ年代記』　220
　　（2）ヴェネツィアの都市年代記　224
　第3節　家リストの検討　228
　　（1）14世紀の家リストの特徴　228
　　（2）二つの家名　230
　　（3）出身地　232
　　（4）トリブーヌス出自　235
　　（5）性質　237
　　（6）紋章　238
　第4節　ヴェネツィア貴族の家意識　240
　おわりに　243

第8章　家族生活と都市権力——家産のゆくえ……………… 245

　はじめに　245
　第1節　14世紀における嫁資の高騰と母の遺産　247
　第2節　13世紀の女性の富——遺言書の検討より　255
　第3節　ヴェネツィア政府と嫁資　260
　第4節　14世紀のサン・マルコ財務官　266
　おわりに　272

結　論 …………………………………………………… 275

あとがき　283

欧文要約　287

主要文献目録　297

索引（人名・事項・地名）　319

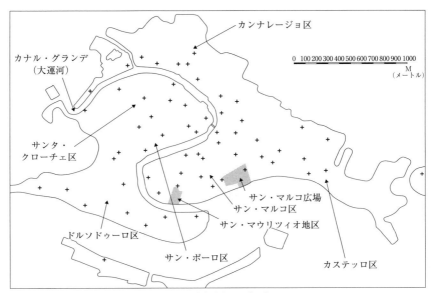

地図1　14世紀中頃のヴェネツィア
（＋印は史料で確認できる教区教会）

Wladimiro Dorigo, *Venezia romanica. La formazione della città medioevale fino all' età gotica*, Sommacampagna（Verona）, 2003, pp. 54–55 より作成

地　図

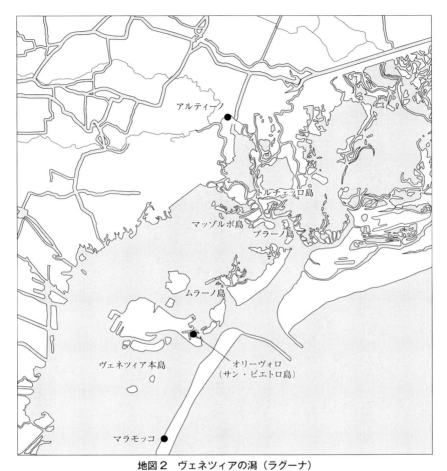

地図2　ヴェネツィアの潟（ラグーナ）
Atlante stradale d'Italia（Touring Club Italiano）より作成

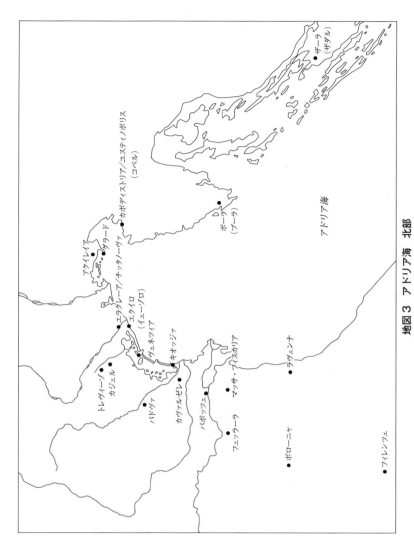

地図3 アドリア海 北部

Atlante stradale d'Italia (Touring Club Italiano) より作成

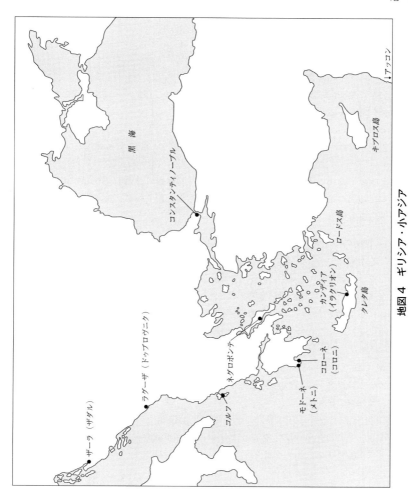

地図4 ギリシア・小アジア

Giuseppe Gullino "Le frontiere navali" in *Storia di Venezia* IV, p. 22. より作成

凡　例

■本書中の略記号について

・注では，以下の略号を用いる。

　　　ASV：Archivio di Stato di Venezia
　　　BM：Biblioteca Nazionale Marciana
　　　BNF：Bibliothèque nationale de France

　文書館史料 *Procuratori di San Marco* に関しては，de citra を citra，de ultra を ultra と記す。

・なお文献は，初出のみ必要情報を全て記載し，基本的に 2 回目以降は簡略化した形で記す。頻出の史料に関しては最初から簡略化した形で示す。詳細については主要文献目録を参照していただきたい。

■13～14 世紀のヴェネツィアの貨幣と物価の目安

・単位の基本関係　　　1 リブラ＝20 ソリドゥス＝240 デナリウス

・流通していた貨幣は，小型のピッコロ銀貨（グロッソ銀貨の登場により，以前のデナリウス銀貨が名称を変えたもの）と大型のグロッソ銀貨で，1284 年からこれにドゥカート金貨が加わる。互いの交換値は変動するが，14 世紀初めにおいては以下の通り。

　　　1 ドゥカート＝24 グロッソ　　　1 グロッソ＝26 ピッコロ

・13 世紀において史料で単にリブラとだけ書かれている場合はディ・ピッコロ（すなわちピッコロ銀貨 240 枚分）を指した。従って本書で用いるリブラも基本的にはディ・ピッコロである。

・14 世紀後半には，グロッソ銀貨の発行は事実上停止し，ドゥカート金貨が基本通貨となる。それにともない，グロッソは単なる計算単位となる。交換値は，10 ドゥカート＝1 リブラ・ディ・グロッソ（すなわち，1 ドゥカート＝24 グロッソを維持）となった。

・物価の目安として，13 世紀前半に，マントが 4.5 リブラ，金箔をかぶせた銀の燭台が 225 リブラ，小舟が 3～4.5 リブラ。1260 年頃において，裁判官の報酬は年間 100 リブラ，1 件ごとに 5 ソリドゥスの報酬。14 世紀末において，一人分の 1 年の生活費の試算は約 12～35 ドゥカート。

　　　参考文献
　　　齊藤寛海「ヴェネツィアの貨幣体系」同『中世イタリアの商業と都市』知泉書館，2002 年，105-123 頁；S. M. Stuard, *Gilding the Market. Luxury and Fashion in Fourteenth-Century Italy*, Pennsylvania, 2006, pp. 120-145；*Deliberazioni del Maggior Consiglio*, II, pp. 202, 207-208.

序　論

(1) 中世ヴェネツィアへのまなざし

　本書は，アドリア海の奥に位置するヴェネツィアを舞台に，中世イタリア都市国家の変遷をそこに生きる人々[1]の家族の視点から読み解く試みである。中世の北・中部イタリアは実質的な統一権力が存在せず，ヴェネツィア，フィレンツェ，ミラノなど，それぞれ特徴を持つ多くの都市が政治と支配の主人公であった。経済の成長と人口の増大，文書主義や法文化の浸透を背景に，力を蓄えた都市住民がコムーネと呼ばれる組織に集まり，新しい現実に対処しようと種々の制度的試みを行いつつ自治を展開していくのである。都市民の共同体が，ヨーロッパ規模での政治・経済の変動の中で試行錯誤を繰り返しながら統治を進める自治都市国家は，住民と政治権力の近さが独特の

1）　中世イタリア都市に生きた人々をどのように呼ぶかということは，実は難しい問題である。イタリア都市において一般に市民といった場合，広義では都市の住民を指すが，狭義では参政権を持つ都市の比較的上層の住民を意味する。しかしヴェネツィアにおいては，特に 15 世紀以降，支配階級である貴族の次に位置する階層として「市民層」が徐々に形作られていった。そのため「市民」の用語法が若干，他都市と異なる場合がある。従って，本書ではヴェネツィア史の文脈では「市民」という語は避け，政治に携わる人々を指すときは支配層，有力者などの語を，都市住民一般を指す時は都市住民，都市民などの語を使う。ただし都市民といっても，最下層や短期の都市滞在者まで含んでいるわけではない。貴族身分が確立した後は，支配層を貴族と称する（ヴェネツィア貴族については第 1 章第 1 節参照）。詳しくは，清水廣一郎「都市の理想と「真の市民」」『イタリア中世の都市社会』岩波書店，1990 年，34-36 頁，同「イタリア中世の「市民」と「非市民」」『中世イタリアの都市と商人』洋泉社，1989 年，85-93 頁，藤内哲也『近世ヴェネツィアの権力と社会――「平穏なる共和国」の虚像と実像』，昭和堂，2005 年，16 頁，132-133 頁，拙稿「中世地中海における人の移動――キプロスとクレタの「ヴェネツィア人」」前川和也編著『空間と移動の社会史』ミネルヴァ書房，2009 年，204-205 頁。

政治文化と統治のダイナミズムを生み出すがゆえに，現在の私たちにとっても，多くの示唆を与えてくれるだろう。

さて，ヴェネツィアは当時の北・中部イタリア都市の中でも地中海貿易による経済的繁栄と政治的独立が顕著な大都市であり，豊かな史料を背景に，都市民の家族生活と都市の制度的発展の関係の変化が辿りやすい。とりわけ海外貿易による大規模かつ早熟な経済活動の存在は，財産に対する人々の感覚を研ぎ澄まし，家産と親族とコムーネのあいだの絶妙な関係を示す多くの証言を残すことになった。また早期からの，そして大都市としての揺るぎない政治的自立は都市の誇りと権力を高め，都市年代記末尾に添えられた家の記憶や，家族を養うことに困難を見出した家長に都市権力が与える恩恵のように，家族と権力の関係を照射する有用な記録を提供している。こうしてヴェネツィアは，中世イタリア都市国家の変遷を都市民の家族の視点から読み解くという試みにとって，格好の素材を提供しているのである。

とはいうものの，長期にわたって東西貿易，東西文化交流の要であったため，ヴェネツィアの歴史はしばしば著名な研究者によって世界史的意義を与えられてきた[2]。またラグーナの島々を中心とする立地や，中世からナポレオンによって滅ぼされる18世紀まで大きな政体変更なく続いたことも，この都市国家を唯一無二の「世界の中のヴェネツィア」として見る視角を提供している。しかし中世ヴェネツィアに生きた人々の経験の歴史的価値は，世界史上に特権的地位を与えられた「ヴェネツィアの歴史」を構成する一部というよりも，上で述べたようなイタリア自治都市国家の一員としての日々の生活・活動の中にまず見いだすことができるというのが本書の立場である。中世都市は一般に顔見知りの人々が自治を展開する場であったが，さらにそれが事実上の政治的独立を達成したのがイタリア都市国家であった。このような環境においては，上位権力による干渉も希薄であるため，都市民の日常

---

[2] たとえばマクニールはヴェネツィアが東西ヨーロッパの要として長期間にわたり東西文化交流に貢献した様を描き出し，ブローデルは資本主義の発展を記述する中で，中世後期のヴェネツィアを世界経済の中心に据えた。W・H・マクニール（清水廣一郎訳）『ヴェネツィア──東西ヨーロッパのかなめ，1081-1797』岩波現代選書，1979年，F・ブローデル（村上光彦訳）『物質文明・経済・資本主義 15―18世紀，III-1，世界時間1』みすず書房，1995年，143-172頁。

生活と統治権力はよりダイレクトにかかわり，彼ら彼女らの日々の実践と法や制度の変遷の関わりが捉えやすいであろう。本書は都市条例，遺言書，評議会史料，年代記などさまざまな史料をもとに，中世ヴェネツィアに生きた人々の家族生活の経験を再構成し，それと権力の関わりを捉えようとするが，その背後には，法や制度といった人間社会の構築物をそれに関わる幅広い住民の日々の実践の中から理解しようとする欲求，そのような視点から都市国家の変遷を捉えようとする欲求が存在する。

　なお，中世イタリア都市国家について補足するならば，イタリアは近代国民国家の建設が遅れたため，かつての日本の歴史観においては中世以来の政治的分立状態は否定的に見られることが多かった。しかし近年，中世後期から近世にかけてイタリアで複数出現した地域国家——都市を中心に農村共同体，封建領主などの雑多な勢力が中央（君主もしくは支配都市）に従属しながらも中央に対してある程度自立性を保つシステム——は19世紀的中央集権国家とは異なる別の国家モデルとして提示が可能であるとの意見も出されている[3]。地域国家の中心となったのが，中世以来の自治都市の中でも，とりわけヴェネツィア・フィレンツェ・ミラノなど経済力に優れた大都市であったことはいうまでもない。また領域再編に関心を向ける地域国家研究に対し，より都市内部に視点を定める研究も新たな見取り図を定着させつつある。13世紀から14世紀の北・中部イタリア諸都市は，かつては「コムーネの自由からシニョーレ〈単独支配者〉による圧政への政治的・制度的堕落」という図式で描かれ，やはりその変化は否定的刻印を押されていた。しかし，昨今はシニョーレの支配・共和制に限らず，この時代は，コムーネ時代の遺産と，

---

[3]　地域国家については，佐藤公美『中世イタリアの地域と国家——紛争と平和の政治社会史』京都大学学術出版会，2012年，拙稿「中世イタリアにおける支配の変遷——2004年における一つの到達点の紹介」『神戸大学文学部紀要』35，2008年，51-88頁，中平希「税関連上訴に見る16世紀ヴェネツィア共和国の中央政府・地方都市・農村地域」佐藤眞典先生御退職記念論集準備会編『歴史家のパレット』渓水社，2005年，128-149頁，三森のぞみ「フィレンツェにおける近世的秩序の形成」『歴史学研究』822，2006年，1-13頁。*Origini dello Stato. Processi di formazione statale in Italia fra medioevo ed età moderna*, a cura di G. Chittolini, A. Molho, P. Schiera, Bologna, 1994 ; *Lo stato territoriale fiorentino*〈*secoli XIV-XV*〉. *Ricerche, linguaggio, confronti*, a cura di A. Zorzi, W. J. Connell, Pisa, 2001 ; L. Mannori, "Genesi dello stato e storia giuridica", in *Quaderni fiorentini per la storia del pensiero giuridico moderno* 24, 1995, pp. 485-505.

より「国家的」な統治技術が共存しつつ変化していく時期として捉えられており，紛争・文化的アイデンティティの変容・統治技法など多様な新しいアプローチを通して，その具体相を明らかにする試みがなされている[4]。このようにして浮かび上がる躍動的変化の過程は，中世盛期から中世後期にかけての他のヨーロッパの政治体の変化に有効な比較の視点を提供することになろう。

　ところで，ここで述べた「国家的」という語は，第5章で見るように1970年代キットリーニやタバッコが13世紀末から15世紀に向けての変化の趨勢を表す際に，「国家的体制 assetto statale」という言葉を使ったことに根拠をおいている。彼らが用いた statale（国家的）の含蓄は，権力がより安定した制度の中に集中していく現象を主に指している[5]。このような用語法の背景には，おそらく当時のイタリアの学界において，次の二つの傾向が存在したことがあろう。すなわち，一方は，コムーネの公的性格が低く見積もられていたこと，他方は，ルネサンス期のシニョーレによる支配を近代的国家体制と見る研究潮流が存在したことである。しかしその後，先に触れた地域国家研究の進展は，諸勢力の交渉と仲介が行われる場としての，より中央のコントロールが「弱い」国家像を14〜15世紀について提示することになった[6]。また13世紀のコムーネの公的側面に注目した研究が市民権を得た[7]。その

---

[4] 本書第5章。
[5] ストレイヤーの古典的著作の言葉を借りれば「常設的な非個人的な制度の発達，最終的判定を下し得る権威を必要とすることにおける合意」が進むことだと解釈できるだろう。ジョゼフ・ストレイヤー著（鷲見誠一訳）『近代国家の起源』岩波新書，1975年，13頁。ストレイヤーは国家の諸要素について他に，「時間において永続し空間において固定している政治単位の出現」「この権威は被支配者たちの基本的忠誠を得なければならぬという理念の受容」をあげている。
[6] I. Lazzarini, *L'Italia degli Stati territoriali. Secoli XIII–XV*, Roma-Bari, 2003, pp. 161-165 ; E. Orlando, "Politica del diritto, amministrazione, giustizia. Venezia e la Dalmatia nel basso medioevo", in *Venezia e Dalmatia*, a cura di U. Israel e O. J. Schmitt, Roma, 2013, pp. 9-10.
[7] 19世紀においてコムーネは「小共和国」と見なされていたが，経済法制史学派は「国家」としてのコムーネよりそこで行動する集団へと関心を移し，さらにそれに続くエリート主義的研究ではコムーネの公的性格が低く見積もられていた。1980年代，90年代の研究によって，それ以前に想定されていたよりもより公的な規範によって統治されたコムーネ像が立ち現れるに至った。G. Milani, *L'esclusione dal comune. Conflitti e bandi politici a Bologna e in altre città italiane tra XII e XIV secolo*, Roma, 2003, pp. 4-18.

ため，昨今の研究ではこの時代の変化に「国家的」という形容詞を付すことは控えられるようになった。ただ 2005 年初版発行のコムーネについての定評ある概説書は，タバッコに通じる都市社会内部の変化に対する認識が現在も継続していることを示している。そこでは，14 世紀最初の四半世紀で叙述を止めることについて，この時期以降「政治的不安定と役職や評議会の絶えざる交代が，たいていの場合長期にわたって継続することになる都市諸制度の体制へと道をゆずる」からだとした[8]。また 2000 年発行の別の概説書は，なお statale という言葉を採用し，公的制度の十分な機能や行政機構の効率化，決定と統治を行う「中央」権力の組織化などが始まるという意味において，13 世紀後半のコムーネは「国家建設の最初の試み」を告げると述べている[9]。本書でも，13 世紀から 15 世紀に向けての都市内部の変化を注視する立場から，より効果的な統治や権力の集中，制度的安定，住民を支配する一元的・抽象的権力の登場など諸々の現象を指し示すのに，「国家的」という言葉を使用することにしたい。一方，都市国家や地域国家のように限定詞で修飾された「国家」を使うときには，単に政治的独立と領域性を主たる指標とする。いずれにせよ，中世イタリアにおいて，都市の「国家性 statualità」は研究史上も実態上も避けては通れない問題を構成しているのである。

---

[8] G. Milani, *I comuni italiani, secoli XII−XIV*, Roma-Bari, 2009（1st ed. 2005）, p. IX. 引用箇所の直前には「いくつかの都市が他都市に従属した結果，領域との関係が顕著に複雑化する」というように，領域拡大の側面についても述べられている。なおミラーニはこの著書でヴェネツィアには触れていない。また引用箇所のすぐ後でミラーニ自身も指摘しているように，14 世紀においても，もちろんコムーネという言葉は使われ続ける。変化は多様かつ紆余曲折を経た漸次的なものであり，ポローニによれば，1270 年頃―1350 年頃はおよそコムーネ後期と称することができる時期であった。A. Poloni, "Il comune di popolo e le sue istituzioni tra Due e Trecento. Alcune riflessioni a partire dalla storiografia dell'ultimo quindicennio", *Reti medievali rivista* 13, 2012, p. 3. 一方，政治思想の面では，ブラックが「一定の領域と住民の上に行使される権威」「物的強制力を合法的に使用することの独占」「外部からの委託ではなく政治共同体内部に発する合法性」など 6 つの指標をあげ，こうした意味での「国家」の概念は 1250 年以降の 2 世紀に渡って形成されていくとしている。J. M. Najemy, "Stato, comune e «universitas»", in *Origini dello Stato. Processi di formazione statale in Italia fra medioevo ed età moderna*, a cura di G. Chittolini, A. Molho, P. Schiera, Bologna, 1997（1st ed. 1994）, pp. 656−657 ; E. Orlando, *Altre Venezie. Il dogado veneziano nei secoli XIII e XIV（giurisdizione, territorio, giustizia e amministrazione）*, Venezia, 2008, p. 23.

[9] E. Occipinti, *L'Italia dei comuni. Secoli XI−XIII*, Roma, 2000, pp. 75−76. ここではヴェネツィアの事例は別に扱われているが，同時にイタリアのコムーネ世界が経験した 12−13 世紀の制度的，社会的変化とヴェネツィアも無縁でないと述べられている。*Ibid*., pp. 76−78.

その点でも，イタリア諸都市国家の具体的発展を都市民の家族の立場から解き明かそうとする本書の試みは，過去の政治体の比較考察に有意義な視点を提供するであろう。
　では，このようなイタリア中世都市は，我が国での歴史学上どのような位置づけを与えられてきたのであろうか。以下では，中世イタリアを中心に日本の都市史・家族史を整理する中で，本書の課題を具体的に示すことにしたい。

(2) 中世都市研究とイタリア

　イタリア都市もその一部であるヨーロッパの中世都市は，かつては近代的自由・自治の先駆的形態として，ドイツ・フランスなどにおいて，歴史学研究の重要な対象であった[10]。19世紀〜20世紀初頭のイタリアにおいてもコムーネ時代は，当時生まれたばかりのイタリア国家が模範とすべき革新的ブルジョワジーの時代であり，いくつかの重要な中世都市研究が生まれている[11]。このようなヨーロッパの潮流を受けて日本の戦後の歴史学でも，都市の自由と自治が好んで問題とされて来た。しかし，この時期の日本では先ほども述べたように，イタリア中世に対する否定的な見方が優勢であったため，イタリア中世都市はほとんど積極的な研究対象とはならなかった。20世紀後半の「都市史のパースペクティヴの転換[12]」が日本でも積極的に摂取され，

---

10) ここで都市史研究の分厚い蓄積や古典的著作，日本史との交流等について詳しく述べることは無用だと考えるが，19世紀〜20世紀前半の中世都市研究については，河原温『都市の創造力』岩波書店，2009年，88-89頁に要を得た説明があり，Ch・プティ＝デュタイィ（高橋清德訳・解説）『西洋中世のコミューン』東洋書林，1998年，124頁にもブルジョア自由主義の歴史学についての言及がある。田中俊之「西欧中世都市研究の動向に関する一考察」『北陸史学』48，1999年，1-19頁，高谷知佳「比較中世都市論への視点――西欧・イスラム・日本」中世後期研究会編『室町・戦国期研究を読みなおす』思文閣出版，2007年，295-324頁にも関連文献が挙げられている。比較的最近の研究動向として，千葉敏之「立ち上がる中世都市――素描：ドイツ中世都市史研究の流路」『年報　都市史研究』10，2002年，114-125頁，加藤玄「「都市」と「農村」のはざまで――中世南フランス都市史研究の一動向」『年報　都市史研究』14，2006年，132-146頁など。

11) この時期のイタリアの状況については，G. Milani, *I comuni italiani*, pp. 159-164. また日本におけるイタリア史の位置づけについては，佐藤公美『中世イタリアの地域と国家』の附章，特に233-240頁，齊藤寬海「イタリアの歴史，日本におけるその研究」齊藤寬海・山辺規子・藤内哲也編著『イタリア都市社会史入門――12世紀から16世紀まで』昭和堂，2008年，263-280頁も参照。

中世都市と農村との緊密なつながり，中世都市における領主的要素が強調された結果，また中世に近代のルーツを求めるような歴史認識自体が後退するに従い，近代へつながる要素を中世都市に求める姿勢は後退した。その中で，初めて中世イタリア都市への関心が高まることになるのである。

　1970年代頃より盛んになった社会史研究は，周知のとおり事件史的な外交史や政治史，図式的な発展段階論などを批判しつつ，歴史学の対象を著しく拡大したが，中世都市に関しても，我々にときとして身近であり，ときとして異質である豊かな過去の人々の姿を再構成してきた[13]。とりわけ，中世後期のネーデルラントやイタリアの（当時の基準での）大都市は史料が豊富に残っているがゆえに，家族や救貧・環境問題など現在にも通じる問題関心とも共鳴しつつ，当時の社会がこのような問題にどのように対処してきたのかというような視点からの研究もさかんとなったのである[14]。

　しかし，社会史研究の中でもとりわけ過去の人々の生活世界の再構成を第一目的とするような研究には，ともすればミクロあるいは静態的な現象叙述にとどまり変化や権力との関係を描き得ないとの批判もあった。その中で新たなアプローチが台頭してきたことも事実である。昨今は，中世都市を何よりもまず，農村的世界の広がりの中で新たな「価値」と「共同性」意識を生成した場として評価し，その文化的側面，空間的側面に着目した研究が進め

---

12)　江川温「ヨーロッパの成長」『岩波講座世界歴史8　ヨーロッパの成長』岩波書店，1998年，19-21頁。また森本芳樹編『西欧中世における都市と農村』九州大学出版会，1987年，273-277頁も参照。
13)　社会史とそれに対する批判・反省，その後の展開については多くの文献があるが，とりあえず，竹岡敬温・川北稔編『社会史への途』有斐閣選書，1995年，福井憲彦「社会史の視野」『岩波講座世界歴史1　世界史へのアプローチ』岩波書店，1998年，85-107頁，同「社会史再考——この四半世紀に歴史学の何が変わったのか」財団法人史学会編『歴史学の最前線』東京大学出版会，2004年，141-157頁，渡辺和行「歴史学の危機と『アナール』——21世紀の社会史に向けて」『奈良女子大学文学部研究教育年報』3，2007年，49-62頁，同「サード・ステージの社会史へ——西洋史研究と社会史」『人間文化研究科年報』22，2007年，21-30頁，長谷川貴彦「言語論的展開と西洋史研究——受容のコンテクスト」岡本充弘，鹿島徹，長谷川貴彦，渡辺賢一郎編『歴史を射つ——言語論的展開，文化史，パブリック・ヒストリー，ナショナル・ヒストリー』御茶の水書房，2015年，242-261頁，同『現代歴史学への展望——言語論的展開を超えて』岩波書店，2016年。
14)　高橋友子『捨児たちのルネッサンス——15世紀イタリアの捨児養育院と都市・農村』名古屋大学出版会，2000年，河原温『中世フランドルの都市と社会：慈善の社会史』中央大学出版部，2001年，徳橋曜編著『環境と景観の社会史』文化書房博文社，2004年。

られている。特に都市のアイデンティティのよりどころとして，かつては世俗的文化の中心と見なされてきた都市の宗教的側面にも光が当てられてきたことは特筆に値しよう[15]。イタリアにおいては，説教がその中で脚光を浴びている[16]。また，フランスやネーデルラントでは君主と都市の権力関係を社会史的・文化史的に考察する研究が進んでいるが[17]，王権が大きな力を持ち得なかったイタリアでは，地域国家の形成に地域独自の秩序を見いだす視角からの研究が，それらを構成する具体的市民のあり方にも注意を払いつつ展開している。ヴィスコンティ国家，教会国家などにおいて，重要な研究がなされており，ヴェネツィアにおいてもそのような視点からの研究が見られる[18]。さて，地域の権力構造の中で都市が果たした役割を再評価しようとするこれらの研究に対して，これとは別個に，交易や人的交流の結節点としての都市に注目する研究が登場してきたことも指摘すべきであろう。とりわけ港町は異文化交流や異文化接触の場としてクローズアップされた[19]。ここでは，ヴェネツィア，ジェノヴァ，東地中海のイタリア人植民地などが取り上げられている[20]。こうして，日本のヨーロッパ中世都市研究はテーマやアプ

---

[15] 河原温『都市の創造力』，特に249-255頁。イタリア都市の宗教的な側面を扱ったものとして，三森のぞみ「教会と聖人崇敬」『イタリア都市社会史入門』，166-185頁，池上俊一『公共善の彼方に——後期シエナの社会』名古屋大学出版会，2014年など。

[16] 大黒俊二『嘘と貪欲——西洋中世の商業・商人観』名古屋大学出版会，2006年，大黒俊二・木村容子「説教と民衆」『イタリア都市社会史入門』，186-205頁。

[17] ネーデルラントにおいては，例えば，河原温「ブルゴーニュ公シャルル・ル・テメレールの1474年ディジョン入市式について」『人文学報，歴史学編』42，2014年，1-14頁，同「15世紀ブルゴーニュ公国における地域統合とフランドル都市——ブルゴーニュ公とブルッヘへの儀礼的関係を中心に」渡辺節夫編『ヨーロッパ中世社会における統合と調整』創文社，2011年，青谷秀紀「赦しのポリティクス——中世後期ネーデルラント都市の聖年とブルゴーニュ公」『清泉女子大学紀要』59，2011年，21-36頁。フランスにおいては，社会・文化というよりは経済・法制よりの研究ではあるが，大宅明美『中世盛期西フランスにおける都市と王権』九州大学出版会，2010年，また16世紀を扱ったものに小山啓子『フランス・ルネサンス王政と都市社会——リヨンを中心として』九州大学出版会，2006年。

[18] 工藤達彦「16世紀教皇国家における地方統治——ペルージャの統治官モンテ・ヴァレンティの報告書を手がかりに」『史学研究』231，2001年，61-79頁，中平希「15，16世紀ヴェネツィアにおけるテッラフェルマ支配——イタリア領域国家の中央と地方」広島大学博士学位論文，2005年，佐藤公美『中世イタリアの地域と国家』，原田亜希子「近世教会国家における地方統治——16世紀のボローニャ都市政府」『都市文化研究』18号，2016年，2-15頁など。

[19] 歴史学研究会編『シリーズ港町の世界史』1～3巻，青木書店，2005年，2006年。

ローチの方法を変えつつ，また日本史などとの比較の視点も取り入れつつ，連綿と続いているのである。そして，中世イタリア都市は，その中で確実に重要な一角を築くようになってきた。その出発点に社会史の隆盛があったことはほぼ間違いないと思われる[21]。

では中世の北・中部イタリアに限った場合，社会史研究はどのような認識上の寄与を行ったのであろうか。また，現在それらはどのように引き継がれ，何が課題として残されているのであろうか。

アメリカでは1970年代以降，ルネサンスを生み出した母体としての都市国家への関心から，フィレンツェ，ヴェネツィアを中心に，暴力と犯罪，兄弟会，救貧，祝祭，親族や近隣の絆の具体的様相を明らかにする多くの社会史研究が発表された。日本のイタリア史もこれらの研究に少なからず影響を受けている。もっとも，ブラッカーが「ルネサンス期のフィレンツェに関する本を書く理由について，とりたてて説明する必要はない[22]」と述べたことからも明らかなように，イタリア都市社会史研究の隆盛を準備したアメリカ歴史学の背景には，楽観的でナイーヴなルネサンスや共和制賛美の伝統があり[23]，現在このような視点は大きく後退している。しかし，かつて日本では，中世イタリア都市は近代ブルジョワジーを生み出した母体としてのアルプス以北の都市に対し，ネガとしてのモデルを提供してきた側面があった[24]。こ

---

20) 亀長洋子「キオスに集う人々——中世ジェノヴァ公証人登記簿の検討から」村井章介責任編集『シリーズ港町の世界史1 港町と海域世界』，青木書店，2005年，333-363頁，齊藤寛海「ヴェネツィアの外来者」深沢克己責任編集『シリーズ港町の世界史2 港町のトポグラフィ』青木書店，2006年，271-295頁，拙稿「中世地中海における人の移動——キプロスとクレタの「ヴェネツィア人」」『空間と移動の社会史』185-213頁，高田良太「中世クレタにおける見えないフロンティア——都市カンディアの共生社会」『駒沢史学』84，2015年，54-90頁など。

21) もちろん，清水廣一郎氏，佐藤眞典氏，齊藤寛海氏などによるイタリア都市国家に対する社会史的関心以外からのパイオニア的研究が存在したことも，日本における後のイタリア中世史の発展に寄与したことはいうまでもない。また南イタリアについては高山博氏の重要な研究があるが，都市に注目した研究はあまりない。cf. 清水廣一郎『イタリア中世都市国家研究』岩波書店，1975年，佐藤眞典『中世イタリア都市国家成立史研究』ミネルヴァ書房，2001年，齊藤寛海『中世後期イタリアの商業と都市』知泉書館，2002年，高山博『中世地中海世界とシチリア王国』東京大学出版会，1993年，同『中世シチリア王国の研究——異文化が交差する地中海世界』東京大学出版会，2015年。

22) ジーン・A・ブラッカー（森田義之／松本典明訳）『ルネサンス都市フィレンツェ』岩波書店，2011年（原著1969年），vii頁。

のような状況にあって，西洋文化・市民文化の母体としてのイタリア・ルネサンス期共和制都市に関心を寄せるアメリカ学界の姿勢は，先述した都市史のパースペクティヴの転換とも相まって，「なぜイタリアは近代化に遅れたのか」という問いかけから，日本の中世イタリア史を解放する大きな役割を果たしたともいえるだろう。アメリカの都市社会史が豊かな成果を生み出し始めた1970年頃，イタリア本国では，家族史研究の導入や地域国家研究の萌芽が見られるものの，シニョーレの支配に「コムーネの自由の危機」を認める退行史観が支配的であったことに鑑みると，当時の日本の研究者たちの選択には史学史的必然性があったようにも思われる。2011年に日本で出版された概説書が中世イタリア都市の特徴として称える「創意工夫」は，社会史の洗礼を経て初めて可能になったイタリア都市像であろう[25]。

　ただ，これら北・中部イタリア都市における社会史研究の成果は都市制度がある程度落ち着きを見せた中世後期に偏っており，静態的な都市像を描きがちであったといえる。13世紀のイタリア都市は，経済的飛躍や政治的・制度的変化のみならず文書行政の発展や都市の支配領域の拡大など，ダイナミックな変化を蒙るが，この時期の社会史研究，すなわち都市民の日常生活に着目した研究はほとんど進展していないといってよい。先にも少し触れたように近年イタリアにおける13世紀研究は，コムーネの公的側面，すなわち「制度の文化」や司法文化に着目することで，着実な成果を上げている。またそれらを踏まえた上で14世紀への変化を描こうとする研究も登場している。13世紀における社会史的事実の発掘，およびこうして明らかになる都市民の日常生活と先に述べた新たな研究成果との関連の問いかけはなお必

23）A. Molho, "American Historians and the Italian Renaissance. An Overview", in *Schifanoia : notizie dell'Istituto di studi rinascimentali di Ferrara* 1, 1986, pp. 9–17 ; E. Muir, "The Italian Renaissance in America", in *The American Historical Review* 100–4, 1995, pp. 1095–1118.
24）例えば，増田氏の市民論において，中世イタリア都市市民は封建的要素を含む「不純な」市民と捉えられた。増田四郎『都市』ちくま学芸文庫［1978年の筑摩叢書版に基づく］，1994年，111頁。森田氏のイタリア中世社会論においても，中世商人の「脂肪化ないし封建化」はいわば宿命であり，コムーネ期からルネサンス期にかけてのイタリア社会は「反近代的構造」をもつのではないか，と述べられている。森田鉄郎『中世イタリアの経済と社会』山川出版社，1987年，3頁，10頁。
25）亀長洋子『イタリアの中世都市』（世界史リブレット）山川出版社，2011年。

要であろう。13世紀を視野に収めた上で，社会史研究と都市の制度史・政治史を架橋していく作業はなお要請されている。

　従来の都市社会史が一都市内部に視点を定めがちであったことを批判することはたやすい[26]。しかし，歴史の原動力となり得た中世イタリア都市国家について，都市民の具体的姿や日常的実践にせまり，そこから都市社会，ひいては国家的権力との関わりを問う姿勢，変化の相のもとにそれらを記述する姿勢はなお有効であり，深められる価値があると考える。家族・親族への着目は，そのための一つの有効な視座となるであろう。

(3) 家族史研究と本書の課題

　中世イタリア都市民の生活にとって家族や親族，そしてそれらを包含する単位としての「家」が重要であるという指摘の背景には，全ヨーロッパ的な現象としての家族史研究の興隆がある[27]。現代における家族の変容や社会史的な関心に基づき，過去の家族の姿が明らかにされるようになって久しい今日において，家や家族は時代を超えた普遍的な現象ではなく過去の地域や時代の特質と密接に結びついているという認識はもはや自明といってよい。それぞれの時代・地域にはそれ独自の家・家族の存在形態があるのであり，家族史研究の課題はまずもって，過去の家族の姿を明らかにすることであった[28]。このような認識に基づいて，日本でヨーロッパ家族史に対する関心が高まるのは1980–90年代である[29]。中世イタリア史においてもフィレンツェ，ジェノヴァ，ボローニャを中心に都市民の家・家族に関する多くの研究が蓄積し，そこでは，婚姻に際して妻側から夫側にもたらされる財産である嫁資（かし）[30]

26）　中世イタリア都市社会史のパイオニアでもある清水廣一郎氏はかつて，中世イタリア都市へのアプローチ方法として「領域支配の中心としての都市」という側面と「文化・経済の結節点としての都市」という側面を指摘し，後者のような都市の「開かれた側面」へのアプローチも今後必要であるとして都市の外国人の研究を行った。清水廣一郎「イタリア中世都市論再考」『中世イタリアの都市と商人』151–152頁。このような「都市の開かれた側面」を研究する重要性はもっともである。
27）　歴史学が家族に関心を寄せるに先立って，または並行して，社会学，人類学でも家族・親族に関する多くの研究が生まれた。また日本史でも「家」に関する多くの研究がある。1996年には比較家族史学会編『事典　家族』（弘文堂），2002年にはやはり比較家族史学会編による『家族――世紀を超えて』（日本経済評論社）が出版された。

を巡る問題や寡婦の地位，家意識，遺言書の検討などが行われてきた[31]。個々の問題設定は異なるとはいえ，これらの研究に共通するのは，中世イタリアの都市民はバラバラの個人として存在するのではなく，家族の一員として存在するのであり，彼らが取り結ぶ親族関係（婚姻，相続など）や家族構造の中で占める位置（寡婦），史料から浮かび上がる親族意識や結合の実態などを

---

28) 本書では，血縁関係と婚姻関係が軸となって相互に結びつき交流のある間柄を親族，同居の有無にかかわらず緩く，夫婦，親子，兄弟姉妹のような近親で日常的に密接な関係にある集団の成員を家族と記述し，家については基本的に，(1) 同一の家名で統合される出自集団を指す場合 (2) 建物としての家，すなわち住居を指す場合 (3) ヴィアロ家のように，同姓集団，家系，家族集団にその家名を付して使う場合，に家という語を使用する。なお，家が分節化したもの，すなわち小リネージのようなものを便宜上「分家」と呼んでおく。この語がもともと日本の家制度と結びついていること，分家は本家との明瞭な対比関係によって意味を持つ用語であることを考えれば，不適当な使用法であることはいなめない。それゆえ，特に家との対比が必要でない場合，また系譜関係に重きをおく場合は家系という言葉で示す。人数の少ない小規模な家では家と家系は一致するであろう。

29) 佐藤彰一・池上俊一・高山博編『西洋中世史研究入門』名古屋大学出版会，2005 年，第 4 章「家族と血縁の紐帯」，望田幸男・野村達郎・藤本和貴夫・川北稔・若尾祐司・阿河雄二郎編『西洋近現代史研究入門』名古屋大学出版会，2006 年，第 9 章「家族と女性史研究の諸問題」および，そこで挙げられた各論文参照。また本書第 1 章注 1 参照。

30) 嫁資とは古代ローマ時代に由来する婚姻時の贈与で，一般に婚姻関係の設定や保持に関する費用を負担するために，妻側の家長が設定し，夫側に渡すものである。嫁資の授受は，13 世紀以降，中世イタリア社会で婚姻を正式に成立させるために必要不可欠な慣習であった。古代ローマでは当初嫁資の所有権は夫にあったが，ユスティニアヌス帝の時代（6 世紀）に，嫁資の所有権は妻にあり夫は形式的な所有権のみを保持する，と考えられるようになる。中世イタリアもおおむねこの考えを踏襲し，夫は婚姻期間中における用益権をもつことになった。嫁資については後で言及する清水論文が詳しい。ヴェネツィアの嫁資については本書第 8 章ほか，拙稿「ヴェネツィアの嫁資」『世界史の中の女性』（アジア遊学 186）勉誠出版，2015 年，84-96 頁。

31) 米山喜晟「ジョヴァンニ・ドミニチの『家政の指針』における「家」と教会」『大阪外国語大学学報』61，1983 年，79-103 頁。高橋友子「ドナート＝ヴェッルーティの『家の年代記』に見る 14 世紀フィレンツェ市民の「家」」『立命館文学』504，1987 年，79-111 頁。亀長洋子「中世後期のフィレンツェの寡婦像——Alessandra Macinghi degli Strozzi の事例を中心に」『イタリア学会誌』42，1992 年，80-104 頁，同『中世ジェノヴァ商人の「家」——アルベルゴ・都市・商業活動』刀水書房，2001 年，同「中世ジェノヴァ人居留地の遺言が語るもの」『学習院大学文学部研究年報』56，2009 年，29-55 頁。山辺規子「12 世紀中頃ジェノヴァの婚姻時の贈与」前川和也編著『家族・世帯・家門——工業化以前の世界から』ミネルヴァ書房，1993 年，276-300 頁，同「12 世紀中頃ジェノヴァの遺言書に見る家族」関西中世史研究会編『西洋中世の秩序と多元性』法律文化社，1994 年，231-250 頁，同「中世ボローニャの家の記録——法学者オドフレードの家」京都橘女子大学女性歴史文化研究所編『家と女性の社会史』日本エディタースクール出版部，1998 年，221-245 頁，など。なお高橋友子『捨児たちのルネッサンス——15 世紀イタリアの捨児養育院と都市・農村』では，里親の問題が都市・農村関係と絡めて考察されている。

明らかにすることが，当該社会の理解に寄与するという認識であった。

　一連の家族史研究の中でとりわけ注目に値するのが，1985年に清水廣一郎氏が『社会史研究』に発表した嫁資についての論文の提言である。ここで清水氏は，イタリア都市国家の権力構造や都市の社会構造を理解するために家族の視点が大きく寄与するという方向を鮮明に打ち出した。そして嫁資制度の規範と個別事例に見る実際の運用のありかたを明らかにし，姻族の重要性と，ときとしてそれが生み出す緊張関係を指摘したのである[32]。しかし，我が国におけるイタリア家族史研究の端緒とも言うべきこの論考は，著者が指摘するように「基礎作業」であり，そこでは嫁資を通じて取り結ばれる姻族の重要性が中世後期のフィレンツェの権力構造といかに関係するのかという具体的な考察はなされていない。また結びで触れられているイタリア社会における系族の意義も，具体的検討は今後の課題とされるのみである。さらに権力構造と家族の関係をいかに捉えうるのかという方法論的考察も明確に述べられておらず，両者の関係は曖昧にとどまっているといえるだろう。近年日本では中世イタリアの家族史研究は下火になっているが，その原因の一つにはこのような両者の関係の曖昧さ，すなわち政治史・制度史と家族史の接合が困難であるという点も大きく影響していると思われる。しかし第1章で見るように，イタリア本国においては必ずしも家族史的関心全てが後退してしまったわけではない。また欧米全体に視野を広げれば，家族史的視点と政治史的視点を結合した研究も，数は少ないが，今までに発表されている。そこで，清水氏の提言を受け，都市権力と家族の関わりをより具体的に問いかけ，多くの研究蓄積と史料に恵まれたヴェネツィアを対象に，13世紀も含めた上で都市国家の変遷を描くことが，本書の課題となる。同時にまたこの試みは，「海の共和国」や「商人貴族」のレッテルの下に息づくヴェネツィア支配層の素顔を史料から掘り起こし，家族・家の視点からヴェネツィア史に新たな側面を付与する作業であるとも位置づけられよう。

32） 清水廣一郎「家と家とを結ぶもの――中世末期イタリアにおける嫁資について」『社会史研究』6，1985年，88-153頁（清水廣一郎著『イタリア中世の都市社会』岩波書店，1990年に再録）。また，これに先立ち一市民の覚書より家の重要性を指摘した論考として，同「一五世紀フィレンツェ一市民の覚え書き」『一橋論叢』72-6，1974年，85-101頁，米山喜晟「ジョヴァンニ・モレッリ『家族の記録』」『イタリア学会誌』23，1975年，81-96頁。

では清水氏が述べるところの「家の分析」と「都市の権力構造」はいかにして架橋することができるのであろうか。ここでは欧米の研究動向を見る前に，少し理論的考察を行っておきたい。権力構造とは支配と被支配を決定するシステムのことであるが，かつて齊藤寛海氏は「都市の権力構造とギルドのありかた」という論文でヴェネツィアとフィレンツェの二都市の支配体制とギルドのありかたを比較した。そこにおいて，ヴェネツィアは大評議会の構成員たる貴族の排他的支配のもときわめて安定した構造をもつとされ，他方フィレンツェは複数の権力機関が並び立ち，それらが社会変動の度ごとに再編されるという複雑で流動的な権力構造を持つとされた[33]。このような一元的，あるいは多元的権力構造の創成と維持に家がどのように関与したかを問うことは，家族史と制度史・政治史を結び付ける一つの論点となりうるであろう。しかしその場合，権力にアクセスするための基盤として抽象的な家を設定するのではなく，個々の人々の親族の絆や実践を見ていくことが，社会史研究の立場からは重要である。また，構造やシステムという言葉が喚起しやすい静態的かつ安定したイメージに対して，昨今の歴史学は，例えばブルデューのハビトゥス—プラティーク概念，スコットを通じたジェンダー概念など，隣接諸科学の影響を受けつつ社会に対してより可変的・構築的な見方を採用している[34]。階級・共同体・王権・個人的アイデンティティなどの「構築」が歴史学において語られるようになってきたのである[35]。

---

33) 齊藤寛海「都市の権力構造とギルドのありかた——ヴェネツィアとフィレンツェのギルド」『史学雑誌』92-3, 1983年, 66-92頁。同様の見解は近年の著書, 同『中世イタリアの商業と都市』, および概説, 同「五大国とスペイン」(北原敦編)『イタリア史』山川出版社, 2008年, にも見られる。
34) ブルデューは人々が日常的慣習行動の中で行うさまざまな実践が，それらに規定されながらも，新たな慣習行動の形態を生み出す可能性を理論づけた。P・ブルデュ『実践感覚1』みすず書房, 1988年, 82-104頁, 同『実践感覚2』みすず書房, 1990年, 30頁。またハビトゥスの理論を歴史学に紹介した例として, 北村暁夫「移民における家族の戦略——南イタリアの事例研究から」『思想』842, 1994年, 80-102頁。ジェンダー概念を歴史学に適用するに当たって大きなインパクトを与えたスコットは，従来もっとも不動で既知のものであると考えられていたような「男性対女性」の対立をも, 文脈に応じて定義され, くり返し構築されるものとして扱うことを提唱している。J・W・スコット(荻野美穂訳)『ジェンダーと歴史学』平凡社, 2004年, 22-118頁, 特に29-30頁, 116頁。
35) P・バーク（佐藤公彦訳）『歴史学と社会理論』慶應義塾大学出版会, 2006年, 172-184頁, P・バーク（長谷川貴彦訳）『文化史とは何か』法政大学出版局, 2008年, 109-144頁。

そこで，本書では抽象的かつ静態的な権力構造という言葉を使うことは避け，より具体的・日常的なレヴェルで都市の権力のあり方を捉える。すなわち，我々は都市に住む人々の家族生活の具体的様相を明らかにし，そのような生活を営む都市民の日々の実践や言説の中で，どのように都市の条例や機構，権力との関係が定められていくのかを描くことができるのである。清水氏の述べる「家の分析」と「権力構造」とのかかわりも，以上のように捉えなおしてみれば，より明快かつ史料から直接導き出すことが可能な問題設定となるであろう。換言すれば，中世ヴェネツィアに生きた人々──現実には自治の主体たる支配層に属す人々に焦点が絞られることになるが──の家族生活に関わる実践や意識がいかに都市の公的活動を構築していくか，また逆に都市制度が人々の意識をいかに変容させていくか，という問題を考えることが本書の具体的課題となるのである。

(4) 都市コムーネとヴェネツィア

　最後に本書の研究対象であるヴェネツィアについて，少し補足をしておこう。ランゴバルド族に追われた人々がアドリア海沿岸部や潟の島々に移住することで成立したヴェネツィア人の共同体は，北・中部イタリアがフランク王国，イタリア王国と支配者を変える中で，継続してビザンツの支配下にとどまった。そのため司教とともに自治を進め，やがて司教から自立し，コンソリ（複数の執政官）の集団統治から，ポデスタ（他都市から招聘された軍事行政司法長官）と都市民の評議会によるポデスタ制，新興住民層であるポポロ（しばしば「平民」と訳される）の台頭，ポポロによる共和制もしくはシニョーレの支配へと移行した他都市とは，まったく異なる制度的変遷を経験する。当初ヴェネツィア人はビザンツの役人である軍長官 magister militum の下に統治されていた。8世紀の聖画像崇拝禁止問題でビザンツとイタリアの間に緊張が生じた際，ヴェネツィア人自身によって，のちにドージェと呼ばれるようになる彼ら自身の指導者 dux が選出される。ドージェは，初期はビザンツ皇帝による承認のもとヴェネツィア人を統治していたが，徐々に自立性を高め，10世紀には有力家門がドージェ位の世襲を目指す傾向が現れるなど，その権力は強かった。なお，ドージェの所在地は8世紀にアドリア海沿岸の

エラクレーアからマラモッコ(新マラモッコに移動する以前の旧マラモッコ)へ，さらに9世紀初めにはリアルト(現在のヴェネツィア本島)へと移り，こうして都市ヴェネツィアが生まれる。ヴェネツィアは，11世紀の遠隔地商業の復活や在地商業の発展のなかでイタリア諸都市の経済力が強まるなか，いち早くアドリア海の海港都市として発展し，人口の増大と海外交易で富を蓄えた商人層の台頭を経験した。海外貿易を経済基盤とする支配層たちは賢人会，やがてそれが発展した大評議会に集まり，ドージェの権力を徐々に制限して評議会制度を整えていく。13世紀には大評議会のほか，ドージェ評議会，四十人会，セナートなどが整備され，共和国の滅亡まで続く重要な政治機関がでそろった。また1297年〜1323年のセッラータと呼ばれる一連の法令は，大評議会に参加資格を持つ家系を法的に定義し，こうしてやはり共和国滅亡まで続く貴族身分が生まれた。他のイタリア諸都市のようにコンソリ，ポデスタ，ポポロの変遷を経験せず，常にドージェの統治下に止まり続けた点はヴェネツィアの大きな特徴といえよう。

　さて，このようなヴェネツィアの特徴は，当然のことながら，ヴェネツィアを他のイタリア都市コムーネと同列に扱って良いのか，という問題を生み出してきた。マックス・ウェーバーの『都市の類型学』は，ヴェネツィアと他のイタリア諸都市を異なるカテゴリーに分類している。すなわち，ヴェネツィアの発展はドージェ権力に対する都市貴族門閥の一致した勝利として，他のイタリア諸都市の発展は都市貴族門閥同士の闘争からポデスタ制の創出，さらにポポロの登場による平民都市の成立への展開として描いたのである[36]。しかし異なる行政制度を持つことがすなわち，ヴェネツィア社会がイタリア諸都市とまったく異なる発展の経路をたどったことは意味しない。またウェーバーの著書でも指摘されていることだが，12世紀のヴェネツィア史料に，コムーネという言葉があらわれることは厳然たる事実である。そこで，この「コムーネ」が名ばかりのエピソード的なもので，まったく他のイタリア諸都市のコムーネと異なる内実を持つのか，それとも類似点が見いだせるのかということが中世イタリア，中世ヴェネツィアを総合的に論じよう

---

36) マックス・ウェーバー(世良晃志朗訳)『都市の類型学』創文社，1964年，147-162，211-224頁。

とする研究者の間で問題となってくる。

　例えば，すでに1900年前後の研究においてクレッチマイアー，ペルティレ，レーネルなどは，貿易による繁栄やビザンツ帝国との多様な結びつきに大きな特徴が見られるとしても，ヴェネツィアの政治制度と社会構造は本質的には北イタリアの都市文化と区別されないという立場をとった[37]。これに対し，ファゾーリは，ヴェネツィアと他のイタリア諸都市のコムーネは「歴史的政治的にかなり異なる現実」であるとしている[38]。レーシュは1989年の著書で中世ヴェネツィアの歴史研究は今なおヴェネツィアの特殊性を強調する立場と他のイタリア都市コムーネとの類似性を主張する立場の間を揺れ動いていると述べ，9世紀～13世紀にいたるヴェネツィア支配層の変遷を証書史料・年代記史料，いくつかの公証人史料をもとに網羅的に調べた結果，ヴェネツィアはビザンツの属州から官僚国家になったとして特殊性を支持した[39]。他にも中世についてヴェネツィア独自の時代区分をかかげ，コムーネの到来をエピソード的にしか扱わないチェッシ[40]，反対にヴェネツィアにも都市貴族層とポポロの対立を見ようとするクラッコなどが挙げられる[41]。

　こうして中世ヴェネツィアを都市コムーネの一つとして論じることは可能か，中世ヴェネツィアはコムーネとはまったく異なる別の歴史上類を見ない

37） G. Rösch, *Der venezianische Adel bis zur Schließung des Großen Rats. Zur Genese einer Führungsshicht*, Sigmaringen, 1989, pp. 9–10.
38） G. Fasoli, "Comune Veneciarum", in *Storia della civiltà veneziana I. Dalle origini al secolo di Marco Polo*, a cura di V. Branca, 1979, pp. 263–278. 彼女は両者の類似点に言及するも，論文全体としては，ドージェ政治の伝統とその体制の継続，封建的主従関係の未浸透や教会改革運動の影響の欠如などヴェネツィアの特殊性に比重を置いているように思われる。
39） G. Rösch, *Der venezianische Adel bis zur Schließung des Großen Rats*. 特にpp. 204–208. その他に東地中海の植民地の建設や党派争いの欠如などもヴェネツィアの特徴として数え上げられている。
40） R. Cessi, *Storia della Repubblica di Venezia*, Firenze, 1981（1st ed., Milano-Messina, 2 vols, 1944, 1946）.
41） G. Cracco, *Società e stato nel medioevo veneziano (secoli XII-XIV)*, Firenze, 1967. また都市空間に関心があるフランス人研究者のパヴァンも，特殊性を強調しすぎることには慎重になるべきとはいうものの，『海水の上』という彼女の著書のタイトルが示唆するように，基本的にはヴェネツィアの特殊性を認める立場にあるように思われる。E. Crouzet-Pavan, *"Sopra le acque salse". Espaces, pouvoir et société à Venise à la fin du Moyen Âge*, Roma, 1992. 特にpp. 3–4.

独自の共同体ではないか，という議論は，研究史を振り返るとき，無視できない存在感を持っているのである。この議論はさらに，先に少し触れたコムーネと「国家性」という別の伝統と文脈を持つ議論ともゆるやかに接合していると思われる。というのもチェッシもファゾーリもヴェネツィア・コムーネを「国家性」をもった政治体として認識しているからである[42]。「ラグーナでは国家なきコムーネを考えることは難しい。共同体と集団的利益の保護のために捧げられ法的性格を備えた抽象的存在としての国家の概念は，ヴェネツィアではコムーネとともに生まれるのである。」との主張もなされた[43]。先に述べたように，20世紀半ばを中心にその前後の数十年，北・中部イタリアのコムーネは公的性格の希薄な存在として認識されがちであった。このような状況は，従属農村領域であるコンタードの欠如とともに，ヴェネツィアと他コムーネとの違いを際立たせる立場を補強することになっただろう。

　もっとも，ヴェネツィア・コムーネと他のイタリア諸都市の類似性についてはさまざまな立場があり，これ以上，ヴェネツィアの特殊性を巡る議論に耽溺することはあまり生産的ではないと思われるし，本書の範囲も超えている。が，最後に近年のヴェネツィア史の決定版である『ヴェネツィア史』(テーマ別を除き全8巻)シリーズの立場には触れておかねばならない。『ヴェネツィア史』は12世紀後半から13世紀末を扱う第2巻を「コムーネの時代」と名付け，ヴェネツィア史の経験を他の北・中部イタリア都市と接合可能なものとして提示した。クラッコは序論で，ヴェネツィアは北・中部イタリアで進展したコムーネの経験を知っており，また教会改革運動からも決して無縁ではなかったこと，コムーネの到来とともに，ドージェ権力が制限され共同体の代表である賢人会が統治の責任を負うこと，権力の頂点から聖職者が排除され権力の世俗化が進むことは，ヴェネツィアを「西洋のコムーネ」のモデ

---

42) G. Cracco, "L'età del comune", in *Storia di Venezia dalle origini alla caduta della Serenissima* (以下 *Storia di Venezia* と略) *II, L'età del comune*, a cura di G. Cracco e G. Ortalli, Roma, 1995, p. 2.
43) 引用は E. Orlando, *Altre Venezie*, p. 20 による。オルランドは，R. Cessi, *Storia della Repubblica di Venezia*, p.152 ; G. Cassandro, "Concetto, caratteri e struttura dello Stato veneziano", in *Rivista di storia del diritto italiano* 36, 1963, p. 29 ; A. Castagnetti, "Il primo commune", in *Storia di Venezia II*, p.94 などの見解をまとめてこのように表現した。オルランド自身の立場については序論注45参照。

ルに近づけるものであるとしている[44]。往々にして史料に基づかない階級闘争史観を背景に持つ彼の1960年代の著書に比べて，この序論の提言は後背地とのつながりを意識した本巻全体の論文構成とも相まって，十分説得力を持っているように思える。さらにヴェネツィアと「国家」の関係について述べるなら，地域国家研究が触発した「国家」についての議論はヴェネツィアにも及び，近年はヴェネツィアにおいても，より柔軟で控えめな「国家性 statualità」の理解が提唱されている[45]。「国家」を媒介としたヴェネツィアと他都市コムーネとの鋭い対比は薄まってきているといえよう。

　これらを総合的に考えると，ヴェネツィア人自身が12世紀から自らの政府をコムーネと呼び，都市民による都市自治を進め，15世紀には領域支配の拡大を通じて地域国家へと変貌していったという事実は，やはり重みを持つべきであろう。また，ヴェネツィア人の中には他のイタリア都市から移住してくる人も大勢いた。ヴェネツィアは自らポデスタを持つことはなかったが，ヴェネツィア人自身はポデスタとして他都市に赴いている。ヴェネツィアが他のイタリア諸都市から孤立していたということは決してないのである[46]。近年中世ヴェネツィア史の中堅として活躍しているオルランドも，過度の類推には警鐘をならしつつも，「ヴェネツィアの唯一性」から決別することに賛意を示している[47]。

　結論として，ヴェネツィアを研究対象とすることは，単にヴェネツィア一

---

44)　G. Cracco, "L'età del comune", pp. 1–30. とりわけ pp. 1–8.
45)　すなわち領域統治においては中央によるコントロールというよりはむしろ相互作用システムとしての「国家性」であり，都市内においては中世後期のコムーネに最近認められつつある「国家性」である。E. Orlando, *Altre Venezie*, pp. 22–23.『ヴェネツィア史』第3巻においても，ヴェネツィアの都市制度を，主権の表明と私に対する公の優位とを備えた国家組織と同一視するような一般的見方が，「神話」として批判されている。ただし第3巻のタイトルに「国家の形成 formazione dello stato」という言葉が含まれていることは，2巻の「コムーネ」と異なる時代が14世紀に形成されつつあるという認識を示しているといえよう。M. Caravale, "Le istituzioni della Repubblica", in *Storia di Venezia III, La formazione dello stato patrizio*, a cura di G. Arnaldi, G. Cracco, A. Tenenti, Roma, 1997, pp. 303–304.
46)　ヴェネツィアとテッラフェルマ（イタリア半島側の陸の領土）征服以前の後背地の関係を重視する研究の流れについては，拙稿「交易にはポー川を通るべし――ヴェネツィアと内陸近隣諸都市の争い・秩序」服部良久編著『コミュニケーションから読む中近世ヨーロッパ史――紛争と秩序のタペストリー』ミネルヴァ書房，2015年，322–323頁。
47)　E. Orlando, *Altre Venezie*, pp. 14–16.

都市にとどまらず，中世イタリア都市国家の変遷を，都市民の日常生活にとって基本的かつ重要な人的結合関係である家や親族の視点からとらえ直す試みに十分貢献することができる，ということを確認しておきたい。もちろんヴェネツィアには海上貿易活動の優越や海外領土の形成，安定した政体，周囲の封建領主層がコムーネ成立に加わらなかったこと，従属農村領域であるコンタードの欠如など多くの特徴があり，中世ヴェネツィアの制度的・政治的変遷の特徴を家族の視点から描き出すことが本書の目的ではある。しかしすでに述べた通り，その結果は，互いに多くの特徴を持ちながらも個々の家の利害が政治的・制度的展開に影響を与えやすいイタリア都市国家の一つのケース・スタディとして役立ちうるというのが本書の立場である。

　以下，第Ⅰ部では，家族史研究の動向を追いつつ，既存の研究が少ない13世紀のヴェネツィアにおいて，家族生活の規範と実態を浮かび上がらせる。ただし，そのような家族生活の法的，社会的側面についての実証研究は，同時に都市コムーネの政治的・制度的変遷との関係にまで射程を広げて考察される。ついで第Ⅱ部では，ここ30―40年のコムーネ研究についての研究動向を整理しつつ，13世紀から14世紀の都市の制度的，社会的変化の中で，権力と親族・家・家族の関係を考察する。なお本書ではすでに説明した立場から，12, 13世紀のヴェネツィアは一貫してコムーネと呼び，14世紀以降は必要に応じてコムーネ，国家，共和国など複数の言葉を使い分け，両者をまとめて都市国家と呼ぶことにしたい。第Ⅱ部のそれぞれの章は，コムーネから「国家的体制」への移行を家族の観点から示唆することになろう。

第Ⅰ部
13世紀ヴェネツィアの家族生活

ヴィットーレ・カルパッチョ「聖母の誕生(聖母の生涯より)」(1504年頃)
ベルガモ,カッラーラ美術館所蔵
Vittore Carpaccio, Nascita di Maria Vergine, Accademia Carrara di Bergamo Pinacoteca

第1章

中世イタリア都市の家族史と
ヴェネツィア

はじめに

　本章では，本書全体の導入として，欧米の家族史研究の動向，その中におけるヴェネツィアの位置づけ，ヴェネツィアの家族についての従来の知見といった，研究の前提となる諸々の事柄をまず整理する。

第1節　欧米における中・近世イタリア家族史

　欧米における中・近世イタリア都市の家族に関する研究は，複数の潮流が交わり，相互に作用し，さらに分岐し，別の潮流へと発展・拡散しつつ現在も継続している。家族史とは過去の家族の姿に関するあらゆる研究であると定義するなら，そこにさまざまな方法論と関心が混在するのは半ば当然であろう。これらの動向を逐一追うことは筆者の能力を超えているし，また本書の目的を拡散させてしまうことにもなる。さらにいくつかの動向は日本でもすでに紹介されているので，それらの詳細はそちらに譲りたい。本節ではまず，欧米の中・近世イタリア家族史研究の流れを筆者なりに概観する中で，「家族と権力の関わりを問う」という本書の関心を，現在の欧米の研究動向の中においても明確に位置づけ，あらためて本書の課題の史学史的意義を確認することにしたい。

　ヨーロッパにおける家や親族に対する関心は，イギリスのケンブリッジ・グループによる歴史人口学やフランスの歴史人類学，中世に関しては独の

シュミット，仏のデュビーを柱とする貴族の親族構造研究など複数の根を持つが[1]，これらの影響を受けて中世イタリア都市における家族史研究が盛んになったのは 1970 年代からである。イタリアでは法制史の伝統が古くから相続や嫁資など家族関係の基本的な問題を扱っていたが，それらの研究は歴史学全体の動向とは切り離された形で行われていた。それに対して，独・仏の親族構造研究はヴィオランテを中心とするイタリア支配層のプロソポグラフィカルな研究を触発し[2]，イギリスのケンブリッジ・グループの流れをくむ歴史人口学は，ハーリヒとクラピッシュのトスカナ地方についての世帯構造の研究へと結実した。一方フランスで盛んになった歴史人類学はやがて同じくクラピッシュの研究を通じて大きくイタリアの家族史を発展させることになった。これら複数の潮流をなかば総合する形で編まれたのが，1976 年の『家族と共同体』（イタリアの歴史学雑誌『クアデルニ・ストリチ』の 33 号），1981 年の『中世イタリアの家族と親族』[3]である。ここには，遺言書，覚書[4]などそれぞれ後の家族史の基本史料となる材料を検討した論文[5]のほか，プ

---

1) 多くの文献があるが，とりあえず，二宮宏之・樺山紘一・福井憲彦責任編集，二宮宏之・速水融解説『アナール論文選 2——家の歴史社会学』新評論，1983 年，M・セガレーヌ（片岡陽子・大木喜美子・国領苑子・柴田瑞代・鈴木峯子・藤本佳子訳）『家族の歴史人類学』新評論，1987 年，P・ラスレット他（斎藤治編著）『家族と人口の歴史社会学——ケンブリッジ・グループの成果』リブロポート，1988 年，M・ミッテラウアー，R・ジーダー（若尾祐司・若尾典子訳）『ヨーロッパ家族社会史』名古屋大学出版会，1993 年，前川和也編著『家族・世帯・家門——工業化以前の世界から』ミネルヴァ書房，1993 年，服部良久「ドイツ貴族史研究の一課題——貴族家門・権力構造・国制」『史学雑誌』102-2，1993 年，75-99 頁など。
2) ヴィオランテ自身が，後に述べる『前コムーネ期のトスカナ地方の支配層』（1982 年刊）の書評座談会でそのように述べている。"Tavola rotonda", in AAVV, *Nobiltà e ceti dirigenti in Toscana nei secoli XI-XIII : strutture e concetti, Comitato di studi sulla storia dei ceti dirigenti in Toscana, Atti del IV convegno : Firenze 12 dicembre 1981*, Firenze 1982, p. 95.
3) "Famiglia e comunità", a cura di G. Delille, E. Grendi, G. Levi, *Quaderni storici* 33, 1976 ; *Famiglia e parentela nell'Italia medievale*, a cura di G. Duby e J. Le Goff, Bologna, 1981. 後者はフランスで編まれた論集 *Famille et parenté dans l'Occident médiéval. Actes du colloque de Paris*（6-8 juin 1974），ed. G. Duby et J. Le Goff, Roma, 1977. からイタリアに関係する論考のみを集めて発刊したもので，パリで開かれた「中世西洋における家族と親族」という研究集会に基づく。
4) 中世後期のフィレンツェには，商人たちの備忘録が発展して，祖先の出自や政治活動など家の歴史にかかわる事柄，結婚・出産など日常の家族生活に関わる事柄が書き記されるようになった「覚書」と呼ばれる史料が多数残っている。覚書史料については，徳橋曜「中世イタリア商人の覚書」『地中海学研究』XV，1992 年，97-121 頁。

ロソポグラフィー的手法に基づく親族構造への関心が目立つ研究[6]，人口史の流れに沿って世帯規模の変化を描いた研究，法制史の伝統を受け継ぎながら父権免除（家長権からの免除）や嫁資などの問題を考察した研究[7]などが見られ，当時の家族史的関心の広がりをそのまま表している。それゆえ，方法論的には雑多な研究が未整理のまま集められた感が否めないが，『家族と共同体』の編者グレンディが序文で述べるように，家族史研究の黎明期であった 1970 年代においては，家族というテーマのさまざまな実現可能性が示唆されたことが評価されるべきであろう[8]。こうして 1970 年代に高まった家や家族に対する関心は，1980 年代以降，より豊かな成果をもたらすことになる[9]。ただしここからは中世盛期と中世後期に研究の潮流が分かれていくことにもなる。

中世盛期において，家は何よりも政治支配層の盛衰や親族構造の特徴を明らかにしようという欲求の中に位置づけられ，フィレンツェにおける寡頭的支配層の連続を強調したオットカールの流れをくむエリート主義的研究[10]と共鳴しつつ支配層のプロソポグラフィカルな研究を進めることになった。い

---

5) アメリカの研究者ヒューズが 12 世紀ジェノヴァの遺言書，フランスの研究者クラピッシュが 1400 年前後に書かれたフィレンツェの覚書を用いた。前者は，父系親族重視の貴族と夫婦重視の職人の家族構造において相続実践がむしろこれらの家族構造の特徴を強める働きをしたことを明らかにしている。後者は遠縁の親族をも含む「ニッコリーニ家」の一貫性・凝集性を保証しようとする覚書作者の行動に注目して，「家共同体」の感情的側面を例証した。これらの研究がイタリア人ではなくそれぞれアメリカ人，フランス人によってなされていることは，当時のイタリアがむしろ家族史研究の輸入国であったことをよく示しているといえよう。D. O. Hughes, "Struttura familiare e sistemi di successione ereditaria nei testamenti dell'Europa medievale", in *Quaderni storici* 33, pp. 929-952 ; C. Klapisch, "«parenti, amici e vicini» : il territorio urbano d'una famiglia mercantile nel XV secolo", in *Ibid.*, pp. 953-982.

6) たとえばヴィオランテは前コムーネ期を中心とする伯・辺境伯・司教などの家系，ロッセッティは主にコムーネ成立期のピサの支配層の家系，ルッツァーティは中世後期のピサの商人貴族家系を扱った。C. Violante, "Alcune caratteristiche delle strutture familiari in Lombardia, Emilia e Toscana durante i secoli IX-XII", in *Famiglia e parentela nell'Italia medievale*, pp. 19-83 ; G. Rossetti, "Storia familiare e struttura sociale e politica di Pisa nei secoli XI e XII", in *Ibid.*, pp. 89-108 ; M. Luzzatti, "Famiglie nobili e famiglie mercantili a Pisa e in Toscana nel basso medioevo", in *Ibid.*, pp. 185-206.

7) 順に，C. Klapisch, "Declino demografico e struttura della famiglia : l'esempio di Prato (fine XIV sec.-fine XV sec.)", in *Ibid.*, pp. 169-183 ; P. Cammarosano, "Aspetti delle strutture familiari nelle città dell'Italia comunale : secoli XII-XIV", in *Ibid.*, pp. 109-123.

8) E. Grendi, "A proposito di «famiglia e comunità»", in *Quaderni storici* 33, p. 887.

第 I 部　13 世紀ヴェネツィアの家族生活

わゆる 1980 年代にトスカナ中心に進む支配層研究である[11]。家系の再構成と，彼らの財産状況，政治的キャリアなどの調査を主たる目的とするこれらの研究は，コムーネ成立期の支配層が，いかに農村と都市の相互浸透の中で成長してくるかということを具体的に明らかにした。また支配層研究は，男系子孫の間で結ばれた一種の同盟であるコンソルテリアや塔仲間に関する以前の研究を参照しつつ，12～13 世紀のコムーネ期に関して，当時の都市支配層の一体性や特徴を示すメルクマールの一つとして，彼らの家のあり方，

---

9)　また，こうして，歴史家の関心が人々の人的結合関係に及ぶ中，ジェノヴァ商業史を専門とするエルスは，当時支配的であったマルクス主義的史観を批判する中で，まさに「家」こそが中世社会一般にとって重要な集団であるという主張を行った。つまり経済利害や富の多寡によって人々を階級に分配して理解し，そこから都市騒乱などを説明しようとする姿勢に対して，親族間の人的紐帯の政治生活・経済生活・宗教生活における重要性を強調したのである。J. Heers, *Family clans in the Middle Ages*, Amsterdam, New York and Oxford, 1977. エルスの立場については *Italy in the Central Middle Ages 1000-1300*, ed., D. Abulafia, Oxford, 2004, p. 3. しかし，エルスの議論はこのような集団（ファミリー・クラン）に枠組みを与え，その起源と内部生活を描くことに主眼があるため，形態論的できめ細かい実証に欠けるという恨みがある。また彼の主張自体も，当初こそ歴史家の関心を「ファミリー・クラン」に向けることに貢献したが，その後中世イタリア史において家族史的・家系史的研究が進む中で色あせてしまった感がある。さらにイタリアではエルスの研究に対する疑念から，ヴェンデッタなどの暴力や紛争に対する興味が失せてしまうという負の遺産も生じた。A. Zorzi, "I conflitti nell'Italia comunale. Riflessioni sullo stato degli studi e sulle prospettive di ricerca", in *Conflitti, paci e vendetta nell'Italia comunale*, a cura di A. Zorzi, Firenze, 2009. エルスが主として扱ったジェノヴァのアルベルゴ（共通の姓に基づく集団）の凝集力の過大評価に対する批判として，亀長洋子『中世ジェノヴァ商人の「家」──アルベルゴ・都市・商業活動』刀水書房，2001 年，同「姓を変えること──中世ジェノヴァのアルベルゴに関する試論」歴史学研究会編『系図が語る世界史』青木書店，2002 年，63-90 頁。
10)　詳しくは第 5 章参照。
11)　AAVV, *I ceti dirigenti in Toscana nell'età precomunale*, Atti del I convegno, Firenze, 2 dicembre 1978, Pisa, 1981 ; AAVV, *I ceti dirigenti dell'età comunale nei secoli XII e XIII*, Atti del II convegno, Firenze, 14-15 dicembre 1979, Pisa, 1982 ; AAVV, *I ceti dirigenti nella Toscana tardo comunale*, Atti del III convegno, Firenze, 5-7 dicembre 1980, Pisa, 1983 ; AAVV. *Nobiltà e ceti dirigenti in Toscana nei secoli XI-XIII : strutture e concetti*, Atti del IV convegno, Firenze, 12 dicembre 1981, Firenze, 1982 ; AAVV, *Formazione e struttura dei ceti dominanti nel medioevo : marchesi, conti e visconti nel regno italico* (secc. IX-XII), Atti del primo convegno di Pisa : 10-11 maggio 1983, Roma, 1988. 日本でそのような動向に基づく研究として，山辺規子「カノッサ家の盛衰──中世中期・北イタリアの貴族家系の一例」『奈良女子大学研究年報』37，1994 年，83-100 頁。またこれら支配層研究の一部を紹介した動向として，拙稿「中世イタリアにおける支配層の家と都市農村関係──都市コムーネ理解に向けて」『史林』78-3，1995 年，117-136 頁。

親族の紐帯に注目することになった[12]。このような見方は，中世イタリアの支配層の変遷を追った 2004 年の教本，近年のメール・ヴィグールによるコンソリ時代の支配層についての総合的研究にも反映されている[13]。

ただし，第 5 章で詳しく述べるが，コムーネ期に関しては 1990 年代には支配層研究に代わって制度や司法，統治技法に着目する新たな研究が脚光を浴びるようになり，より近年の概説は，家を主体とした紛争や私的紛争解決が長らく残ったことをも認めつつ，コムーネとして共同で裁判行為を行う能力をコンソリ時代の都市エリート層の特徴として評価する傾向にある[14]。また，13 世紀の「新しい制度史」の進展につれて，より制度との関係に着目したプロソポグラフィー研究が行われるようにもなり[15]，1980 年代のような支配層研究はもはや乗り越えられたというべきであろう。そのような潮流の中で，中世盛期において家族や親族は周縁的な問題へと押しやられた感がある。しかし，制度に着目する場合も，最初から抽象的なコムーネや制度を対象とするのではなく，コムーネを構成するのは，支配層研究が明らかにしてきたような親族の一員としての都市民だということを認識し，そのような都市民の行動と制度の関連を問うて行こうとする姿勢はやはり必要であろう。そしてそのためには，家族・親族の具体的あり方がさらに明らかにされる必要があるが，12～13 世紀に関してはこのような家族生活の中身にまで立ち入っての考察は少なく，次に述べる中世後期の家族史の展開とは一線を画している。メール・ヴィグールはコンソリ時代の支配層の政治文化を理解する鍵として家系を中心とするパワーゲームの中で女性が果たした役割に注目する価値を述べているが[16]，中世後期の家族史に比べてコムーネ期の研究

---

12) G. Rossetti, "Storia familiare e struttura sociale e politica di Pisa", pp. 104–108. ロッセッティは，ここで親族の財産，とりわけ建物を共同で管理しそれらが世代を経てもその中核は不変であることに，家のまとまりを見ている。

13) R. Bordone, "I ceti dirigenti urbani dalle origini comunali alla costruzione dei patriziati", in R. Bordone, G. Casternuovo, G. M. Varanini, *Le arstocrazie dai signori rurali al patriziato*, Roma-Bari, 2004, pp. 53–57 ; J–C. Maire Vigueur, *Cavalieri e cittadini. Geurra, conflitti e società nell'Italia comunale*, Bologna, 2004, pp. 359–374.

14) G. Milani, *I comuni italiani*, Roma-Bari, 2009（1st ed. 2005），pp. 26–32, 55.

15) 本書第 5 章参照。

16) J–C. Maire Vigueur, *Cavalieri e cittadini*, p. 373.

においては女性の姿はきわめて希薄であると言わざるを得ない。その点で，13世紀の家族史・親族研究では，女性も含めた家族のあり方を実証的に提示することが，なお課題として残っているのである。

これに対して，中世後期においては，歴史人口学・歴史人類学の影響下にフィレンツェを中心として具体的家族生活の有り様が明らかにされ，家族史研究は女性史への展開から，権力との関わりへと，方法論的にもかなり進展している。次にその動向を簡単に追っていきたい。

クラピッシュはカタストを用いた中世後期トスカナ地方の世帯構造の解明後，家内部の考察に興味を移し，覚書史料をもとに世帯を越える家意識の存在・男系原理が貫徹し女性は行きずりの客に過ぎないフィレンツェ商人の家の姿の再構成など，すでに日本を始め各国でよく知られた研究成果を次々と打ち出していった。これらをまとめて1988年にイタリアで発表されたクラピッシュの論文集『ルネサンス期フィレンツェにおける家族と女性[17]』は，イタリアの家族史に大きな転機をもたらす。クラピッシュ自身が意図したわけではないが，この論集は中世イタリア都市における女性史研究を大きく触発することになり，この後，中世後期の家族史はむしろ女性史へと流れをシフトさせていくことになった[18]。カルヴィはクラピッシュの退官記念論集に寄せた論考で，当時のイタリアの学界状況を振り返り，1980年代より発表された女性を巡るクラピッシュの研究は，歴史人類学的手法を持ち込むことで，結婚・嫁資・母性などの新しいテーマを触発し，イタリアの女性史の見取り図を変化させたと述べている[19]。

1976年のテーマを『家族と共同体』とした『クアデルニ・ストリチ』は，1994年ふたたび家族・親族を大きく取り上げ，『親族を作ること』というテーマを設定したが[20]，ここに含まれた論文はこの間の家族史研究の進展の方向

---

17) Ch. Klapisch-Zuber, *La famiglia e le donne nel rinascimento a Firenze*, Roma-Bari, 1988.
18) というよりも，やはり複数の根を持つ女性史研究が，クラピッシュの論集を契機として中世後期イタリア都市の家族史を飲み込んでいったと言うべきかもしれない。
19) G. Calvi, "Christiane Klapisch-Zuber, une historienne de la famille et des femmes en Italie", in *La famille, les femmes et le quotidien*(XIVe-XVIIIe siècle). *Textes offerts à Christiane Klapisch-Zuber et rassemblés par Isabelle Chabot, Jérôme Hayez et Didier Lett*, Paris, 2006, p. 89.

性と深化の度合いをよく示している。つまり，ここでは7本の論文のうち4本が中・近世のフィレンツェを扱っており4本とも何らかの形で女性に関係する論文となっている。これらは1980年代クラピッシュが打ち出した「男系原理に貫かれた家」像を緩和する働きをなしたが，本研究にとって重要な示唆を与えてくれるのはカルヴィの論考であろう。ここでは父親に先立たれた子供の後見人に誰がなるかという問題が取り上げられる。16世紀からフィレンツェでは子供の後見を巡る争いを専門に裁く役所が設立されたが，この裁判において法律家たちは「母親は子供から相続する権利がないため，より純粋に愛情をそそぐことができる」という論理のもと，亡父の男系親族よりも再婚した寡婦に後見を委ねるようになった。おそらく農村部より都市部の方が男系親族に対する母の立場が強かったのであろう。母が後見人になる確率はフィレンツェの市外領域より市内の方が高かった[21]。ここには単に過去の家族の姿がどうであったかという関心だけでなく，それが国家権力とどのような関係にあるのか，正確に言うと国家が裁判を通していかに家族生活に介入するのかという視点が見られ，家族と権力の接合点の一つを示している。

　さて1990年代のもう一つの成果は，今まで歴史学とは別個に行われていた法制史研究との交流が盛んになったことであった。先程述べた『親族を作ること』では，血縁関係を表すさまざまな法律用語が厳密に意味するところを問いかけた論考が第一論文としておさめられている[22]。カルヴィの論文（第七論文）も後見を巡る法律家の言説を扱うことで，法との接点を持っている。すでにアメリカでは1980年代にキューンが中世後期フィレンツェの法に注目した研究を精力的に発表していたが，その成果は1993年の『法，家族，女性——ルネサンス期イタリアの法人類学に向けて』にまとめられ，『クアデルニ・ストリチ』でも書評論文が試みられた[23]。

　こうして中世後期の家族史研究は，家意識を問う際でも，相続・後見など

---

20) "Costruire la parentela", a cura di R. Ago, M. Palazzi e G. Pomata, *Quaderni storici* 86, 1994.
21) G. Calvi, "Diritti e legami. Madri, figli, Stato in Toscana (XIV-XVIII secolo), in *Ibid*., pp. 487-510.
22) G. Pomata, "Legami di sangue, legami di seme. Consanguineità e agnazione nel diritto romano", in *Ibid*., pp. 299-334.

の法的問題を扱う場合でも女性への注目を一つのファクターとすることで，男系を中心とする親族構造と女性の活動の相互交渉というまとまりのある研究成果をもたらしてきたと言える。またこれらの研究はフィレンツェから他の都市へと領域を拡大し，時代を遡るよりはむしろ近世に関心を広げることで進展してきた。さらに法制史の伝統を摂取し，単に過去の家族の姿を明らかにするだけでなく，それと国家権力の関係を直接問いかける方向が芽生えてきた。カルヴィの成果は，女性と近世の国家的権力が結託して，男系親族の絆を解体していく過程を描き出していると解釈することも可能であろう。2009年には『中・近世イタリアにおける家族と権力』という論集が編まれることになり，家族と権力の関係への関心は前面に押し出されることになる[24]。編者の一人シャボーはクラピッシュの弟子であり，ここに連綿と続く中・近世イタリア家族史の流れを読み取ることができる。

またアメリカではヨーロッパの家族史研究とは別個に，ルネサンス期の家族そのものに対する関心から，20世紀後半に家族・親族を取り扱ったいくつかの重要な研究が生まれていた[25]。1991年にランシングはその流れを受けつつ，12〜14世紀初めのフィレンツェを舞台に，プロソポグラフィー研究の蓄積と，親族における男系の絆や女性の地位への注目で，反豪族立法（ポポロ政府が定めた豪族[26]に不利な諸立法）へといたるフィレンツェ社会の変遷を

---

23) Cf. Th. Kuehn, *Law, Family, and Women. Toward a Legal Anthropology of Renaissance Italy*, Chicago, 1993 ; "Storia e liguaggi giuridici : Christiane Klapisch-Zuber, I cantieri del diritto ; Massimo Vallerani, Liti private e soluzioni legali. Note sul libro di Th. Kuehn e sui sistemi di composizione dei conflitti nella società tardomedievale", in *Quaderni storici* 89, 1995, pp. 539-557.

24) *Famiglie e poteri in Italia tra medioevo ed età moderna*, a cura di A. Bellavitis e I. Chabot. Roma, 2009.

25) すでに1968年にはゴールズウェイトがルネサンス期フィレンツェにおける核家族化を唱え，1977年にはケントがそれを反駁した。ケントはクラピッシュやファミリー・クランの概念を提唱したエルスの研究を受けて，フィレンツェにおいて三つの平民の家を取り上げ，彼らの世帯構造を明らかにすると同時に，父系親族ネットワークの重要性を指摘した。Cf. R. A. Goldthwaite, *Private Wealth in Renaissance Florence : a study of four families*, Princeton, 1968 ; F. W. Kent, *Household and Lineage in Renaissane Florence : the famly life of the Capponi, Ginori and Rucellai*, Princeton, 1977. これらの研究はすでに日本でも高橋友子氏によって紹介されている。高橋友子「ドナート＝ヴェッルーティの『家の年代記』に見る14世紀フィレンツェ市民の「家」」『立命館文学』504, 1987年, 80-81（1490-1491）頁。

描いた[27]。ヴェネツィアの貴族史研究からジェンダー研究へとシフトしたホイナツキも，14〜16世紀のヴェネツィアを対象に，制度が政治状況だけでなく私的利害を追求する個人や家からの圧力でも変わるということに焦点を当て，研究をまとめている[28]。

以上の概観から，イタリア都市支配層における家族や親族関係の重要性を認識した上で，その分析を行い，さらにそれらと権力の関わりを問う，という本書の関心は，基本的には，現在までのイタリア家族史の研究動向の流れに棹さすものであると結論づけて良い。『中・近世イタリアにおける家族と権力』の序論では，両者の関係を問うためのアプローチとして，権力の主体としての家族（家）を見る方向と権力の客体としての家族を見る方向の両者がこの論集に流れ込んでいると述べている。具体的には，統治の主体としての党派と家の関係を問いかけるジェンティーレ論文，嫁資や婚姻を巡る法と社会の関係を問うミネオ論文，後見人の引き受けをめぐる都市民と都市政府の役職の関係を跡づけたフィッシャー論文の試みなどが，本書と関心を同じくすると言えよう[29]。また，かつての支配層研究の成果の一つである『前コムーネ期のトスカナ地方の支配層』は，その書評座談会において，家系研究に終始して家族を取り巻く社会制度や政治との関係がなおざりにされていな

---

26) 豪族とは，ポポロの政府が，主として旧来の都市支配層に属しポポロ政府にとって脅威となるような人々に貼ったレッテルであり，彼らの名前は反豪族立法によってリストアップされ政治の中枢から排除された。豪族については，清水廣一郎「13世紀フィレンツェの豪族について」『一橋論叢』50-2，1963年，201-224頁。拙稿「中世イタリアにおける支配の変遷：2004年における一つの到達点の紹介」『神戸大学文学部紀要』35，2008年，67-68，70-72頁。

27) C. Lansing, *The Florentine Magnates. Lineage and Faction in a Medieval Commune*, Princeton, 1991. 彼女によれば，12，13世紀のフィレンツェの支配層は，共有財産の維持など男系の絆を強めることで都市生活に適応した。ランシングは実際いくつかの有力なコンソリ時代の支配層の家を調べてその共有財産が農村より都市に多いことを実証している。さて，反豪族立法によって取り締まられた家の大半は，12世紀末から都市を支配していた古いエリートたちであった。彼らは党派争いによる追放や財産の喪失ですでに力を失っており，またアルテの台頭と強化された都市機構などによって父系の絆も解体する方向にあった。しかし，彼らは過去の政治文化に基づいて豪族と名指され，やはり同様の政治文化を採用した平民新興勢力の上層とともに，豪族として都市の要職から追放される。この政治文化というのはまさに，男系の絆を強め，塔を用い，私戦を行うなどの親族構造と振る舞いであった。

28) S. Chojnacki, *Women and Men in Renaissance Venice. Twelve Essays on Patrician Society*, Baltimore and London, 2000.

いかと批判された[30]。これに対し,『家族と権力』で紹介されたシチリアのプロソポグラフィー研究は,中世メッシーナの権力システムにおける騎士の位置づけを,相続形態や家系意識の変遷に注目した研究[31]を参照しつつ,家の出自や家内部の職業分布をさらに精査することで明らかにしようとしている。また,開かれた多様な支配層から男系意識に支えられた少数の家系が構成する都市エリートへの変化が,おそらくその背後にある王の政策にも目を配りつつ,かいつまんで紹介されており,この間の研究の進展,イタリア南部に場所を移しているとはいえ研究者が自覚的に権力との関係を問いかけてきた成果を伝えている[32]。

こうして,欧米における中世イタリアの家族史においては,家族と権力の問いかけが積極的かつ自覚的に行われるようになってきたのである。しかし,この動向整理そのものが示しているように,今述べた南部の研究をのぞけば,コムーネ期と中世後期以降の研究あるいは関心は基本的に交わらず,13世紀～14世紀を跨いで家族・親族の視点から政治や制度の変化を見通した研究はほとんどない,ということが指摘できよう。これは,13～14世紀の転換を扱う制度史的,政治史的研究自体が,2000年を超えないと進展してこないという事実にもよるが,第5章で具体的に見るように,現在は多くの新しい成果が生まれてきている。従って,その過程で親族と権力の関係がどのように変容していくのかという視点は,家族史研究の方法論的発展の側からも重要であろう。そして,やはり13世紀においては,家族史的データの蓄

---

29) A. Bellavitis e I. Chabot, "Introduzione", in *Famiglie e poteri in Italia*, pp. 1-13 ; M. Gentile, "Casato e fazione nella Lombardia del Quattrocento : il caso di Parma", in *Ibid*., pp. 151-187 ; E. I. Mineo, "Famiglie e istituzioni in alcune comunità dell'Italia centrale nel basso medioevo", in *Ibid*., pp. 283-299 ; C. M. Fisher, "Guardianship and the rise of the Florentine State, 1368-93", in *Ibid*., pp. 265-282.

30) キットリーニのコメント。AAVV, *Nobiltà e ceti dirigenti in Toscana nei secoli XI-XIII*, pp. 83-84.

31) Cf. E. I. Mineo, *Nobiltà di Stato. Famiglie e identità aristocratiche nel tardo medioevo. La Sicilia*, Roma, 2001.

32) メッシーナの権力システムにおける騎士の重要性を主張する1990年代半ばの研究に対し,本論文の著者は家を扱う際の方法論的ナイーヴさを指摘して,このテーゼを批判している。H. Penet, "Les familles de la noblesse civique à Messine à la fin du Moyen Âge. Hégémonie féodale ou société polycentrique?", in, *Famiglie e poteri in Italia*, pp. 117-129.

積の薄さが指摘できる。カルヴィが，「クラピッシュの研究はおもに 15～19 世紀という長い近代を対象とする研究によって受容され，中世史はむしろ彼女の研究に無関心であった[33]」と述べるように，いわゆる家族生活の実態に関心を持つ研究の成果はコムーネ期の研究にはほとんど影響を与えていないのである。しかし先にも触れたように 13 世紀の変革の時代をその深部において捉えようとすると，やはり家族の一員としての個々のエリートの存在形態と実践にまで目を向けていく必要があろう。ここに，13 世紀の家族生活の具体的様相を明らかにしつつ，14 世紀に向けての政治的，制度的変化の中で家族と権力の関係の変遷を問うという本書の課題の，史学史的意義がある。

第 2 節　ヴェネツィア支配層の家・家族

　では，このような欧米の中・近世イタリア家族史一般の動向に対し，中世ヴェネツィアでは，従来の研究は家・家族に関してどのような知見を与えてきたのだろうか。中世における家族史的な研究がほぼホイナツキの一人舞台であるヴェネツィア史において，家族生活の具体的様相や個別の家の盛衰についての研究は必ずしも多くない。そのホイナツキについても研究対象は 14～16 世紀であり，13 世紀についての彼の関心はほぼ皆無と言って良い。ただ，貴族共和制や東西貿易で有名なヴェネツィアは，それとの関連で，貴族を構成する家の移り変わり，商人の生活史の面ではある程度研究の蓄積があり，本書が対象とする 13～14 世紀についても支配層の家に関する基本的な情報や，一般的イメージを与えてきた。本節では，それらを確認すると同時に，そのような研究の問題点を指摘することにしたい。

(1) 貴族身分を構成する家

　18 世紀のヴェネツィア共和国の滅亡まで続く貴族共和制は，ヴェネツィア貴族自身がプロパガンダを行った近世から現代に至るまで，ヴェネツィア

---

33) G. Calvi, "Christiane Klapisch-Zuber, une historienne de la famille et des femmes en Italie", p. 90.

貴族への関心を喚起している。では，ヴェネツィア史における貴族とは何であろうか。貴族が，一般に血統などによって特権を付与された社会の上層であり，その内実が時代・地域によって異なることは今更言うまでもなく，ヨーロッパにおいても中世貴族と近世貴族は区別されるのが普通である。しかしヴェネツィアでは1297年～1323年のセッラータと呼ばれる一連の法令によって大評議会を通じて政治に携わる階層が法的に定義され，こうして成立した特権身分の枠組みが共和国滅亡まで継続したために，中世から近代を通じて支配層を示すのに同じ「ヴェネツィア貴族 patrizio, nobiltà」という言葉が使われ続けた。さらに近世の貴族身分が彼らの古い出自を誇り，実際にも数十におよぶ家が中世盛期から近代まで断絶することなく続くため，法的身分としての貴族が存在しなかった中世盛期，さらに前期についても，貴族の語が遡って使用される場合がある[34]。こうして，実際には中世前期から近代の間でかなりの数の家の入れ替わりがあるというものの，あたかも貴族の構成員が不変であったかのような一般的イメージを与えているのである。

　さて，このような14世紀から18世紀までにいたる貴族身分の継続は，ヴェネツィア史の特徴として，多くの貴族研究を生んできた。それらの大部分は近世に関するものである[35]が，中世においてもセッラータ前後の支配層の内実に注意が向けられ，セッラータ後に貴族身分を構成する家がいつ頃から台頭してきたか，あるいは貴族身分の中でさらに有力な家を分類することができるのか，などの問題が論じられてきたのである。それらの成果を簡単に記すと以下のようになろう。

　すでに20世紀初めにメローレスがセッラータと家の関係を取り上げた研究で，13世紀末すなわちセッラータの頃に大評議会を構成していた家を，(1) 12世紀にはすでに支配層に属していた家，(2) 1175年～1225年の半世紀の間に裕福になり従来の支配層と融合した家，(3) 13世紀後半に初めて登場した家や13世紀の間に東地中海から帰還し大評議会に認められた家，に分

---

34) 本章注50参照。
35) これらの貴族研究については，永井三明『ヴェネツィア貴族の世界——社会と意識』刀水書房，1994年，藤内哲也『近世ヴェネツィアの権力と社会——「平穏なる共和国」の虚像と実像』昭和堂，2005年，の文献を参照。また比較的最近のものとして，A. Cowan, *Marriage, Manners and Mobility in Early Modern Venice*, Aldershot-Burlington, 2007.

類した[36]。同様に，セッラータに至るまでの支配層の変遷をより網羅的に調べたのがレーシュである。彼は 10 世紀から 13 世紀の間にかなりの家の交代があったことを指摘したが，さらに 13 世紀後半の大評議会の名簿をもとに，その構成員を 14 世紀の年代記[37]の見解と大評議会への参加状況に基づいて五つのグループに分けた。第一グループは 14 世紀の年代記が「高貴な」家柄として掲載している家であり，約半数の家が毎年大評議会に 10 名前後，あるいはそれ以上のメンバーを送り出していたことがわかる[38]。第二グループは平均 3 名以上のメンバーが大評議会に連続して選ばれていた家である。第三グループは少なくとも 9 年間は大評議会に参加した家，第四グループは少なくとも 4〜8 年参加した家，そして最後の第五グループが 1〜3 年参加の家である。参考までに第一グループ（24 家）と第二グループ（19 家）の表を転載しておくが（表 1，表 2），残るグループの数は，それぞれ順に，64 家，44 家，75 家であった（計 226 家）。彼はさらにそれぞれのグループのメンバーが大評議会全体の人数に対して占める割合も計算しているが，その結果は第一グループがほぼ 40 パーセントを占めており，支配層の中にも，有力な家とそれ以外の家がいたことが明らかである。これらの家はさらに小評議会においては，半数以上を占めていた。ただ，13 世紀の末にかけて第一グループの占める割合は若干減り，第三〜第五グループがそれぞれ割合をわずかながら増やしているので，セッラータの頃に向けて新人の割合が増えていたことは推察できる[39]。これに対して，14 世紀の貴族の構成をくわしく調査したのがホイナツキである。彼によると，1293 年〜1379 年において貴族身分を構成していたと思われる家は 244 家ある。このうち，1290 年代に大評議会に議席を持ち，1379 年以降も貴族である家は，166 家あり，全体の約 3 分の 2 であった[40]。彼はさらにこの 166 家について 14 世紀の間に政治的・経

---

36) M. Merores, "Der große Rat von Venedig und die sogenannte Serrata vom Jahre 1297", in *Vierteljahrschrift für Sozial- und Wirtschaftsgeschichte* 21, 1928, pp. 65–69.
37) 本書第 7 章で扱う，『ヴェネツィアの歴史』である。
38) ヅィアーニは参加人数が極端に少ないが，13 世紀に二人のドージェを輩出し，経済的にも傑出した家であった。
39) G. Rösch, *Der venezianische Adel bis zur Schließung des Großen Rats, Zur Genese einer Führungsshicht*, Sigmaringen, 1989, pp. 125–135.

表 1　第一グループ

家名	61/2	64/5	65/6	66/7	67/8	68/9	69/70	70/1	75/6	76/7	78/9	80/1	81/2
Badoer	9	7	8	9	9	8	7	10	10	7	7	11	9
Barozzi	9	6	8	4	3	2	1	2	8	6	6	5	7
Baseggio	11	7	8	9	11	10	5	8	7	7	6	8	4
Bellegno	6	2	4	6	6	6	8	4	7	4	3	3	2
Bembo	—	2	2	3	3	3	1	2	2	1	2	3	2
Contarini	21	15	18	20	23	22	24	25	27	24	27	26	12
Corner	6	6	5	6	11	5	6	8	11	4	6	3	4
Dandulo	20	16	19	21	26	16	20	26	19	17	13	14	12
Dolfin	8	3	4	7	10	6	13	6	11	9	11	7	5
Falier	12	7	11	7	9	6	9	12	6	7	8	7	8
Giustinian	6	4	5	4	10	7	5	7	7	6	8	4	2
Gradenigo	10	7	9	9	6	10	13	10	10	9	5	6	6
Memo	1	2	1	2	4	3	3	3	1	2	1	2	2
Michiel	11	4	11	12	17	6	11	9	10	8	7	10	12
Morosini	18	13	20	15	16	12	14	19	16	16	12	8	13
Polani	5	4	6	7	7	5	6	3	4	1	4	4	—
Querini	20	13	14	11	13	16	16	10	20	18	14	17	18
Sanudo	3	2	1	1	3	3	3	3	2	3	4	2	4
Soranzo	2	4	7	7	11	6	4	9	7	3	5	7	9
Tiepolo	3	4	4	6	6	6	6	7	9	7	6	4	4
Zane	9	4	13	12	7	8	13	10	11	13	6	6	6
Zen	7	1	5	7	6	9	10	8	6	6	6	8	7
Ziani	1	1	1	1	1	1	—	—	—	—	—	—	—
Zorzi	8	3	5	5	9	9	7	9	10	9	8	2	7

出典　G. Rösch, *Der venezianische Adel*, p. 127.
※　家名の右に並んでいる数字が，それぞれ上に示された年代（61/2 は 1261 年 9 月〜1262 年 9 月を指す）に大評議会に参加していた人数を示している。

済的に他の家より傑出していた家が存在したのか，彼らは寡頭支配層であったのかを検討した。彼は 1290 年代の大評議会名簿，1350 年代と 60 年代のドージェ評議会や四十人会などの主要な委員会の名簿，1379 年の資産評価を用い，それぞれ約 40 家に富と権力が集中していること，それぞれのリス

---

40)　史料は 1349〜53 年，1362〜67 年，1383〜1387 年の役職保持者リスト，1379 年ジェノヴァとの戦争に備えての課税のために行われた資産評価，13 世紀後半の大評議会名簿などである。S. Chojnacki, "In Search of the Venetian Patriciate: Families and Factions in the Fourteenth Century", in *Renaissance Venice*, London, ed. by J. R. Hale, 1974, pp. 54-56, 80, 83.

表2　第二グループ

家名	61/2	64/5	65/6	66/7	67/8	68/9	69/70	70/1	75/6	76/7	78/9	80/1	81/2
Barbarigo	8	5	7	7	6	6	9	7	6	7	3	6	10
Barbo	4	2	1	3	4	3	8	2	7	3	4	5	3
Boldù	3	2	2	2	3	3	4	2	6	4	6	5	15
Bon	2	2	3	3	6	1	2	4	7	4	6	2	2
da Canal	10	6	13	15	9	7	10	14	12	11	9	14	8
Dauro	5	4	2	2	3	4	4	4	4	2	4	1	3
Donà	2	5	9	4	8	6	7	4	5	4	4	3	4
Ferro	3	1	1	2	4	3	6	4	4	3	3	2	3
Foscarini	7	4	3	8	9	6	8	10	6	5	3	9	6
Ghisi	6	3	7	3	6	5	2	2	9	4	3	6	7
Menio	3	3	5	7	5	7	6	7	7	4	6	9	6
Mocenigo	7	3	2	3	5	4	3	5	3	3	3	4	1
da Molin	10	5	12	14	11	8	13	7	13	13	15	12	12
Permarin	1	1	4	4	3	2	7	5	3	3	6	4	3
Storlato	4	3	3	5	5	6	6	5	5	3	2	1	1
Trevisan	4	4	5	5	4	4	4	10	7	6	4	3	4
Venier	10	9	12	8	11	12	12	11	7	10	8	10	10
Viaro	3	2	4	4	3	3	5	4	3	5	4	3	2
Vitturi	1	2	2	4	5	5	4	5	2	4	4	4	

出典　G. Rösch, *Der venezianische Adel*, p. 128.

トで上位三分の一をとれば67家が継続してその中に入っているが上位を占める家にいくらかの流動性が観察できること，しかし14家（コンタリーニ，コルネル，ダ・モリン，ダンドロ，ドルフィン，ファリエル，ジュスティニアン，グラデニーゴ，ロレダン，ミキエル，モロシーニ，クエリーニ，ソランツォ，ヴェニエル）は常に政治的・経済的に傑出していることを指摘した。これらの家名をさきのレーシュのリストと比較すると，11家が第一グループ，2家が第二グループ（しかし，平均10人以上参加）で，13世紀後半から14世紀にかけて有力な家は継続していることがわかる。ロレダンのみが第三グループであり，14世紀になって台頭した家ということができるだろう。ただ寡頭制の有無については，ホイナツキは，リストで上位を占める家はたいてい男性構成員の多さにそれを負っているのであって重要な役職もマイナーな役職も同様に多く務めていること，小さな家でも重要な役職についていること，同一家内でも財産の寡多が存在することを指摘し，彼らが人数的に傑出しているから

といって政治・経済を独占したわけではないと，結論づけている[41]。最後に，近年では，ライネスがセッラータから共和国滅亡に到る家の盛衰について，役職選出リストや年代記史料，16世紀以降は貴族の戸籍（いわゆる「黄金の書」）などを用いて網羅的な研究を行った。彼女が与えたデータによると，1297年から1797年まで継続した家は86家，そこにはホイナツキがあげた14家は全て含まれていた[42]。

こうして，貴族に注目する研究はヴェネツィア貴族の家の外面的な容貌，すなわち，貴族身分を構成する家の数の推移，13世紀後半から14世紀にかけての家の連続，少数の傑出した家の存在，同一家内の個人の財産格差，各家による役職の配分を明らかにしたのである。ここで得られた情報はヴェネツィアにおいて家族史研究を行う上での基礎データと言えるだろう。ただし，ホイナツキ自身，これらの家を無批判に政治的・経済的単位として扱うことには慎重である。分家の存在をどのように扱うのかという問題に加え[43]，家のメンバー間の財産の差，資産評価から明らかになる住居の散在など家全体としての凝集力を想定しづらいような状況が存在するからである。親族の相互権利義務を規定した法，親族の絆，家長の権威などより家族の実態に即した研究，すなわち家族史が必要な所以である。

(2) 商人の生活史

では家族生活の実態について，従来の見解はどのようなものであったのか。商業活動が盛んなヴェネツィア，周知のように支配層も含めた多くの人々の経済基盤が海外貿易にあるヴェネツィアでは，家族生活は何よりもまず，商人[44]のライフサイクルという関心から描かれた。このようなものの代表とし

---

41) S. Chojnacki,"In Search of the Venetian Patriciate", pp. 54–75.
42) D. Raines, "Cooptazione, aggregazione e presenza al Maggior Consiglio : le casate del patriziato veneziano 1297–1797", in *Storia di Venezia-Rivista* I, Firenze, 2003, pp. 1–64.
43) ここで研究者たちが「家」として分析しているのは，同じ家名によって分類することができる集団であり，その内部の系譜関係は全く問題にされていない。しかし少人数の家ならともかく，大評議会に10名以上参加するような家については，ヴェネツィア市内のいくつかの地区に分かれた系統（リネージ）が存在し，このような家の下位区分集団の存在をどのように扱うか，という問題がある。本書では，序論注28に従って，このような下位区分集団を分家と記す。

て，ルヌアールが1979年に『ヴェネツィア文明の歴史』にあげた13世紀の商人についての文章を要約することができる。そこでは，彼らは読み書きを習うと親族や友人たちとともに航海に出発し，やがては自己勘定で商売を行うようになる，40〜50歳になると，大部分の人間が遠方で過ごした長い歳月の後ヴェネツィアに戻り，もし財産を築いていればヴェネツィアに快適な家を建てた，と述べられている。一方，女性については，若くして結婚し，このように商売で遠方に出かける夫の留守を守る禁欲的かつ犠牲的な姿が推測されるのみである[45]。もちろん概説ゆえの一般化，単純化は否めないが，海上貿易商人としての海外生活を強調したイメージであるといえよう。そしてそこではヴェネツィアの住居をはじめとする種々の不動産，特に代々引き継がれる不動産についてのイメージは希薄である。また女性の役割についての推測も消極的である。ところで不動産の共同所有はしばしばイタリア都市における男系親族間の絆の表れと捉えられてきたし，入れ物としての「家屋」の存在はそこに集まる親族の社会的結合の象徴でもあった。親族による集住もしばしば指摘されてきたことである[46]。13世紀ヴェネツィアで家族生活の中身についての研究がほとんど進んでいない背景には，家族史における支配層研究の優勢というイタリア都市一般の傾向に加え，「商人貴族」のレッテルの下，ヴェネツィア商人たちの日常生活はルヌアールの描くような不動産との関係が希薄なイメージで満足され，さらに掘り下げて家族生活の実態を明らかにしようとする要求が阻まれてきた，というような事情もあろう[47]。

ところで近年のヴェネツィアに関するさまざまな訳書は中世におけるヴェ

---

44) ここで商人と呼ぶ人々は，商業に携わる人間を研究者が分類してそう呼んでいるのであり，必ずしも史料でmercatores, negotiatoresと指し示される人のみを指すわけではない。ヴェネツィアにおいて支配層の経済基盤は海上貿易活動にあるため，支配層は全て商人であるといえよう。反対に商人が全て支配層に含まれるわけではない。

45) Y. Renouard, "Mercati e mercanti veneziani alla fine del Duecento", in *Storia della civiltà veneziana 1 – Dalle origini al secolo di Marco Polo*, a cura di V. Branca, Firenze, 1979, pp. 387-397. 特に，pp. 390-391. 同様の記述が，文庫クセジュに収められた，C・ベック（仙北谷茅戸訳）『ヴェネツィア史』白水社，2000年（第2刷2008年，原著1993, 1998年），59頁にも見られる。

46) F. W. Kent, *Household and lineage in Renaissance Florence*; G. Rossetti, "Storia familiare e struttura sociale e politica di Pisa"; Ch. Klapisch, "«parenti, amici e vicini»" など。

第Ⅰ部　13世紀ヴェネツィアの家族生活

ネツィア人と馬や製粉との関係——すなわち彼らが一定の地所を持ち海外貿易以外の活動を行っていた証拠—を指摘しており[48]，ルヌアールのイメージが一面的であることは今更指摘するまでもない。また，実際には，13世紀のヴェネツィア人が都市内に不動産を所有するばかりでなく，イタリア本土にも土地を所有していたことについてはすでに20世紀初頭から知られている[49]。それが，なぜルヌアールのようなイメージにつながったのだろうか。その背景には，過去からの幾多の言説の蓄積と，ヴェネツィア史独特の研究状況が大きく影響している。以下では研究史をたどりながらこの点を明らかにし，同時に中世ヴェネツィア商人の経済活動一般についての知識も確認することとしたい。

　中世ヴェネツィア支配層の生活をはじめて概観したのはルッツァットである。彼は1939年の「ヴェネツィア貴族の経済活動」と題する論文で，遺言書，証書史料，資産評価，公証人史料などを利用し，9世紀から14世紀にわたる支配層の経済活動の素描を行った[50]。そこでは，彼らが商人であると同時に船主であったこと，コムーネの役職に就きながらも東西交易から撤退

---

47)　ルヌアールに代表されるような見解が，ピレンヌやブローデルといった著名な研究者が与える周りを囲む海以外何も持たないヴェネツィアのイメージと相まって，「海上貿易商人」の中身について紋切り型のイメージを与えてきたことは事実であろう。ピレンヌは，「何もなかった。飲料水さえなかったのである。しかし働く術を知っている者の生活には海さえあれば充分である。漁業と製塩業が，近隣の海岸の住民とこの二つの生業の産物を交換することにより小麦の入手を可能にすることを通じて，すぐさまヴェネツィア人の生活の質を保証した。商業は，このように，ヴェネツィア人の居住条件そのものによって彼らに強制されたものであった」と述べている。アンリ・ピレンヌ（佐々木克巳訳）『中世都市——社会経済史的試論』創文社，1970年，71頁。ブローデルも，non arat, non seminat, non vendemiat（耕さず，種播かず，取り入れず）という11世紀の史料の言葉を取り上げて，中世のヴェネツィアを真水も食糧資源もない，農業活動とはまったく無縁の商工業のみによって成長を遂げる都市として描いている。彼によればヴェネツィアは，「生存していくためにはいっさいを——小麦・きび・ライ麦・屠殺前の家畜・チーズ・野菜・ぶどう酒・油・木材・石材——交易に頼らざるを得」なかった。フェルナン・ブローデル（村上光彦訳）『物質文明・経済・資本主義　15-18世紀』みすず書房，1995年，131-132頁。
48)　ピエロ・ベヴィラックワ（北村暁夫訳）『ヴェネツィアと水——環境と人間の歴史』岩波書店，2008年，45-48頁，アレッサンドロ・マルツォ・マーニョ（和栗珠里訳）『ゴンドラの文化史——運河を通して見るヴェネツィア』白水社，2010年，10-12頁。
49)　V. Lazzarini, "Antiche leggi venete intorno ai proprietari nella Terraferma", in *Nuovo Archivio Veneto*, n. s. 38, 1919, pp. 5-31.
50)　G. Luzzatto, "Les activités économiques du Patriciat vénitien", in *Annales d'Histoire économique e sociale* 9, 1939, pp. 25-57.

することがなかった様子や当時の商業の仕組み，ガレー船の運行の様子などが語られている。しかし，本文で史料から浮かび上がるヴェネツィア支配層の姿には，単に「海上活動を行うだけの商人」ではない，興味深い点が指摘されている。例えば都市の不動産が支配層に好まれ続けたこと，13世紀前半から，彼らの所有地はラグーナの境界付近や近隣のトレヴィーゾ，パドヴァ，イストリア地方からフリウリ地方にまで広がっていたことなどである。さらに，土地や財産を持っているヴェネツィア人に種まきのための小麦を与えることを評議会が認可した史料[51]まで引用されている。しかし，これだけ詳しい説明がなされながらも，これら全てはヴェネツィア支配層のプロフィールをまとめるときに場所を持たず，「ヴェネツィア貴族は14世紀のあいだも，何よりも「商人」であり，そのマンタリテは商業のマンタリテであった。」と結論づけ，このマンタリテは近代性と結びつけられている。

　たしかに経済史家ルッツァットの言うとおり，本土の所有地は自家消費を主たる目的としたものであり，農産物売却や地代収入による多大な利益を生むことはなかっただろう。土地は富の源泉としては一部の有力者をのぞいてそれほど重要性を持たず，他のイタリア諸都市の支配層に比べれば規模も小さかった。しかし商業の強調とその近代性との結びつきというルッツァットのまとめ，のちの概説がそれに引き続いて不動産所有を軽視していったことの裏には，当時の学界状況という大きな時代背景もあると考えられる。

　当時は，中世イタリアの商業について，日々の生活を保証するための小規模商業に過ぎないと低く見積もるゾンバルトと，ロマーノ・マイラーノを引きながらヴェネツィアにおいてすでに専門的大商業活動が存在したことを主張するハイネンとのあいだに論争があった[52]。ロマーノ・マイラーノは12世紀後半に活躍した商人で，遍歴商業時代のヴェネツィア人の典型として，その後も随所の概説で引かれている。彼は経済的にあまり豊かでない状況から出発し，生涯まとまった不動産を所有していた形跡はない。海上貸し付けやコッレガンツァ[53]で資金を集めてコンスタンティノープルとの間で材木を中心とする商売を行い，10年の間に船を所有するまで富を蓄えた。1171年

---

51) 1260年9月8日の大評議会決議。*Deliberazioni del Maggior Consiglio*, Ⅱ, p. 26.

のビザンツ皇帝マヌエルによるヴェネツィア人の財産没収とギリシア人によるヴェネツィア商人略奪の被害に巻き込まれ，多くの借金を抱えることになるが，それで没落することはなく12年かけて借金を返済する。その後もアレクサンドリアやシリアなどに航海して商売を続け，新しい船も建設した[54]。ルッツァットは当時ようやく利用できるようになり始めた数々の海上貸し付けに関する史料などを読み込んで，ヴェネツィアではすでに12世紀から商業活動の機会や幅が拡大し，資本主義的とは言わないまでも充分複雑で近代的な経済生活が展開していたと主張する立場にあった。そして，そこではロマーノ・マイラーノのような企業家精神に満ちた商人が，商業活動に携わっていたとしたのである[55]。またサポーリやフィウミやメリスなど20世紀半ばの代表的なイタリアの経済史家たちが中世遠隔地商業の展開に資本主義のレッテルをはるなかで，ルッツァットは資本主義の概念規定にかなり慎重な方であった。が，それでも13世紀以来のイタリアの経済生活に「決定的に近代的な性格」をみて，後の著作で「近代的経済心意」がルネサンス期イタリアの諸大都市に成熟していたことを指摘している[56]。したがってこの論文

---

52) G. Luzzatto, "Capitale e lavoro nel commercio veneziano dei secoli XI e XII", in Idem, *Studi di storia economica veneziana*, Padova, 1954, p. 109 (in ; *Rivista di Storia Economica*, A. VI, 1941, sotto lo pseudonimo G. Padovan); G. Cracco, *Società e stato nel medioevo veneziano*, Firenze, 1967, pp. 44-45 ; I. Fees, *Ricchezza e potenza nella Venezia medioevale. La famiglia Ziani*, Roma, 2005, pp. 14-16 (*Reichtum und Macht im mittelalterlichen Venedig : Die Familie Ziani*, Tubingen, 1988). Cf. R. Heynen, *Zur Entstehung des Kapitalismus in Venedig*, rep. New York, 1971 (originally published : 1905), W・ゾンバルト（岡崎次郎訳）『近世資本主義第一巻第一冊』生活社, 1942年，454頁（原著　第二版，1916年）.

53) 海上貸し付けはロマーノ・マイラーノが愛用した資金調達形態で，一航海ごとの精算と通常貸し付けに比べて高い利率を特徴とする。コッレガンツァは遅くとも11世紀末には出現したもので，航海に伴う危険を出資者と旅行者が分け合うことが重要であり，まずは貸し手が3分の2，借り手が3分の1を出資して利益を折半する双務契約の形で，13世紀初めには貸し主が旅行者にある一定の金額を前貸しし利益の4分の3をもらい受ける片務契約の形で普及した。G. Luzzatto, "Capitale e lavoro nel commercio veneziano dei secoli XI e XII", pp. 108-116.

54) マイラーノのプロフィールについては，G. Luzzatto, "Capitale e lavoro nel commercio veneziano dei secoli XI e XII", pp. 108-116 ; F. C. Lane, *Venice : A Maritime Republic*, Baltimore and London, 1973, pp. 52-53 ; G. Rösch, "Lo sviluppo mercantile", in *Storia di Venezia II, L'età del comune*, a cura di G. Cracco e G. Ortalli, Roma, 1995, pp. 146-150.

55) G. Luzzatto, "Capitale e lavoro nel commercio veneziano dei secoli XI e XII", p. 116.

でも，まとめでは「ヴェネツィア貴族」が何よりも「商人」であったことと，14世紀半ばの記録に見られる事業の合理的組織や実践，複式簿記の採用，支払いシステムにおける銀行機能の発達などが，この近代性の明白な徴候であることが指摘されることになったのである。また当時，商人の土地への投資はしばしば，13世紀の「商人の英雄時代」ののちにおこる商業の沈滞期・商人の意識の消極化の指標ともみなされていた[57]。ここにも土地所有の意味を低く見積もる動機が存在したと考えられる。

　さらにヴェネツィア独特の事情もある。森田鉄郎氏がすでに指摘するように，一般に中世商人たちが「土地所有者であることが社会的威信や商売上の信用の最大の拠りどころであった事情も手伝って，商売に成功したのち好んで土地その他不動産の取得に向かう傾向が早くから見られたことは多くの学者たちの等しく認めるところ」でもあった[58]。しかし，ヴェネツィアについてはベレンゴが同時期に指摘するように，ヴェネツィア人が「広大な所有地を持つことと商業の停滞（これはまた，共和国の衰退と同時進行すると考えられがちである）とを同一視する傾向があるため，商業活動がまだ活発な時期にも土地所有が拡大していると気づくのを」妨げてきたのである[59]。ベレンゴは15世紀について述べているが，東西貿易の上昇期である12〜13世紀においては，ポッツァが指摘するようにましてや土地所有は脇へ押しやられてしまうのだろう[60]。ルッツァットは，晩年の著作『ヴェネツィア経済史』において，中世盛期のヴェネツィアで最も裕福な商人としてツィアーニ家を紹介し，彼らの投資活動と多くの不動産にも言及しているが，別の箇所ではやはり何もないところから出発し，ヴェネツィアに家を持つこともなく生涯を遍

---

56)　森田鉄郎『ルネサンス期イタリア社会』吉川弘文館，1967年，92頁。
57)　森田鉄郎『ルネサンス期イタリア社会』，65-66，87-90頁，同『中世イタリアの経済と社会——ルネサンスの背景』山川出版社，1987年，361-363頁。
58)　森田鉄郎『中世イタリアの経済と社会』，362頁。
59)　M. Berengo, "Profilo di Gino Luzzatto", in Rivista storica italiana 76, 1964, p. 911. 近世ヴェネツィア人の土地所有については日本でも早くから研究されている。和栗珠里「土地所有とヴェネツィア富裕階級のメンタリティの変化」『文化史学』45，1989年，153-172頁。「1520〜1570年におけるヴェネツィア人の土地所有——アルヴィーゼ・コルナーロの活動と思想」『地中海学研究』20，1997年，103-126頁など。
60)　M. Pozza, "I proprietari fondiari in terraferma", in Storia di Venezia II. pp. 661-662.

歴商人として過ごしたロマーノ・マイラーノをパイオニア時代のヴェネツィア商人の典型として称揚している[61]。

こうしてルッツァットに内包されていた不動産所有を軽視する方向は、後の概説にも影響を与えたと考えられる。決定的なのは、やはり中世ヴェネツィアに資本主義の胎動を見るレーンであろう。レーンはヴェネツィア経済史の大家でアメリカにおけるヴェネツィア史研究の創設者でもあるが、中世ヴェネツィアについて行った多くの個別研究を基礎としながら、1973年『ヴェネツィア、海の共和国』という概説を著した[62]。本書は広く読まれ日本のヴェネツィア史研究にも大きな影響を与えている。ここではタイトルの通り、中世を中心にヴェネツィアの海上商業活動や船員の問題が専門的に論じられており、それらは現在も議論に付されることのない有用な情報である。しかし全体の枠組みと情報の取捨選択には、レーンのヴェネツィア観が大きく影響しており、中世ヴェネツィア商人の実例としては12世紀末のロマーノ・マイラーノと彼自身が詳細に研究した15世紀半ばの貴族アンドレア・バルバリーゴの2名が挙げられた[63]。両者ともわずかな資金から商業活動に身を投じ、海外貿易で財産を築く商人の典型であり、遍歴商人ロマーノ・マイラーノについては商人兼船乗りとして過ごした生涯が、定住商人アンドレア・バルバリーゴについては複式簿記や手形など新しい商業技術を利用してリアル

---

61) G. Luzzatto, *Storia economica di Venezia dall'xi al xvi secolo, introducione di Marino Berengo*, Venezia, 1995（1st ed. *Storia economica di Venezia dall'xi al xvi secolo*, Venezia, 1961）, pp. 21–25, 155.

62) F. C. Lane, *Venice : A Maritime Republic*. レーンの業績などについては、*Venice and History : the Collected Papers of Frederic C. Lane*, ed. by a Committee of Colleagues and Former Students, foreword by Fernand Braudel, Baltimore and London, 1966 ; J. Martin and D. Romano, "Reconsidering Venice", pp. 5–6 ; M. M. Bullard, S. R. Epstein, B. G. Kohl, and S. M. Stuard, "Where History and Theory Interact : Frederic C. Lane on the Emergence of Capitalism", in *Speculum* 79-1, 2004, pp. 88–119. なおレーンの述べる「資本主義」は、人々が資本を投下することによって財をなすことができる社会を意味する。F. C. Lane, "At the Root of Republicanism", in *Venice and History*, pp. 521–522.

63) 古い裕福な家に関しては、ラニエリ・ゼノの遺産の内訳も紹介されているが、彼らの収入が主にコッレガンツァによる海上投資であったこと、これら大家族が船の所有者や艤装者として海でも支配的であったことが述べられている。また15世紀についてはキプロスに広大なプランテーションを所有したコルネール家の例も挙げられているが、それは典型例ではないと述べられている。F. C. Lane, *Venice : A Maritime Republic*, pp. 52–54, 140–143.

トを中心に活動する姿が強調されている[64]。また本書全体を貫くレーンのヴェネツィア孤立史観に関しては当時でも厳しい書評が寄せられたが[65]、それらもテッラフェルマ（潟(ラグーナ)に対するイタリア半島側の土地）征服後のイタリア北東部との関係の重要性には言及するものの、中世盛期に関してレーンが与える商人兼船乗りとしてのヴェネツィア支配層のイメージはおおむね認められていると言えよう。

　こうして経済史家が主流を占めるヴェネツィア商人の研究では、彼らの貿易活動が前面にたちその分野に関する研究が蓄積し、支配層に加わることなく生涯を終えたロマーノ・マイラーノが典型的商人としてプロフィールを与え続け、支配層に見られる不動産所有の事実は抜け落ちていったと考えられるのである。商人の生活史は、家族生活の実態を把握する上で不十分なばかりか、誤解を招きやすいイメージを作り出すことにも貢献してきたといえるだろう。

　しかし同時に、これら商人の生活史を派生させることとなった経済活動についての研究蓄積は、家族生活を考える上で全て無視すべきものでもない。というのも、ヴェネツィアの経済生活における早期からの圧倒的な海上貿易活動の重要性を明らかにしてきたからである。ヴェネツィアにおいても確かに不動産は所有されていた[66]。しかし、それは急速に発展する海上貿易活動との関係で、研究史の中で軽視されてきた。では実際中世のヴェネツィアで

---

64) アンドレア・バルバリーゴに関しては、彼の経歴を詳細に紹介した別の研究書で、商業活動の詳細に加えて彼の息子たちがクレタの親族からかなりの土地を相続した話やアンドレア自身による晩年のテッラフェルマでの土地獲得についても触れられているのだが、概説では土地に関するこれらの話は場所を持たない。Cf. F. C. Lane, "Andrea Barbarigo, mercante di Venezia", in *I mercanti di Venezia*, Torino, 1982（*Andrea Barbarigo, Merchant of Venice*, Johns Hopkins University Press, 1944）.

65) E. Cochrane and J. Kirshner, "Review article. Deconstructing Lane's Venice", *Journal of Modern History*, 1975, pp. 321-334 ; B. Pullan, "F. C. Lane, *Venice : A Maritime Republic*, Baltimore and London, the Johns Hopkins University Press, 1973, pp. 505, 46 illustrazioni, 11 carte 3 tavole", *Rivista Storica Italiana* 88, 1976, pp. 574-579.

66) 近年の社会史研究は 14 世紀ヴェネツィア支配層のプロフィールとして主要な家屋をできるだけ家系で伝えようとする貴族の例を提供しているし、パヴァンも 15 世紀について不動産所有の問題を取り扱っている。D. Romano, *Patricians and Popolani : The Social Foundation of the Venetian Renaissance States*, Baltimore and London, 1987 ; E. Crouzet-Pavan, '*Sopra acque salse*' : *Espaces, pouvoir et société à Venise à la fin du Moyen Âge*, Roma, 1992.

は，不動産も含めた財産と家族はどのような関係を取り結び，地中海貿易の進展に従って，その関係はどのように変化していったのか。また，そこに女性や都市権力はどのように関わってきたのか。商人の生活史をふりかえるとき，ヴェネツィアの家族生活の実態を明らかにする上で，このような問題群が浮かび上がってくるのである。

おわりに

　中・近世イタリアの家族史は，さまざまな方法論が共存した黎明期を経て，現在は家族と権力の関係を問いかける方向へと発展して来ている。本書はその流れに位置するものであり，ヴェネツィアを素材として，支配層の日常家族生活と都市国家権力の関係を問うて行くのである。特に従来の研究で手薄であった，13世紀〜14世紀をまたいで研究を進めることに本書の特徴があるといえよう。ところでヴェネツィア史においては，史料は豊かにあるものの，家族史的研究はあまり進んでいない。とりわけ社会史研究が手薄な13世紀においては，史料の発掘が待たれるところである。一方，中世前期から近代に至る歴史と東西貿易の興隆は，ヴェネツィア史独特の家族や家についての知見を与えて来た。その一つは貴族史研究からのデータであり，もう一つは商人の生活史によるイメージである。貴族史研究は家の外面的特徴など家族史を研究する上で基本的な情報を提供した。商人の生活史は，不動産の軽視という家族史研究を進める上では不利なイメージを生み出してきたが，同時に全ての階層に対する早期からの圧倒的な地中海貿易の重要性を背景にもっており，家族生活の実態を考えていく上でも家族と法，社会，制度の関係を考えていく上でも動不動産含めた財産の問題が一つの重要な切り口になることを示唆している。また女性の姿に注目する必要性も示している。

　ところで，第1節で述べたように，13〜14世紀の政治史的，制度史的転換とその中での家族と権力の関係の変化を捉えるためには，コムーネ研究の新しい方向性とそれを具体化した2000年以降の研究動向を消化する必要がある。よって，それらは第II部の課題とし，第I部の以下の章では，財産や女性が一つの切り口になるということを念頭に置きつつ，13世紀を中心に，

都市条例，裁判史料，遺言書などを使い，家族生活の枠組みや実態，それと社会や制度との関係を問いかけていくことにしたい。なおヴェネツィアにも法制史の伝統は存在するが，第1節でも触れたように，それらは従来，歴史学の主流にはほとんど影響を与えてこなかった。そのため，まずは法史料や法制史の成果を取りこんで，家族の法的枠組みを確認するところから始める必要がある。

第2章

家族生活の枠組み
―― 都市条例とその社会的背景

はじめに

　本章ではまず，都市条例を参考に家族生活の枠組みを押さえる。中世イタリアの都市条例は，都市民の私的諸関係に関わる慣習，コムーネの役人の誓約，都市評議会の決議などをまとめて成文化したもので，都市生活の規範であった[1]。コムーネが成立する12世紀頃から編纂され始め，全体としては，都市の制度・行政など都市自治の根幹にかかわるものから，商取引など都市の経済活動にかかわるもの，犯罪など刑事にかかわるもの，家族・財産関係など現在の民法の領域にかかわるものまで，幅広い内容を含んでいる。日本ではこれらの条例は，まず都市自治や法制史の観点から研究されてきた[2]。しかし，社会史，特に女性史の隆盛に伴い，家族関係，財産関係の法についてもさまざまな研究で言及されている[3]。また，これら法を扱う最近の研究では，法を静態的な規範として描くのではなく，法の変更部分に注目しつつ，

---

1) 佐藤眞典「中都市の都市条例に見るコムーネ体制――ピストイアの12世紀と1296年の都市条例の分析から」同『中世イタリア都市国家成立史研究』ミネルヴァ書房，2001年，305-306頁（論文の初出1974年），佐々木有司「中世イタリアにおける普通法の研究（一）」『法學協會雜誌』84（1），1967年，61-64頁。
2) 佐藤眞典，前掲論文，305-344頁，佐々木有司「中世イタリアにおける普通法の研究（一）（二）（三）」『法學協會雜誌』84（1）；84（4）；84（8），1967年，1-70；1-51；12-38頁，同「中世イタリアにおける普通法の研究（四）」『法學協會雜誌』85（8），1968年，21-48頁，森征一「中世イタリアの都市コムーネと条例制定権（ius statuendi）理論1～4」『法学研究』49（8）；49（9）；49（10）；49（11），1976年，1008-1048；1094-1128；1208-1245；1289-1322頁。

第Ⅰ部　13世紀ヴェネツィアの家族生活

それらの社会的背景を考察するような姿勢も見られる[4]。そこで本章でも，単に家族生活の法的枠組みを押さえるだけでなく，その変化と社会の関連を問いかけることにしたい。なおヴェネツィアには，そのような考察を行う上で有利な条件が存在する。ここでは都市条例の編纂は12世紀末に始まり，完成したのは，13世紀半ばであるが，今世紀初のベスタなどの仕事により，条文の追加・修正が追える形で史料が刊行され，また解説が付与されているのである[5]。

さて，編纂に携わったドージェの名を取り研究者から「ティエポロの法」と呼ばれるこの都市条例は前文と5部202条項からなる。ヴェネツィアではドージェの誓約，刑事に関する法は別に存在するため，「ティエポロの法」が扱うのは主として，裁判手続きや契約・不動産・親族関係の規範などであった[6]。「ティエポロの法」には未成年の後見，相続，嫁資などさまざまな親族関係の規定が含まれているが，本章では，特に相続と嫁資を中心に扱う。少なくとも我々の扱っている社会においては家族の基本的な構成要素は親子・夫婦であり，また親族関係を考察する際，財産がその物質的な基礎と

---

3)　清水廣一郎「家と家とを結ぶもの――中世末期イタリアにおける嫁資について」『社会史研究』6，1985年，88-153頁（清水廣一郎著『イタリア中世の都市社会』岩波書店，1990年再録），亀長洋子「中世後期のフィレンツェの寡婦像――Alessandra Macinghi degli Strozziの事例を中心に」『イタリア学会誌』42，1992年，80-104頁，山辺規子「12世紀中頃ジェノヴァの婚姻時の贈与」前川和也編著『家族・世帯・家門――工業化以前の世界から』ミネルヴァ書房，1993年，290-313頁。
4)　I. Chabot, "Le gouvernument des pères : l'État florenin et la famille(XIVe-XVe siècles), in J. Boutier, S. Landi, O. Roushon (dir.), *Florence et la Toscane XIVe-XIXe siècle : les dynamiques d'un État italien*, Rennes, 2004, pp. 241-263 ; Ead., *La dette des familles. Femmes, lignage et patrimoine à Florence aoux XIVe et XVe siècles*, Roma, 2011, pp. 11-41. など。また家族法関係の条文の変化の背景としての地域的経済条件や法意識の変化，学識法の浸透などが考察されねばならないことは，すでに三成氏によって指摘されている。三成美保「西欧前近代の家族に関する研究の現状――ドイツ・オーストリアを中心に」『法制史研究』38，1988年，136-138頁。
5)　E. Besta, "Gli statuti civili di Venezia anteriori al 1242. (prefazione)", *Nuovo Archivio Veneto*, n.s. 1, parte 1, 1901, pp. 5-117 ; "Gli statuti civili di Venezia", ; *Gli statuti veneziani di Jacopo Tiepolo*.
6)　G. Zordan, *L'ordinamento giuridico veneziano. Lezioni di storia del diritto veneziano con una nota bibliografica*, Padova, 1980, pp. 191-200 ; L. Margetić, "Il diritto", in : *Storia di Venezia I, Origini-Eta ducale*, a cura di L. C. Luggini, M. Pavan, G. Cracco e G. Ortalli, Roma, 1992, pp. 690-691.

なる。そうであれば、死亡による世代交代に際して財産がどのように引き継がれるかという相続の問題、婚姻により財産がどのように移動するかという問題が、家族生活の枠組みを抑える上で重要な要素として浮上してくるからである。なお、婚姻や相続に関しては、性差による非対称が存在するため、女性の法的地位の問題も避けては通れないだろう。さらに財産と女性は、第1章の検討からも家族生活を考える上で重要なファクターとして浮かび上がってきた問題である。以下では、まずイタリア都市における相続・婚姻時の贈与について一般的に言われているところを概観し、それとの対比を念頭に置きながらヴェネツィアの規定を、その変遷に注意し抑える。その後、法の他の修正部分にも気を配りつつ社会との関わりを考察することにしたい。

第1節　相続と嫁資の規定

(1) 前コムーネ期の慣習と都市条例の成立

　前コムーネ期の北中部イタリアにおける相続と婚姻時の贈与は、古代末期から中世前期にかけて半島が被った政治的変化のため、ローマ由来の慣習とランゴバルド由来の慣習の双方の影響を受けていた。イタリアでは東ゴート時代もローマ法が適用されていたが、6世紀にイタリア半島に侵攻したランゴバルド族は、自分たちの法慣習に基づいて独自の法典を編纂する。ランゴバルド諸法は、フランク族侵攻後も保持され、その後長くイタリアのさまざまな場所に影響を残すことになった。またゲルマン諸族はローマ人に対して引き続きローマ法下で生活することを認めたため、卑俗化したローマ法が慣習として効力を持ち続けた。ローマの慣習とランゴバルドの慣習は互いに混交し、地域差を残しつつ前コムーネ時代の慣習を形作っていく。都市はこれらの慣習を基礎としつつ、さらに、11〜12世紀に復活・再生したユスティニアヌス法典にも影響されながら、その時代の社会状況、政治状況、経済状況に適合した形で、都市の規定を成立させていった。なお相続について一般的にローマ法は男女均分相続、ランゴバルド法は男女不平等で男性優位である。婚姻時の贈与については、ローマは妻側から夫側に渡される嫁資（ユス

ティニアヌス法典においては，所有権は妻にあると考えられ，夫は婚姻期間中の管理権，用益権を得た），ランゴバルドは夫から妻に渡される贈与が主流であった[7]。

　さて，上記のような流れはランゴバルド侵攻後もビザンツの支配下にとどまったヴェネツィアにも，ある程度は当てはまると考えられる。ヴェネツィアの古い慣習がどのようなものであったのかは，史料がないため定かなことはわからないが[8]，ヴェネツィアはもともとランゴバルド族に追われた人々が潟に移住して成立した町であること，またビザンツと長期にわたって関係を結んでいたことを考えれば，ローマ法の影響が強かったことが推察できるだろう。特に婚姻時の贈与については，ヴェネツィアではランゴバルドやフランクの慣習に起源を持つクアルタやテルキア（夫から妻に与えられる贈与で，夫の財産のそれぞれ4分の1，3分の1に対する妻の権利）は知られておらず，ローマの嫁資制度が比較的純粋な形で残っていたと一般には言われている[9]。またローマ法による夫婦別産制がほぼ維持され，夫婦の共有財産を示すような証書の事例はわずかであった[10]。しかし，ヴェネツィアの慣習にフランク―ランゴバルド由来の要素がなかったわけではない。例えばマルゲティッチはヴェネツィアの古い慣習では父親は息子を相続から排除することができなかったが，これは家産が父親個人ではなく，家族全員に属す共有財産だというランゴバルドの概念と一致すると述べている。この慣習はティエポロの法

---

7)　ローマ法については，マックス・カーザー（柴田光蔵訳）『ローマ私法概説』創文社，1979年，船田享二『ローマ法，第4巻，私法第三分冊，家族・相続』岩波書店，1983年，ゲルマン法については久保正幡『西洋法制史研究――フランク時代におけるゲルマン法とローマ法』岩波書店，1973年，法制史全般については勝田有恒・森征一・山内進編著『概説西洋法制史』ミネルヴァ書房，2004年を参照した。ほか，阪上眞千子「13世紀前半南イタリアにおける普通法，特有法と勅法」『阪大法学』54 (6)，2005年，93-120頁，同「サン・マリーノ法史における妻の地位の変遷――特に財産権に注目して」『比較家族史研究』27，2013年，156-184頁，鈴木明日見「ランゴバルド諸法における男子未成年者の婚姻――リウトプランド王付加勅令128条，カロリング勅令140条を中心として」『駒沢史学』80，2013年，139-170頁，同「ランゴバルド諸法における財産相続――未成年者と家父長の関係を中心として」『駒沢史学』84，2015年，103-132頁，M. T. G. Medici, *I diritti delle donne nella società altomedievale*, Napoli, 1986, pp. 46-49, 69.
8)　L. Margetić, "Il diritto", p. 678.
9)　G. Zordan, "I vari aspetti della comunione familiare di beni nella Venezia dei secoli XI-XII", in *Studi veneziani* 8, 1966, p. 128.
10)　L. Margetić, "Il diritto", p. 682 ; G. Zordan, "I vari aspetti della comunione familiare", pp. 127, 144-145.

第 2 章　家族生活の枠組み

にも受け継がれている[11]。なお，ヴェネツィアではビザンツ支配下に残った他のイタリア地域とともに，不完全なものとはいえユスティニアヌス法典以降のビザンツの法も知られていたようである[12]。

　このようにヴェネツィアの都市条例におけるローマ，ランゴバルド，ビザンツの影響を考えることはそれ自体興味深い営みであろう。しかしそのような作業は本書の範囲を超えているし，筆者の能力も及ばない。また中世イタリアの都市条例は，新たな都市社会の要請の中で生まれ変化してきた側面もあり，一概に過去の政治的な枠組みや既存の法の影響だけでその性格が決定づけられるわけではないだろう。特に女性の法的地位については，コムーネの成立を一つの画期とする見方がある。中世前期の女性の権利について研究したマリア・テレーザ・G・メディチは，既存の研究も踏まえながら，女性の地位は中世前期に向上の方向に動くものの，コムーネの成立とともに都市条例による女性の財産権の制限が始まるという見解を示した。つまり中世前期において，夫から妻への婚姻時の贈与が増加したり相続に見られた男女不平等が改善[13]されたりする一方で，ランゴバルド法に由来する婦女後見権もいくらか形骸化していき，女性はそれなりの財産権を享受することができた。こうしてランゴバルド女性の地位の低さが徐々に緩和されていく一方で，ランゴバルド支配下においても，ローマ法の慣習の下で生活している女性は，かなりの法的自立性を保っていた。それが 12 世紀頃から，以前から一般に行われていたテルキアやクアルタが廃止され夫の財産に対する女性の干渉権が減じられる一方，ユスティニアヌス法典で嫁資の対価物として設定されたローマ法由来の夫から妻への婚姻時の贈与も変質して，この財産に対する女性の権利が形骸化していく[14]。さらに 13 世紀に再び一般化した嫁資は相続

---

11)　L. Margetić, "Il diritto", pp. 679–680.
12)　M. T. G. Medici, *I diritti delle donne*, pp. 62–63.
13)　7 世紀のロタリ王の法典では男子がいない場合でも女子の相続権は制限されていた。それが 8 世紀のリウトプラント王の付加勅令では，嫡出男子がいない場合には嫡出女子にも相続権が認められている。鈴木明日見「ランゴバルド諸法における財産相続」，107-109，128 頁。M. T. G. Medici, *I diritti delle donne*, pp. 120–121.
14)　donatio propter nuptias / donatio ante nuptias（婚姻のための贈与，あるいは婚姻前贈与）のことである。この変質については，M. Bellemo, *Ricerche sui rapporti patrimoniali tra coniugi. Contributo alla storia della famiglia medievale*, Milano, 1961, pp. 27–59.

53

排除料の性格を帯びて，女性は嫁資をもらっているがゆえに父の財産の相続から排除されるなど，女性の財産権・相続権の制限が顕著になっていくというのである。また財産の処分や遺言書などの法的行為能力も制限されていくとした[15]。これらの背景として，例えばすでにエルコレは，立法者たちによって都市の財産ができるだけ都市外に流出しないよう望まれたことを挙げている[16]。またベッローモは，コムーネの中心となった男性が，家族内における自分たちの地位の優越と，当時において政治権力と社会的威信の源でもあった家産の保持・増大を求めたからだと説明した[17]。G・メディチによれば，「都市条例の規範は，なんども言及されたように男性家族成員——彼らに家族共同体とコムーネの名誉が委ねられていた——に財産を留めおくため，女性の所有権をできるだけ制限しようとする要求から生まれた[18]」のである。筆者には現在これらの見解を十分に検証する準備はない。しかし，都市条例の中に，嫁資が相続排除料の性格を獲得し不動産が男系に保持される傾向が見られることは一般的に言われており，この事実は認めて良いだろう。

一方，ヴェネツィアをフィールドとする法制史家ゾルダンは，中世のヴェネツィア女性は，それなりの法的自立性を享受し自由になる財産も多かったことを指摘している。例えば，多くの都市で女性の法的な行為をなす能力が制限される中で，ヴェネツィアの女性は不動産売買や保証書に登場し，遺言書を作成することができた。また，宣誓をなし，妻の固有財産を夫の同意なしに処分することができた[19]。古いイタリア法制史の概説書でも，多くのイタリア都市では女性は夫の同意がなければ財産を移譲することができないが，ヴェネツィアは例外であるとしている[20]。ここにおいて，では実際ヴェネツィア女性は相続や嫁資においてどのような権利を持っていたのか，もしヴェネツィア女性に財産の所有や処分が比較的認められているとするなら

---

15) M. T. G. Medici, *I diritti delle donne*, pp. 86, 173, 223, 269, 305-311. 婚資の増大や婦女後見権については，*Ibid*., pp. 74-76, 81-82, 106-110. ローマ法下の女性については *Ibid*., pp. 61-62. この経緯については阪上眞千子「サン・マリーノ法史における妻の地位の変遷」161-170頁に詳しい。

16) F. Ercole, "Istituto dotale nella pratica e nella legislazione statutaria dell'Italia superiore", in *Rivista italiana per le scienze giuridiche*, 1921, pp. 222-223.

17) M. Bellemo, *Ricerche sui rapporti patrimoniali*, pp. 21-25，特に p. 23.

18) M. T. G. Medici, *I diritti delle donne*, p. 310.

ば，その背景にはどのような社会的事情があるのか，等の疑問が起こってくるのである。もちろん，このような疑問を提出する前に，他のイタリア都市の趨勢をさらに的確に把握することも必要であろう。しかし，少なくともヴェネツィアという限られた範囲において，女性の財産権・相続権は都市条例の成立期においてどのように取り扱われたか，それとコムーネがたどった運命とはどのような関係にあるかを問い掛けることは，一つの重要な課題として浮上するのではなかろうか。

　本節では，このような問題を念頭に，ヴェネツィアの都市条例における相続と嫁資の規定を検討する。

(2) 相続の規定

　ヴェネツィアの親族関係の規定の基本は1242年のティエポロの法によって定められている。しかし，先にも述べたように，この1242年の法が編纂されるまでには，約50年間にわたる都市の立法活動があった。そこで，最初にその過程を説明しておきたい[21]。ベスタによると，ティエポロの法のもととなった古い法令集は第4回十字軍を指揮した元首(ドージェ)エンリコ・ダンドロ（在位1192～1205年）の主導で1195年までにまとめられた[22]。74条からなり，内容的には裁判手続きや証書の有効性，相続，財産移動などについて以前からの慣習を成文化したものだと考えられる。続いて1204年，エンリコ・ダ

---

19) G. Zordan, *Le persone nella storia del diritto veneziano prestatutario*, Padova, 1973, pp. 271-371. それぞれ特に pp. 281, 283, 295, 299-300, 312-315. ゾルダンの研究は都市条例成立以前のものであるが，これらの慣習が都市条例に具体化されたと説明している。*Ibid*., p. 315. なおここでいう法的自立性とはもちろん，女性に政治参加の権利がなかった中世イタリア都市という枠組みにおいての法的自立性であり，ゾルダン自身は，ヴェネツィア女性がいつでも男性に従属していたというわけではない，という消極的表現で述べている。また不動産相続における不平等についても冒頭で断っている。*Ibid*., pp. 276-277.

20) P. S. Leicht, *Storia del diritto italiano. Il diritto privato I, diritto delle persone e di famiglia*, Milano, 1960（rist. anas.）, pp. 220-221; A. Pertile, *Storia del diritto italiano dalla caduta dell'Impero romano alla codificazione*, vol. III, *Storia del diritto privato*, Torino, 1894（rist. anas. Bologna, 1968）, p. 309.

21) E. Besta, "Gli statuti civili di Venezia anteriori al 1242.（prefazione）", pp. 19-76, 90-91; G. Zordan, *L'ordinamento giuridico veneziano*, pp. 194-198.

22) 1214年，あるいは1204年頃だという意見もあるが，いずれにせよティエポロ以前のまとまった都市条例であることにはかわりない。L. Margetić, "Il diritto", p. 678.

ンドロの留守中，副ドージェとしてヴェネツィア本土を預かっていた彼の息子ラニエリ・ダンドロが，先の74条にいくつかの条項の追加及び修正を行った。改正の主な部分は，証書や裁判手続きに関する規定の明確化・当時普及しつつあった商業契約であるコッレガンツァ契約の整備・相続法の修正である。次に，ダンドロの後を継いだ元首ピエトロ・ヅィアーニ(在位1205～1229年)が新法を付け足した。1214年，1223年，1226年の三回行われ，特に不動産売買において新しい方式が取り入れられた。ジャコモ・ティエポロ(在位1229～1249年)も1229年，1233年と法を発布している。こうして，13世紀前半は，エンリコ・ダンドロの法を核として，それに新しい条項がつけ加えられたり，一部修正が行われたりして，いろいろな法が併存し混乱している状態となった。そこで1242年，ジャコモ・ティエポロが，今までに集積した法から廃れたもの，重複しているものを取り除き，法を整理・編纂することを計画する。ヴェネツィアの有力家系に属する四人の委員が任命され，できあがった法令集は評議会，さらに住民集会で賛同を得た[23]。

では相続に関する規定から見ていこう。まず，ヴェネツィアでは9世紀から遺言書が残されており[24]，法令でも遺言書が守られることが述べられている。この規定はエンリコ・ダンドロの法令の42条冒頭に見られ，そのままティエポロの法にも再録された[25]。一方，無遺言相続の規定にはかなりの変動が見られる。女性の相続権を中心に見ていくと次のようになろう。まずエ

---

23) *Andreae Danduli Chronica per extensum descripta*, in Rerum Italicarum Scriptores, n.s. tomo XII, parte I, a cura di E. Pastorello, Bologna, 1938, p. 298 : 'Dux, anno sui XIIII, reperiens statute, ab eo et predecessoribus edicta, tanta confusione submissa, ⋯. per eorum reformatione elegit Pa[n] taleonem Iustiniano ecclesie sancti Pauli plebanum, Thomam Centranico, Iohanem Michaelem et Stephanum Baduario, qui eorum industria, antiqua corigentes et nova statuentes, duci in uno volumine redacta obtulerunt ; qui, inventa iusta et Venetorum regimine congruencia, auctoritate sua, et concilii, et tocius publice concionis, integraliter aprobavit'. 彼ら4人は法律の専門家というより政治家であったが，ヴェネツィアの法にある程度精通した人々であった。G. Zordan, *L'ordinamento giuridico veneziano*, p. 197.
24) *"Ego Quirina". Testamenti di veneziane e forestiere (1200-1261)*, a cura di F. Sorelli, documenti trascritti da L. Zamboni e L. Levantino, Venezia, 2015, p. XI.
25) "Ultima ordinario semper tenenda est, cum per testamentum apparuerit facta", *Gli statuti veneziani di Jacopo Tiepolo*, liber IV, cap. 1, p. 174. E. Besta, "Gli statuti civili di Venezia anteriori al 1242. (prefazione)", pp. 94-95 に1242年の法とそれ以前の法の対照表が載せられている。

ンリコ・ダンドロの法令では，ある人が無遺言で死亡し，配偶者が残っていない場合，父の財産は財産分け[26]されていない息子 filii indivisii と未婚の娘 filie virgines が相続した。妻が残っており寡婦にとどまる誓いをした場合は，妻，財産分けされていない息子，未婚の娘が同等に相続する。娘しか残っていない場合，死者の不動産は家系の近親 propinquiores de prole（ベスタによれば財産分けされた子孫や，兄弟などの傍系血族を指すだろうとのことである）が相続した。その際，不動産の評価額の半分に当たる金額を支払わなければならず，この代金は死者の動産と合わせて娘，親族，貧者のあいだで分けられた[27]。条文には不明確な点もあるが，未婚の娘が財産分けされていない息子と同等に相続する権利があること[28]，寡婦や既婚の娘にも故人の財産が与えられる一方，家系の近親に相続権があるという特徴を押さえることができる。

　ただしこの原則は，次の1204年のラニエリ・ダンドロの修正で大きく変わる。彼の下での法修正で，娘しかいない場合の近親への相続分が廃止され，娘は既婚，未婚にかかわらず，自分たちに兄弟がいなければ父の財産を全て相続できるようになった。その場合，未婚の娘は既婚の娘に与えられた最大の嫁資と同額の財産を，財産分けに先だって引き出すことができた。また，すでに死亡した息子の子供たち（被相続者の孫）がいる場合は，この孫は，娘と共に相続する権利を持っていた。子供，寡婦の誓いをした妻，孫のいず

---

[26] 財産分けは，もっとも一般的な父権免除（家長権免除）の形式であり，家の共同財産からの独立を意味した。しかし，財産分与を伴わない父権免除も知られている。この場合父権 patria potestas から解放された息子は，財産は家族と共同所有のままで，完全な法的な行為をなす能力及び行動の自由を獲得した。L. Margetić, "Il diritto", p. 680. また，父権下にある息子は，父の債務に対して責任があるが，財産分けされた息子は彼が共同署名した証書に対してのみ責任を負う。E. Besta, "Gli statuti civili di Venezia anteriori al 1242.（prefazione）", pp. 45–46.

[27] E. Besta, "Gli statuti civili di Venezia anteriori al 1242.（prefazione）", pp. 42–43. のまとめによる。娘しかいない場合の規定は，48条に見られ，原文より既婚の娘を指していると思われる。"Gli statuti civili di Venezia", cap. 47, pp. 231–232：'Cum obierit homo inordinatus, non habens aliquos heredes nisi filias coniugatas, dabuntur, proprietates illius propinquioribus de prole sua pro medietate precii quod a iudicibus estimate fuerint valere. Que vero medietas cum mobilibus defuncti dividetur in tres partes：una pars dabitur filiabus defuncti, relique due vero distribuentur propinquis, ecclesiis et pauperibus pro anima defuncti consilio iudicum'.

[28] "Gli statuti civili di Venezia", cap. 46, p. 231：'Si obierit aliquis inordinatus, filii indivisi ab eo et filie virgines quas habuerit hereditent [in] omnibus bonis et proprietatibus patris.'

れの親族もいない場合に限って，兄弟に相続権が移った[29]。ここでは，男女を問わず直系の子孫が重視されるようになったこと，既婚の娘に相続権が残っていることから，嫁資が相続排除料というよりも一種の財産分与として意識されていることがわかる。そして，このような原則は基本的には，1242年の法集成でも維持された。ただし，ここでは単に規定が明確になったというだけではなく，息子と娘がいる場合，娘が不動産相続から排除されるという事態が起こってくる。1242年の無遺言相続の要点をまとめると次のようになろう。

まず，息子だけの場合，息子が均分相続する。ただし財産分けされた息子はその分を割り引いて相続する[30]。なおヴェネツィアでは兄弟は互いに財産分けしない限り，父が死んだ後，財産を共有した[31]。息子と娘がいる場合，娘が未婚なら，息子とともに動産を均分相続するが，不動産については息子のみが相続する[32]。既婚の娘は何も請求することはできず，自分のもらった嫁資で満足しなければならない[33]。次に娘しかいない場合については，娘が均分相続する。ただし，既婚の娘は嫁資に相当する分を割り引いて相続する[34]。子孫がいない場合は，父，父方祖父，兄弟，兄弟の息子などが相続する。子孫も父・父方祖父も兄弟もいない場合に限って，姉妹は兄弟の息子と共に相続に参加することができた[35]。最後に母の財産については，男性も女

---

29) E. Besta, "Gli statuti civili di Venezia anteriori al 1242. (prefazione)", pp. 55-56.
30) *Gli statuti veneziani di Jacopo Tiepolo*, liber IV, cap. 24, pp. 201-202 : 'Ideoque sancimus ut, cum moritur quis intestatus, si tantum filios reliquit, illi equaliter veniant ad successionem, ita quod si aliquis filiorum divisus erit a patre per securitatem, tantum minus percipiat, quantum a patre habuit'.
31) フラテルナ・コンパニーアという。*Gli statuti veneziani di Jacopo Tiepolo*, liber III, cap. 5, pp. 125-126 : 'Volumus quod, mortuo patre, fratres maneat in fraterna compagnia, quamdiu divisi fuerint'. フラテルナ・コンパニーアについては，A. Perile, *Storia del diritto italiano*, 2a. ed., Torino, 1894, vol. 3, p. 282 ; P. Molmenti, *La storia di Venezia nella vita privata 1. La grandezza*, Bergamo, 1927 (rist, anas. Trieste, 1973) ; F. C. Lane, "Family Partnership and Joint Ventures", in *The Journal of Economic History* 4, 1944, p. 37. 姉妹や姉妹の息子はフラテルナに含まれない。
32) *Gli statuti veneziani di Jacopo Tiepolo*, liber IV, cap. 24, p. 203 : 'Si vero defunctus reliquit filium et filiam, unum et unam vel plures, volumus quod, si filia non fuit nec est uxorata, in bonis mobilibus patris equaliter succedat cum filio defuncti et nichil habeat de immobilibus, si mobilia sibi sufficient ad talem dotem, cum qua possit congrue uxorari'.
33) E. Besta, "Gli statuti civili di Venezia anteriori al 1242. (prefazione)", p. 98.

性も既婚未婚にかかわりなく同等に相続できた[36]。なお寡婦の誓いをした妻の権利は縮小され，夫の家に適当な居住場所を持つのみとなった。ただし未成年の子供と留まる場合はさらに生活費も得ることができた[37]。嫁資が全て返還された場合は家から出ていかねばならなかった[38]。

　以上が，1242年に整理された法による無遺言相続の原則である[39]。以前の法と比べて新しい点としては，次の事柄が指摘できるであろう。まず，13

---

34) *Gli statuti veneziani di Jacopo Tiepolo*, liber IV, cap. 25, p. 205 : 'Sed si defunctus reliquit tantum filias, et earum quedam habent vel habuerunt viros, quedam nec habent nec habuerunt, volumus quod ille, que habent vel habuerunt viros, insimul succedant cum aliis iam dictis, ita tamen quod ille, que sunt vel fuerunt uxorate, tanto minus percipiant in parte sua, quantum fuerint dotes earum'.

35) *Gli statuti veneziani di Jacopo Tiepolo*, p. 205f., liber IV, cap. 26, pp. 206–207 : 'Si vero non fuerint descendentes, sed ascendentes tantum, volumus quod primo veniat pater ad successionem filii, deinde avus paternus, si pater non fuerint, et sic in quolibet masculo ascendente per masculinum sexum, ita quod primo veniant illi, qui fuerint in proximiori gradu defuncto. Si vero defunctus reliquerit cum dictis ascendentibus fratrem vel fratres, volumus quod ipsi fratres vel frater vel veniat veniant cum ipsis ascendentibus ad successionem et equalis fiat divisio inter eos. Si vero nepotes ex fratre vel fratribus defunctis reliquerit cum ascendentibus et cum aliis fratribus vel cum ascendentibus tantum, similiter volumus quod ipsi nepotes ex fratre succedant cum eis, ita tamen quod isti nepotes tantum habeant, quantum pater eorum haberet, si viveret. ……. Sorores autem non admittuntur, quando fratres sunt, sed cum nepotibus tantum ex frater sorores virgines et uxorate admittuntur equaliter'.

36) *Gli statuti veneziani di Jacopo Tiepolo*, liber IV, cap. 27, p. 207 : 'Successiones autem mulierum morientium ab intestato eodem modo procedant, ut de viris superius dictum est, ita tamen quod tam masculis quam feminis virginibus, maritatis et viduis omnium mobilium et immobilium equalis successio deferatur'.

37) *Gli statuti veneziani di Jacopo Tiepolo*, liber IV, cap. 33, pp. 212–213 : 'Si quis moritur intestatus, relicta uxore, que votum viduitatis solempne emiserit post viri decessum infra annum et diem, relictis filiis vel propinquis uno vel pluribus, masculis vel feminis, volumus quod ipsa mulier nihil habeat de bonis viri nisi stallum in domo defuncti, quamdiu ipsa vixerit……. Si vero filios veo filias, nepotes vel neptes ex filio, unum vel plures, qui sint in minori etate constitute, defunctus reliquerit et ipsa viduans cum eis manere voluerit, siquidem ipsa mater vel avia ipsorum fuerit, habeat insuper victum et vestitum de bonis defuncti secundum facultates eorum, quousque minimus eorum vel earum etatem pervenerit'.

38) *Gli statuti veneziani di Jacopo Tiepolo*, liber I, cap. 60, p. 89 : 'Cum secundum consuetudinem approbatam mulier annum et diem post decessum viri de bonis mariti vivere possit, ……. dicimus quod, quandocumque infra annum et diem mulier fecerit iudicatum de sua repromissa, ab inde in antea non debeat vivere de bonis viri, tamen remaneat in domo, quousque solutionem plenariam receperit de sua dote'.

39) A. Bellavitis, *Famille, genre, transmission à Venise au XVI' siècle*, Roma, 2008, pp. 35–38 にもティエポロの法による無遺言相続の原則がまとめられている。

世紀半ばに近づき，ある意味では他のコムーネと同じように，ヴェネツィアでも女性が不動産相続から排除された。また，寡婦の夫の財産に対する権利も縮小された。つまり，無遺言相続規定に関してコムーネによる女性の財産権の制限の方向を見て取ることができるのである。さらに子孫がいない場合の相続は明らかに男系優位である。

しかし単にこれだけをもって，女性が男性に比べて著しく不利であったということはできない。なぜなら，ラニエリ・ダンドロの法修正で拡大された娘しかいない場合の相続権はそのまま保持され，男系の傍系親族より娘が優先されている上，彼女の父の財産に対する取り分が，次に見るように，適当な嫁資を請求する権利を通じて守られているからである。従って，女性の財産権の問題を論じるためには，女性が嫁資に対して，どの程度権利を有していたかを検討する必要がある。

(3) 嫁資の規定

13世紀すでに一般化していた嫁資は，他のイタリア都市ではローマ法に従って dos と呼ばれ，花嫁の父から花婿に支払われるのが普通であった。しかし，ヴェネツィアでは，嫁資は repromissa と呼び名が違うだけでなく，基本的に父が娘に支払うものであった。嫁資の受領を行うのが，単独であれ夫と共同であれ，妻であるのはそのためである[40]。理念的には家産に対する娘の権利の具現化とも呼べる性格を持っていたといえるだろう[41]。そしてこの理念は，兄弟のいる娘は不動産相続から排除される，と法的に明文化され，また法文に正式に dos という言葉が採用された後も，ある程度有効性を保っていたと考えられる。息子と娘がいる場合の無遺言相続の原則をさらに詳しく見てみよう。先にも述べたように，息子と未婚の娘がいる場合，不動産は息子のみの相続であった。しかし，もし娘が残された動産が嫁資として不十分だと感じた場合[42]，娘は息子，すなわち自分の兄弟に残された遺産から適当な額を要求することができた。息子がその要求を拒否した場合，娘は父方，

---

40) G. Zordan, "I vari aspetti della comunione familiare", pp. 128–131, 134. なお repromissa の言葉は，ユスティニアヌス法典の promissio dotis に由来する。
41) L. Margetić, "Il diritto", pp. 680–682.

母方から 3 人または 4 人の親族，あるいは裁判官を呼び寄せ，嫁資額が適当かどうかの調査を依頼することができた。さらにそこでやはり嫁資が不十分との判断がなされれば，息子は適当な嫁資額にいたるまで動産をつけ加えて不動産を保持するか，動不動産を息子と娘で同等に分けるかどちらかであった[43]。つまり動産が十分でなければ，娘が不動産を手にする可能性は十分あったということである。このような娘の権利と，財産分けされた息子と既婚の娘の取り扱いの類似は，嫁資が家産分けという観念を失っていないことを示していると言えよう。

さらに，この嫁資について，妻は夫の死後，全額返還を請求する権利を持っていた。その手続きについては，エンリコ・ダンドロの時代から成文化されている。まず，妻は夫の死後 1 年と 1 日以内に，ドージェと裁判官の前に赴いて嫁資の返還を請求する意志を表明しなければならない（dare vadimonium comprobandi[44]）。その後 8 日以内に彼女は嫁資額やその他の贈与について保証人に示し，保証人が 30 日以内に証書 breviarium vadimonii[45] を作成する。女性はこの証書に含まれていることが全て真実であることを誓い，裁判官は

---

42) 「嫁資ゆえの相続排除」が一般的になるにつれ，父親や父の死後残された男性には娘に適当な嫁資を設定する義務が課せられたが，娘の意向を条例で定めたケースは珍しいと考えられる。Cf. M. Bellomo, *Ricerche sui rapport patrimoniali* pp. 180-182.

43) *Gli statuti veneziani di Jacopo Tiepolo*, liber IV, cap. 24, p. 203：'Et si sibi videtur quod non sufficiant et filius noluerit amplius sibi dare, tunc liceat ipsi mulieri, cum fuerit in etate, frater suo vocato, si fuerit ad etatem, et si non fuerit ad etatem, etiam non vocato, convocare tres vel quatuor de propinquis suis ex parte patris et totidem ex parte matris, si eos habet, vel tantum ex altera parte, si sibi videtur, vel iudices examinatores tantum, si mulier voluerit. Qui propinqui vel iudices diligenter videant, utrum pars mulieris mobilium sit tanta, quod sufficiat ad dotem, cum qua possit congrue uxorari vel non. ……… Idem etiam, quando nihil est de mobilibus, volumus quod in potestate filii sit, si etatem habuerit, utrum velit totam dotem dare, quando nihil est de mobilibus, seu supplere dotem, quando aliquid est de mobilibus, et omnia immobilia sibi retinere, vel cum filia defuncti, sorore sua, omnia tam mobilia quam immobilia divider, equaliter'.

44) dare vadimonium comprobandi の意味するところとしては，S. Chojnacki, *Women and men in Renaissance Venice*, *Twelve Essays on Patrician Society*, Baltimore and London, 2000, p. 98. の英訳を利用した

45) vadimonium は一般的には「所定の日時に出廷する義務」を指すが，ここでいう breviarium / carta vadimonii は「嫁資返還に関する法廷の決定」であり，嫁資の内容や支払われた額などの情報を含んでいる。L. Guzzetti, "Dowries in fourteenth-century Venice", in *Renaissance Studies* 16-4, 2002, p. 471.

吟味の上，嫁資の返還を決定する。cartula diiudicatus と呼ばれる証書が発行され，妻は，嫁資額に一致するまで夫の財産から支払いを受けることができ，動産で不十分な場合は不動産の所有権さえ与えられた。このように，手続きは複雑であるが，これらの証書の発行を示す史料例も残っており，明らかに実際に嫁資の返還が行われていた[46]。また，このような法的手続きに頼らなくても，遺言書で嫁資返還を指定したり，妻に全財産の管理権を委ねたりするのは珍しいことではなかった。ティエポロの法は，これらの手続きをより細かに定め，女性の財産権を保護すると共に，保護そのものが不正行為を助長しないよう注意を払ったものである[47]。従って，息子がいる場合，娘が不動産相続から排除されたとしても，ヴェネツィアにおいては不動産を男系に保持しようとする試みは，十分展開を見なかったととれるのではないだろうか。都市条例そのものが，女性に不動産所有権を与える手続きを定めていたのである。

また，嫁資返還債務に拘束された財産の取り扱いの変遷を詳しく見ると，13世紀前半は，むしろ女性の財産権保護が明確化されたような様相を呈している。まず，ピエトロ・ヅィアーニの1226年法で，「売却財産が嫁資返還債務に拘束されている場合，女性は嫁資の額を申請する。そして，売却代金から彼女の嫁資相当分がサン・マルコ財務官に保管される」ということが定められた[48]。1233年の法では，夫が売却代金を投資することができる旨がつけ加えられたが，その場合でも，金あるいは銀による担保がサン・マルコ財務官に預けられ，元金が損なわれないよう注意しなければならなかった[49]。

---

46) E. Besta, "Gli statuti civili di Venezia anteriori al 1242. (prefazione)", pp. 40–42. また法によると，まず夫や舅の住居以外の財産から与えられた。*Gli statuti veneziani di Jacopo Tiepolo*, liber I, cap. 41, p. 90. 嫁資返還証書を調査した比較的新しい研究として，L. Guzzetti, "Dowries in fourteenth-century Venice".

47) E. Besta, "Gli statuti civili di Venezia anteriori al 1242. (prefazione)", pp. 102–104.

48) "Gli statuti civili di Venezia.", cap. 19, pp. 294–295 : 'Si autem venalis possissio subiecta fuerit debito alicuius repromisse mulieris vel mulierum habentium viros vivos, volumus quod iudices a mulieribus illis de veritate dicenda recipient iuramentum quantum sint ipsarum repromisse et cetera alia, de quibus secundum usum terre noticiam fieri consuevit. Quo facto, iudices de precio vendite possessionis recepto, … tantum in custodia procuratori sancti Marci deponent ad nomen illarum mulierum'. Cf. E. Besta, "Gli statuti civili di Venezia. (prefazione)", p. 65.

第 2 章　家族生活の枠組み

　1242 年のティエポロの法では，妻は夫に対して，全ての債権者に優先する債権者（嫁資を通じての）である旨が明記され[50]，夫が多くの負債を抱えて妻の嫁資まで失ってしまうことがないように，細心の注意が払われている。さらに，エンリコ・ダンドロの法には「夫の権力下にある既婚女性が，夫の権力下に移った嫁資や贈物に対して行った契約書は，いかなる理由によっても有効ではない」という条文があるが[51]，ティエポロの法では，この条文の後ろにわざわざ「彼女が所有している全ての財産については，夫の同意がなくとも，自由に契約書を作成できる」という文章がつけ加えられているのである[52]。これが法制史家をしてヴェネツィアを例外とさせた文面であり，ゾルダンはこの条文を慣習の明文化であると解釈した[53]。

　確かにコムーネを運営する男性の側から見れば，自分たちが自由に扱える財産が多い方が望ましいであろう。適当な額の嫁資が女性に保証された裏には，その用益権を得る夫側の利害もある程度反映されていたかもしれない。また都市におけるプレゼンスの象徴である不動産を男系に維持しようとする要求もあったであろう。しかし，ここで詳しく検討したように，それは妻や娘や母親の財産権を過度に侵害してまで追求されるものではなかった。嫁資を巡る立法活動に見られるのは，次のような方向性である。すなわち，財産

---

49) "Gli statuti civili di Venezia", cap. 1, p. 280 : 'potestatem habeat idem vir tantum quantum repromisse iam dicte fuerint de precio pecunie possessionis vendite investire et divestire in auro et argento ad utilitatem et proficuum ipsius. Ita tamen capitale in custodia et deposito procuratorum sancti Marci semper deponatur pro cautione ipsarum repromissarum et quod de ipso capitale sint procuratores bene securi quod non miniatur'. Cf. E. Besta, "Gli statuti civili di Venezia.（prefazione）", pp. 72-73.
50) *Gli statuti veneziani di Jacopo Tiepolo*, liber I, cap. 34, pp. 65-66 : 'statuimus quod a modo omnia bona viri obligata sint mulieri, quo est transducta, et ab eo tempore ipsa sit prior ceteris creditoribus, qui postea contraxerunt'.
51) "Gli statuti civili di Venezia.（statuti）", cap. 21, p. 216 : 'Cartula, quam facit aliqua coniugata mulier in potestate viri sui nulla ratione, contra repromissam suam et dona que in eiusdem viri sui potestate habuerit, valeat'.
52) *Gli statuti veneziani di Jacopo Tiepolo*, liber I, cap. 39, p. 71 : 'sed de ominibus bonis, qui ipsa mulier possidet, etiam sine consensu viri sui cartam facere possit et securitatem et alienationem, sicut sibi placuerit'.
53) G. Zordan, *Le persone nella storia del diritto veneziano prestatutario*, p. 315. 家族には夫が妻の意志によりその財産を管理している家族と，女性が妻固有の財産を個人的に管理している家族があったとしている。

をはっきり明示できる金額で評価し相続人や債権者としての女性の権利を保護する。その上で，嫁資返還債務に拘束された財産の投資許可を定めた法令に見られるように，できるだけ効率よく資産が投資に回せるようにする，ということである。

第2節　東地中海への発展と都市条例

(1) 東地中海への発展

以上より，都市条例成立期においてヴェネツィア女性は，ある程度の留保はあるというものの，それなりの財産を所有，処分する可能性を持っていたことがわかった。これは特にフィレンツェなどと比べた場合明らかであろう。フィレンツェでは娘は男系による4親等内の男系親族(被相続人から見て息子，男系による孫，曾孫などの子孫，血縁の兄弟，血縁の兄弟の息子)がいない場合に，はじめて父の相続に参加することができた。またランゴバルド由来の婦女後見権も長く残ったと言われている[54]。では，このようなヴェネツィア女性の財産権の背景には，どのような社会状況があったのであろうか。本節では，法令の他の変更部分にも注目しながら，それについて考えてみたい。

都市条例の整備される12世紀末～13世紀前半は，第4回十字軍とそれに伴うラテン帝国の建設が象徴するように，ヴェネツィアが東地中海との関係をますます深めていく時期である[55]。1082年ビザンツ帝国からコンスタンティノープルの居住区に加え一連の港町，市場との自由通商権を与えられたヴェネツィアは，帝国内で活発な商業活動を展開し，12世紀末にはビザンツ人の反感を買うほどであった。さらに第4回十字軍ではラテン帝国の8分の3の領主となり，多くの領土と商業特権を獲得する。ただ，これらの領土

---

[54] 亀長洋子「中世後期のフィレンツェの寡婦像」85，91-94頁，I. Chabot, *La dette des familles*, pp. 14-15.

[55] 以下の記述については，F. Thiriet, *La Romanie vénitienne au Moyen Age : Le développement et l'exploitation du domain colonial vénitien*（XIIe-XVe siecles），Paris, 1975（1st ed. 1959），pp. 63-101, 120-139. 大黒俊二「ヴェネツィアとロマニア——植民帝国の興亡」歴史学研究会編『地中海世界史2　多元的世界の展開』青木書店, 2003年, 136-169頁。

を実質的に支配するためには軍事遠征が必要で，ヴェネツィアは20年近く苦労を重ね，結果としてドゥラッツォ，コローネ，モドーネ，ネグロポンテ，ヴェネツィア最大の植民地となるクレタ島など航海の拠点となる重要な場所を確保した。さらにクレタ島は先にこの島の一部に足場を築いていたジェノヴァ人やもともとの居住者であるギリシア人の抵抗のため征服にかなりの労力を要し，初代クレタ総督となったジャコモ・ティエポロ（1208-1216年）は1211年に本国から軍事義務を負った移住者の派遣を要請することになる。ギリシア人の抵抗は根強く，軍事植民はその後も繰り返された。ヴェネツィアの東地中海植民地について古典的研究を著したティリエは，クレタに移住したヴェネツィア人は従者なども含めて3500人くらいいたのではないかと推察している[56]。こうして新たに領土となった土地を征服する事業が重要性を増す一方，コンスタンティノープルのヴェネツィア人たちは当初は独自に自分たちの代表を選んで自立する傾向を見せ，コムーネにとっては舵取りの難しい時期が15年ほど続いた。また分離傾向の強いヴェネツィア人有力者の中には，エーゲ海の島々を独自に占領してそこの領主になるものも現れた。

　こうして東地中海の政治的・軍事的課題は，この間のヴェネツィア支配層にとって前世紀にも増して重いものとなったのである。しかしそれはヴェネツィアの海外活動がより活発になったための課題でもあり，経済的には東地中海の市場は多くのヴェネツィア人にとってますます魅力的なものとして立ち現われることになった。数多く残された公証人文書から，その様子は窺えるし[57]，1227年にアッコンで遺言書を書いたジョヴァンニ・ナターレの例はいかにその利益が大きかったかを示している。彼は兄弟とともに1225リブラを携えてヴェネツィアをあとにし，それを5000リブラ以上に増やした[58]。また13世紀中，大評議会の人員は拡大し常に新しい家が支配層に加わって行くが，これも商業活動に伴う経済発展によって多くの商人が実力を蓄えていった一つの指標ととれよう。

---

56)　F. Thiriet, *La Romanie vénitienne au Moyen Age*, p. 131.
57)　*Documento del commercio veneziano nei secoli XI–XIII*, vol. 2 には，アレクサンドリア，コンスタンティノープルを始め，東地中海で商業活動を行うためになされた貸し付けの契約書（1205-1261年）が，数多く掲載されている。
58)　*Documento del commercio veneziano nei secoli XI–XIII*, vol. 2, pp. 174–175.

そのような状況は、法にも反映されている。例えば、ラニエリ・ダンドロの法改正で、コッレガンツァ契約について詳細に定められたことはすでに触れたが、それに加えて、海外で死亡したヴェネツィア人の財産の処理が法的に配慮されるようになった。慣習では、すでに12世紀より、海外で死亡した人の財産は、同行者か同国人が集めて、ヴェネツィアに持ち帰ることになっていた。彼らは、これらの財産を携えてヴェネツィアに帰還したとき、輸送や管理の費用としてなにがしかの報酬をもらうことになっていた。また、土地の慣習に従い、持ち帰ったものを引き渡すとき、いかなる不正行為も行わなかったことを誓わねばならなかった。ラニエリ・ダンドロは、基本的にはこの慣習を法によって制度化したのである。例えば、死者の財産の引き渡しは、もし死者が何の指示もしていなかった場合、財産を集めて持ち帰った人の帰還から1ヶ月以内、報酬は4パーセントと定めた[59]。法令には「ロマニア、あるいはヴェネツィア外の他の場所で遺言書を残さずに死んだ人の財産」と書かれており[60]、第4回十字軍で多くのヴェネツィア人が赴いたロマニア地方（東地中海）が、特に意識されていることがわかる。続く1229年のジャコモ・ティエポロの法には、この条項とまったく一致するものは含まれていないが、3箇条にわたって、海外で死んだ人の財産回収方法について定めてある。ここにはロマニアという特別の地名は登場しないが、帰還から出頭までの期間を20日に短縮したり、財産を回収した人は、もしそれが好都合なら、死者の財産を他のものに変えることができる旨明記するなど、より細かい配慮がなされている[61]。なお、これらの条項は、1242年の法令集にも採録された[62]。また、法令は、単に回収方法だけではなく、この死者の財産に対する債権者の保護にも気を配っている。当時の商取引は、主にコッレガンツァ契約によっており、旅行商人は複数の人から資金を集めそれを元金とし

---

59) E. Besta, "Gli statuti civili di Venezia anteriori al 1242. (prefazione)", p. 57.
60) E. Besta, "Gli statuti civili di Venezia anteriori al 1242. (statuti)", cap. 10, p. 248 : '...... bona aliquius qui fuerit mortuus ab intestato in Romania vel in aliis mundi partibus extra Venecias ....'.
61) E. Besta, "Gli statuti civili di Venezia anteriori al 1242. (prefazione)", p. 71. Cf. "Gli statuti civili di Venezia", cap. 21, 22, 23, pp. 274-277.
62) *Gli statuti veneziani di Jacopo Tiepolo*, liber V, cap. I, II, III. pp. 216-218. まったく同じと言うわけではないが、大意はほとんど変わらない。

第2章　家族生活の枠組み

て商業に赴いた。利益は貸し主と旅行者によって分割されたが，この旅行者が旅先で死亡した場合，債権者の問題が特に重要になったと考えられるのである。これについては，すでにラニエリ・ダンドロの時代に，公に通達 stridationes が行われ，死者の財産に利害関係を持つ人が法定に出頭することが定められていた[63]。ティエポロの法では，ラニエリ・ダンドロの法で4箇条に分かれていたこの債権者に関する部分が一つにまとめられ，さらに海外で死んだ人の場合について，遺言執行人への財産の受け渡しなどの手続きを明記した条項が付加された[64]。また，13世紀前半にはティエポロの法とは別に海事法が漸次まとめられ，積載量や必要とされる装備，乗組員などについての厳格な規定が定められていった[65]。

　こうして，都市条例が整備される13世紀前半にあって，支配層の関心が海外に向かっており，また実際海外に出る人の多さからそれに伴うさまざまな問題の整備が必要とされていたことが推察できるのである。このような状況にあって，古い無遺言相続の原則のように，娘しかいない場合に，近親がわざわざ代金を支払って死者の不動産を共有するという形態はあまりなじまなかったのではないだろうか。また息子と娘がいる場合に不動産相続を息子に限ったとしても，それ以上に女性の嫁資や相続を通じた財産権を侵食しようとする要求は起こらなかったのではないだろうか。親族共有の不動産はヴェネツィアのように比較的平和な商業社会においては，あまり意味をなさなかったであろうし，個人で動産を投資する動機の方がまさっていたであろう。また多くの男性は海外に赴いており，留守を預かる女性が何らかの法的な行為をしなければならない可能性は常にあった。たとえば1226年船上で病に倒れたガブリエーレ・ミキエルの遺産分配は彼の母が行った[66]。1241年ネグロポンテで遺言書を書いたビアッジョは，コンスタンティノープル在

63）　E. Besta, "Gli statuti civili di Venezia anteriori al 1242. (prefazione)", p. 57.
64）　*Gli statuti veneziani di Jacopo Tiepolo*, pp. 216-218, liber V, cap. IV, V, pp. 218-220.
65）　G. Rösch, "Le strutture commerciali", in *Storia di Venezia II*, L'età del comune, a cura di G. Cracco e G. Ortalli, Roma 1995, pp. 446-450.
66）　第4章で見るように，遺言執行人に指定されたのはサン・マルコ財務官と母親であるが，サン・マルコ財務官が母親に1000リブラを渡し，残りの遺言執行の仕事を全て彼女に委ねたことを示す証書が残っている。ASV, *Procuratori di San Marco, ultra*, b. 195, 1226/9/23.

住のヴェネツィア人にネグロポンテでの債権債務の処理を託し，残った全財産をヴェネツィアにいる遺言執行人の妻に渡すよう命じている[67]。また少し後の時代の例になるが，1259年に遺言書を書いたジャコミーナは，夫とおそらく夫の兄弟を遺言執行人に指定したあと，「もし夫がヴェネツィアに帰るまでに死ねば息子と私の親戚」が遺言執行人になるとつけ加えている[68]。男性のヴェネツィア不在や海外での死亡は身近な事柄であっただろう。

また海外には商業だけでなく土地獲得のチャンスもあった。遺言書にはロマニアの不動産に言及したものもいくつか存在する[69]。商業投資を通じて富を増やすチャンスも大いに存在したし，この場合女性も投資できた方が資金を集める側としては都合が良かっただろう[70]。直系の女性を排除したり，妻の固有財産に対する処分権を奪ってまで，ヴェネツィアの土地や相続財産に固執する必要はあまりなかったのではないか，と考えられるのである。

(2) 不動産売買

では，この時代，人々は不動産に対してどのような態度を示していたのだろうか。先に海外貿易の上昇期にあって，男系親族で不動産を共同相続するよりは，個人で動産を投資する動機の方がまさっていたであろうと述べた。しかし，やはり兄弟のいる場合の女性の不動産相続からの排除が示すように，ヴェネツィア男性が全く不動産を重視していなかったわけではない。第一章でも指摘したように，ヴェネツィア支配層は13世紀の間にすでに市内の不動産に加えてイタリア本土にも所有地を広げていた。そこで次に13世紀初めの法改正の重要な部分をしめる不動産売買に関する新法を検討すること

---

67) *Nuovi documenti del commercio veneto dei secoli XI-XIII*, a cura di A. Lombardo e R. Morozzo della Rocca, Venezia, 1953, n. 92, pp. 105-108.
68) ASV, *Procuratori di San Marco, ultra*, b. 210, 1259/4/12.
69) ステファノ・ヴィアロはロマニアの財産の売却を命じている。*Nuovi documenti del commercio veneto*, n. 82, p. 90. ピエトロ・ナヴァジェルはロマニアに購入した不動産の半分を妻に残すと遺言した。ASV, *Procuratori di San Marco, ultra*, b. 211, 1284/3/1.
70) 既婚女性はおそらく夫に財産の管理を任せていたので，あまり証書には現れない。しかし，義兄がコンスタンティノープルで商売するために75リブラ貸し付けたオリア・グラデニーゴの例（1223年），リアルトでの商売に50ソリドゥスを貸し付けたエリカ・フレナリオの例（1291年）などがある。順に，*Nuovi documenti del commercio veneto*, n. 80, pp. 87-88 ; *Notaio di Venezia del sec. XIII（1290-1292）*, n. 388, p. 105.

で，この時代のヴェネツィア支配層の不動産に対する態度を改めて考えることにしたい。

　法では，ピエトロ・ツィアーニによる不動産売買の新法を「新しい慣習」と呼んでいる。ここではそれ以前の「古い慣習」をまず押さえ，それと新しい慣習の違いを見る。エンリコ・ダンドロの法では，不動産売買に関して次のことが定められている。すなわち，誰かある人が親族以外の人に不動産を売却した場合，もし，親族が異議申し立てをすれば，その親族は購入者が支払っただけの額を彼に支払うことで，その不動産を所有することができた[71]。ただし，いつでも買い戻しができたわけではなく，investicio ad proprium で購入者に所有権が移る以前，という限定はついていた。ラニエリ・ダンドロの改正では，一見したところ，不動産に対する親族の権利が一歩進められる。つまり，親族の優先購入権と割引購入権が，初めて法令で定められたのである。21条は，一般の財産売却について，兄弟とその息子，父系従兄弟などの親族は5パーセント引きで購入できること，親族に購入の意志がない場合，初めて他人に購入権が移ることが明記された[72]。しかし，これは，無遺言相続規定の変更で，不動産が娘に相続され，さらにそれが売却によって他人の手に渡りやすくなったことが影響しているのではないかと思われる。19条は「女性が無遺言者の財産を売却したいなら，無遺言者の兄弟は10パーセント引きで，甥は8パーセント引きで購入できる。従兄弟は6パーセント，はとこは4パーセント，それより親等の離れた親族は2パーセント引きである。なおこれらは家系に属す人々のことである」と定めており，明らかに女性に不動産が渡った場合の親族の優待購入権に関わるものとなっている[73]。

---

71) E. Besta, "Gli statuti civili di Venezia anteriori al 1242. (prefazione)", pp. 39-40 ; "Gli statuti civili di Venezia anteriori al 1242. (statuti)", cap. 69, pp. 239-240 : 'Si quis vendiderit possessionem suam alteri, qui non sit propinquus neque lateraneus suus, per documentum, et veniens ille investierit eandem possessionem, si propinquus vel lateraneus suus proclamaverit super possessionem eandem antequam tempus investicionis ad proprium transeat, habeat illum ; precium tamquam in documento continetur apagabit domino documenti'.

72) "Gli statuti civili di Venezia", cap. 21, p. 254 : 'Et si de istis tribus gradibus ei aliquis fuerit, videlicet fratres vel nepotes, filii fratris, aut germani consanguinei de prole sua, vel qui erant propinquiores istis gradibus, per ducis et legis preceptum cognitum fieri debet quod dicte possessiones alienari fatentur. Quas si emere voluerint, habeant eas quinque libris minus per centenarium'.

21条もこの条文と連動して定められたのかもしれない。なお，女性が売却を望む場合，法廷で彼女は自分の意志を表明し，親族が招かれ購入の意志があるかどうかが尋ねられた[74]。

ところで，このような親族の不動産に対する権利は，当時の社会状況に十分答えられるものではなかったと思われる。おそらく，まず親族に購入意志の有無を確かめるという点のわずらわしさ[75]が不動産市場の迅速な展開を妨げると考えられたのであろう。また，すでに買い手が付いた場合でも，親族が親族の権利を楯に，その取引に対して異議を唱え，市場に混乱や停滞を招くということもあったのであろう。1226年，不動産売買に関して新しい慣習が打ち立てられた[76]。

さて，この新法によると，まず不動産を売却したい人は，その旨ドージェと財産評価官に申請し，それに基づいて公の通達 stridationes が行われる。購入意志のあるものは，通達より一ヶ月以内に名乗り出て，評価額の10パーセントの手付け金を支払う。その間に親族が名乗り出れば，優先的に優待価格で購入できる。売却証書が作成されると，まず，investitio sine proprio で財産の移譲が行われ，所定の期間内に異議申し立てがなければ，investitio ad proprium で移譲が行われ，それから1ヶ月後，最終的に購入者に完全な所有権が移る。いったん移譲が完了すれば，親族は，通達と investitio sine proprio の期間にヴェネツィアにいなかった人でない限り，もはや異議申し立てはできない。親族の割引率は，従兄弟より近い親族が8パーセント，はとこの子までは6パーセントとなった[77]。かくして，姉妹の不動産を購入する兄弟を

---

73) "Gli statuti civili di Venezia", cap. 19, p. 253 : 'Decrevimus quod si mulieres possessiones intestati voluerint alienare, fratres intestati possessiones illas pro decem libris per centenarium habeant minus, et nepotes, filii fratris ab intestato defuncti, habeant ipsas pro octo libris minus percentenarium. Germani vero consanguinei intestati pro sex libris minus per centenarium. Secundi consanguinei pro quattuor minus'.
74) E. Besta, "Gli statuti civili di Venezia anteriori al 1242. (prefazione)", pp. 58-59. Cf. "Gli statuti civili di Venezia", cap. 20, pp. 253-254.
75) 「裁判官は近親を招集しなければならない 'Iudices vero debent vocare propinquiores de prole'」とある。"Gli statuti civili di Venezia anteriori al 1242. (statuti)", cap. 20, p. 254.
76) 強制ではなかったようである。E. Besta, "Gli statuti civili di Venezia anteriori al 1242. (prefazione)", p. 63.
77) E. Besta, "Gli statuti civili di Venezia anteriori al 1242. (prefazione)", pp. 63-65. Cf. "Gli statuti civili di Venezia", cap. 1, 2, 3, 4, 5, 6, 7.

第 2 章　家族生活の枠組み

のぞき（彼らはもと 10 パーセントであった），不動産を購入することが親族にとっても他人にとっても，より容易になったのである．裏を返せば，売却する方にとっても，より広範に迅速に購入者を見つけることができるようになったといえよう．

　また，この新法では，女性の売買についても明記されるようになる．まず，売却を望む人に息子が存在せず娘だけの場合は，娘が 8 パーセント引きで優先的に購入することができた[78]．さらに，女性が財産を売りたい場合（無遺言相続という限定はない），男女問わず親族は優待価格で優先的に購入できる権利があることが明示された[79]．以上より，この新法は，男系親族内での個人による不動産維持を支持すると同時に，不動産市場を活発化することにも重点を置いた改革であることがわかるのである．この時代は，ヴェネツィアの商都としての発展期であり，他の地方から移住してくる商人も多く，人口は増大傾向にあった[80]．一方，先に指摘したように海外に赴くヴェネツィア人も多く，人の入れ替わりは激しかったであろう．そのような状況では，やはり不動産の購入希望者も多かったであろうし，移転は速やかに行われた方が好都合だったのではないだろうか．また先にも述べたように余分な不動産は売却して動産に変え，それを投資に使いたいという要求もあっただろう．女性の売買行為についても法が配慮しているのは，女性も積極的に取引できた方が，不動産市場の活発化という要求に沿うからであろう．ところで先に，都市条例一般が女性を相続から排除する背景として，都市の財産が都市外に流れることを防ぐためではないか，という見解を紹介した．ヴェネツィアの場合，もともと土地が少ない上，人が移入してくることの方が多かったため，結婚によって財産が都市外に流れていくという可能性はあまりなかったと考えられる．こうして不動産市場のあり方からも，女性の財産権を過度に制限

---

78) "Gli statuti civili di Venezia", cap. 10, pp. 290–291 : 'Item statuimus quod, si venditor non habuerit filios et habuerit tantum filiam vel filias, et filia ipsa vel filie comparare voluerint possessionem venalem, quod ceteris propinquis de prole filie preponatur, et habeant eam pro octo libris minus per centenarium de hoc quod appreciata fuerit'.
79) "Gli statuti civili di Venezia", cap. 9, p. 290 : 'De mulieribus autem volentibus possessiones suas vendere, ille vel illi preponatur ad emendum qui eis magis attinet in consanguinitate, tam masculus quam femina'.

してまで，不動産を男性の手に集めようという要求はあまり見られないことが窺えるのである。

おわりに

本章では，ヴェネツィアの都市条例における相続・嫁資の問題を検討し，家族生活の枠組みを押さえることに努めた。その結果まず相続では，当初女性も男性と同じく父の財産に対する相続権を持っており，既婚女性のみの場合に限り傍系男系親族に不動産が渡ったこと，その後既婚であっても傍系男系親族より娘の相続が優先されるようになったこと，最終的には，その原則は維持されるものの息子がいる場合娘が不動産相続から排除されたこと，が明らかとなった。次に嫁資に対する女性の権利を見たところ，女性には適当な嫁資を実家の男性に要求する権利があり，また夫の死後もその全額を所有することができたことがわかった。また女性が不動産相続から排除されたとしても，息子の不在による相続や嫁資を通じて女性が不動産を所有する可能性も十分あった。

---

80) パヴァンによれば，13世紀のヴェネツィアは都市空間の拡大が加速され知覚できるようになってくる時代である。13世紀初めには池や沼沢地帯があちこちに残っていたが，14世紀にはそれがほぼ建物で覆われ，人口も10万強にふくれあがった。サン・グレゴリオ地区の例を見てみよう。大運河の西南部にすでに11世紀から広大な所領を持っていたサン・グレゴリオ修道院は，1200年頃から付近の住民と永代小作契約を結んで干拓を託すようになる。1230年代には最初の居住中心地から地区の端々にまで干拓事業が及び，建物の建設も盛んになった。建物は，13世紀末まで主として木造であり，1262年初めて石造りの家が史料に表れる。13世紀半ばには公道や補助的運河も徐々に必要となった。この地区の沼沢地が全て征服されたのは，13世紀末である。これは，古くからヴェネツィアに所領を持つベネディクト会の修道院の例であったが，13世紀には托鉢修道会も活発な活動を始めた。リアルトの西に広がるサン・トマ地区を中心とする地域はフランチェスコ会の拠点である。1234年，バドエル家が寄進した所領を基礎に，彼らは購入によって土地を広げたりしながら辛抱強く干拓を続けた。新しくヴェネツィアに定着した托鉢修道会が主導する開発は，特に中心部では近隣教区の干拓事業とぶつかることもあり，この時期さまざまな方面で都市空間の拡大が行われていたことがわかる。規模は大きくないが，一般の俗人都市民が干拓を行うこともあった。なお，13世紀前半の干拓事業にコムーネが関与することは少なく，コムーネによる都市空間管理が目立つようになるのは13世紀後半からである。特にリアルトとサン・マルコ広場について多くの規定が定められた。E. Crouzet-Pavan, "La conquista e l'organizzazione dello spazio urbano", in: *Storia di Venezia II*, pp. 549-574. 特に pp. 549-559, 562.

このような結果を確認してみると，確かにヴェネツィアにおいても13世紀半ばになって女性を不動産相続から排除するという動きが見られるが，その他においては比較的女性の財産権が守られていたような印象を受ける。半世紀に渡ったヴェネツィアの立法活動に見られるのは，財産をはっきり明示できる金額で示し，嫁資にしろ，他のものにしろ，債権者の権利は保護する，その上で，できるだけ効率よく資産が投資に回せるようにする，男性女性にかかわらず親族の権利は保護しながらもできるだけ不動産が流動化し市場が活性化するようにする，という方向性であろう。早くから商業が発達し，特に都市条例の整備の進む時期に多くの海外市場／植民地を開拓したヴェネツィアにふさわしい都市条例といえる。また，商業のための資本は，契約によって集められるので，余剰資金を親族内に保持しておく必要もないし，商人にとっては，女性も簡単に自分の財産を投資できたほうがありがたかったと考えられる。そして，このような商業活動を中心とする都市経済のあり方と，海外に出かける男性の多さは，女性が単独で法的な行為を行う必要性を高めたであろう。ヴェネツィア女性の法的自立性，財産権の保証の背後には，ヴェネツィアがまさに都市条例の成立期である13世紀前半に経験した海外への発展というものが，大きな意味を持っていたと考えられるのである。

　しかし，同時に，本書全体の流れから言うと，都市条例が女性の財産が男性の投資活動によって損なわれないように，執拗に配慮し続けた点にも注目しなければならない。また，親族に相続権がなくなったあとに彼らの不動産優待購入権が設立され，それが維持されたことにも気を留めなければならない[81]。特にここで定められた親族は，兄弟や甥などの近しい親族だけでなく，男系による従兄弟（ティエポロの改正で6パーセント引きから8パーセント引きに上げられる），従兄弟の子，男系によるはとこやはとこの子まで含むかなり広範囲の親族であった。これらの親族の割引購入権が実際どの程度の有効性を持っていたのか，さらにこれらの親族が実生活でどの程度機能してい

---

81) ただしこの親族の割引購入権は1346年のアンドレア・ダンドロの改定（Liber sextus, cap. 35）により，廃止される。V. Crescenzi, "Il diritto civile", in *Storia di Venezia III. La formazione dello stato patrizio*, a cura di G. Arnaldi, G. Cracco, A. Tenenti, Roma, 1997, p. 437.

たのかはわからない。そもそも不動産を売却する際に、親族の招集から公の通達のみに変わった背景には、購入に関心のない親族の手間を省くということもあったと考えられるからである。が、ともかくも不動産をできるだけ家系内の人間に保持しようとする傾向（ただし共同所有ではない）はあいかわらず法令に見られ続けたといえよう。

　地中海貿易の盛んな13世紀前半にあっても、決して都市民の社会生活は家長による海外貿易への投資を促進するためだけに動いていたのではなく、たとえそれに反する面があったとしても、家族の生活保障、親族の利害などが重要な要素として機能していた。都市条例に含まれる相続や嫁資に関する規定は、家族生活の論理とその時代の社会・経済状況とのせめぎあいの中で、一定の形を与えられたものと再確認しておく必要があろう。

第3章
家族生活の実態
―― ヴィアロ家の人々

はじめに

　前章で我々は，ヴェネツィアの女性はそれなりの財産権と法的自立性を享受していたことを確認した。また都市条例にとって，相続や嫁資の問題が重要な関心事であったことも確認した。では，実際日常生活の中で家族の婚姻などの重大時に際し，女性はどの程度の発言権を持っていたのだろうか。また，兄弟，親子，その他姻族などの親族間の交流の実態，出自集団としてのまとまりは，どのようなものであったのだろうか。本章では，具体的に一つの家を取り上げて，その家の変遷や家族生活の諸側面を観察することにする。このような個別の観察を通してこそ，我々は都市条例が規定するような相続や嫁資の問題が，実際の生活の中でどのように扱われていたのか，どのような家族関係の中で，人々が生きていたのかを明らかにすることができるのである。

　史料としては，ヴェネツィアの国立文書館に保存されている，サン・マッテオ・ディ・マッゾルボという請求記号の羊皮紙群を使用する[1]。これはラグーナの北東に浮かぶマッゾルボ島に拠点を持つベネディクト会系修道院，サン・マッテオ（ヴェネツィア方言ではマッフィオ）女子修道院の文書を集めたシリーズの一部であるが，ここにはヴェネツィアのサン・マウリツィオ地

---

[1]　以下，引用史料の作成場所・日付に関しては，年月日は，現在の使用法に従い（ヴェネツィアでは1年は3月1日に始まるため），場所は特別の言及がなければ，リアルトを指すものとする。

区に住むヴィアロ家関係の史料が多く含まれているからである。リアルトを中心にトレヴィーゾ，トルチェッロ，ネグロポンテなどで書かれたこれらの羊皮紙は，年代順に7箱に分かれて保存されており²⁾，このうち，ヴィアロ家関係の史料は1183年から1316年まで180枚以上を占めている。さらに史料の内容も，コッレガンツァ契約，嫁資や遺産の受領書，土地売買から遺言書や家族内の係争までと変化に富んでいて，家系を再構成する上でも，当時の家族生活を知る上でも，かなりまとまった貴重な情報を我々に提供してくれているのである。実際，この史料群の13世紀についての目録を1965年に刊行したフリッゼーロは，その前書きで，これらの史料が13世紀ヴェネツィア人の家のケース・スタディとして大いに役立つ可能性を示唆した³⁾。しかし，このような目録の存在とフリッゼーロの指摘にもかかわらず，現在まで，この史料をもとに，ヴィアロ家について体系的に研究しようという試みは，行なわれてこなかった。ソレルリは13世紀のヴェネツィア社会についての概観を行った研究論文（1995年）において，個々の家が担った社会的役割についての研究はまだ始まったばかりだと指摘している⁴⁾。このような事情の背景には，13世紀においては家族史的関心が希薄であるという第1章で述べた研究史上の問題点があろう⁵⁾。

　よって本章では，サン・マッテオ女子修道院の史料をもとに，次の二つのことをめざしたい。すなわち，ヴィアロ家の体系的調査を通じて13世紀の

---

2) ASV, *San Matteo di Mazzorbo*, pergamena. 同修道院の史料は年代順を基本に7箱に分かれて保存され，各々が100-150枚の羊皮紙からなる。1箱目，すなわちbusta 1 (b. 1) には，1139年-1259年の羊皮紙が収められている。以下，2箱目（1260-1289），3箱目（1290-1299），4箱目（1300-1325），5箱目（1326-1399），6箱目（15, 16世紀），7箱目（17世紀，教皇やドージェによる勅書）。
3) *San Maffio di Mazzorbo e Santa Margherita di Torcello*, a cura di L. Frizziero, Firenze 1965, pp. XI-XII.
4) F. Sorelli, "La società", in : *Storia di Venezia II, L'età del comune*, a cura di G. Cracco e G. Ortall, Roma, 1995, p. 509.
5) もっともプロソポグラフィー的な関心からの研究はいくつか存在し，現在までのところ，ギージ，バドエル，ヅィアーニの3家が調査されている。R. J. Loenerts, *Les Ghisi : Dinastes vénitiens dans l'Archipel 1207-1390*, Firenze, 1975 ; M. Pozza, *I Badoer : Una famiglia veneziana dal X al XIII secolo*, Padova, 1982 ; S. Borsari, "Una famiglia veneziana del Medioevo : gli Ziani", *Archivio Veneto*, v. serie CX, 1978, pp. 27-72 ; I. Fees, *Reichtum und Macht im mittelalterlichen Venedig : Die Familie Ziani*, Tübingen, 1988.

ヴェネツィアの支配層に属す家の家系的連なりや家族構成の具体像を得ること，同家で起こった家族や親族に関する争いを取り上げることで，当時の家族生活に対する理解を深めること，である。

第1節　東地中海と後背地の間で

　ヴィアロ家[6]について知ることのできる最も古い人物はピエトロ・ヴィアロ（？―1197年以前）である。ヴェネツィアの政治的・宗教的中心サン・マルコ広場からそう遠くないサン・マウリツィオ地区に住んでおり，ここの住居は代々息子たちに伝えられた。12世紀後半といえば，ヴェネツィアでコムーネが誕生してようやく半世紀がたとうとしている頃である。ドージェのイニシアチブに代わって，賢人会やその他の有力都市民たちの役割がますます重要になる時期であった。そのような中，ピエトロは1164年，ドージェが裁判官，賢人たち，さらにヴェネツィアの人々populo Venetoとともにサン・マルコ教会に十字軍国家で獲得した土地を寄進したとき，70-80名のヴェネツィア人とともに証書に署名している[7]。同じく1178年，グラードの教会への土地譲渡証書の66名の署名者中にも，彼の名前が見られる[8]。さらに彼の妻ジャコミーナは，1172-78年ドージェを務めたセバスティアーノ・ツィアーニの血縁者[9]で，当時のヴェネツィアでは屈指の家柄に属していた[10]。このような家との姻戚関係は，先の二つの証書ともあわせて，ヴィアロ家がすでに当時のヴェネツィアの支配層のサークルに属していたことを物語っているであろう。しかし，1187年コムーネがハンガリー王との戦争

---

6)　次々頁の系図を適宜参照。
7)　*Deliberazioni del Maggior Consiglio*, I, pp. 244-245. この情報に関しては，父の名や地区の記述がないため，本当にサン・マウリツィオ地区のピエトロ・ヴィアロのことを指しているのかどうかわからない。しかし当時，他に同姓同名の人物がいた可能性は低いので，同一人物とみなして差し支えないであろう。これは，注8，注11にも当てはまる。
8)　*Deliberazioni del Maggior Consiglio*, I, pp. 250-251.
9)　consanguinesという言葉が使われている。ツィアーニ家について網羅的に調査したフィースによると，姉妹であろうと推察できるが，他に関連史料がないので確定はできないと述べている。I. Fees, *Reichtum und Macht im mittelalterlichen Venedig*, p. 42.
10)　S. Borsari, "Una famiglia veneziana del Medioevo", p. 40.

第 I 部　13 世紀ヴェネツィアの家族生活

のためザーラに艦隊を派遣することを決めたとき，資金提供を命じられた 96 名中に，ヴィアロ家の名前は見いだせない[11]。資金提供者の中には寡婦も見られるので，ヴィアロ家が現われないのは，この家が当時未ださして経済的に上位クラスにはなかったからだと考えられる。いずれにせよ，彼のより詳しい経済活動や政治経歴については，知ることができない。こうして，我々がたどることのできる最初のヴィアロ家の人物は，1197 年以前に，その多くを語らない一生を終えるのである[12]。

　ピエトロとジャコミーナの間には，ジャコモ，トッマーゾ，ステファノの 3 人の男子，アニェーゼ，マリアの 2 人の女子が誕生していた。2 人の娘のうちアニェーゼは，1183 年ジョヴァンニ・グラデニーゴと結婚している。グラデニーゴ家も古くからの有力な家であった。嫁資の額は 400 リブラで，ピエトロ・ヴィアロがジョヴァンニとアニェーゼの 2 人から嫁資の受領証明書を受け取った[13]。他方マリアは 1207 年，ラニエリ・ヴィットゥリと 800 リブラの嫁資で結婚した。父ピエトロがすでにいないため，マリアの場合は彼女の兄弟 3 人が共同で，ラニエリ夫婦と契約を結んでいる[14]。

　3 人の息子のうちジャコモがおそらく長男であるが[15]，彼については情報が乏しく，経済活動，政治活動についてはほとんど不明である[16]。情報の少なさは，その息子ピエトロについても同様で，1224 年 6 月，彼は伯父ステファノ・ヴィアロが貸し付けを行ったときの立会人であったこと[17]，彼の妻アニェーゼは 1254 年すでに未亡人となっていること[18]，がわかるのみであ

---

11)　*Deliberazioni del Maggior Consiglio*, I, pp. 253-256.
12)　ASV, *San Matteo di Mazzorbo*, pergg. b. 1, 18 giugno 1197.
13)　ASV, *San Matteo di Mazzorbo*, pergg. b. 1, agosto 1183. この史料から，初めてピエトロ・ヴィアロがサン・マウリツィオ地区の住人であったことが分かる。
14)　ASV, *San Matteo di Mazzorbo*, pergg. b. 1, luglio 1207.
15)　1207 年 7 月の契約書では，ジャコモ，トッマーゾ，ステファノの順で，名前が列挙されている。"vobis namque Iacobo et Thome atque Stefano Viaro".
16)　14 世紀のアンドレア・ダンドロの年代記には，1206 年マルコ・ダンドロとともにガッリーポリ（イタリア半島の南端）の要塞を包囲したジャコモ・ヴィアロについての記述があり，これはほぼ彼のことであろうと思われるが，地区や父の名など身元確認のための指標がないので，同一人物とは断定できない。*Andreae Danduli Chronica*, p. 282.
17)　ASV, *San Matteo di Mazzorbo*, pergg. b. 1, 23 aprile 1255 (*Nuovi documenti del commercio veneto*, n. 98, p. 115).
18)　ASV, *San Matteo di Mazzorbo*, pergg. b. 1, 30 marzo 1254.

サン・マウリツィオ地区のヴィアロ家の系図

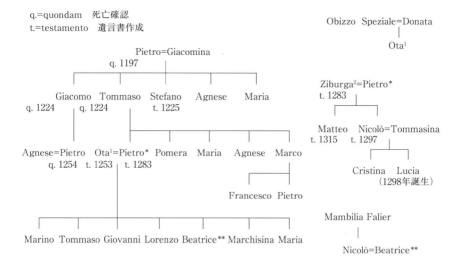

る。なお，このピエトロはしばしば大ピエトロと呼ばれているので[19]，トッマーゾの息子のピエトロよりも年長だったのだろう。

　一方，トッマーゾはアドリア海，アレクサンドリアなどで精力的に商業活動を行い，1198年から1210年の間に数多くの商業契約を結んだ[20]。その中には先のセバスティアーノの息子でのちドージェになるピエトロ・ヅィアーニ，ときのドージェ夫人マリア・ヅィアーニも含まれている[21]。その後トッ

---

19) "Pietro Viaro maior", ASV, *San Matteo di Mazzorbo*, pergg. b. 1, 30 marzo 1254 (*Nuovi documenti* del commercio veneto, n. 82, p. 91)．
20) 例えば，*San Maffio di Mazzorbo*, pp. 1-2, n. 1, n. 3, n. 4, n. 5. ほとんどが，*Nuovi documenti del commercio veneto* に刊行されている。なお，彼が結んだ商業契約は全部で26件あるが，そこに見られる契約相手にはさまざまな人物が登場しており，最多を占めるドメニコ・アルドゥイノでも4件である。また，とりたてて親族が目立つわけではない。第2章でも触れたように，ヴェネツィアでは兄弟は財産分けしない限り父が死亡した後も財産を共有し，これはフラテルナ・コンパニーアと呼ばれた。フラテルナには男系による従兄弟同士，甥と父方おじの関係も含まれ，近親同士の契約が見られないのは，この制度の存在もあるのだろう。フラテルナについては，第2章注31参照。ただ，フラテルナが明確に法的な位置付けを与えられたのは1242年法であり，1242年法によると，それまでは長男が父と財産を分け，次男以下は長男から指示された部分の財産を受け取るのが習慣だったようである。*Gli statuti veneziani di Jacopo Tiepolo*, liber III, cap. 5, p.125.

マーゾは，1211 年クレタに派遣される 90 数名の騎士 miles の一人に選ばれ，サン・マウリツィオ地区の家から去ることになった[22]。第 2 章で述べたように，ラテン帝国を建設し，通商上の重要拠点クレタを自己の領土としたヴェネツィアは，当時，根強いギリシア人の抵抗に打ち勝つため，クレタにまとまった数の移住者を派遣し，彼らに軍事義務を託す必要があったのである[23]。地区の付記がないため我々のトッマーゾとクレタに派遣されたトッマーゾが，確実に同一人物であるとは断言できない。しかし，1211 年以降商業契約の数が大幅に減るので，この年，彼の身の上に何か変化が起こったに違いないことは窺える。さらに，残っている史料から明らかになる 1211 年以降の商業契約は，いずれもクレタ関係のものなので[24]，かなりの信頼性を以て，彼がクレタに移住したことが言えるのである。なお，クレタ移住後も兄弟間の関係は常に続いていたようで，1217 年クレタの中心都市カンディアでトッマーゾは商業活動のための資金をステファノから受け取っている[25]。

　ステファノは 1223・1224 年，裁判官 iudex としてドージェの開催する法廷 curia に出席[26]した後，イストリア半島のポーラ（プーラ）のポデスタを引き受けた。彼は，ヴェネツィア市内とキオッジャの他，ロマニアにも不動産を所有しており[27]，1224 年ロマニア問題を論じる 10 人の小委員会のメン

---

21) ASV, *San Matteo di Mazzorbo*, pergg. b. 1, luglio 1201（*Nuovi documenti del commercio veneto* n. 53, p. 59）; ASV, *San Matteo di Mazzorbo*, pergg. b. 1, febbraio 1209（*Nuovi documenti*, n. 73, p. 80）.
22) G. L. Fr. Tafel, G. M. Thomas, *Urkunden zur älteren Handels und Staatsgeschichte der Republik Venedig mit besonderer Beziehung auf Byzanz und die Levante*, 2, Wien 1856（rist. anast. Amsterdam, 1964）, p. 134.
23) ヴェネツィア人のクレタ入植については本書第 2 章で挙げた文献のほか，高田良太「海のかなたのイタリア」『イタリア都市社会史入門』98–106 頁，拙稿「中世地中海における人の移動——キプロスとクレタの「ヴェネツィア人」」など参照。
24) 例えば 1212 年 3 月，トッマーゾはマッテオ・マルゾーロからクレタで商売するため 125 リブラ受け取った。ASV, *San Matteo di Mazzorbo*, pergg. b. 1, febbraio 1220（*Nuovi documenti del commercio veneto*, n. 78, p. 85）. Cf. S. Borsari, *Il dominio veneziano a Creta, nel XIII secolo,* Napoli, 1963, p. 85.
25) ASV, *San Matteo di Mazzorbo*, pergg. b. 1, 20 maggio 1243（*Nuovi documenti del commercio veneto*, n. 93, p. 109）; ASV, *San Matteo di Mazzorbo*, pergg. b. 1, 10 febbraio 1256.
26) *Deliberazioni del Maggior Consiglio*, I, pp. 6, 8; *Il liber communis detto anche Plegiorum*, a cura di R. Predelli, Venezia 1872, p. 209.

第 3 章　家族生活の実態

バーにも選ばれている[28]。ステファノには息子がいなかったので，彼のサン・マウリツィオ地区の財産の一部は甥の 2 人のピエトロ，つまりトッマーゾの息子のピエトロとジャコモの息子のピエトロに 675 リブラで譲られた[29]。その後すぐ 2 人はこの財産を分割している[30]。1224 年のことであった。ロマニアの財産は彼の死後売却された。ステファノはかなり裕福であったようで，1225 年就任地のポーラで死期に臨んだ彼が残した遺言によると，妻に 1000 リブラ，2 人の娘に 3000 リブラ残しているほか，奴隷を解放しそれぞれに 3 リブラ与えること，甥の二人のピエトロに対し，彼らの父すなわち彼の兄弟の借金を割り引くことを述べている。この時すでにステファノの兄弟トッマーゾとジャコモはどちらも故人となっていた[31]。

　さて，トッマーゾの息子ピエトロについては，かなり多くの情報が収集可能である。彼は 1221 年，オビッツォ・スペツィアーレとドナータ・スペツィアーレの娘オタと結婚し[32]，彼女との間にマリーノ，トッマーゾ，ジョヴァンニ，ロレンツォの 4 人の息子とベアトリーチェ，マルキシーナ，マリアの少なくとも 3 人の娘を儲けた。スペツィアーレ家は 13 世紀後半の大評議会名簿には名前が見いだせないが，オビッツォ・スペツィアーレは当時のヴェネツィアではかなり重要な人物であったらしく，多くの保証人を引き受けている[33]。また，1240 年サン・マッテオ修道院がトレヴィーゾに土地を購入するに際して 900 リブラ貸していること[34]，遺言書で残した現金が 8570 リ

---

27) ASV, *San Matteo di Mazzorbo*, pergg. b. 1, 7 giugno 1225, Pola（*Nuovi documenti del commercio veneto*, n. 82, p. 90）.
28) *Deliberazioni del Maggior Consiglio*, I, p. 61.
29) ASV, *San Matteo di Mazzorbo*, pergg. b. 1, 12 marzo 1224.
30) ASV, *San Matteo di Mazzorbo*, pergg. b. 1, giugno 1224.
31) ASV, *San Matteo di Mazzorbo*, pergg. b. 1, 7 giugno 1225, Pola（*Nuovi documenti del commercio veneto*, pp. 89-92, n. 82）. パドヴァ大学の卒業論文で刊行された遺言書によると，遺言者が残した現金の総額は，150 リブラから 5000 リブラに渡るが，2000-3000 リブラの範囲が最も多い。F. Arbitrio, *Aspetti della società veneziana*, pp. 5-52.
32) ASV, *San Matteo di Mazzorbo*, pergg. b. 2, 22 marzo 1260. にオタとピエトロによるオビッツォへの嫁資受領証書の言及がある。なお，スペツィアーレは姓に転化しておらず，単なる職業（薬商人 speciarius / spezile）を指していた可能性もある。
33) *Deliberazioni del Maggior Consiglio*, I, pp. 28, 148, 152-153, 197.
34) ASV, *San Matteo di Mazzorbo*, pergg. b. 2, 4 aprile 1268. ここに 1240 年の契約への言及がある。

ブラに達する[35]ことは，オビッツォがかなり裕福であったことを裏付けている。また，オタの嫁資が3500リブラに達することも，彼の資金力を物語っていよう。なお，オビッツォは孫娘ベアトリーチェにも遺産を残しており，これをめぐって，のち，ピエトロとベアトリーチェの夫で代理人のニコロとの間に係争がもちあがった。

　この，トッマーゾの息子のピエトロについては，経済活動や不動産所有状況もある程度跡付けることが可能である。彼はサン・マウリツィオ地区の不動産の他にも，ラグーナの小島マッズルボ島に製粉場を所有していた[36]。また，1246年，ジャコモ・バルベータとともに，トレヴィーゾ領内のカジエルに土地を購入し，この土地の小作料をも収入源としている[37]。この土地は，ジャコモ・カッタネーオ・ダ・カジエルから購入したものであったが，のち1282年になって，彼の息子がピエトロを相手取って自らの所有権を主張したため，長い裁判が起こることになった[38]。さらにピエトロは，チッタノーヴァの司教区内にも地代収入源をもっていたようで，1260年代末これをめぐって，チッタノーヴァの司教と争いを起こしている[39]。しかし，これらの地代収入があるからといって，彼が商取引を行わなかったわけではない。彼は海外商業に資金を投資する一方[40]，息子とともにアレクサンドリアまで商取引に赴いたこともあった[41]。

　さて，オタの死（1253-57年の間）後，ピエトロはアニェーゼ・デ・カリストの姪（あるいは孫）ジボルガと再婚し，マッテオ，ニコロの少なくとも2人の男子を儲けた。同じ頃，ピエトロはオタの遺産をめぐって先の4人の息子と対立し始め，長い係争に巻き込まれることになった。ジボルガは嫁資として1312.5リブラをもたらしており[42]，彼女との再婚も，オタ程ではない

---

35) ASV, *San Maffio di Mazzorbo*, n. 123, p. 41. オリジナルは見つからなかった。
36) ASV, *San Matteo di Mazzorbo*, pergg. b. 1, 16 luglio 1245, Mazzorbo.
37) ASV, *San Matteo di Mazzorbo*, pergg. b. 1, 15 ottobre 1246 e 25 febbraio 1247, Treviso.
38) ASV, *San Matteo di Mazzorbo*, pergg. b. 2, 20 novembre 1282 – 8 maggio 1283, Treviso.
39) ASV, *San Matteo di Mazzorbo*, pergg. b. 5, 12 gennaio 1269.
40) ASV, *San Matteo di Mazzorbo*, pergg. b. 1, agosto 1255.
41) 本章第2節（2）参照。

にしても，ピエトロを金銭的に潤すものであったと考えられる。しかし，商売の失敗のためか，度重なる係争のためか，子沢山のゆえか，死期に及んでピエトロが残した現金は小額であった。彼が遺言書を作成したのは1283年6月21日，そこで妻ジボルガを遺言執行人に任命するとともに，彼女に家とその生計を託している[43]。こうして，ピエトロは長く，そしておそらく心労も絶えなかったであろうその生涯に，ようやく幕を降ろしたのであった[44]。

彼の死後，サン・マウリツィオ地区，マッゾルボ島，カジエルの不動産は，ジボルガの息子であるニコロとマッテオが引き継いだ[45]。マッテオは，遅くとも1293年以降ずっと当修道院の修道院長代理兼会計監査を務めている[46]。また1298年にはトレヴィーゾの土地（かつてピエトロが購入した土地の近く）を250リブラで購入した[47]。一方ニコロの方は商業活動に携わり[48]，1295年にはネグロポンテの行政官を引き受けた[49]。妻トッマシーナは彼に総額1012.5リブラの嫁資をもたらしている[50]ので，これが彼の資金源としてかなり役立ったのではないかと考えられる。遺言書では自分のミサのため4000リブラ残しているほか，娘に嫁資として1000リブラ残しており，彼がそれなりの裕福さを保っていたことが推察できる[51]。ニコロには，ネグロポンテの庶子は別として，2人の娘の他は男子がなかったので，彼の死後全財産はマッテオにいくことになった。1298年のことである[52]。マッテオにも相続人はなく，彼の財産は1315年当修道院に寄付されることになった[53]。サン・マッテオ修道院の羊皮紙にヴィアロ家関係の史料が集中しているのは，この

---

42) ASV, *San Matteo di Mazzorbo*, pergg. b. 3, 26 marzo 1292.
43) ASV, *San Matteo di Mazzorbo*, pergg. b. 2, 21 giugno 1283.
44) 1289年ジボルガが，遺産の受取証書を発行していることから，この年までに彼は死んだものと思われる。
45) ピエトロの遺言書参照。
46) ASV, *San Matteo di Mazzorbo*, pergg. b. 3, 15 marzo 1293, Bosco di Gualdo.
47) ASV, *San Matteo di Mazzorbo*, pergg. b. 3, 7 marzo 1298, Casier.
48) ASV, *San Matteo di Mazzorbo*, pergg. b. 2, 25 luglio 1289, Capodistria.
49) ASV, *San Matteo di Mazzorbo*, pergg. b. 3, 1 gennaio 1295.
50) ASV, *San Matteo di Mazzorbo*, pergg. b. 3, 16 luglio 1298.
51) ASV, *San Matteo di Mazzorbo*, pergg. b. 3, 2 novembre 1297.
52) ASV, *San Matteo di Mazzorbo*, pergg. b. 3, 8 dicembre 1298.
53) ASV, *San Matteo di Mazzorbo*, pergg. b. 4, 31 luglio 1315. 第4章の遺言書の検討を踏まえると，ニコロとマッテオ兄弟の遺産の残し方は，幾分単純な印象を受ける。

ためだと考えられる。そしてこれ以後，この史料群からヴィアロ家の名前は，ほとんど消え去ってしまうのである。

　しかし，ヴィアロ家は絶えたわけではない。実際，マルコ・ヴィアロの息子で，トッマーゾの息子ピエトロの甥にあたる，ピエトロとフランチェスコが1310年代の公証人史料にサン・マウリツィオ地区の住人として登場しているのである。彼らは商業活動を行う他[54]，1315年兄弟間でサン・マウリツィオ地区，サン・ジョヴァンニ地区にある不動産とオリチェンタにある製粉場の分割を行った。なおこの分割には，彼らの従兄にあたる先述のマッテオ・ヴィアロが，証人として立ち会っている[55]。14世紀においてもヴィアロ家はある程度の地位を保っており，1300年代半ばの役職への就任状況では全体の36位，1379年の資産評価額では38位を占めていた[56]。

　サン・マウリツィオ地区に住んでいた主要なヴィアロ家のメンバーの他にも，史料には何人かヴィアロ家に属する他の人物が見られる。例えば，チェッシが編集した大評議会の名簿は，ジェラルド・ヴィアロ，ステファノ・ヴィアロが1290年代サン・マルコ区に住んでいたことを明らかにしている[57]。1227年には，サン・マルコ区サン・ヴィターレ地区のマッテオ・ヴィアロが，保証人としてドージェの法廷に登場している[58]。また，カステッロ区のサン・セヴェーロ地区にはフィリッポ・ヴィアロなる人物が住んでおり，1207年，100リブラの商業投資を行った[59]。このサン・セヴェーロ地区には，ジャコモ・ヴィアロなる人物もいて，1190年代サン・セヴェーロ地区の代表としてサン・ロレンツォ教会と争っている[60]。大評議会名簿にも，ロレンツォ，ジョヴァンニ，ザニーノの3人がカステッロ区から選出されており[61]，カステッロ区にはヴィアロ家の別の分家[62]があった可能性も考えられる。

---

54) *Domenico prete di S. Maurizio: notaio in Venezia 1309-1316*, a cura di M. F. Tiepolo, Venezia, 1970, n. 195, p. 155 ; n. 336, p. 238 ; n. 339, p. 239.
55) *Domenico prete di S. Maurizio*, n. 440, p. 298.
56) S. Chojnacki, "In Search of the Venetian Patriciate: Families and Factions in the Fourteenth Century", in : *Renaissance Venice*, ed. by J. R. Hale, London, 1974, pp. 74-75.
57) *Deliberazioni del Maggior Consiglio*, I, pp. 262-362, anno 1294-95.
58) *Deliberazione del Maggior Consiglio*, I, p. 151.
59) *Documento del commercio veneziano*, n. 488, II, p. 29.
60) *S. Lorenzo di Ammiana*, a cura di L. Lanfranchi, Venezia, 1947, n. 49, n. 50, n. 51, n. 52, n. 53, n. 54, n. 62, pp. 81-90, 103.

第 3 章　家族生活の実態

　ヴィアロ家はヴェネツィア市内だけでなくクレタにも分家を持っていたようである。1280 年代のクレタには，マヌエーレ・ヴィアロなる人物が住んでおり，クレタに移住したトッマーゾの子孫であることを窺わせている[63]。また 1301 年には，カンディア在住のトッマーゾ・ヴィアロが商取引を行っていた[64]。カンディアの公証人史料には，他，マルコ・ヴィアロ[65]，フランチェスコ・ヴィアロ，ピエトロ・ヴィアロ[66]の名も見られるが，彼らはたまたまクレタに商取引にきたサン・マウリツィオ地区のヴィアロ家のメンバーである可能性が高い。

　いずれにせよ，ここで触れた人物に関しては情報も乏しく，親族関係さえ明らかにすることができないのが現状である。しかし，これは中世ヴェネツィア支配層の親族関係を明らかにしようとした場合，必ず突き当たる問題であり，ヴィアロ家はむしろ，史料的に恵まれている方だといえよう。また，見方を変えれば，この分家再構成の不確実さは，当時の親族の機能そのものの反映だともとれよう。つまり，当時の人々の日常生活で機能している親族関係の範囲というのは，おおよそ，ここで再構成できた範囲，つまり従兄弟くらいまでの範囲であっただろう，ということである。例えば，すでに調査されているバドエル家は，11 世紀半ばまでに，すでに二つの分家に分かれていた模様である。しかし私的史料の不足から，12 世紀に各地区に散らばっているバドエル姓の人々の間の親族関係を特定することは難しい。もっとも 12 世紀後半からは，サン・ジャコモ・ディ・ルプリオ地区のバドエルが一つのまとまりとして確認できるようになり，重要な人物については系譜関係や活動が跡付けられるようになる。しかしそれも主に直系で辿れるだけであり，従兄弟筋などについてはわからないことが多いのである[67]。ドージェを

---

61)　*Deliberazioni del Maggior Consiglio*, I, pp. 262-362. 順に 1276-77 年，1280-81 年，1293-94 年，1294-95 年。
62)　この語の本書における使用法については，序論注 28 参照。
63)　*Leonardo Marcello : notaio in Candia 1278-1281*, a cura di M. Chiaudano - A. Lombardo, Venezia 1960, n. 333, p. 118 ; n. 436, p. 150.
64)　*Benvenuto de Brixano : notaio in Candia 1301-1302*, a cura di R. Morozzo della Rocca, Venezia 1950, n. 65, p. 27 ; n. 504, p. 181.
65)　*Benvenuto de Brixano*, n. 458, p. 165.
66)　*Benvenuto de Brixano*, n. 586, p. 212.

出すほどの，由緒ある家柄でも，この程度だということはできよう。つまり法史料には，父系はとこの子供までの不動産優待購入権が定められているが，このような遠い親戚については，日常的交流が希少であったことが推察できるのである。

　最後に，以上の観察に基づいて，ヴィアロ家を当時のヴェネツィア社会の中で，より正確に位置付けておこう。同家は12世紀後半に台頭し，商業活動で富を増やす一方コムーネの役職も引き受けて，13世紀初めには支配層としての地位を確立していた。またクレタへの移住や商業活動に見られる東地中海との関係は，同家が当時の多くのヴェネツィア人の活動形態に沿っていたことを物語っているだろう。さらに，なんども繰り返すようだが，ヴェネツィア商人がヴェネツィア近郊に土地を所有することは当時でも珍しいことではなく，この点でもヴィアロ家は例外ではない[68]。ヴィアロ家は，当時のヴェネツィアの中層に属す標準的な家であった。従って，同家の家族生活は，広くヴェネツィア社会一般を考察していく上での重要な指針となるはずである。

第2節　女性たちの活躍，争う父と息子

　本節では，ヴィアロ家でおきた二つの事件を検討することで，家族生活の具体像を得るという本章冒頭で述べた課題に取り組むことにしたい。二つの事件のうち，一つはピエトロの娘ベアトリーチェの嫁資問題で，これは婚姻をめぐる親族の動向に光をあてることになる。もう一つは母が息子に残した

67）ヅィアーニ家については，ドージェになったピエトロとその息子たちを中心に，系譜関係や商業活動，土地所有状況などかなりのことが明らかにされているが，分家の存在や分家間の関係については，余り述べられていない。ギージについては，地区ごとに分家が存在しており，研究の記述自体が分家ごとに行われている。

68）V. Lazzarini, "Antiche leggi venete intorno ai proprietari nella terraferma", *Nuovo Archivio Veneto*, n. s. 38, 1919, pp. 5-31; G. Luzzatto, "Les activités économiques du Patriciat vénitien (Xe-XIVe siècle)", *Annales d'Histoire économique e sociale* 9, 1937, pp. 25-30, 35-38; L. A. Ling, "La presenza fondiaria veneziana nel padovano (secoli XIII-XIV)", in: *Istituzioni, società e potere nella Marca trevigiana e veronese*, a cura di G. Ortalli e M. Knapton, Roma, 1988, pp. 305-320.

遺産をめぐる問題で，父子の係争，父権免除にいたる経緯をいきいきと蘇らせている。この二つの事件は，遺言書や財産分割の史料からは窺い知ることのできない，家族間の社会的交流や絆の実態を我々に報せてくれる重要な事例である。よって，以下古文書の語るところに従ってこの二つの出来事を詳しく観察し，当時の社会との関わりも考慮しながら考察を進めることにしたい。

(1) ベアトリーチェの嫁資をめぐる問題

「こうして私の娘は，皆私に要求するのだ。1800リブラは与えたくない。他の娘も同じだけ私に要求するだろうから」。これは娘ベアトリーチェの嫁資額設定の交渉中，ピエトロ・ヴィアロが思わず洩らした嘆きの言葉である。いったいヴィアロ家では結婚の交渉は，どのように進められていたのだろうか。ここでは，ピエトロとその娘婿でベアトリーチェの代理ニコロ・ファリエルの間に起こっていた嫁資支払いをめぐる争いに対し，1254年3月30日，訴訟取り扱い判事 iudices petitionis が下した判決文[69]を通して，それをみていくことにする。訴訟取り扱い判事とは，遺言書や売却書などの証書をめぐる広範な問題解決に携わる調停員で，13世紀中頃から常設化されはじめた役職であった[70]。関係者たちは何度もこの法廷に足を運び，ベアトリーチェとニコロの結婚の経緯についての証言供述を行う。判決文には，こうして収集された多くの証言も一緒に記されており，これが婚姻をめぐる親族の動向を浮かび上がらせてくれるのである。

さて，先にも述べたように，ベアトリーチェの祖父オビッツォ・スペツィアーレは，死に際して800リブラの遺産を嫁資として彼女に残していた。これをピエトロ・ヴィアロが娘の結婚の際，彼女に嫁資として与えたか否かというのが，本件の争点である。婚姻がなされたとき，この遺産については何も触れられなかったというニコロの訴えに対し，ピエトロはこの遺産は嫁資の中に計算され与えられたと主張していた。この史料に証人として登場する

---

69) ASV, *San Matteo di Mazzorbo*, pergg. b. 1, 30 marzo 1254. この判決文は，かなり大きな羊皮紙に記されており，112行の文章よりなる。口絵参照。
70) G. I. Cassandro, "Curia di Petizion", *Archivio Veneto*, 5 serie, 20, 1937, pp. 8–12.

第 I 部　13 世紀ヴェネツィアの家族生活

人物は全部で 13 人，全て女性である。別にピエトロ・ヴィアロの証言供述の断片が残っているので，女性のみが証人として召集されたとは考えがたい。が，この数は嫁資の決定と結婚に女性が如何に多く関わっていたかを示しているといえよう。ともあれ，まずは，この 13 人の証人のうち，後の議論で重要になる人々を紹介することにしよう。

　まず，オタ・ヴィアロとドナータ・スペツィアーレ。オタはピエトロ・ヴィアロの妻で，ベアトリーチェに遺産を残したオビッツォの娘，ドナータはそのオタの母親であった。ついで，ピエトロ・ヴィアロの姉妹のポメラ・ガウラとマリア・ジュスティニアーニ。彼女らは，結婚の仲介者という大役を務めている。同じくピエトロ・ヴィアロの姉妹，アニェーゼ・メンゴロ[71]。彼女は，結婚には直接関与しないものの，多くの貴重な証言供述を行なった。ニコロの母マンビリア・ファリエル。ニコロ側で結婚を取り仕切っているのは彼女のみで，彼女の夫がまったく登場しないことから，彼女の夫はすでに死亡しているか不在であったと思われる。マンビリアの縁者，トッマシーナ・ファリエルとジャコビーナ・ファリエル。そして最後に，結婚式が行われた翌日の月曜日，ピエトロ・ヴィアロ側からの贈り物をマンビリアに届けた二人の夫人。ヴェネツィアでは，結婚式は日曜日に教会で行われるのが普通であった。そして婚姻の翌日，妻はさまざまな人から「月曜日の贈り物」と呼ばれる品々を受け取るのが習慣であった[72]。二人の夫人が届けたのも，この「月曜日の贈り物」であったと考えられる。彼らと上記の人々の縁戚関係についてはまったくわからず，単なる友達であった可能性も大きい。

　では，登場人物が出そろったところで，彼らの証言から再構成される事実を追っていこう。最初，マンビリアと結婚の交渉をし始めたのはポメラであった。このポメラに，マンビリアはベアトリーチェの嫁資としてまず 2000 リ

---

71)　ピエトロとポメラ，マリア，アニェーゼの親族関係の確認には，史料中の以下のような文章が役に立った。'domina Pomera venit et dixit domino Petro Viadro fratri suo et cognate sue Ota.'
72)　L. Margetić, "Il diritto", *Storia di Venezia 1. Origini-Età ducale*, a cara di L. C. Luggini, M. Pavan, G. Cracco e G. Ortalli, Roma, 1992, p. 683 ; G. Zordan, "I vari aspetti della comunione familiare di beni nella Venezia dei secoli XI-XII", *Studi Veneziani* 8, 1966, p. 138.

第 3 章　家族生活の実態

ブラを要求した。ポメラは難色を示したが，マンビリアは，オビッツォがベアトリーチェに 800 リブラ残しているので，それに 1200 を付け加えることは可能であろうと，譲らなかった。そこで両者の意志によりマリアがこの結婚話をまとめる手助けをするために介入する。マリアの登場により，マンビリアは一歩譲って，彼女に 1800 リブラを要求した。マリアはこれをピエトロとオタに伝えたが，彼らは 1400 リブラとアルチェッラ（服地，装飾具などの貴重品を収納した箱のこと[73]）しか払えないといった。先に紹介したピエトロの台詞は，この時のものである。そこでマリアは，マンビリアに 1500 リブラまで譲歩させた。マリアとピエトロ夫妻の間で長い話し合いが行われる。その結果，両者は最終的に 1500 リブラで同意に達したのであった。ただし，嫁資を 1400 リブラとアルチェッラにするか，1500 リブラにするかについては，さらに紆余曲折があり，嫁資をめぐって後で訴訟が起きたのは，この複雑な経緯に原因があったのではないかと思われる。

　こうして嫁資の額が定まると，ベアトリーチェとニコロは，オタ，マンビリア，アニェーゼ，マリア等の立合のもと，サンティッシマ・トリニタ教会で結婚式を挙げた。そして翌日の月曜日，ピエトロ・ヴィアロ側からマンビリアの家にベアトリーチェのための贈り物が届けられた。この贈り物を届けた二人の夫人がマンビリアの家でどのような待遇を受けたかについては，マンビリア側とピエトロ側の証言が一致していないので，確かなことはわからない。ヴィアロ家側の証言によれば，マンビリアは贈り物が約束のものと違うと言って非難し，二人の夫人のうち一方はドナータの家へ，他方はオタの家へ，それぞれ泣きながら訴えにいったということになっている。ファリエル家側は，二人の夫人はマンビリアの家で飲食に与り，丁寧に遇されたと証言した。問題の 800 リブラについては，ポメラとアニェーゼは常に嫁資の中に計算されていたと述べている。一方，マリアは，800 リブラの遺産がベアトリーチェに残されているという事実は知っていたが，それが嫁資の一部として彼女に渡されたかどうかについては，確信をもっていない。結局判決は，

73）　P. Sella, *Glossario latino italiano : Stato della Chiesa-Veneto, Abruzzi*, Città di Vaticano, 1944, p. 31 ; P. Molmenti, *La storia di Venezia nella vita privata 1. La grandezza*, Bergamo, 1927[7]（rist. anast. Trieste, 1973），p. 445.

第Ⅰ部　13世紀ヴェネツィアの家族生活

ピエトロがベアトリーチェの代理であるニコロに250リブラ支払うことを決定した。なぜ250リブラなのか、その理由は史料からはわからない。が、ともかく、この支払いによってピエトロはニコロの訴えから解き放たれ、この事件は決着をみる。その後すぐ、ベアトリーチェが250リブラの受領書を作成した。

　さて、この経緯だけでも、嫁資設定の交渉と婚姻締結について、女性がいかに活躍しているかがわかるであろう。マンビリアはおそらく夫が不在のため、彼女が息子の結婚を取り仕切るのはむしろ自然なことだとしても、ポメラとマリアは、ピエトロ・ヴィアロが健在にもかかわらず、そして自分たちは他家に嫁いでいるにもかかわらず、姪の結婚交渉の中心となっているのである。また月曜日に贈り物を届けた夫人のうち一人が、ドナータの家に報告に行ったのは、ドナータもこの結婚において重要な役割を果たしていた証拠であろう。さらに、交渉の内容を詳しくみていけば、ますます、ポメラ、マリア、ドナータという三人の女性が、娘の結婚というピエトロにとって社会的にも経済的にも重要な行為に、大きく介入していたことが、明らかになるのである。

　例えばマリアは、マンビリアとかなりの話し合いを繰り返した結果、要求額を1500リブラまで押さえるのに成功した。彼女は、交渉の成果を伝えるため、ピエトロの家にやってくる。ところが、ピエトロは相変わらず、額が高すぎると言って、1500リブラの申し出を拒んだ。そこでマリアは、ベアトリーチェの祖父が800リブラの遺産を残した事実を持ち出し、それに残りを付け加えて1500リブラにすることはできるだろうと、ピエトロに詰め寄るのである。マリアの説得は、おそらく功を奏したのであろう。このやりとりの後、ピエトロは1500リブラを与えることを約束する。また、ポメラも、マリアに全て任せ切っていたわけではなかった。ピエトロがマリアの勢いに押されて1500リブラを承諾したことは前述の通りだが、実は一旦約束したもののピエトロは考えを変え、再び1400リブラを主張するのである。そこで、今度はポメラが、ドナータのところにピエトロの心変わりを訴えに行った。彼女は、いかにピエトロが、1500リブラの嫁資を出し渋って、このように良い結婚話を逃すところであったか[74]、いかに彼がマリアに1500リブ

90

ラ与えると約束したか，そして今や1400リブラとアルチェッラしか与えたがらないかを，ドナータに伝えたのである。おそらく，そこでドナータから，ピエトロに何らかの圧力があったのであろう。最終的に1500リブラで話がまとまるのは，その後であった。

　さらに，オタとて，受け身の役割に甘んじていたわけではない。彼女は，夫と義理の姉妹や母に挟まれ影が薄くなりがちだが，交渉の場に常に立ち合い，結婚の確認など重要な行為を行っていたのである。最終的にマンビリアと婚姻の約束を取り結んだのは，史料から判断する限り彼女であった。ピエトロの指示はあっただろうが，彼が自分で出向いたわけではない。結婚の交渉と締結における女性の役割の大きさが確認できるであろう。

　さて，上記の証言供述からは，嫁資決定について既述の女性が果たした積極的な役割だけでなく，女性親族間の交流の活発さも窺える。例えば，アニェーゼは頻繁にピエトロの家に出入りしていた。彼女は，ポメラがピエトロとオタの所にやってきてマンビリアの要求額を伝えたとき，その場に居合わせたし，マリアとピエトロの間で最終的に1500リブラで話がまとまったときも，ピエトロの家にいたのである。月曜日に贈り物を持っていった夫人の一人が泣きながら帰ってきたときは，オタとともに彼女を部屋に引き入れて質問した。彼女は，オタに付き添って結婚の確認にも立ち会っている。また，ポメラがドナータにピエトロの心変わりを訴えにいった経緯は，彼らの親しい関係を推察させるだろう。彼女は，ドナータの家でオタから1500リブラで話がまとまった旨を聞いた。

　ファリエル家の側でも，マンビリアの義兄弟ジャコモ・ファリエルの妻ジャコビーナは，嫁資設定の交渉について，直接マンビリアから聞いている。マンビリアから，オビッツォの遺産についてすでに仲介者のマリアと話をした，と伝えられたとき，彼女は満足の意を示し交渉をさらに進めることを促した。またトッマシーナ・ファリエルは，オタがマンビリアの家に娘の結婚の取り決めにやってきたとき，マンビリアの部屋にいた。そしてトッマシー

---

74)　原文には，'qualiter dominus Petrus Viadro predictus …… volebat dimittere ita bonum matrimonium sive placitum,' と書かれているので，このような状況を意味しているのであろう。

ナとジャコビーナの二人は，月曜日運ばれてきた贈り物を見に，マンビリアのもとに赴いているのである。女性親族どうしの連絡が密であったことが，よくわかるであろう。

　しかも彼女たちは，決して隣や向かいのような近隣に住んでいるわけではない。全ての登場人物の居住地がわかるわけではないが，例えばポメラは，ヴィアロ家のあるサン・マウリツィオ地区からは，直線距離でも約１キロ離れたサンタ・ソフィア地区に住んでいた。ポメラが実家に行くためには，ヴェネツィアの経済の中心，リアルトを通過せねばならないのである。一方，ドナータは運河沿いのサン・マウリツィオ地区から約700メートル内陸部に入った，ドージェ宮殿のほぼ裏手にあたるサン・ジュリアン地区に住んでいた。なお，オタやポメラが交渉に当たっていたマンビリアは，大運河を隔てたサン・トマ地区に住んでいる。つまり，彼女たちの交流は，単に親密なだけでなく，地区を超えたものだったのである。勿論，地区を超えるといってもヴェネツィア自体，それほど大きな街ではないから，移動が大変と言うわけではない。が，彼女たちが単に非常に近くに住んでいるため，頻繁に連絡を取っていたわけではなく，あくまで，親族故，少々距離があっても親密な交流が行われている，ということなのである。

　以上，ヴィアロ家の結婚交渉では，女性親族の活発な働きとそれに伴う発言力の大きさ，さらに彼女たちの親密な交流が観察された。もちろんヴェネツィアでも嫁資の支払いは父親，父親のいない場合は兄弟の義務であり，婚姻における男性親族の役割の重要性は争えない[75]。ヴィアロ家においても，オタは，夫ピエトロ・ヴィアロは親戚に相談していないので1400リブラとアルチェッラしか与えられない，と答えたことがあり，嫁資決定には男性親族の意見も重要であったことを，示唆している。従って，ここでみられたような女性たちの大きな役割が，ヴェネツィア支配層の結婚交渉に普遍的なものであったと結論付けることはできないだろう。しかし，判決文では，係争の概要の説明においても，証言供述や証人に対する質疑応答の記録において

75）　第２章第１節参照。また，父権下にある娘に残された遺産（嫁資のためであることが多い）は，父が管理することになっていた。*Gli statuti di Jacopo Tiepolo*, Liber IV, cap 8, p. 185.

も，このような女性の活動を特殊とみなすような文言はまったく見られない。ヴィアロ家で見られたような結婚交渉における女性親族の活発な役割，その背後にある女性親族どうしの交流は，頻繁に観察されるものではなかったかもしれないが，広くヴェネツィア社会で受け入れられていた現実だと考えて，差し支えなかろう。第2章で我々は，ヴェネツィアでは女性の財産権が比較的守られていたことや女性の法的自立性を確認した。本史料の分析からは，それが，単に形式的なものではなく，日常の家族生活のレヴェルにおいても，女性の活発な活動や発言力を伴っていたことが確認できたのである。

(2) ピエトロ・ヴィアロと息子たちの争い

　父と息子の関係，すなわち従属や自立，連帯の度合いというのは，中世イタリア都市の家族構造を考えていく上でも重要な要素である。しかし，これらの研究はあまり進んでおらず，また法史料が与える情報はしばしば矛盾し，解釈が難しい。なぜなら一方では父の死まで無制限に続く家長権が存在し，家長は家族共同体のメンバーとそれらのメンバーが持つ財産の双方を管理することになっていた。そして，そこから解放されるためには，父子の合意によって証書を作成し法的に父権免除されることが必要であった。他方で，法律はしばしば一定の年齢に達した息子たちが商売に赴く際，手続きがなくても父権免除されたと見なして，彼らの法行為を認めていたからである[76]。では，ヴェネツィアの支配層では父と息子の関係は，一般にどのようなものであったのだろうか。ここでは，ヴィアロ家で起こった父権免除の例を，考察のための一つの手がかりとして提示することにしたい。

　さて，ベアトリーチェの嫁資問題からようやく解き放たれたピエトロは，今度は妻オタの遺産をめぐり，彼の4人の息子たちと対立することになった。オタの財産は，彼女の嫁資3400リブラの外，父オビッツォが彼女に残した3000リブラとサン・レオーネ地区の賃貸家屋4軒と，マッサ（フェッラーラ

---

76) P. Cammarosano, "Aspetti delle strutture familiari nelle città dell'Italia comunale : secoli XII-XIV", in *Famiglia e parentela nell'Italia medievale*, a cura di G. Duby e J. Le Goff, Bolgna, 1981, pp. 114-119 ; Th. Kuehn, *Emancipation in late medieval Florence*, New Brunswick, 1982, pp. 1-3, 10-18.

近郊にあるマッサ・フィスカリアのことであると思われる），キオッジャ，ヴェローナの土地も含んでおり，かなりのものである[77]。1253 年 3 月 8 日付けの遺言書によると，彼女は自分の財産の内 1600 リブラをさまざまな人物や宗教関係団体に分配し，残り 4800 リブラと全ての不動産を 4 人の息子に残したのであった[78]。問題は，これらの遺産のうち，現金 4800 リブラとマッサ，キオッジャの土地をピエトロが自分の手元に置きたいと主張したことから始まったと思われる。息子たちは，このような処置は自分たちの相続権を侵害するものとして憤慨し，ここから母の遺産をめぐる父子の間の交渉が行われることになった。おそらくピエトロ・ヴィアロが再婚し，新たに息子を儲ける可能性が生じたため，息子たちは，より財産に対する不安をかきたてられていたのであろう。ピエトロ・ヴィアロに対し，オビッツォがオタに残した土地と，オタが息子たちに残した現金を全て自分たちに与えるようにというのが，息子側の主張である。父と息子は，調停者を通じて話し合うが，交渉は簡単に決裂した。1257 年 5 月 5 日，父権免除が行われ，その後，息子側の訴えによって裁判が始まったものと思われる。この審理も長く続き，1260 年いったん判決が出たものの[79]，結局解決をみたのは 1280 年[80]であった。

では，ピエトロ・ヴィアロと息子たちの間に具体的にいかなるやりとりがあったのだろうか。おそらくこの審理の途中で採録されたと思われる証言供述が残されており[81]，そこに父子対立から父権免除へと至る，事態の詳しい経緯が語られている。史料には日付がないが，1257 年から 60 年の間であることは間違いないだろう。証言者は，ピエトロ・ヴィアロと息子たちの調停に入ったアンジェロ・ジラルド，ジョヴァンニ・モチェニーゴ，ジャコモ・バルベータの 3 人である。この内ジャコモ・バルベータはピエトロ・ヴィア

---

77) *San Maffio di Mazzorbo*, n. 123, pp. 41-42. オリジナルは見つからなかった。
78) 1260 年の史料に，オタの遺言書への言及がある。ASV, *San Matteo di Mazzorbo*, pergg. b. 2, 22 marzo 1260.
79) ASV, *San Matteo di Mazzorbo*, pergg. b. 2, 22 marzo 1260. ここでは，マリーノが遺産の 4 分の 1 の取り分として 1085 リブラ受け取る判決が出ている。法定にはマリーノの代理としてトッマーゾがたっている。
80) この古文書は非常に保存状態が悪いため，筆者には判決を読みとることができなかった。
81) ASV, *San Matteo di Mazzorbo*, pergg. b. 3, Carta da Ca' Viaro senza data.

第 3 章　家族生活の実態

ロと共にトレヴィーゾの土地を購入しており，親しい商売仲間であったと考えられる[82]。また彼ら 3 人はピエトロが遺言書を作る際の立会人にもなっていた[83]。以下では，この史料を検討することにしたい。

さて，3 人の調停者によると，ピエトロ・ヴィアロは息子たちに，オタのものであったサン・レオーネ地区の全家屋とサン・パテルニアン地区の家全てと，彼らの祖母ドナータのものであった全てのものと，彼らの祖父オビッツォの遺産の全てを与えた。ただし彼らの祖父の遺産の内，900 リブラにあたる金・銀・宝石と，「仕事のための土地」は，自分自身のために取っておきたい，と言ったことが証言されている。「仕事のための土地」とは，後の議論からマッサとキオッジャの土地をさしていると思われる。またドナータの遺産のうち，800 リブラは娘の結婚と修道院入りのために別に保管しておくとも述べた。すなわち，マルキシーナが結婚するために 600 リブラ，マリアが修道院に入るために 200 リブラである。ただしこの 800 リブラについては，アンジェロ，ジョヴァンニ，ジャコモが適当だと思うところに投資し，既述の少女たちの兄弟，つまり息子たちがそこから生じる利益を持つことができることになっていた。そしてもし，この少女たちが，それぞれ結婚せず，あるいは修道院に入らず死んだなら，上述の 600 リブラと 200 リブラは彼女たちの兄弟，すなわちマリーノ，トッマーゾ，ジョヴァンニ，ロレンツォのものになるのである。

ピエトロの意図は，3 人の調停者によって息子たちに知らされた。この処置に息子たちが憤慨したことは，先述の通りである。彼らは，調停者 3 人に，ピエトロのところに出向いてこのような処置はひどいと伝えるように頼む。史料には，息子たちの意図を汲んでピエトロを非難する調停者たちと，さまざまな理由を付けて自分の権利を主張し続けるピエトロのやりとりが，生き生きと再現されている[84]。例えば，マッサの土地についてピエトロは，それは完全に捨ておかれていて，彼が大変な労力とお金をかけて回復させたのだから，彼が所有し好きなようにする権利があると主張する。また，自分は唯一の遺言執行人であり，ヴェネツィアの法によれば父権下にある子供に残さ

---

82)　ASV, *San Matteo di Mazzorbo*, pergg. b. 1, 25 febbraio 1245, Treviso.
83)　*San Maffio di Mazzorbo*, n. 255, p. 89. オリジナルは見つからなかった。

れた遺産と贈り物の全ては父のものなのだから，彼がオタの遺産を管理することは当然だと述べた．3人はこれらの言葉を息子たちに伝えたが，息子たちは納得しない．3人は再度ピエトロ・ヴィアロのところに赴かざるを得なかった．その結果とうとうピエトロは怒って，上で言ったこと以外は何もしない，彼らの母親の嫁資と遺産とキオッジャの土地は彼が保持し，生涯に渡って持つことを望むと繰り返す．そして，「もし彼らがしたいようにするなら，すればよい．ただし，その時には，彼らは私の借金証書と彼らが持っている全ての私に関係する証書を受け取らねばならない．もし今言ったことをしたいのなら，そうすれば良い．私は彼らに父権免除の保証書を作る．もし，そうしたくないなら，これ以上何も言うべきでない．なぜなら，私が私の主人で，私は私の好きな様にするのだから」と答えたのであった．

　これが，ピエトロ・ヴィアロが4人の息子を父権免除するきっかけであったと考えられる．交渉の決裂を悟った息子たちは，ピエトロの言うとおり父権免除されることを決定し，調停者の3人を立会人とした．アンジェロ，ジョヴァンニ，ジャコモの3人は，息子たちが持っていた証書を集めて，彼らと共にピエトロ・ヴィアロの家を訪れる．ピエトロは証書が自分のものであることを確認すると，教会に赴いて司祭である公証人に保証書を作らせることを提案した．こうして彼ら全員は，リアルトのサン・ジョヴァンニ教会に行き，そこで司祭パウロに父権免除の保証書を作成してもらう．作成された保証書は，アンジェロ，ジョヴァンニ，ジャコモの3人に与えられ，彼らが父権免除の証人となった．この手続きの後，息子たちは上記の3人の立会の下，

---

84) 調停者：「ピエトロさん，どうして彼らをこのようにひどい目に遭わせたいのですか．あなたは彼らの母親の嫁資と遺産，キオッジャとマッサの不動産を保持したいのですか．なぜ，それらについて何も言わなかったのです」．ピエトロ：「私は息子達をひどい目に遭わすつもりはないし，あなた方が言うように彼らを打ちのめすつもりもない．なぜなら彼らは，（上で言ったように）彼らの全嫁資を十分持てるのだし，祖父母が残したものを全て持てるからだ．そして同様にサン・レオーネ地区の不動産とサン・パテルニアン地区の不動産を持てるからだ」．調停者：「ピエトロさん，彼らの母親の嫁資と遺産，それにキオッジャとマッサの不動産について答えて下さい．それをどうしたいのか言って下さい」．ピエトロ：「彼らの母親の嫁資と遺産，それにキオッジャの不動産は私が保持する．私は彼らの母親の唯一残った遺言執行人なのだ．ヴェネツィアが欲しヴェネツィアの法が言うように，父権下にある子供に残された遺産と贈り物の全ては父のものなのである．そして彼の生涯において利潤を持つ．それについて私は彼らにいかなる恩も感じない」．

第 3 章　家族生活の実態

ピエトロ・ヴィアロの家から布地やベッドカヴァーやその他彼らが持っていたものを運んでいった。そして，その後，この 4 人の息子たちは，2 度とサン・マウリツィオ地区に戻ることはなかったのである。

　ちなみに，ピエトロは 1275 年ジボルガとの息子ニコロも父権免除している[85]。ここでは父権免除の証書のみしか残っていないので理由はわからない。しかしピエトロはこの時かなり高齢であったこと，1282-83 年トレヴィーゾの土地に関して訴訟が起こったとき自分では出向かず息子のトッマーゾが代理として法廷に出頭していること[86]，1283 年に遺言書を書いていることから，不和というよりはむしろ息子ニコロに財産を任すための父権免除ではなかったかと考えられる。

　さて，この事件は，家産に対する父の監督権を主張するピエトロと，自由な財産所有を求める息子たちの争いと捉えることができるであろう。では，当時の法や一般慣習では，どちらの主張がより妥当性を持っていたのだろうか。

　まず，13 世紀のヴェネツィアの法では，家長である父が生存中は，彼が全財産に対する監督権を保持していた。ピエトロは彼の証言供述で，「ヴェネツィアの法によりオタが残した遺産は私が生きているかぎり私の権威の下に留まるべきである。よって息子たちはこの遺産について私に請求することはできない」，と主張しているし[87]，ピエトロの弁護人ジョヴァンニ・マルチェッロも法廷で，「もし誰かによって父権下にある息子に何かが遺産として残された場合，この遺産は息子のものだが，父が生きている限りそこから用益権と利潤を引き出しそれを自分のもとに持つ。誰かから息子に不動産が与えられた場合も同様である」と述べている[88]。これは，1242 年のティエポロの法の第 4 巻第 8 条[89]に則ったものであり，その意味でピエトロ・ヴィアロの主張は法にかなっていた。

　しかし息子はある程度の年令に達すれば，父と財産を共有したり，委任状

85）　ASV, *San Matteo di Mazzorbo*, pergg. b. 2, 1 giugno 1275.
86）　ASV, *San Matteo di Mazzorbo*, pergg. b. 2, 1 dicembre 1282.
87）　ASV, *San Matteo di Mazzorbo*, pergg. b. 2, [1280 Rialto].
88）　ASV, *San Matteo di Mazzorbo*, pergg. b. 2, 22 marzo 1260.

第Ⅰ部　13世紀ヴェネツィアの家族生活

によって父の代理行為をしたりすることができた[90]。つまり息子には，ある程度の自立が認められていたのである。さらに第2章でも触れたが，ヴェネツィアでは，財産は家族共有のものという概念が13世紀もまだ根強く，父は息子を相続排除できないなど，ローマ法に比べれば家長権は比較的制限されたものであったようだ[91]。息子たちがピエトロの処置に納得しなかったのも，家長とオタの遺言執行人であることを楯にオタの遺産の保持を主張する父に対し，自分たちの権利と生活を守りたかったからに他ならない。そして，実際，3人の調停員の言動や，1260年の判決を見ていると，息子たちの方が，当時の常識に沿っていたといえるのである。例えば，もし仮に，先に言及した父権下にある息子に残された財産に関する法が完全に守られていたとするなら，ある程度の財産分けの他，娘の嫁資投資による利潤まで与えるというピエトロの処置は，息子に対してかなり寛大なものといえよう。また，ピエトロは，「マリーノが彼の嫁資を全て持つことを望む。トッマーゾは彼の嫁資を十分持つことができる。この嫁資について自分が現金に触れることは望まない」と上述の3人に述べ，息子たちに十分財産を与えたことを強調しているのである。しかし，これらの処置については，息子たちも調停に入った3人も当然のこととして受けとめ，何ら感謝の意を表していない。当時としては，成年に達した息子にこの程度の財産所有権を認めるのは，普通であったのだろう。1260年の判決が息子側の全面勝訴であることだけをとっても，息子側の主張が一般に，より受け入れやすいものであったことを示している。

　もっとも，父権免除は慎重を要す事柄であったらしく，息子たちは，交渉の決裂後すぐに父権免除を決めたのではなかった。まず，他の人に意見を聞いて，それから上記の3人にどうするか答えるといっている。さらに，トッマーゾの舅であるジラルド・ロンゴは，父親とは争わないようにとのアド

---

89) *Gli statuti veneziani di Jacopo Tiepolo*, pp. 184–185 : 'Si aliqua per dimissoriam reliquuntur filio vel filiis familias a quibuscumque personis, volumus quod ipsa dimissoria sit ipsorum filiorum, ita tamen quod pater, quamdiu vivit, habeat usumfructum et lucrum ex ea proveniens et penes se eam retineat. Idem dicimus, quando aliqua immobilia donantur eisdem filiis a quibuscumque tantum'. 娘の場合については第8章参照。
90) Zordan, "I vari aspetti della comunione familiare", pp. 165–166.
91) Margetić, "Il diritto", p. 679 ; *Gli statuti veneziani di Jacopo Tiepolo*, pp. 213–214.

ヴァイスも与えていた。また，父権免除はかなり経済的な側面が強く，父権免除されたからと行って，親子の絆がまったく切れてしまうわけではない。後，息子トッマーゾがピエトロの代理として，別件の係争に赴いていることが，それをよく示しているであろう。

　法は，家長としての父の財産監督権も，息子の相続権も同様に認めている。が，実際の父子関係，それに対する当時の社会通念というのは法だけでは割り切れない，複雑なものであった。そして，どちらかといえば，家長としての父の財産監督権より，息子の自立性の方が優先されていたのである。

　なお，ここで観察した経緯は，遺産をめぐる対立からの父権免除という史料の特殊性はあるものの，父子関係が非常に経済的色彩の強いものであったことも示している。ピエトロと息子たちの父権免除とその後の財産分割は，常に調停者の3人の立合のもと，厳密に行われていた。また，オビッツォの遺産分割中，ピエトロはアンジェロ・ジラルドに対し，「私がマリーノと赴いたアレクサンドリアへの航海についての計算と，私が彼とせねばならない他の計算をしている間，これらの証書を持っていてくれ」と言っており，商売仲間としての父子の関係をよく表している。ヴェネツィアでは，第6章でも触れるように1258年には「今後クレタ総督とその顧問官（相談役）は，財産分けされていない息子，兄弟，もしくは甥を，一緒に伴っていくことはできない」という法令が大評議会で通っていた[92]。これは，当時のヴェネツィア社会において近親が商売仲間として重要であったことを示している。財産分けされていない限り，このような近親の一人が行う取引は自動的に他のメンバーの利益や損失と密接にかかわるため，行政に不正が生じるのを避けるための法令と解釈できるからである。ヴィアロ家のような父子関係における経済的色彩の強さは，当時のヴェネツィアで一般的であったといえるだろう。

　おそらく，それと関連すると思われるが，この父子争いの史料には家の名誉であるとか，出自や家族倫理に関する言及はほとんどない。これは，ベアトリーチェの結婚交渉の史料にも当てはまることである。そして，このように父子において財産や商業活動を通じての結びつきが，まず重要なものであ

92）　*Deliberazioni del Maggior Consiglio*, II, p. 340.

れば，ますます，嫁資や母の遺産といった女性のもたらす財産は家族生活で大きな位置を占めたであろう。女性の発言権が比較的強かった理由は，ここにもあると思われる。こうして，ヴィアロ家の例は，13世紀ヴェネツィアの支配層の家において，家長の権威は単に息子に対してだけでなく，家族全体に対してもさほど強いものではなかったことを暗示しているのである。

おわりに

　以上，サン・マッテオ・ディ・マッゾルボ女子修道院の史料を通じて，ヴィアロ家の家系としての変遷や，家族生活の諸側面を観察してきた。最後に簡単に本章のまとめを行い，そこから導き出される課題を指摘して，締めくくりとしよう。

　まず，ヴィアロ家は12世紀から跡を辿ることができる中層の家である。いくつか分家もあったようだが，ここで系譜関係を明らかにすることができたのはサン・マウリツィオ地区の住人のみであった。よく言われているように東地中海での商業活動を軸に財産を築き，経済的に上昇するとともに，政治的にも重要な役割を果たすようになる。築いた財産はイタリア本土の土地に投資されることもあり，彼らの活動は，東地中海から後背地にまで広がっていた。また家の中心となる都市の不動産は父から息子，息子がいない場合は甥や兄弟へと受け継がれた。このような支配層の姿は，従来の商人の生活史では抜け落ちていた側面と言えよう。なお第2章との関連で言えば，法は被相続者の娘をその兄弟より優遇しているが，実際の相続では，ときには不動産を男系に伝えることが好まれたことがわかる。ただし男系の優遇はせいぜい3親等内の近親にとどまり，それ以上には拡大していなかった。分家間の関係はたいてい不明確で，不動産優待購入権に現れるような幅広い親族は日常家族生活ではほとんど接触がなかった。

　次に，家族生活のさらなる具体的様相を裁判記録に求めたところ，ヴィアロ家の娘ベアトリーチェの嫁資問題からは，結婚交渉で活躍する女性親族の姿や彼女たちの親密な交流が浮かび上がってきた。また，父と息子の関係は，都市条例に見られるより柔軟かつ複雑なもので息子の自立性がかなり認めら

第3章　家族生活の実態

れていたこと，母の財産は残された父や息子たちにとっても重要な意味を持ったことなどが観察できた。これらのことより，13世紀のヴェネツィア支配層の家では，女性にもある程度の発言権，影響力があったこと，家長の地位はさほど高いものではなく，妻や兄弟姉妹，子供たちとの共同の中で，家族生活が営まれていたということがわかる。さらに，血族，姻族を問わず，親族同士の交流は活発であった。

　さて，このような家族像は都市コムーネの政治や経済を考えていく上で，どのような問題を我々に突きつけているだろうか。従来13世紀のヴェネツィアに関しては華々しい海外への発展が目を引き，都市民の日常家族生活，特に女性も含めたそれに関心が払われることは少なかった。家長たる支配層にとって，あたかも商業活動や軍事活動，政治活動が全てであり，そのような家長の活動の元で，都市の経済，制度，政治が動いていくかのような叙述がなされていたのである。確かに当時のヴェネツィア人にとって地中海やそこで展開される商業活動は重要なものであった。父子の関係一つをとっても，彼らは商売仲間であったし，女性の財産に対する鋭い関心も商業活動が活発な社会が背景にあると考えられる。しかし本章の例が示すのは，ヴェネツィアの場合，家長とて家族の一員であり，さまざまな家族生活の論理——たとえば母の遺産を巡る問題がもとで父権免除が行われたり，高い嫁資を払っても結局娘の結婚話をまとめる方をとったりすること——から逃れられない，ということである。おそらくその背景には，地中海貿易による活発な経済活動が，まさに逆説的に，家長のみならず，息子，さらに妻や娘などの女性をも含んだほぼ家族成員の全てに対して財産——動産が重要であるが，決して不動産が軽視されるわけではない——に対する鋭い感覚を育んだということもあるのだろう。13世紀ヴェネツィアの家族生活は，不動産や女性の存在が希薄などころか，不動産を含む財産の所有・管理権や娘に対する嫁資額の決定をめぐって，女性も含めたさまざまな立場の家族の利害が考慮され，あるいは主張され，そこから時には対立も生じ，家長の行動に影響を与えるようなものであったと言えるのではないだろうか。ただし，そのような時に錯綜した利害を含む家族生活においても，なおかつ個人はばらばらとならず，社会生活を営む上で姻族を含めた親族関係が重要な人的結合関係として機能

していたことは気に留めておかねばならない。そして現実にコムーネの主体となっていたのは，このような親族関係，家族生活の中で日々暮らしている人々なのである。

　ならば，家族生活に関わるさまざまな問題や利害関係が，コムーネの制度的発達に影響を及ぼすことはないのだろうか。またときに相反する家族生活の論理を調整するため，人々はどのような戦略をとり，そこに都市権力はどのように関わってくるのだろうか。13世紀のヴェネツィアを舞台にこのような問いかけを発すること，そしてそれに回答を与えることが，次章の課題となる。

第4章

家族生活の展開
―― サン・マルコ財務官と都市民の相続戦略

はじめに

　第2, 3章では，中世ヴェネツィアの家族生活の枠組み，実態について検討し，特に日常家族生活における家族の立場や要求・利害関係の重要性を指摘した。またそのような要求や利害関係が主として財産に関する場面で鋭く浮かび上がってくる様子も観察した。本章では，これらを踏まえて，13世紀におけるコムーネの制度的発展を，都市民の家族生活の観点から見直す。

　13世紀のヴェネツィアはコムーネの統治機構の発展期であり，後の共和国の要となる各種委員会や制度の大半は，この時代に生まれたと言ってよい。たとえば，ドージェ評議会，四十人会，セナートが形を整え，評議会や委員会の法令集がまとめられた[1]。コムーネの財政にとって重要な役割を果たした公債制度も13世紀半ば正式に発足する[2]。司法機能も整備・専門化された[3]。しかし，これら制度の発展を，単にコムーネの上からの政策のレヴェルで追っているのでは，コムーネの本質は見えてこないのではなかろうか。前章までの検討でも明らかなように，中世イタリア都市において都市民はバラバラの個人として存在していたわけではなく，親族の人的紐帯は，都市民

---

1) Cf. *Deliberazioni del Maggior Consiglio*, II, M. Roberti, *Le magistrature giusiziarie veneziane e il loro capitolari fino al 1300*, vol. 1, Padova, 1906 ; vol. 2, Venezia, 1909 ; vol. 3, Venezia, 1911.
2) F. C. Lane, *Venice : A Maritime Republic*, Baltimore and London, 1973, p. 150.
3) Cf. G. I. Cassandro, "La curia di Petizion", *Archivio Veneto, 5 serie*, 20, 1937, pp. 1–210.

の日々の生活で重要な位置を占めていた。また，序論でも述べたように，都市コムーネにあっては，都市民と政府の距離が近く，彼らの日常的な行動の積み重ねから，コムーネのさまざまな機能が発達する場合も多いと考えられる[4]。そうであるならば，家族の一員としての都市民の生活実践の側から制度発展のメカニズムを探っていくような視点も必要であろう。

　そこで本章では，都市民の財産とコムーネの関係に目を向けることにしたい。財産の問題は常に家族，親族を巻き込むものであるし，相続や嫁資は第2章の都市条例の検討が如実に示しているように，コムーネにとっても重要な問題であったからである。具体的には，サン・マルコ財務官という役職に注目する。サン・マルコ財務官は，各種あるヴェネツィアの役職の中でも古くから存在し，次に詳しく見るように，都市の財政・経済・福祉活動，都市民の家族生活の方面で重要な機能を果たしていた。ドージェの私的礼拝堂であったサン・マルコ教会の管財人から発展したので，「サン・マルコの代理人 Procuratores sancti Marci」と呼ばれるが，実際の職務内容は，単なる教会財産の管理を大きく越え財務官と言って良いほどである。そしてこの役職がそのように重要な機能を果たすことができた背景には，遺言を通じて多くの都市民の遺産を管理するようになったという事情があった。サン・マルコ財務官は13世紀の間に遺言執行人として多く言及されるようになるが，その過程で遺産分配だけでなく遺産の管理そのものが委ねられるようになっていったのである。この時代のヴェネツィアでは，一般に遺言執行人として登場する人々は，配偶者，子供，父母，兄弟姉妹などの近親であった。ときには，教区司祭や友人も指名された。サン・マルコ財務官は，これらの遺言執行人と組み合わされて，あるいは単独で，ときにはこれらの遺言執行人の死亡後に職務を受け継ぐ人物として設定されたのである[5]。なお，筆者が見た

---

4) 昨今は他のイタリア諸都市においては，裁判制度の機能・発展を市民の実践との相互作用の面から明らかにする研究も進んでいる。中谷惣「中世イタリアのコムーネと司法――紛争解決と公的秩序」『史林』89-3，2006年，106-125頁，同「中世後期イタリアにおける訴訟戦略と情報管理――ルッカの事例から」『史学雑誌』117-11，2008年，1-36頁，同「14世紀ルッカの裁判記録簿の史料論的考察――作成・保管・利用」『西洋史学』242，2011年，89-108頁，同「司法実践が作るコムーネ――14世紀ルッカの民事裁判から」『歴史学研究』879，2011年，15-33頁。

限りヴェネツィアの遺言書には相続人を指定する文言はなく，かわりに必ず指定されるのが遺言執行人である。そして遺言書の最後で遺言者の財産に対する全権を託されるのも，たいていこの遺言執行人であった[6]。本章では，サン・マルコ財務官がいかにして都市民の遺産を管理するようになったのかという問題，つまりこの役職の遺言執行人としての発展を取り上げることで，13世紀ヴェネツィア・コムーネの制度的発展を，社会史的・家族史的に見直す試みを行う。

第1節　サン・マルコ財務官の機能と発展

　中世ヴェネツィア都市生活におけるサン・マルコ財務官の重要性を最初に明らかにしたのは，ミュラーである。彼は，年代記や法令集などの基本的史料に加え，主に13世紀末〜14世紀の遺言書やそれに基づく遺産管理の帳簿，遺産管理をめぐる裁判関係文書などを用いて，この役職の制度的発展と経済的・社会的機能を包括的に研究した[7]。本節では，彼の研究をもとに，適宜史料を補いながら，この役職の概観を行う。

　サン・マルコ財務官は1152年に，ドージェがサン・マルコ教会の建設，装飾，財産管理を任せるための管理者を任命したことに始まる[8]。サン・マルコ教会は，ヴェネツィアの守護聖人サン・マルコを祭っていることから，

5）　本章で扱った文書館史料に加え，ASV, *Cancelleria inferiore, Notai*（下位書記局，公証人）から2箱（b. 85, b. 138），また刊行史料として，*Documento del commercio veneziano nei secoli XI-XIII*；*Nuovi documenti del commercio veneto*. PSM ほか聖職機関，下位書記局保存の遺言書を刊行したパドヴァ大学の卒業論文として，F. Arbitrio, *Aspetti della società veneziana del XIII secolo*（*sulla base di 37 testamenti trascritti e pubblicati*）, tesi di laurea dell'Università degli studi di Padova, a. a. 1979-1980；M. C. Bellavitis, *Aspetti di vita veneziana del XIII secolo*（*sulla base di 26 testamenti trascritti e pubblicati*）, tesi di laurea dell'Università di Padova, a. a. 1976-1977；L. Zamboni, *Testamenti di donne a Venezia*（*1206-1250*）, tesi di laurea dell'Università degli studi di Padova, a. a. 1992-1993．を検討した結果である。
6）　ローマ法の原則があてはまらない遺言が中世に登場することについては，三成美保「死後の救済をもとめて――中世ウィーン市民の遺言から――」関西中世史研究会編『西洋中世の秩序と多元性』法律文化社，1994年，291-292頁。
7）　R. C. Mueller, "The Procurators of San Marco in the Thirteenth and Fourteenth Centuries", *Studi Veneziani* 13, 1971, pp. 105-220.

早くからヴェネツィアの宗教的中心であった。また司教座教会や教区教会ではなくローマ教会のヒエラルヒーからは独立していたこと，住民集会の決議もここで行われたりしたことから，政治的にも重要な場所であった。ここにサン・マルコ財務官がコムーネと密接な関係をもっていく素地があったのだろう。おそらく13世紀には，この役職の選出は大評議会の管轄となり，他の役職と同じようにコムーネから給料が支払われた。13世紀初めは一人であったサン・マルコ財務官は同世紀の間に徐々に増え1266年には4人になる。13世紀末さらに仕事が増大すると4人では足りなくなり，1319年の大評議会決議で6人に増やされた。人数の増加に伴い，サン・マルコ財務官の中に業務内容に基づく区分，すなわち「上」と「下（遺言管理commissariaともいう）」が生じる。前者は，サン・マルコ教会の財産の管理に携わり，後者は，遺産として都市民から預けられた財産・地所の管理に携わった。また，仕事の増加に伴い，集金人や公証人，法律家などさまざまな職員も雇用されるようになった[9]。サン・マルコ財務官に選ばれた人は，サン・マルコ広場に仕事場と住居を供給され，1320年の法令集によると，火・木・土に出勤しなければならなかった。

　人数の変遷からもわかるように，彼らの仕事及び権限が大きく拡大したのは13世紀である。まずサン・マルコ教会への寄進物の管理を行うだけでなく，コムーネの財政とつながりをもつようになった。例えば，コムーネが配布する武器・コムーネが徴収した罰金や没収した財産・イスラム船からの戦利品を一時保管している[10]。13世紀後半からはヴェネツィア政府発行の強制公債とも密接なつながりを持つようになった。強制公債は，間接税による通常収入を補う形で，臨時に多額の支出が必要なとき，その資金を調達する

---

8) 9〜10世紀には存在したと言われているが，史料であとづけられるのは1152年からである。以下本段落に関して詳しくは，拙稿「サン・マルコ財務官とヴェネツィア都市民——遺言書史料に見る行政機構の発展」『史林』84-5，2001年，39-43頁，また，R. C. Mueller, "The Procurators of San Marco", pp. 108-123.

9) それに伴い，サン・マルコ財務官は次第に実務から遠のき，実際に仕事をする職員の管理者の役割を担うようになった。16世紀になると一種の名誉職のようになる。16世紀のサン・マルコ財務官については，和栗珠里「16世紀ヴェネツィアの門閥家系——サン・マルコ財務官就任者の分析より」『桃山学院大学人間科学』39，2010年，29-56頁，同「16世紀ヴェネツィアにおける官職売買」『桃山学院大学人間科学』45，2014年，123-150頁。

ためにもっぱら使われた手段である[11]。12世紀からすでに，裕福な都市民がコムーネの必要にこたえて資金を貸した記録がいくつか残っており，このような都市民の自発的な貸し付けが強制公債の起源だと思われる。13世紀初めに貸し付けが自発的なものから強制的なものに移行しつつあり，その際，債権者の名前が「サン・マルコ財務官の台帳に記される」という記述が見られた[12]。さらに，13世紀末から14世紀のいくつかの法令を見ると，公債収入の多い時期にはその一部がサン・マルコ財務官に預けられ，利息の支払いに当てられたこと，反対に財政難の時期にはサン・マルコ財務官に公債を買うことが命じられたり，サン・マルコ財務官が預かっている遺産からコムーネの支出が補われたりしたことがわかる[13]。こうして14世紀までに，サン・マルコ財務官はコムーネの財政において重要な位置を占めるようになった。

また13世紀の法令は，サン・マルコ財務官が徐々に都市民の生活，特に財産関係の事柄に関与し始めたことを示している。1226年のピエトロ・ヅィ

---

10) *Il liber comunis detto anche plegiorum*, a cura di R. Predelli, Venezia, 1872, p. 47 (n. 137), p. 75 (n. 287), p. 81 (n. 309), p. 126 (n. 518), p. 133 (n. 550); M. Roberti, *Le magistrature giudiziarie veneziane*, vol. 2, p. 72, vol. 3, p. 17; *Deliberazione del Maggior Consiglio*, II, p. 143; G. Luzzatto, *I prestiti della repubblica di Venezia (sec. XIII-XV). Introduzione storica e documenti*, Padova, 1929, p. 106 (doc. 123) など。

11) 公債については，G. Luzzatto, *Il debito pubblico della Repubblica di Venezia*, Milano, 1963; Idem, *I prestiti della repubblica di Venezia*. 初期は自発的な貸し付けであり，たとえば12年，13年など年限を限って，その間，市場からの収入，あるいは塩税収入などの特定の収入が全てこれら貸し付けた人々のものとなる，というようなことが定められた。しかしすぐにこれらの収入は役人が集めて，債権者たちに貸付額に応じて配分するようになった。Idem, *Il debito pubblico*, pp. 14-17.

12) G. Luzzatto, *Il debito pubblico*, p. 16; F. Besta, *Bilanci generali della Repubblica di Venezia*, vol. 1, tomo 1, Venezia, 1912, pp. 25-26 (doc. 9). 完全な史料の写しは，G. Luzzatto, *I prestiti*, pp. 27-29, doc. 7. ただし，編者によれば，この史料は強制公債について会計局がまとめた15世紀のコピーであり，オリジナルではない。なおここでは貸し付けを行った人が，その払い戻しまで，リアルト市場の収入や物品税などから支払いを受けられることが定められている。公債を専門に扱う役所は，1224年から1252年の間に設立されたと考えられる。1258年には，公債を課す目的で資産評価が行われ，1262年には，いまだ元本返済が済んでいない貸し付けについて，年5パーセントの利息を2回に分けて税収から支払うことが定められた。また，もし余りがあれば，それを元本返却に当てることが決定された。元本の返却は不定期であり期限も定まっていなかったが，利息の定期的支払いが債権者の信用を保持し，公債はヴェネツィアの公的生活で重要な位置を占めるようになった。G. Luzzatto, *Il debito pubblico*, pp. 20-29.

13) これについては，特に，R. C. Mueller, "The Procurators of San Marco", pp. 215-219.

第Ⅰ部　13世紀ヴェネツィアの家族生活

アーニの不動産売買に関する新法では，第5条で，今後全ての不動産売却証書はサン・マルコ財務官が保管すること，第6条で，不動産購入希望者が支払う10パーセントの手付金は，サン・マルコ財務官の管理下におかれること，が定められている。また，もし売却される財産が嫁資返還債務に拘束されているなら，裁判官は女性から嫁資の額を聞き，代金からその相当分を彼女の名の下にサン・マルコ財務官の管理下におかねばならなかった[14]。さらに法令は，遺産管理，未成年の後見人としての，この役職の発達も跡づけている。1205年ラニエリ・ダンドロの法修正で，ヴェネツィア以外で死んだ人の遺産回収が問題になったとき，債権者は相続人に自分が死者に貸した額を請求することができた。しかし，相続人が未成年で，かつ回収された遺産が負債を支払うのに不十分な場合，遺産は相続人が成人するまでサン・マルコ財務官に預けられることになった[15]。ティエポロの法には，「未成年の後見人が作成すべき財産目録の写しがサン・マルコ財務官に保管されなければならない」という条項が見られる[16]。そして，ついに1270年，サン・マルコ財務官の後見人及び遺言執行人としての義務が住民集会で明言された。すなわち，今後サン・マルコ財務官は，ドージェあるいは裁判官に命じられた場合，全ての未成年と精神薄弱者の後見人として彼らの財産管理や法廷での援助などを行うこと，またドージェと裁判官に指示された遺言書の「分配人 furnitores」として遺産分配などを行うこと，が確認されたのである[17]。furnitoresとは遺言執行人が死亡などによりその職務を遂行できない場合，その後を受け継ぐ人のことである。従って，必ずしも遺言執行人と同義ではない。しかし，遺言執行の職務の引き継ぎを義務化したという点で，この法令は制度上の一つの重要な画期とみなすことができるだろう。なお，1249年の大

---

14) "Gli statuti civili di Venezia anteriori al 1242", pp. 288 (cap. 5), 289 (cap. 6), 294-295 (cap. 19). これらは，1242年のティエポロの法にもそのまま採用されている。*Gli statuti veneziani di Jacopo Tiepolo* pp. 135 (liber III, cap. 18), 142-143 (liber III, cap. 29).
15) "Gli statuti civili di Venezia anteriori al 1242", pp. 248-249 (cap. 10, 11, 12).
16) *Gli statuti veneziani di Jacopo Tiepolo*, pp. 103-104 (liber II, cap. 2).
17) *Deliberazioni del Maggior Consiglio*, II, p. 240: 'insuper ordinatum sit quod esse debeant dicti Procuratores furnitores omnium testamentorum, de quibus eis dictum erit per dominum Ducem vel per Iudices proprii et ipsa testamenta furnire debeant et recuperare bona defunctorum et furnire omnia, que supersteterint ad furniendum in dictis testamentis, ……'.

公債局の図
サン・マッフィオ・ディ・ムラーノ修道院の細密画
（14世紀末）
出典：*Storia di Venezia II, L'età del Comune*, p. 399.

　評議会決議では，サン・マルコ財務官は遺言執行人として預かっている財産の収入，支出を毎年決算しなければならないとされており[18]，すでにサン・マルコ財務官が遺言執行人として何某かの遺産を預かっていたことを示している。このように，13世紀の間にサン・マルコ財務官は，単なる財産保管所から，さまざまなサービスを行う公共機関のような機能も発達させていったのであった。

　最後に，サン・マルコ財務官が預かった遺産をどのように活用していたかに触れておこう[19]。サン・マルコ財務官は，単に遺産の分配や管理を行うだけではなくて，託された遺産を用いて貸し付けや投資活動も行っていた。また不動産収入から「永遠」に喜捨を行うこともあった。ミュラーの研究でもっとも興味深いのはこの点である。つまり彼らは都市民から集まった遺産を再び社会へと送り出していたのである。ところで，これらの活動はたいてい遺

---

18) *Deliberazioni del Maggior Consiglio*, II, p. 239 : 'quod Procuratores sancti Marci debeant facere racionem omni anno de toto introitu et exitu, quod ipsi habebunt de sancto Marco, et eciam racionem faciant annuatim de toto introitu et exitu, quod ipsi habebunt, de omnibus commissariis, que erunt eis dimisse ad lucrandum vel aliquid boni inde faciendum secundum tenorem commissarie, ……'.
19) R. C. Mueller, "The Procurators of San Marco", pp. 148-184.

言者の指示に従って行われたが[20]，特に動産については遺言書に特別の指示がなくてもサン・マルコ財務官は相続人がリスクを負う形で遺産を運用することができた。重要なのは元金の保全であったから，サン・マルコ財務官の裁量で投資する場合は，公債やヴェネツィア市内での商業貸付（ローカル・コッレガンツァ）が安定した投資先として好まれた。まず公債であるが，公債の年利息は額面価格の5パーセントと定められていた。一般商業と比べると利潤は少ないが，14世紀後半の財政危機までは順調に支払いが行われていたから，サン・マルコ財務官の投資先としては最も一般的であった。一方，商業貸付は，13世紀後半から14世紀末にかけてヴェネツィアで非常に好まれた投資形態であり，公証人史料ではコッレガンツァと呼ばれた。ただし，一般的な海外貿易のコッレガンツァとは異なり，ヴェネツィアでしか使用できないという限定が付いているのでミュラーはローカル・コッレガンツァと名付けている。要するに，地域商業や職人，小店主向けの貸し付けで，平均利率は年8パーセント以上であったから，公債よりは割のいい投資であった。また借り主が火災などで店舗を消失したり，よほど無理な経営で破産したりしない限り，元金を失うことはなかったから，安全性も高かった。他の投資先としては，商品や不動産も見られるが，これらはたいてい遺言者が指定した場合である。史料的な問題から，サン・マルコ財務官が行っていた投資活動の大きさを推定することはできないが，この役職が，財産の管理・保管だけでなく投資活動を通じてもコムーネの財政や都市民の経済生活と密接にかかわっていたことが確認できたであろう。

　このように，ミュラーの研究では，サン・マルコ財務官の概要と彼らが中世ヴェネツィアの社会生活・経済生活で重要な役割を担っていたことが確認されたのである。しかし彼の研究では，なぜサン・マルコ財務官が単なる教会の管財人やコムーネの財産保管所であることを越えて，都市民の遺言執行

---

20)　例えば，R. C. Mueller, "The Procurators of San Marco", p. 150 には，胡椒その他の商品への投資を命じた例が引かれている。出典は，ASV, *Procuratori di San Marco*, misti, b. 123. ミュラーも原文を引用しているが，古文書に基づいて該当個所の原文を引いておくと，'Volo et ordino quod omnes denarii mei acumulentur et investiantur per commissarios meos in pipere et aliis mercimoniis secundum quod eis bonum videbitur, ad utilitatem et periculum dicti filii mei Marci quousque ipse pervenerit ad annos decem et octo.'（1288/3/27）。

人を引き受け，さらに遺産を投資や喜捨に回すようになったのかまでは考察されていない。ミュラーによって初めて，サン・マルコ財務官の発展と活動の概要が明らかにされたこと，彼の関心は基本的に経済史・貨幣史にあること，を考慮すれば，これは致し方ないことであろう。さて，サン・マルコ財務官の遺言執行人としての発展を考えるためには，法令の検討では不十分で，都市民の意識の側からの視点を持ち込むことが必要である。つまり，彼らを遺言執行人として選択し，自己の財産の処理・管理を委ねる都市民側の論理，言い換えれば彼らの相続戦略を探ることが必要なのである。そのための史料は，いうまでもなくヴェネツィア人の遺言書そのものであろう。よって，次節以下では，遺言書の検討を行うことにしたい。

第2節　ヴェネツィアの遺言書

中世のヴェネツィアにおいて，どの程度の人々が遺言書を書いたのであろうか。一般にイタリアや南仏では，12～13世紀の間に遺言書の慣習が普及したと考えられている[21]。これまでも，中世都市民の生活やメンタリティをうかがい知るための重要な社会史的史料として遺言書が取り上げられており[22]，イタリア都市コムーネにかなり一般化した制度であったといってよいだろう。ヴェネツィアにおいても，13世紀のあいだに徐々に残存数が増し，同世紀後半には，おそらくかなりの数の遺言書が書かれていた[23]。もっとも，どの程度の人が遺言書を書いたか，また，書かれた遺言書のうち，どの程度が我々の手元に史料として伝えられているか，正確に知ることはできない。ただ，法令で遺言書について述べられていることや，職人の遺言書も時に残っている[24]ことなどから，13世紀中には多くの人が遺言書の作成を依頼する

21）　J. Chiffoleau, *La comptabilité de l'au-dulà. Les hommes, la mort et la religion dans la région d'Avignon à la fin du Moyen Age（vers 1320-vers 1480）*, Roma, 1980, pp. 35-38. ジェノヴァでは1155-1253年の公証人史料に，すでに632通の利用可能な遺言書が含まれている。S. Epstein, *Wills and Wealth in Medieval Genoa, 1150-1250*, Cambridge, Massachussetts and London, 1984, pp. 1, 22. パドヴァでも13世紀には，高位聖職者や有力封建領主・都市貴族から一般市民へと遺言書の習慣が広まった。A. Rigon, "Orientamenti religiosi e pratica testsamentaria a Padova nei secoli XII-XIV（prime ricerche）", in *Nolens intestatus decedere. Il testamento come fonte della storia religiosa e sociale*, Perugia, 1985, p. 44.

ようになったと考えてよいだろう。またヴェネツィアでは，14世紀になると，作成した遺言書の記録を提出することが公証人に義務づけられるため，1301-1325年で3000を超える遺言書が書かれたと概算できる[25]。これは，筆者が参照した遺言書やその他目録から推定可能な13世紀最後の四半世紀の遺言書数よりはるかに多い。その意味では，13世紀は，遺言書の習慣の普及率に比べ残存率がそれほど高くなかった可能性もある。ただ，本章では遺言執行人としてのサン・マルコ財務官の発展を見るために遺言書史料を用いるので，サン・マルコ財務官と関わりない遺言書の残存率はそれほど問題にはならないであろう。

　本節で検討するのは，国立ヴェネツィア文書館の「サン・マルコ財務官 Procuratori di San Marco（以下PSMと略）」という文書群に保管されている1200年代の遺言書である。PSMは，サン・マルコ財務官関係の史料を集めたシリーズで，帳簿や遺言書の写し，裁判記録などサン・マルコ財務官が遺言執行人として保持していた文書を網羅している。遺言執行人関係の文書は「遺言管理 commissaria」と呼ばれ，PSMの史料群の大半を占めている[26]。従って，遺言執行人としてのサン・マルコ財務官の発展を見るためには，もっとも適した文書群と言えるだろう[27]。

---

22)　前注で挙げた文献の他に，アレッツォ，アッシジ，フィレンツェ，ペルージャ，ピサ，シェナの13世紀末から1425年に至る計3226件の遺言書を分析した，S. K. Cohn, *The Cult of Remembrance and the Black Death, Six Renaissance Cities in Central Italy*. Baltimore and London, 1992などがある。しかしこのような遺言書を用いた心性研究の限界についても早くから指摘されている。D. O. Hughes, "Struttura familiare e sistemi di successione ereditaria nei testamenti dell'Europa medievale", *Quaderni Storici* 33, 1976, p. 947. 日本では，ジェノヴァの遺言書を分析した次のような研究がある。山辺規子「12世紀中頃ジェノヴァの遺言書に見る家族」関西中世史研究会編『西洋中世の秩序と多元性』法律文化社，1994年，231-250頁，亀長洋子『中世ジェノヴァ商人の「家」――アルベルゴ・都市・商業活動』刀水書房，2001年，374-400頁（第16章）。

23)　最も古い遺言書は9世紀に遡るが，数が増えるのは12世紀頃からである。ヴェネツィアの遺言書については，*"Ego Quirina". Testamenti di veneziane e forestiere (1200-1261)*, a cura di F. Sorelli, Roma, 2015, pp. XI-XLI.

24)　1299年2月10日の靴屋アルマーノの遺言書など。彼は仕事場以外に不動産は所有しておらず，飛び抜けて裕福というわけでもない。F. Arbitrio, *Aspetti della società veneziana*, pp. 232-236（doc. 31）。

25)　L. Guzzetti, "Le donne a Venezia nel XIV secolo. Uno studio sulla loro presenza nella società e nella famiglia", in *Studi Veneziani*, n.s. 35, 1998, p. 20.

表3 ASV, *Procuratori di San Marco* (commissaria) に含まれている13世紀の遺言書

年代	～1229	1230-9	1240-9	1250-9	1260-9	1270-9	1280-9	1290-99	総数
男性の遺言書	4(1)	5(2)	4	10(6)	16(10)	21(18)	36(32)	28(21)	124(90)
女性の遺言書	3	5(1)	2(1)	7(2)	14(8)	6(4)	6(5)	10(7)	53(28)
計	7(1)	10(3)	6(1)	17(8)	30(18)	28(22)	42(37)	38(28)	177(118)

（　）の中の数字はサン・マルコ財務官を遺言執行人に指定しているもの

　表3は筆者が調査した遺言書177通を年代順別にまとめたものである。ここでは遺言書そのものだけではなく，サン・マルコ財務官の帳簿に転写されている遺言書のコピーや抜き書きも「遺言書」としてまとめて調査した。1290年代に若干減少しているが，後はほぼ時代とともに増加する傾向にあることがわかる。また括弧の中の数字は，各年代において，サン・マルコ財務官を遺言執行人に指定している件数を示すが，1270年代以降は比率が高く，ほぼ四分の三または，それ以上に達していることがわかる。しかし，13世紀初頭でもサン・マルコ財務官を遺言執行人に指定する人は確実に存在し，50年代から徐々に増え60年代では50パーセントを超えていた。やはりサン・マルコ財務官の発展には，彼らを遺言執行人として指名する都市民側の動きが，大きく影響しているのである。なお，サン・マルコ財務官を遺言執行人に指定しているのは，男性90人（73パーセント），女性28人（53パーセント）で男性の方が，割合が高くなっている。これは主として，男性は妻を遺言執行人とした場合，妻の再婚に備える必要があったこと，そして妻が再婚した時にサン・マルコ財務官を遺言執行人に指定する場合が多いこと，が影響し

26）　他には法令集，不動産売却証書などの雑証書を集めた箱などがある。なおサン・マルコ財務官の「運河のこちら側 de citra」には「遺言書 testamenti」というシリーズが別にあり，「遺言管理」に含まれない（つまり，帳簿や関係史料を伴わない）遺言書が保管されているが，サン・マルコ財務官を遺言執行人に指定しているものが少ないこともあり，調査の都合上，ここでは取り扱わなかった。K. Takada, "«Commissarii mei Procuratores Sancti Marci». Ricerche sulle competenze dell'ufficio della Procuratia di San Marco（1204-1270）", *Archivio Veneto. V serie*. vol. CLXVI. N. 201, 2006, pp. 33-58 では，「遺言書」のシリーズも含めた1270年までの遺言書に基づいて議論を行っているが，内容は本章とほぼかわらない。
27）　PSMの「遺言管理」に含まれる遺言書とサン・マルコ財務官との関連について，他の文書シリーズと行った比較については，拙稿「サン・マルコ財務官と中世ヴェネツィア都市民」，47-48頁。

ていると思われる[28]。

　次に表4では177名全ての名前と家名から推定される階層を示した。13世紀は貴族身分も確立しておらず，社会はかなり流動的であったので，大雑把に3グループに分類している。これらは第1章で紹介したレーシュの調査に従っており，第一グループは13世紀後半の大評議会名簿に毎年名前が見られるか，古くから史料に登場するような有力な家に属す人々，第二グループは大評議会に少なくとも一度は名前が見られる家に属す人々，第三グループは大評議会名簿にまったく名前が見られない，すなわち政治的にほとんど影響力を持たないような人々である。ただし財産面で言えば，それなりの財産を所持している人が多く，わずかな遺贈しか行い得ないような人物は少ない。人数は順に，62名，53名，62名，サン・マルコ財務官を遺言執行人に指名しているのは順に44名，40名，34名であった。遺言書を残す人々は政治的上層に限らなかったこと，また，どの階層でも満遍なくサン・マルコ財務官を遺言執行人に指定していることがわかる。もっとも1270年以前をとれば，人数は第一グループ30名（うちサン・マルコ財務官を遺言執行人に指定しているもの16名），第二グループ20名（10名），第三グループ21名（5名）となり，圧倒的に上層の方がサン・マルコ財務官を利用している。おそらくサン・マルコ財務官の利用はまず，上層の都市住民から始まったのであろう。

　最後に表5では，ミュラーがサン・マルコ財務官の遺言執行人としての重要な機能として挙げた，不動産管理による永遠の喜捨と動産の投資を命じている遺言書の数を，それぞれ年代別に表した。括弧の中の数字は，この仕事をサン・マルコ財務官に委ねている遺言書の数である。ここから，まず，永遠の喜捨は1250年代より，動産の投資は1260年代からサン・マルコ財務官の仕事として定着し始めたことがわかる。さらに表3と対照すれば，そのことが1250，60年代のサン・マルコ財務官の指名増加に影響していることも読みとれる。なお，男性に比べて女性のサンプルが少ないため男女の比較は

---

28)　このような男女差は，サン・マルコ財務官が保管する全体の遺言書数にも反映していると考えられる。例えば，表からは13世紀末は圧倒的に男性の遺言書が増えていることも読みとれるが，14世紀以降の公証人史料によると，女性の遺言書の方がわずかではあるが多く残っているのが普通のようである。L. Guzzetti, "Le donne a Venezia nel XIV secolo", p. 21.

第4章　家族生活の展開

表4

階層	名前	年月日　場所
◆	Giardina Zane	1219/05, R (=リアルト)
−	Donata Blundo	1222/07, R
−	Genziana Semitecolo	1223/01, R
◆	Giovanni da Canal	1225/03
◆	Gabliele Michiel	1226/08/4, R
◆ P	Giacomo Basseggio	1227/08
◇	Andrea Tron	1227/09, R
−	Leonardo Semitecolo	1230/03, R
−	Simone Malianzoco	1232/03, コンスタンティノープル
◇	Maria Costantino	1232/08, R
◆ P	Frisina Molin	1235/09, R
−	Tommasina Mercadante	1236/10, R
−	Filippa Mazzolani	1237/01, R
◆ P	Albertino Morosini	1237/06/26, ラグーザ
◇	Maria Gritti	1237/07, R
◇ P	Nicolo Cocco	1237/10
−	Angelo Flabanico	1239/12, R
−	Giovanni Alessio	1240/09, R
−	Paolo	1243/08/12
◇	Pietro Lombardo	1244/06/6, R
−	Giorgio Leone	1244/09/27, R
− P	Ianeta de Ursale	1246/09/14, R
−	Urliana Mantovani	1249/06/29, R
−	Bodovaria Anguillazo	1251/05, R
◆ P	Marco Ziani	1253/06/26
◆	Giovanni Michiel	1253/08/22, R
◆	Pietro Quirini	1254/10/20
◇	Giovanni Bell	1254/10/22, R
◆ P	Bartolomeo Barozzi	1254/12/5
◇ P	Perera Acontanto	1255/12/13
◆	Sofia Morosini	1255/12/18
◆	Medana cometissa de Stricar *	1256/06/11, R
◇ P	Ranieli Calbo	1256/07/9, R
◆ P	Auramplese Michiel	1258/01/15, R
◇ P	Pietro Albino	1258/05/11, R
◆	Richelda Quirini	1258/07/20, R
−	Giacomina Navager	1259/04/12, R
◆ P	Nicolò Zorzi	1259/04/23
◇	Nicolo Steno	1259/04/30
◆ P	Tommaso Michiel	1259/05/8, R
◇	Benedetta Albizo	1260/03/21, R
◆ P	Giacomina Gradenigo	1260/07/13, R
◆	Maria Zorzi	1261/08/27
◇ P	Antonio Albizzo	1262/01/3
◆ P	Maria Gausoni	1262/02/6
◆ P	Micheletto Morosini	1262/03/22
◇ P	Zaccaria Nani	1262/04/20
◇ P	Tommaso Tonist	1262/11/23, カンディア (クレタ)
◆	Ermolao Zorzi	1263/01/24, コローネ
◇ P	Michiel Marignoni	1263/04/30, R
◆ P	Andrea Zen	1263/05/5
− P	Nicolotta Bocadomo	1264 あるいは 1264 以前
−	Leonardo Mercadante	1264/08/17, R
◆ P	Pietro Trevisan	1265/02/11, R
− P	Agnese Basilio	1265/10/23, R
−	Giacomina	1266/08/28, R
◆ P	Maria da Canal	1267/05/25, R
◆ P	Maria Gradenigo	1267/07/25, R
◆ P	Fidolice Gradenigo	1268/01/20, R
− P	Basiliolo Basilio	1268/03/11, R
−	Giacomo Valla	1268/05/24, R
◆	Ranieri Zen	1268/07/7
◇	Damiano Lombardo	1268/09/23
− P	Daniel Greco	1268/09/7, R
◇	Nicolo Salamon	1268/11/5, R
◇ P	Mattia Miani	1269/04/26, R
◆ P	Palma Belegno	1269/08/12, R
◆	Maria Venier	1269/08/28, R
◇	Vidota Calbo	1269/08/3, R
◆	Pignola Bon	1269/10/28, R
◇	Costanzo Barastro	1270/03/9, R
−	Filippa Semitecolo	1270/06/16, R

第Ⅰ部 13世紀ヴェネツィアの家族生活

◆ P	Marco Quirini	1270/11/13		– P	Biaggio Semiticolo	1283/10/1
◆ P	Giovanni Ferro	1271/01/22, R		◇ P	Giacomo Gabriele	1283/12/24, アッコン
– P	Lazaro Mercadante	1271/03/13		◇ P	Rafael Civran	1284/01/18
◆ P	Virgilio Siginulo	1271/05/1		– P	Pietro Marcello	1284/02/1, R
– P	Engincta dal Campanile	1272/07/5, R		–	Nicolo Bellon	1284/02/2, キオッジャ
– P	Pietro Navager	1273/04/3		– P	Pietro Navager	1284/03/1, ネグロポンテ
– P	Antonio Vastavin	1273/07/1, R		– P	Marco Navager	1284/06/21, R
◇ P	Odorico Belli	1274/08/19		◆ P	Philippo de Molin	1284/08/31, R
◆ P	Tommaso Dandolo	1274/09/8, R		◇ P	Pietro Sisinulo	1285/03/12, R
◇ P	Stefania Vidor	1274/10/19		◇ P	Vitale Veglione	1285/05/2, R
– P	Ezzelino da Pace	1275/02/5, R		◆	Pietro Mocenigo	1285/07/31
◆ P	Agese Polani	1275/10/1, R		◆ P	Filippo Molin	1285/08/8
–	Beatrice Semiticolo	1275/10/6		◇ P	Maria Miglani	1285/09/11, R
◇ P	Giovanni Grimani	1275/2/22, R		◆ P	Enrico Contarini	1285/09/20, R
◇ P	Francesco Barbammzolo	1277/01/14		– P	Giacomina Navager	1285/09/8, R
– P	Stefano Bendolo	1277/03/1, R		◇ P	Lorenzo Belli	1285/10/22, R
◇ P	Marin Agati	1277/05/7		◆ P	Andrea Zeno	1285/11/21, R
–	Nicolo de Vivaroto	1277/06/28, R		◇ P	Domenico Trainante	1286/03/22, R
◆ P	Marino Belegno	1277/07/16, R		◆ P	Marino Zane	1287/02/27, R
◆ P	Giovanni da Canal	1277/10/12, R		–	Bartolotto Polo	1287/04/19, キオッジャ
– P	Diglana di Raimondino	1277/11/15, R		◇ P	Uberto Zanasi	1287/10/19, R
–	Vito Taco	1277/12/18, ?		◆ P	Bartolomeo Stolonato	1288/01/29
◇ P	Omobono David	1278/05/30, R		◆ P	Giovanni Zorzi	1288/02/26, R
◇ P	Gabriele Marigloni	1279/05/8, R		◇ P	Maffeo Bondomier	1288/03/27
– P	Sebastiano Aicardo	1279/08/24, R		– P	Marco Capogenio	1288/04/12, R
◆ P	Agnese Ghisi	1280/09/30, R		◆ P	Andrea Stolnato	1288/05/10
◇ P	Ivano Paradino	1280/11/2		– P	Elena Schata	1288/06/14, R
– P	Poma Semiticolo	1280/12/18		– P	Nicolo Tamasino	1289/01/7
– P	Marino Redalto	1281/10/2		◇ P	Giovanni Pepo	1290/03/3
◇ P	Andrea Foscolo	1282/03/11, R		◆ P	Marco Ghisi	1290/03/9
◆ P	Giacomo Dandolo	1282/04/8		◇ P	Stefano Calbo	1290/09/7, R
– P	Andrea Muravesego	1282/07/18		– P	Barbala Furial	1291/01/21
◆	Marino da Canal	1282/07/4, ライアッツォ		– P	Ermolao Alberico	1291/01/5
◇ P	Pietro Solomon	1282/10/22		◇ P	Marco Lugnano	1291/01/5
◇ P	Marino Coroso	1282/11/13, R		◆	Bartolomeo Quirini	1291/02/15, R
◇ P	Stefano Belli	1283/04/5, R		◆ P	Giacomo Quirini	1291/03/26, R
– P	Arhenda	1283/05/19, R		◇ P	Marino Ystrigo	1291/05/19
◆ P	Bartolomeo Contarini	1283/08/11, R				
◆	Pietro Barbarigo	1283/08/12, R				

116

◇ P	Michela Longo	1291/08/6		◆ P	Pasquale Zane	1296/01/13, R
−	Barnabe Bassedello	1291/10/25		− P	Leonardo Viviano	1296/08/12, R
− P	Viviano da Noale	1291/12/12		◇ P	Marchisina Barbaro	1296/12/31
◆ P	Nicolo Trevisan	1292/01/24		−	Nicolotta Badandolo	1297/06/10, ムラーノ
◇ P	Ranieri Darpo	1292/03/2				
−	Alberico Scafara	1293/01		− P	Nicolotta Maziamani	1297/08/23
− P	Giacomo Greco	1293/02/16, ポーラ		− P	Simeone Gradellon	1297/11/7, R
				− P	Marchisino Casaloro	1298/03/17
−	Prome de Ronco	1293/07/13		− P	Giacomo Dotto	1298/08/23
◇	Pietro Calbo	1293/08/10, ポーラ		◇ P	Giacomo Baffo	1298/10/12
				◆ P	Francesco Minio	1299/04/25
−	Felix Bellon	1293/08/5, キオッジャ		◆ P	Marchisina Bon	1299/05/26
				◆ P	Marco da Canal	1299/11/23
◇	Marco Vidal	1294/03/5		◆ P	Agnese Zane	1299/12/20
◆ P	Maria Contarini	1294/05/23				
◇ P	Pietro Baffo	1294/12/30				
−	Caterina Trunzane	1295/10/6				
◆	Agnese Quirini	1295/12/06				
◆ P	Geremia Gisi	1295/12/19, R				

◆ 第一グループ
◇ 第二グループ
― 第三グループ
P＝遺言執行人にサン・マルコ財務官が見られる遺言書
＊　遺言書よりMarco Zianiの親族であることがわかる。

　行わなかったが，女性も男性と同様，永遠の喜捨や動産の投資をサン・マルコ財務官に託していた。さらに階層については，やはり永遠の喜捨を依頼するのは上層が多く，1250年代の遺言書はすべて大評議会に参加経験のある家である（第一グループ4名，第二グループ4名）。ここにも上層が牽引してサン・マルコ財務官に仕事を依頼していく様子が観察できる。しかし，1260年代には大評議会に名前が見られない家でも永遠の喜捨を依頼する場合があるので，政治的階層差はサン・マルコ財務官を利用する都市民側の論理にあまり影響を与えていなかったのだろう。

　次節では，具体的にこれらの遺言書の内容を見ながら，サン・マルコ財務官を遺言執行人として選択する都市民側の論理と，その社会的背景を考察する。

表5 ASV, *Procuratori di San Marco* (commissaria) に含まれている13世紀の遺言書の内容について

年代	～1229	1230-9	1240-9	1250-9	1260-9	1270-9	1280-9	1290-99
永遠の喜捨を命じたもの	0	0	0	8(6)	8(6)	14(13)	7(7)	10(8)
動産の投資を命じたもの	0	1	0	1	7(4)	5(4)	15(14)	10(9)

（　）の中の数字はこれらの仕事をサン・マルコ財務官に委ねているもの

第3節　遺言執行人としての職務の拡大

(1) 13世紀前半

　13世紀前半にサン・マルコ財務官に言及する遺言書はわずかである。また法令で遺言執行人との関係が言及される以前の、初期の発展を詳しく見ることは重要である。そこでこの期間については、それぞれの遺言書を逐一見ていくことにしたい。

　筆者が検討した中で最も早くサン・マルコ財務官を遺言執行人に指定しているのはガブリエーレ・ミキエルである[29]。1226年8月4日の証書によると、彼はパオン（パヴォーネ）と呼ばれる船で航海中、病気になり、3人のヴェネツィア人を証人として遺言を伝えた。遺言執行人としてサン・マルコ財務官と母を指定し、彼らは彼の全財産を回収してそこから10分の1税や妻の嫁資を支払うこと、もし子供が授かっていれば残りの財産はこの息子か娘に渡すことなどが述べられている[30]。なおPSMの文書には含まれないが、第3章で紹介したステファノ・ヴィアロの遺言書に、もう一度言及しておきた

---

[29]　これより早くアニェーゼ・コンタリーニがサン・マルコ財務官に言及しているが、これは彼女の叔父がサン・マルコ財務官であったためであろう。また1220年代では、遺言書は残っていないが、他の証書からサン・マルコ財務官が遺言執行人として指定されていることがわかるケースが2件ある。ただし情報に乏しく、ここではとりあげなかった。詳しくは、K. Takada, "«Commissarii mei Procuratores Sancti Marci»." p. 41.
[30]　ASV, *Procuratori di San Marco*, ultra, b. 195.

い。彼は 1225 年ポーラで遺言書を作成したが，もし妻が再婚すればサン・マルコ財務官と姉妹を遺言執行人に指定するとした。遺言執行人の仕事には，遺贈の支払いと債権債務関係の処理に加えて，ロマニアの財産の売却が含まれていた。

　1230 年代で取り上げるべき遺言書は 3 通である。まず，ベネデット・モリンの妻フリシーナが 1235 年にフィリッパ・ドナートとサン・マルコ財務官を遺言執行人とした。彼らの仕事は親族や修道院などへの遺産分配であった[31]。続いて 1237 年のアルベルティーノ・モロシーニが挙げられる。彼はラグーザで遺言書を作成し，サン・マルコ財務官のみを遺言執行人とした。彼は裕福であったようだが債務も多く，サン・マルコ財務官はこれらの借金の返却と遺贈支払いのために，家屋や農園，土地などアルベルティーノのすべての不動産を売却せねばならなかった。残った不動産は彼の二人の息子に渡すことも指示されている[32]。同じく 1237 年，サン・バッソの司祭でサン・マルコ教会の聖堂参事会員であるニコロ・コッコがサン・マルコ財務官を遺言執行人に指名した。彼は聖職者という関係上，妻子はなくおそらく他に親しい身寄りもなかったのであろう。甥姪などに遺贈はしているが，サン・マルコ財務官のみを遺言執行人とし，遺贈も教会関係が多い。サン・バッソ教会の再建のために 200 リブラを残し，もし教会が建て直しを望まないなら，この 200 リブラは教会が再建されるまでサン・マルコ財務官が預かるとした。さらに，遺言執行人はサン・バッソ地区に彼が所有している不動産を賃貸することができた[33]。

　13 世紀前半の最後として，1246 年のトティッレ・ウルサーレの寡婦ザネータの遺言を挙げることができる。彼女は 3 人の息子に，彼女の死後 1 年以内に 500 リブラを遺言執行人に支払うという条件でサンタ・マリア・フォルモーザ地区の不動産を残した。遺言書そのものは残っていないので詳しいことはわからないが，おそらく，この 500 リブラで遺贈をするつもりであった

---

31) ASV, *Procuratori di San Marco*, ultra, b. 200.
32) ASV, *Procuratori di San Marco*, misti, b. 90 ; M. C. Bellavitis, *Aspetti di vita veneziana*, pp. 201-206（doc. III）.
33) ASV, *Procuratori di San Marco*, misti, b. 66.

のだろう。ところが息子たちはこの代金を支払わなかったようである。1248年サン・マルコ財務官はこの不動産をチェチリアという寡婦に売却した[34]。

　以上，少ない例ではあるが，遺言執行人としての発展の初期において，サン・マルコ財務官がどのような仕事をしていたか，ある程度のイメージが得られたのではないだろうか。まずニコロ・コッコの場合，サン・マルコ財務官を遺言執行人に指定したのは，彼自身が聖職者であることに加えて，教会のために残した財産を管理するという理由が大きいであろう。個人の遺産ではあるが，教会関係の財産の管理という当初のサン・マルコ財務官の機能からそう遠くないところにある仕事だと考えられる。その他については不動産売却やその管理の仕事が委ねられたケースが目につく。ではこのようなサン・マルコ財務官の働きは，彼らに正式に委ねられている仕事と何らかの関わりがあるのだろうか。

　先に見たように，サン・マルコ財務官と個人の遺産を初めて関連付けた法令は1204年のラニエリ・ダンドロのものである。この法令によると，ヴェネツィア以外で遺言書を残さずに死んだ人の財産回収が問題になったとき，相続人が未成年で，かつ回収された遺産が負債を支払うのに不十分な場合，遺産は相続人が成人するまでサン・マルコ財務官に預けられることになった[35]。おそらくこうしてヴェネツィア外で死亡した人の遺産にサン・マルコ財務官が関わるようになったため，ヴェネツィア外で死に臨んだ人が，サン・マルコ財務官を遺言執行人として指名する，という事態が生じてきたのではないだろうか。実際初期のいくつかの遺言書は，まさにヴェネツィア外で遺言されたものである。ガブリエーレ・ミキエルは船上であったし，ステファノ・ヴィアロ，アルベルティーノ・モロシーニは，それぞれポーラ，ラグーザであった。

　次にサン・マルコ財務官に仕事を委ねた法令は1226年のピエトロ・ヅィアーニのものである。この法令でサン・マルコ財務官は初めて，不動産売却に関する手付け金や証書の保管などの仕事にかかわるようになった[36]。ここ

---

34)　ASV, *Procuratori di San Marco*, misti, b. 167.
35)　"Gli statuti civili di Venezia", pp. 57-58, 248-249（cap. 10, 11, 12）.
36)　"Gli statuti civli di Venezia", pp. 288-289（cap. 5, 6）, pp. 294-295（cap. 19）. ピエトロ・ヅィアーニによる不動産売買の改正法については，本書第2章参照。

第4章　家族生活の展開

でも同様に，都市民が不動産売却を含む遺産処理に関して，サン・マルコ財務官を頼る場合が生じてきたことが考えられる。興味深いのは，この法自体を発布したヅィアーニの遺言書であろう。彼はサン・マルコ財務官を遺言執行人として指名していないが，遺言書の中でこの役職に特別の仕事を割り当てた。ピエトロの息子マルコは遺贈後の残りの全財産を受け継ぐことになっていたが，もしマルコが無遺言で相続人なくして死んだ場合は，一部の財産は娘に行き，残りはサン・マルコ財務官と遺言執行人の一人である修道院長とが売却するというのである。ピエトロが指名した遺言執行人は，妻コンスタンティア，息子マルコ，娘マルキシーナとマリア，サン・ジョルジョ・カステッロ修道院の院長パウロであった。つまり，ここでは将来の不動産売却の仕事にだけ特別に，サン・マルコ財務官を参加させているのである[37]。1239年のアンジェロ・フラバニーコも，サン・マルコ財務官を遺言執行人に指名していないが，遺言書で特別の仕事をこの役職に委ねている。彼には果樹園付の家があったが，ここに妻が住まない場合，3人の娘がそれぞれ100リブラずつ出してこの不動産を買い取らなくてはならなかった。しかし期日までに3人とも代金を支払わない場合は，サンタ・マルガリータの教区司祭がこの財産を管理し，教区司祭がこの仕事を引き受けない場合はサン・マルコ財務官がその不動産を預かる[38]。彼の場合は直接売却を依頼しているわけではないが，遺言書では最終的に3人の娘がこの不動産を買い取ることを期待しているので，これも不動産売却（さらに，売却までの管理）と関係した仕事と解することができよう。アルベルティーノ・モロシーニ，ザネータ・ウルサーレもサン・マルコ財務官に不動産の売却を依頼している。

　こうして，13世紀前半においてサン・マルコ財務官は，ヴェネツィア外でなくなった人の遺産処理，不動産売却，教会関係の財産管理のために遺言執行人として指名されていた。これらは，教会財産の管理という，もともとのサン・マルコ財務官の仕事や，13世紀初期の法令でサン・マルコ財務官に委ねられた仕事を少し拡大したような範囲の仕事と言えるだろう。つまり

---

37) S. Borsari, "Una famiglia veneziana del Medioevo : gli Ziani", in *Archivio Veneto, V serie*, 110, 1978, pp. 54-64（Appendice I）.
38) ASV, *Procuratori di San Marco*, ultra, b. 128.

都市民は，当初はサン・マルコ財務官が法令で請け負わされていた仕事と関係のある範囲で，遺産処理を頼みはじめたと考えられる。しかし，限られた範囲ではあったとはいえ，都市民によるこうした自発的なサン・マルコ財務官の利用は，遺言執行人としてのサン・マルコ財務官の機能拡大にかなり貢献したであろう。

(2) 永遠の喜捨　1250年代

1250年代サン・マルコ財務官を遺言執行人として指名する遺言書は，8通に増加する。そして，そこで彼らに依頼される仕事のほとんどが「永遠の喜捨」であった。また，サン・マルコ財務官以外，教区司祭や修道院長にこの仕事が託される場合も，わずかではあるが存在する。よって，サン・マルコ財務官の発展を明らかにするためには，この役職と「永遠の喜捨」の関係，さらに「永遠の喜捨」登場の社会的背景を探ることが必要である。

13世紀前半の遺言書では，宗教団体に喜捨する場合，不動産そのものを与えるかお金を残すか，いずれにせよ，一回きりの喜捨が一般的であった。ところが，この頃から不動産は遺言執行人が管理して，その賃貸料の収入から毎年喜捨し続けるという方法が登場する。これが「永遠の喜捨」で，たいていの場合「永遠に　in perpetuum」という文句が添えられた。最初にこの兆候を示すのは後で触れる1253年のマルコ・ヅィアーニの遺言書だが，最もよく変化を表しているのは1255年のペレラ・アコタントのものである[39]。

彼女は既婚の娘マリアを遺言執行人に指定し，もしマリアの存命中に遺産分配がおわらなければ，残りの仕事をサン・マルコ財務官が引き継ぐとした。ペレラは比較的多くの不動産を所有していたようで，まず現在彼女が住んでいるサン・アポストロ地区の不動産を，マリアに遺している。マリアは決してこの不動産を売却してはならず，自らの死に際しては，永遠にペレラとマリアと親族の魂のための喜捨に当てられるよう，遺言しなければならなかった。ここでは不動産管理はマリアに委ねられているので，サン・マルコ財務

---

[39] ASV, *Procuratori di San Marco*, ultra, b. 2. なお，この遺言書は，*Antichi testamenti tratti dagli archivi della congregazione di carità di Venezia*, 1 serie, Venezia, 1882, pp. 9-13. にも刊行されている。

官が関与する余地はない。ただ彼女が臨終の際，いかにして永遠の喜捨が遂行できるような遺言執行人を見つけるか，という問題はすでに含まれていることがわかるであろう。サン・マルコ財務官が「不動産の永久管理」という仕事を受け持つ可能性はすでに存在するのである。さらに興味深いのは，彼女がおそらく夫と暮らしていたサン・パウロ地区の不動産の処置である。これは娘マリアが売却し，その代金からさまざまな宗教団体への遺贈を支払うことになっていた。しかし，もし彼女が，不動産を売却するよりその賃貸収入から永遠に喜捨を行う方がよいと思う場合，その方法を採択することも認められているのである。この場合たとえマリアが長命を保ったとしても，サン・マルコ財務官が仕事を引き継ぐ必要性が出てくるのは明白であろう。マリアは永遠に喜捨し続けることなどできず，一方役職としてのサン・マルコ財務官は人が変わっても続いて行くからである。

　ここには，喜捨の「永遠性」のゆえにサン・マルコ財務官を遺言執行人として指名し，彼らに不動産管理を委ねる，という姿勢が見られる[40]。サン・マルコ財務官は，13世紀前半から教会財産の管理や不動産売却に関する仕事に携わっていた。喜捨のための不動産管理は，おそらく抵抗なく，サン・マルコ財務官の仕事として都市民に意識されたのではなかろうか。

　では，「永遠の喜捨」という新たな発想が生まれてきたのはなぜか。そもそも13世紀初めから，聖職機関に不動産を寄進することで永続的な見返りを期待する，という心性は存在した。ピエトロ・ヅィアーニは1228年の遺言書でリアルトの信者会に土地を寄進し，彼らが毎年彼の命日に祈りを捧げることを義務づけている[41]。1227年に遺言書を作成したアンドレア・トロンは，聖ミカエル修道院にパドヴァの土地とイストリアのブドウ園を寄進し

---

[40]　1226年11月3日のニコラ・ボンツィの遺言書は，このようなサン・マルコ財務官の機能をよく示していると思われる。彼は13世紀前半としては，非常に珍しく二人の遺言執行人にいわゆる「永遠の喜捨」を依頼した。つまり，この二人が自分の臨終に際してこの仕事をひきつぐ人物二人を指定し，その二人がまた臨終に際して仕事をひきつぐ二人を指名する，という措置を命じることで，「永遠性」を担保しているのである。こうして13世紀前半において，永遠の喜捨はまったく存在しないというわけではなかったが，サン・マルコ財務官にこの仕事を委ねないため，非常に面倒な仕事を遺言執行人に依頼することになったのである。ASV, *Procuratori di San Marco*, citra, b. 316.
[41]　S. Borsari, "Una famiglia veneziana del Medioevo : gli Ziani", pp. 59-60.

たが，見返りとして彼の娘が入会金なしでこの修道院にはいることを求めた[42]。いずれの場合も，受益者はその不動産を売買譲渡することができず，どうしても売却したい場合，その不動産は寄進者の親族のものになるとしている。この処置は，不動産を通して永続的に受益宗教団体を拘束したいという欲求の表れともとれよう。

しかし，全ての人が寄進できるだけのまとまった土地，宗教団体の使用にふさわしい家屋を持っていたわけではない。たいていの人は，なにがしかの現金を喜捨し，ミサを依頼することで，満足していた。ただ，一回きりのミサではなく，百，千とミサを挙げることを依頼している遺言書が多いことを考慮すれば[43]，やはり彼らもできるだけ永く自分の魂のために祈ってもらうことを望んでいたように思われる。死後の魂の平安は遺言者共通の願いであった。

ここで，次の想定が可能である。つまり，自分の魂のための永続的な祈りを期待するなら，不動産にしろ現金にしろ一度の寄進よりは永続的な喜捨の方が効果的ではないか，ということである。さらに現金なら分割して複数の用途に使用することもできる。ここまで来れば，不動産そのものを残す代わりに，不動産管理は遺言執行人に任せて，そこからの収入だけを永遠に喜捨するという発想までは，そう遠くない。ヴェネツィアのように早くから商業が発達し，13世紀前半に商業契約や債務債権問題に関する厳密な法規を整えた都市であれば[44]，このような一種「合理的な思考」が発達したとしても，不思議ではなかろう。

実際，宗教施設を巡る状況も，1250年代にはこのような発想を促進するような方向に展開していた。1220年代，まだ土地の寄進が盛んな頃，ヴェネツィアには修道院，施療院などの宗教関係施設はそれほど多くはなかった。また，土地も沼沢地が多く残っていた。例えば，托鉢修道会は1220-30年代

---

42) ASV, *Procuratori di San Marco*, ultra, b. 276.
43) L. Zamboni, *Testamenti di donne a Venezia (1206-1250)*, pp. 50-51. シフォロによれば，フランスでは13世紀に永遠のミサを望む傾向がエリート層から一般に広まった。また彼は，望まれるミサの形態の変化から，来世についての人々の心性の変化を解きあかしている。J. Chiffoleau, *La comptabilité de l'au-dulà*, pp. 328, 323-356.
44) G. Rösch, "Le strutture commerciali", in *Storia di Venezia II, L'età del comune*, a cura di G. Cracco e G. Ortalli, Roma, 1995, pp. 437-458. とりわけ pp. 443-446.

第 4 章　家族生活の展開

にヴェネツィアに姿を見せ始め，1230年代初めに元首(ドージェ)ティエポロから土地を与えられて礼拝堂や修道院を建設する。また，バドエル家やミキエル家からも土地を寄進され，施療院や女子修道院の建設にも着手した。これらの場所の中には沼の近くの湿地も多く，修道士たちは，おそらく干拓作業から始めなければならなかったのである[45]。しかし，1250年代には様相は変わっていたようだ。托鉢修道会はすっかりヴェネツィアに定着し，遺言書の宗教団体への喜捨の内訳を見ても，修道院，信者会，施療院などはるかに多くの名前が見られるようになっている。残念ながらこれらの宗教運動と永遠の喜捨の関係について明言することはできない。遺言書の中には「ドミニコ会修道士の助言のもとに」永遠の喜捨を行うことを指示したものもあるが[46]，このような例はわずかである。ただ，托鉢修道会が浸透し，清貧や救霊のための喜捨を勧める説教が普及すると，それだけ，魂の救いを求めてできるだけ永いミサを望む人が増えるということはあっただろう[47]。また，ヴェネツィア市内や周辺に教会や修道院や信者会，施療院などが多くなると，それだけ遺贈先も増加する。一度にお金を残すよりは，また一つのところにまとまった不動産を寄進するよりは，不動産そのものは遺言執行人の管理に委ねて，そこからの収入を小分けして毎年喜捨に回すという考えが出てくるのもうなずけよう。不動産収入を四分割して複数の聖職機関への喜捨と貧者への施しに使用する例は，1259年のニッコロ・ステーノの遺言書に見られる[48]。また，遺言書から推察する限り，13世紀後半市内の不動産は賃貸家屋が多くを占めるようになっていた。このような物件は直接宗教施設に寄進することはできない。ペレラの指示のように売却して現金化して喜捨に当てるか，賃貸収入を喜捨に回すかどちらかである。ここにも「永遠の喜捨」の促進要因が見て取れよう。

---

45)　I. Gatti, *S. Maria gloriosa dei Frari. Storia di una presenza francescana a Venezia*, Venezia, 1992, pp. 23–27 ; F. Sorelli, "Gli ordini mendicanti", in *Storia di Venezia II*, pp. 905–907, 914.
46)　先に引いたペレラの遺言書には，'.... de consilio fratris Federici De Mandra ordinis fratrem predicatorum'とある。
47)　A. Rigon, "Orientamenti religiosi e pratica testsamentaria a Padova nei secoli XII–XIV", p. 43. は托鉢修道会の浸透と遺言書の普及の関係を示唆している。
48)　ASV, *Procuratori di San Marco*, ultra, b. 265.

さらに聖職機関の側も，土地より安定した現金収入の方を好む場合があったのではないか。例えばマルコ・ヅィアーニは1253年の遺言書[49]で，教会付きブドウ園をフランチェスコ会，ドミニコ会，もしくはシトー会の修道士のために残しているが，もし彼らがそこに定着することができなければ，遺言執行人がこの不動産を管理し，その収入からフランチェスコ会修道院長の推薦で何人かの修道士を養うことを命じている。ここでは，修道士が土地の受け取りを拒否する場合も考慮されているのである[50]。いずれにせよ，「永遠の喜捨」が双方にとって悪い選択ではなかったことは確かであろう。そして，永遠に喜捨をしようと思うと，どうしても永続する遺言執行人としてサン・マルコ財務官のような役職が必要となってくる。教区教会や修道院でも永遠の喜捨は可能かもしれないが，特定の宗教施設の場合，複数の慈善や喜捨を行うことは難しい。1250年代，にわかに永遠の喜捨という仕事でサン・マルコ財務官の指名が増えてきた背景には，ヴェネツィアをとりまく宗教状況の変化とそれへの都市民の対応があったと考えられる。

(3) 動産の投資　1260年代

　1260年代，さらにサン・マルコ財務官の指名が増えるが，それは「永遠の喜捨」に加えて「動産の投資」という仕事が加わるためである。4通の遺言書が，おそらく投資を依頼するために，サン・マルコ財務官を遺言執行人として指名した。ところで，ヴェネツィアでは，未成年に残された遺産を後見人が投資することは，すでに13世紀はじめから一般的であったと思われる。1242年の法は，無遺言で残された未成年に後見人をたてる方法を定めているが，こうして後見人となった者には被後見者のために託された財産を投資する権利が認められた[51]。1235年には未成年の甥のため，彼に遺した動産の投資を指示した遺言書もある。ただし，ここでは，サン・マルコ財務官が遺言執行人に指名されているにもかかわらず，この仕事は親族の女性に

---

49) S. Borsari, "Una famiglia veneziana del Medioevo : gli Ziani", Appendice II, pp. 64-72.
50) 結局この土地はフランチェスコ会のものとなった。F. Sorelli, "Gli ordini mendicanti", p. 907.
51) *Gli statuti veneziani di Jacopo Tiepolo*, p. 104（liber II, cap. 2）.

第 4 章　家族生活の展開

委ねられ，サン・マルコ財務官が投資に関与する余地はない[52]。つまり「サン・マルコ財務官を遺言執行人に指名して投資を依頼する」というのは，まったく新しい都市民の選択なのである。以下，その論理と社会的背景を探っていこう。

　サン・マルコ財務官に動産の投資を依頼した例が PSM の史料群の中で始めて登場するのは，1259 年，ニコロ・ゾルツィの遺言書である[53]。ここでは修道院に入った娘のため 100 リブラが遺言執行人の手で投資されることが命じられた。遺言執行人は兄弟と従兄弟と三人の既婚の娘の計五名である。が，もし従兄弟が遺言執行人を引き受けることを拒否したり，五人のうちの誰かが死亡したりすれば，サン・マルコ財務官がその者の代わりを務めることが命じられた。ここでは，投資とサン・マルコ財務官の関係はまだ二義的である。ところが，1260 年代には最初からサン・マルコ財務官に投資を委ねた遺言書が登場する。中でも興味深いのは 1268 年のダニエル・グレコのものであろう[54]。彼は遺言執行人として長男とサン・マルコ財務官を指定し，次男が 18 歳になれば長男と次男のみが遺言執行人になるとした。そして，次男が 18 歳になるまで 1000 リブラがサン・マルコ財務官に預けられる。ただし，このお金は成人している長男がサン・マルコ財務官の助言のもとで金・銀・胡椒などに投資するのである。

　この遺言書の記述には，都市民がなぜ投資活動をサン・マルコ財務官に託すようになったのかを解く鍵が存在するように思われる。1249 年の法令より，どのような理由で託された財産にせよ，とにかくサン・マルコ財務官はすでに委託財産の投資活動を行っていた。またこの法令は，サン・マルコ財務官の働きを広く都市民に知らしめ，今後毎年の決算を行うことでその職務がより確実なものになる，という印象を彼らに抱かせたかもしれない。1260 年代といえば，それから 10 年が過ぎた時期である。この頃になると，「サン・

---

52)　ASV, *Procuratori di San Marco*, ultra, b. 200. 遺言者であるフリシーナ・ダ・モリンは甥フィリッポに 250 リブラを残し彼が 15 歳になるまで彼のために投資するよう依頼しているが，この仕事は彼女の血縁のアニェーゼ・クエリーニに委ねられている。このお金は彼女が管理し，彼女の兄弟のジョヴァンニの助言で投資する。
53)　ASV, *Procuratori di San Marco*, misti, b. 92A.
54)　ASV, *Procuratori di San Marco*, ultra, b. 161.

マルコ財務官に投資を任せておけば安心」という見解が都市民の間に広まっていたのではなかろうか。ダニエル・グレコが，長男の投資に対してサン・マルコ財務官の助言を義務づけているのは，都市民のこの役職に対する信頼感の表明ととれよう。またサン・マルコ財務官はヴェネツィアの役職の中でも高職であり，有力者が選出されていたから，役職就任者に対する信頼感もあったと考えられる。

さらに，サン・マルコ財務官と遺産の投資活動を結びつける重要な契機として考えられるのが，当時のヴェネツィアの経済状況である。1260年代は，1261年のビザンツによるコンスタンティノープル奪回とそれに伴うジェノヴァの進出のため，ヴェネツィアの東地中海貿易が一時不振に陥った時期でもあった。一方，ヴェネツィア市内に目を向けると，リアルトを中心に小売業や手工業が発展しつつあった。多くの同職組合の規約が定められ，1266年の元首(ドージェ)ロレンツォ・ティエポロの就任式においては，各種同職組合の華やかな行進が催されたほどである[55]。このような中で，海外貿易以外の新たな投資先として，ヴェネツィア市内の中小商工業者への貸し付けが登場し始める。すなわち先に紹介したローカル・コッレガンツァで，海外貿易ほどの利益は見込めないが，その分リスクも少なく，安定した投資先であった[56]。この海外貿易の一時不振と新たな投資形態の登場により，この時期の都市民たちは，全遺産を被遺贈者の裁量にまかせて海外投資に用いるよりは，よりリスクの少ない投資先や，ローカル・コッレガンツァを利用したリスクの分散を望むようになってきたと考えられるのである。そして，ここにサン・マルコ財務官が投資に関与する余地が生まれた。

1262年サン・マルコ財務官に孫の養育費のための投資を依頼したアントニオは，投資は「ここヴェネツィアで」(ad lucrandum hic in Veneciis)と述べ

---

[55] G. Cracco, *Un «altro mondo». Venezia nel medioevo, dal secolo XI al secolo XIV*, Torino, 1986, pp. 90-97. 1219-1261年には17しか発布されなかった規約が，1261-1278年には35に増えている。

[56] R. C. Mueller, "The Procurators of San Marco". pp. 155-159. ただし，海外貿易に投資することを命じた遺言書も存在する。例えば，1288年のマッテオ・ボンドミエは胡椒その他の商品への投資を命じている。ASV, *Procuratori di San Marco*, misti, b. 123. また，1290年のステファノ・カルボも金・銀・胡椒への投資を命じた。F. Arbitrio, *Aspetti della società veneziana*, doc. 12, pp. 110-116（とりわけ pp. 111-113）.

た[57]。1267 年，既婚の娘のため 200 リブラを投資することをサン・マルコ財務官に依頼したマリアも「ヴェネツィアで」(dentur tamen in Veneciis ad lucrandum pro utilitate ipsarum) と付け加えている[58]。つまり彼らは「ここヴェネツィアで」という限定をつけることで，市内の商工業者への貸し付けを指定しているのである。また，時代は下るが，1275 年のジョヴァンニ・グリマーニは，1000 リブラをサン・マルコ財務官の裁量で市内もしくは海外での投資に使うことを依頼した。しかしリスクを分散させるために，一人の人物に 100 リブラ以上融資しないことを義務づけている[59]。同じような制限は他の遺言書にも見られる。例えば，1277 年のステファノ・ペンドロは，サン・マルコ財務官に委託された 700 リブラのうち 500 リブラは海外，100 リブラはアドリア海，100 はリアルトで投資するよう定めた[60]。

　こうしたローカル・コッレガンツァへの投資の指定やそれを含めたリスクの分散は，残された親族のため，元金を損なうことなく一定の利息を保証するには，格好の方法であったろう。そしてサン・マルコ財務官は，このような投資を依頼するには適していた。なぜなら，彼らは自らの収入の増大をはかるために遺産を預かっているわけではないので，利益の少ない投資先に遺産を投じることに何の不満も躊躇もなかったはずだからである。親族に投資を依頼する場合は，たいてい委託された人の裁量にまかされるので，最悪の場合は遺産の元金も失われてしまう可能性もある。先のマリアの例 (1267 年) も，娘が既婚であることを考慮すれば，彼女に直接 200 リブラ渡すこともできたはずであった。にもかかわらず，そうしなかったのは，これらが海外貿易などに投資されることなく，わずかではあっても安定した収入を彼女に保証し続けることを望んだからであろう。

　また，クラッコによれば，1260 年以降安定した投資先として好まれ始めたものに，政府公債も含まれていた[61]。都市民たちは公債への投資を考える場合，コムーネの財政との関係から，サン・マルコ財務官に財産を委託する

---

57) ASV, *Procuratori di San Marco*, ultra, b. 8.
58) ASV, *Procuratori di San Marco*, ultra, b. 160.
59) M. C. Bellato, *Aspetti di vita veneziana*, doc. XII, pp. 254–266（とりわけ pp. 260–261）.
60) ASV, *Procuratori di San Marco*, ultra, b. 41.
61) G. Cracco, *Un «altro mondo». Venezia nel medioevo*, pp. 103–104.

のが便利だと判断したかもしれない。公債の利率と返還方法は 1262 年の大評議会で決められた。そして少なくとも 1270 年には，サン・マルコ財務官が利息の受け取りを行っている記録が存在する[62]。

　以上，サン・マルコ財務官は，ヴェネツィア経済における投資形態の変化の点からも，信頼して投資を任せることのできる機関として，注目されるようになったと考えられる[63]。

第 4 節　都市民の相続戦略の変容

　こうして 1270 年までに遺言執行人としてのサン・マルコ財務官の仕事が出そろい，法令でも彼らと遺言執行人の仕事が結びつけられた。これ以後 30 年は，さほど都市民の遺言書の内容に変化はない。永遠の喜捨，動産の投資は続いて依頼され，相続人がいない場合の不動産の売却など，1220 年代の遺言書以来の仕事も相変わらず見られる。しかし，実は，ここまでの検討で十分触れられていない，都市民の遺産の残し方とサン・マルコ財務官の重要な関係がある。本節ではこの点について検討しよう。

　さて，都市民の遺産の残し方とサン・マルコ財務官の重要な関係とは，遺言書全体を見たときに気づく性格の変化である。つまり，時代が下るほど，より複雑で長期的展望にたった遺産分配が目に付くようになるのである[64]。13 世紀前半は一般的に，不動産を売却してその代金で遺贈を行う，あるいは不動産をそのまま親族に残すなどの例が多い。それが 1260 年代末になると，期限を限って一つの不動産を複数の目的に使用することを指示したり，

---

[62] G. Luzzatto, *Il debito pubblico*, p. 34.
[63] 1362 年には，ジャコモ・ガブリエーレが娘の嫁資として残した 1000 ドゥカートを，サン・マルコ財務官がヴェネツィアの商工業者もしくは公債に投資することを怠ったとして，ガブリエーレの妻と息子が訴訟を起こしている。遺言書では投資は特別には依頼されておらず，サン・マルコ財務官は反論したが，判決は「公債に投資すべき」であった。14 世紀には，サン・マルコ財務官による両者への投資が，かくも一般化し，かつ期待されていたことがわかる。R. C. Mueller, "The Procurators of San Marco", p. 167.
[64] どのような指示を「複雑で長期的展望にたった遺産分配」と定義するかは難しいが，おおよそ 60 年代で 2 通，70 年代 5 通，80 年代 9 通，90 年代 2 通の遺言書が，これに当てはまると考えられる。

妻や娘などに残した不動産のその後の処置まで詳細に定めたりする遺言書が登場し始める。このような処置は，70，80年代にはさらに頻繁になるように見受けられるのである。代表的な例をいくつか取り上げよう。

　もっとも典型的なのは，1268年のバジリオーロ・バジリオの遺言書[65]である。彼は独身のようで，遺言書に妻や子供の記述はない。遺言執行人はサン・マルコ財務官と彼の住んでいる教区の司祭である。彼らの仕事は，まず遺言者の不動産を入手して，そこからの収入を保持し，指定の遺贈分を支払うことであった。しかしさらにその後，収入の残りを毎年遺言者の魂のため20年間分配し続けなければならない。そして，20年の期限の後，この財産は死者の兄弟ニコロとピエトロのものになるよう定められたのである。ここで注目すべきは，20年と期限は限られているとはいえ，かなり長期に渡る喜捨が行われ，その後この財産は男系親族の手に渡るという点である。つまり，ここでは，20年という期間で使用目的を分けることにより，一つの不動産で自分の魂のための喜捨と男系親族への譲渡という二つの目的が達せられているのである。

　その他，妻に残した不動産について，妻の死後は10年間聖アンドレア修道院の修道士が所有し賃貸料を集めることができること，その後は遺言者の男系親族に優先的に売却することを定めたものや[66]，15年間サン・マルコ財務官と妻が不動産を賃貸して，それぞれが収入の半分を自由に使用し，その期限のあとは息子と孫が所有することを定めたものもある[67]。不動産の賃貸料から妻や孫の生活費と慈善のための施しの両方を捻出する工夫をした遺言書もある[68]。遺言書全体を概観した場合，1270年以降，この種の複雑な長期に渡る遺産処理の方法が目を引くようになるのである。そして，この方法のメリットは，そもそも遺言者は遺言によって何を望んでいたのかを考え

65） ASV, *Procuratori di San Marco*, ultra, b. 32.
66） ニコロ・サラモンの遺言書（1268年11月5日）。ASV, *Procuratori di San Marco*, misti, b. 215.
67） ピエトロ・ナヴァジェルの遺言書（1273年4月3日）。ASV, *Procuratori di San Marco*, ultra, b. 211.
68） 1271年のヴィルジリオ・シジヌロ，1292年のニコロ・トレヴィザンの遺言書など。それぞれ，ASV, *Procuratori di San Marco*, ultra, b. 261 ; b. 275.

れば，容易に理解できる。

　13世紀を通じて，どの遺言書も，息子がいれば彼に不動産などの主要な財産を残し，その一方で，娘や妻が生活に困らないよう十分な配慮をするのが一般的であった。娘しかいない場合は，娘に全財産が譲られる場合と，娘には動産のみ与え不動産は甥や兄弟などに譲られる場合がある。また，娘や妻が生きている間のみ不動産の使用やそこからの収入を保証し，その後それらは別の目的に使用するよう定めることもあった。なお，例はわずかではあるが，13世紀末には「男系子孫代々」不動産を引き継ぐことを定めた遺言書も見られる。これら全ては，男系親族内での家産の保持[69]と女性への財産保証という，二つの事柄に配慮した結果だといえよう。当時のヴェネツィアの無遺言相続の原則は，「不動産相続に関しては男性に有利であるが，それは決して妻や娘などの女性の財産権を侵害するものではない」というものである。さらに，無遺言相続により女性に渡った財産を買い戻すため，親族は優待価格で不動産が購入できるという法令もあった[70]。遺言書に見られる姿勢は，このような法の原則とも一致するのである。

　しかし両者は，社会が，女性が嫁資を持って他家へ嫁ぐというシステムを採用している以上，互いに相反する要素である。さらに，遺言書を見ればすぐわかるように，被相続財産は，死者が自己の魂のため宗教団体になす遺贈により，削られるのが通常であった。しかも死後の魂の平安はすべての遺言者の望みであり，宗教団体への喜捨は，遺言の重要な部分を占める。13世紀後半に見られる複雑な指示は，これら三つの要求の折り合いをつけるために生み出された優れた方策であったと言えるだろう。つまり長期にわたる遺産処理を指示することで，より多くの要求を満たすことができるようになるのである。ただ，長期的展望に立った遺産処理においては，当然長期に渡って存続する遺言執行人が必要となる。このような流れの中でも，サン・マル

---

69) 男系親族内といっても，息子が主体で，せいぜい兄弟，甥，叔父の範囲が想起されるに留まることが多い。その点，無遺言相続でも際だった男系優遇を見せているフィレンツェの遺言書などとは，若干性格が異なるであろう。Cf. S. K. Cohn, *The Cult of Remembrance and the Black Death*, pp. 171-181, 201 ; I. Chabot, "La loi du lignage. Notes sur le système successoral florentin", *CLIO, Histoire, Femmes et Sociétés* 7, 1998, pp. 53-59.
70) 本書第2章参照。

第4章　家族生活の展開

コ財務官は永続し信頼に足る管財人として，都市民の役に立ったと考えられるのである。

　最後に都市民の相続戦略とサン・マルコ財務官の管財人機能の確立について，もう一点付け加えておこう。1270年以降，家族構成や親族内部の問題からサン・マルコ財務官を頼りとする都市民が登場し始める。たとえば1277年，マリノ・ベレーニョは複数の不動産を所有していたが，その大半を甥に残した。残りの不動産は三部分に分け，一部は喜捨に当て，残りを娘に与えた。そして娘が寡婦になった場合の権利として，甥に残した家の一つを住居として要求することを認めている。重要なのは，もし甥たちが上述の不動産に関して，遺言執行人であるサン・マルコ財務官や娘を煩わすようなことがあれば，彼らの不動産所有権を剥奪する旨が記されている点である[71]。これは，甥と娘の間で将来遺産争いの懸念があるため，サン・マルコ財務官を遺言執行人に指定することで，あらかじめ甥の横暴を防ごうとした処置だと見ることができよう。また，1285年のマリア・ミグラーニは，夫が健在にもかかわらずサン・マルコ財務官を遺言執行人に指定した。彼女の希望は，娘に500リブラ，夫に200リブラ残し，娘に残したお金はサン・マルコ財務官が彼女のために投資することである。そして，もし夫がこの遺言書に反対した場合，夫の200リブラに対する権利は剥奪されるのである[72]。これも，娘に与えた遺産を，夫から守るための処置だといえよう。

　また，聖職者でもなく，永遠の喜捨や動産の投資など長期にわたる仕事を頼むわけでもないのに，身寄りがないためサン・マルコ財務官を指定したとしか思えない遺言書も登場する。1283年5月19日のアルヘンダ・ダ・カナル[73]，1282年11月13日のマリノ・カローゾ[74]のものなどである。もちろん，1270年以前も身寄りのない人の遺言書は存在する。しかし，彼らは近隣の聖職者や友人などを遺言執行人として指名し，必ずしもサン・マルコ財務官を頼ることはしていない[75]。いったん遺言執行人の義務が法令化される

---

71) M. C. Bellato, *Aspetti di vita veneziana*, pp. 275–279（doc. XIV）.
72) M. C. Bellato, *Aspetti di vita veneziana*, pp. 341–348（doc. XXIII）.
73) ASV. *Procuratori di San Marco*, ultra, b. 9.
74) M. C. Bellato, *Aspetti di vita veneziana*, pp. 304–307（doc. XVII）.

と，都市民にとって，ますますこの役職に遺言執行人の仕事を依頼することが容易になったのではないだろうか。

　こうして遺言執行人として定着したサン・マルコ財務官は，都市民のさまざまな要求に答えるようになり，集まった財産を投資や慈善・喜捨にふりわけたのである。

おわりに

　本章で明らかにしたように，サン・マルコ財務官の遺言執行人としての発達には，都市民の動向が大きく影響していた。確かに基礎には，教会財産の管理や海外で無遺言で死んだ人の遺産処理，不動産売買の管理など，法令で決められた仕事があった。しかし，都市民はその機能を少しずつ拡大解釈して，自分たちの都合の良いようにこの役職を利用していったのである。それは，常に都市民が，法令で義務として定められている以上のことを，彼らに託していることからも明らかであろう。

　つまり，サン・マルコ財務官の発展は決して「上から」一方向的に為されたものではなく，常に都市民の要求を取り入れながら，都市民の要求との相互作用の中で為されたものだった。その要求とは，具体的には，自分の財産の一部を永遠に喜捨することにより，魂の救いを得たいという宗教的な動機から来るものであり，また限られた財産を相続人たちのあいだで，できるだけ効率よく残したいという「家族・親族への配慮」から来る要求でもある。さらに，サン・マルコ財務官が遺言執行人として定着した1280年前後には，遺産争いを回避するためや身寄りがないために彼らを指名する遺言者も登場する。こうして，都市民の幅広い層に支持され役立つ機関として，この役職は確立し，多くの資金を集め，さらにそれらを公債やリアルトの商工業者に投資することで，銀行やコムーネの財政補助の役割まで果たすようになって

75）　例えば，1240年のジョヴァンニ・アレッシオはおそらく商売仲間のベネデット・ファリエルを，1266年のジャコミーナはおそらく友人である三人の女性を，1269年のマリア・ヴェニエルはサン・ロレンツォ修道院の修道院長を，それぞれ遺言執行人に指名している。出典は順に，ASV. *Procuratori di San Marco*, ultra, b. 8 ; misti, b. 209A ; ultra, b. 300.

いった。言い換えれば，遺言による財産管理を通じて，家族の一員としての都市民とコムーネの財政に携わる公的機関との密接な共生関係が実現したのである。そして，しつこいようだが，その実現は，コムーネによる一方的なものではなく，都市民側の，特に相続戦略上の要請に応える形でなされたのである。

　サン・マルコ財務官は都市の経済生活において重要な役割を持った機関であり，そのような公的機関と都市民の家族共同体の共生関係は，家族生活の論理がコムーネの制度的発展にいかに影響を与えるかについての，格好の事例を与えている。しかし，本章での検討はあくまで，都市の制度的発展と家族生活の関係の一面でしかなく，しかもサン・マルコ財務官を通じた相続戦略という非常に限られた，また間接的な関係である。家族や親族と政治・制度の相互関係を理解するためには，当然，両者のより直接的な関係を広く扱っていく必要があろう。また第Ⅰ部では都市条例の整備や評議会をはじめとする各種コムーネの統治機関の発展が見られる13世紀を主に扱ったが，一般に14世紀にかけて他のイタリア諸都市は，ポポロによる寡頭的共和制あるいはシニョリーアへと大きく体制を変化させていく。この道程について昨今の諸研究は新しい見解を打ち出しつつあり，この流れの中で，家族と権力の関係がどのように変化していくのかも見ていかねばならないだろう。これらが第Ⅱ部で取り組む課題である。

第II部
権力の変化と家・親族

パリス・ボルドーネ「ドージェに指輪を進呈する漁師」(1534年頃)
ヴェネツィア，アッカデミア美術館所蔵
Paris Bordone, Consegna dell'anello al Doge, Gallerie dell'Accademia di Venezia.

第5章

13〜14世紀のイタリア諸都市の変化とヴェネツィア

はじめに

　第Ⅰ部は，13世紀のヴェネツィア支配層に対して女性を含めた豊かな家族の姿を提示し，同時に家族生活の論理が制度に働きかける可能性を示した。では，このような家族・親族は都市の権力と最も関わりのある政治の舞台でどのような重要性を持ったのだろうか。また13世紀末から14世紀にかけての一般的な都市制度，都市権力の変化の流れの中で，ヴェネツィアの家族・親族はどのように統治制度と関わり，その役割を変えていくのか。これらの問いに答えるのが第Ⅱ部である。本章は，その出発点として，13〜14世紀北・中部イタリア都市一般についての研究動向を概観し，その中にヴェネツィア史の経験と家族史の視点を位置付ける作業を行う。13世紀末〜14世紀のイタリア史の見取り図はここ数十年で大きく変わった。そのため，新たな見通しの中でヴェネツィアの経験を考察していく必要が生じている。同時に第1章で述べたように，近年家族史は，家族と権力の関係を明らかにする方向性に向かっているが，その流れに棹さし，コムーネ研究の新しい動向に家族史を接合する作業も要請されている。これら二つの課題に応えるために，以下では，1970年代以降の研究動向を出発点として，都市制度・都市権力の転換に関する研究史を丹念に追っていく。

第Ⅱ部　権力の変化と家・親族

第1節　「コムーネの危機」とヴェネツィア

　13世紀から14世紀のイタリア諸都市は，制度史的に見れば，ポデスタ制の確立からポポロの台頭，シニョーレによる支配体制であるシニョリーアやポポロによる寡頭的共和制への移行という激動の時代であった。また政治史的にも，グェルフィ・ギベッリーニ抗争の拡大と複雑な展開により，一見しただけでは無秩序と混乱にしか見えないような時期である。グェルフィ，ギベッリーニという名称は当初トスカナから始まり，グェルフィが教皇派，ギベッリーニが皇帝派と結びつけられた。しかし，この構図に，フリードリヒ2世の死後，教皇の支援を受けた仏王弟シャルル・ダンジューがイタリア半島を南下してシチリアに入ったこと，皇帝ハインリヒ7世がイタリア遠征の際にミラノのヴィスコンティ家との結びつきを強めたことなどが加わり，その内容もやがて親アンジュー家（グェルフィ），親ヴィスコンティ家（ギベッリーニ）の性格を帯びるなど流動的に変化する。教皇庁やナポリのアンジュー朝と政治的・経済的結びつきが強いフィレンツェは，14世紀までにギベッリーニ派を完全に駆逐してグェルフィ都市となり，そのネットワークを拡大しようとする一方，反対に教皇と対立するヴィスコンティ家はギベッリーニ勢力の中心となっていった。このような都市内部，都市同士の争いの中，各地で都市権力を掌握したシニョーレや，旧来の都市貴族層を豪族として周縁化し都市の実権を握ったポポロ政府は，領域支配をすすめ，より広域的な支配を実現する地域国家を生み出していく。ヴェネツィアはグェルフィ・ギベッリーニの抗争に巻き込まれることはなかったが，13世紀半ばの対エッツェリーノ戦争や14世紀初めのフェッラーラとの戦争，トレヴィーゾの征服などを通じて，イタリア本土の都市と関わり，やはり15世紀には地域国家へと向かっていった。

　さて，かつて，この13世紀と14世紀の歴史的展開，とりわけ各地でシニョーレが登場する13世紀後半から14世紀前半にかけての変化は，「コムーネ体制の危機」という言葉が象徴するように，多かれ少なかれ時代に対する否定的見解を背後に持ちながら，争いと混乱の中で「民主的」で政治的に独

立していた諸都市コムーネが，その体制を維持できなくなりシニョーリーアへと移行していく時代として捉えられていた。20世紀初めには，シニョーレに対する研究と評価が進み，シニョーレ権力の正当性を巡る議論や，シニョーリーアをコムーネ時代の党派分裂を克服したより国家的体制と評価する議論などが行われたが，コムーネの危機からシニョーリーアが登場するという大枠は揺るがなかったと言えよう[1]。

このような枠組みは，日本では，1976年森田鉄郎編『イタリア史』を分担執筆した清水廣一郎氏の論考に見られる。ここでは，コムーネからシニョーリーアへの移行を歴史の大筋とした上で，その移行を説明する際に，フィレンツェを例として上げ，14世紀の経済危機の中で社会不安が増し，不況と政治的困難に直面した都市支配層が，この危機を乗り越えるためにコムーネ権力を一人の手に集中したとしている。一方，多数のコムーネがシニョーリーアへと移った13世紀後半から14世紀初頭にかけての，ロンバルディアやエミリア・ロマーニャの例は「早期」の移行と評価され，その理由として，中小規模のコムーネでは支配層の政治権力が安定を欠いていたことが挙げられている。歴史事実としては今なお基本的で参照すべき論考であるが，解釈の枠組みが時代の制約から逃れられていないのは，ある意味当然であろう[2]。

しかし，このようにコムーネからシニョーリーアへの変化を13世紀後半～14世紀前半の歴史的展開の主要路と見る見方に対して，根本的な修正を迫ったのが，タバッコとキットリーニであった[3]。彼らの修正論が発表されたのは

---

1) 最近13世紀後半～14世紀前半の時代変化に対する関心が再び高まったことから，若い世代による研究史整理が進んでいる。Cf. G. Milani, *L'esclusione dal Comune. Conflitti e bandi politici a Bologna e in altre città tra XII e XIV secolo*, Roma, 2003, pp. 1–26 ; A. Zorzi, *Le signorie cittadine in Italia（secoli XIII–XV）*, Milano-Torino, 2010, pp. 1–10 ; M. Vallerani, "Introduzione. Tecniche di potere nel tardo medioevo", in *Tecniche di potere nel tardo medioevo*, a cura di M. Vallerani, Roma, 2010, pp. 7–24 ; R. Rao, *Signori di Popolo. Signoria cittadina e società comunale nell'Italia nord-occidentale 1275–1350*, Milano, 2011, pp. 15–26. 1970年代の状況については，キットリーニの論文に詳しい。G. Chittolini, "Introduzione", in *La crisi degli ordinamenti comunali e le origini dello stato del Rinascimento*, a cura di G. Chittolini, Bologna, pp. 7–50.
2) 清水廣一郎「コムーネの危機とルネサンス国家の成立」森田鉄郎編『世界各国史15，イタリア史』山川出版社，1976年，149–169頁，特に149–154頁。シニョーリーア制（本書ではシニョリーアと記載）の記述は主としてエルコレとベッカーによっている。

第Ⅱ部　権力の変化と家・親族

1970 年代であるが，日本では，その後イタリア中世史は社会史へと研究がシフトした。そのため都市内部の動的変化理解の鍵となるこれらの議論は，十分その意義が確認されないまま研究が流れていってしまったように思われる。また，イタリア都市を半封建世界として類型化し，エリート層の性格の継続を重視する，オットカールの見解が古典として命脈を保ったこと，都市——農村関係が学会の主要な関心となる中で，社会の動的変化への関心はキットリーニを出発点とする地域国家研究に回収されていったことも，都市内部の変化に一定の方向付けを行ったこれらの見解があまり注目されなかった一因であろう。しかし，あとで紹介するイタリア本国の 2000 年以降の主要な研究の流れが，この見解を一つの転換点としていること，この見解が間接的ながらも日本の概説の変化に影響を与えていることからも，ここでその論点を確認しておくことは必要である。

　タバッコにとってもキットリーニにとっても，13 世紀後半〜14 世紀末の変化はシニョリーア，共和制に限らず，より安定した国家的体制への道程であった。タバッコにとって，13 世紀の都市は，社会の諸勢力がさまざまな集団をつくって暴力的な方法で直接政治に参加しようと試み，その競争の中で次々と新たな機関が生み出されていく制度的に不安定なものであった。しかし 13 世紀末の反豪族立法（第 1 章注 26 参照）や，シニョーレの到来は権力による紛争の抑制を進め，評議会の縮小や，シニョーレの諮問機関の成立は，14 世紀に権力が少数者のより安定した制度の中に集中していくことを可能にする。こうして権力を握った少数者は，彼らの権力を権威づけるシンボルと共に，党派やアルテや親族による直接の働きかけから遊離し，安定した統治へ向かっていくのである。キットリーニも同様に 13 世紀末から 15 世紀末の統一的な発展の方向は，より安定して明確な統治構造，あるいは国家的装

---

3)　G. Tabacco, "Processi di costruzione statale in Italia nel decline della dialettica politico-sociale", in *La storia politica e sociale. Dal tramonto dell'Impero alle prime formazioni di Stati regionali*, in *Storia d'Italia, 2. Dalla caduta dell'Impero romano al secolo XVIII*, Torino, 1974, pp. 194-274；G. Tabacco, *Egemonia sociali e strutture del potere nel Medioevo italiano*, Torino, 1979, pp. 293-395（G. Tabacco, *The Struggle for Power in Medieval Italy. Structures of political rule*, trans. by R. B. Jensen, Cambridge, 1989, pp. 237-320）；G. Chittolini, "Introduzione", in *La crisi degli ordinamenti comunali*, pp. 7-50.

置の創成へと向かう方向だとしている。彼の議論の眼目は，すでに佐藤公美氏の著書[4]が余すことなく伝えるように，領域再編の視点をもちこんで，この時代の変化の道筋を示したことにあるが，都市内部の政治の変化については，制度的不安定から，より社会集団のダイナミズムから離れた厳格な統治形態への移行という見取り図を提出しており，おおむねタバッコの議論の確認である。

　このように 14 世紀にかけての主要な変化を権力の集中を伴うより安定した国家的体制への創出に見る立場は，1982 年の清水廣一郎氏の「イタリアの中世都市」に若干反映されている。ここでは 14 世紀の危機とシニョリーアを結び付ける前稿の見方が修正されると同時に，13 世紀後半から 14 世紀初めの全体的な変化として権力の集中が着目されている[5]。共和制とシニョリーアの対立，とりわけ共和制の後にシニョリーアが来るという年代的な見方を廃し，両者を同じ歴史の流れの中で捉えようとするタバッコ，キットリーニの立場は，1986 年，ウテット社の叢書『イタリア史』に寄稿されたヴァラニーニの論文でも確認され，研究者により両体制の差異への注目度は若干異なるものの，現在学会の主流となっている。さらにヴァラニーニは 13 世紀末から 15 世紀にかけての社会的，政治制度的変化に対する最近の合意点として，経済決定主義の拒否を挙げている[6]。新版『イタリア史』における 13 世紀後半〜14 世紀前半についての齊藤氏の説明は，この流れに沿って旧版を修正したものだと言える[7]。

　ところで，注目すべきは，タバッコもキットリーニも，このような全体的な流れの中に，ヴェネツィアも位置づけていることである。タバッコは，「かなり異なるけれども，似たような結果に至る道を通って，シニョリーアの都

---

4)　佐藤公美『中世イタリアの地域と国家——紛争と平和の政治社会史』京都大学学術出版会，2012 年。
5)　清水廣一郎「イタリアの中世都市」清水廣一郎著『イタリア中世の都市社会』，岩波書店，1990 年，3-27 頁（初出は『中世史講座 3・中世の都市』学生社，1982 年）。
6)　G. M. Varanini, "Dal comune allo stato regionale", in *La Storia. I grandi problema dal Medioevo all'età contemporanea*, vol. 2, a cura di N. Trangaflia e M. Filippo, Torino, 1986, pp. 693-724.
7)　齊藤寛海「都市国家の政体」北原敦編『世界各国史 15　イタリア史』山川出版社，2008 年，186-192 頁。

第Ⅱ部　権力の変化と家・親族

市も，よりコムーネの伝統が活発な都市も，より安定した権力，より秩序づけられた行政の建設に至るのである」とした上で，このような発達と社会的閉鎖は，旧都市貴族層とポポロの衝突を経験しない，ヴェネツィアのような都市でも同様に見られたとする。ヴェネツィアでは，商業活動と後背地に広がる不動産の所有によって威信と安定を確保した階層が，このような変化の担い手であった[8]。キットリーニにとっても「権力のより安定した装置を作り出す発展」はシニョーリアが到来した都市も，それらがより遅く到来，あるいはまったく到来しなかった都市においても同じであり，「フィレンツェにおける寡頭政の進展と，ヴェネツィアにおける大評議会の閉鎖は，制度的には異なるとはいえ，コムーネの危機に対する根本的には類似の対応を表している」のであった[9]。

　しかし，このようにヴェネツィアをイタリア・コムーネ全般の流れの中に位置づける立場は，ヴェネツィア史の文脈では主流とは言えない。とりわけレーンの流れを汲むアメリカの歴史家やその影響下にある邦語文献では，むしろ両者の違いを強調する姿勢が優勢であった。レーンの『ヴェネツィア，海の共和国』は，コムーネの自由が弱まりシニョーリアへと移行する他都市と，コムーネへの忠誠を維持したヴェネツィアという対立図式で1250年以降の変化を説明している[10]。1970〜80年代にアメリカで隆盛を見る社会史研究の中には，14世紀ヴェネツィア社会の安定を説明することを目的としたものもあり，その裏面に「争いと混乱の他のイタリア諸都市」というイメージがあることは否めないであろう[11]。このような混乱した他のイタリア本土諸都市に対するヴェネツィアの安定という図式は，ヴェネツィアの自由独立と賢明な統治を称揚するヴェネツィア神話の変奏の一つと見なすことができ

---

8)　G. Tabacco, *Egemonia sociali e strutture del potere*, pp. 361-363.
9)　G. Chittolini, "Introduzione", pp. 23-24.
10)　F. C. Lane, *Venice. A Maritime Republic*, Baltimore-London, 1973, pp. 103-104. ただし1000年〜1250年のヴェネツィアの制度的変化ついてはコムーネの成立という点で，他のイタリア諸都市と共同の歩みを認めている。
11)　S. Chojnacki, "Crime, Punishment, and the Trecento Venetian State", in *Violence and Civil Disorder in Italian Cities, 1200-1500*, ed. by L. Martines, Berkeley, Los Angeles-London, 1972, pp. 184-228 ; D. Romano, *Patricians and Popolani. The Social Foundations of the Venetian Renaissance State*, Baltimore and London, 1987. とりわけ, p. 10.

る[12]。

　しかし，この間，13世紀後半～14世紀前半のイタリア都市コムーネの見取り図は単なる「争いと混乱」から一新されたといって良く，そのようなイメージと安定のヴェネツィアを対比する枠組みにとどまっていたのでは，この時代変化の中でヴェネツィアを正しく理解することはできない。タバッコとキットリーニの見解は，統一的変化の見取り図・方向性を示したのみであり，その具体的内容の充実やそれにともなう枠組みの再調整はその後の研究で実現されたものである[13]。またコムーネ時代の研究についての20世紀末の主要な果実は，ポデスタ時代・ポポロ時代の再評価であった。よって次に，都市内部の変遷に関する1980年代以降の成果を確認していくことにしたい。

第2節　1980年以降の都市内部の変遷についての研究

　1980年代までコムーネ時代の都市社会についての研究は，支配層研究が主流であった[14]。独仏の貴族研究に刺激を受けた親族構造や騎士文化についての研究，家族史研究の潮流とも交わるプロソポグラフィーなどであり，1990年代にも豊かな成果を生み出し続けて，12・13世紀のコムーネの支配層の社会的存在形態や政治文化的側面を明らかにしてきた。これらの研究が，コンソリ時代～13世紀前半くらいまでの都市支配層について与えた合意は，第1章で述べたとおり，親族の紐帯と私戦や騎士的生活様式に基づく軍事

---

12)　ヴェネツィア神話については，J. S. Grubb, "When Myths Lose Power: Four Decades of Venetian Historiography", in *Journal of Modern History* 58, 1986, pp. 43–94 ; J. Martin and D. Romano, "Reconsidering Venice", in *Venice Reconsidered. The History and Civilization of an Italian City-State, 1297–1797*, ed. by J. Martin and D. Romano, pp. 1–35. また神話とレーンのヴェネツィアの関係について，E. Cochrane and J. Kirshner, "Review Article. Deconstructing Lane's Venice", in *Journal of Modern History* 47, 1975, pp. 321–334.
13)　タバッコの見取り図の成功について明確に述べているものとして，A. Poloni, *Trasformazioni della socieità e mutamenti delle forme politiche in un Comune italiano : Il Popolo a Pisa（1220–1330）*, Pisa, 2004, p. 22.
14)　A. Poloni, "Fisionomia sociale e identità politica dei gruppi dirigenti popolari nella seconda metà del Duecento. Spunti di riflessione su un tema classico della storiografia comunalistica italiana", in *Società e storia*, n. 110, 2005, pp. 799–821 ; A. Poloni, "Il comune di popolo e le sue istituzioni tra Due e Trecento. Alcune riflessioni a partire dalla storiografia dell'ultimo quindicennio", *Reti Medievali Rivista* 13–1, 2012, pp. 3–27.

第Ⅱ部　権力の変化と家・親族

的・暴力的含蓄を持った文化の共有である。ただ，これらの研究は認識の枠組みとしては，オットカールやクリスティアーニと同様なエリート主義的，継続主義的見解[15]を共有するものであり，上記の文化がポポロの台頭後いかに変容していくのかという視点はあまり追求されず静態性を免れ得なかった[16]。つまり，13世紀に支配層家系が物理的・生物学的に交代したことが一般的に認められた後も，旧都市貴族層と新エリート層の融合や新エリート層による旧都市貴族層の文化の模倣が強調され，都市貴族の一貫した文化的中心性が想定されてきたのである。支配層研究については，「家族を取り巻く社会制度や政治がなおざりにされていないか」というキットリーニの批判[17]を先に紹介したが，1994年にはヴァッレラーニがさらにコムーネ盛期に支配層概念を拡大する問題点として次の三点を指摘している。一点目は権力が常に限られた少数の人によって握られていると想定し，この少数の人々が，事実上貴族的な出自の人間によって支配されているとみなしてしまうことである[18]。二点目はエリートモデルの避けがたい結果として，制度の進展

---

15)　その背後に，モスカの「政治階級」論があることは，すでに清水廣一郎氏がオットカールの訳書のあとがきで指摘していることであり，ヴァッレラーニも，モスカやパレートの理論的枠組み，すなわち，「常に社会を指導するに適した少数者が存在して，制度は彼らによる寡頭政を隠蔽する欺瞞的性格を持ち，このようなエリートは不断に交代する」，という認識の歴史研究への影響を指摘している。M. Vallerani, "La città e le sue istituzioni. Ceti dirigenti, oligarchia e politica nella medievistica italiana del Novecento", in *Annali dell'Istituto storico italo-germanico in Trento* 20, 1994, pp. 169-171. オットカールやクリスティアーニの「エリート主義的」歴史解釈については，ミラーニにも詳しい。G. Milani, *L'esclusione dal Comune*, pp. 10-13. 清水廣一郎氏はすでにピサの研究史整理において，13世紀末～14世紀初頭の政争を権力を巡る派閥抗争に減じてしまう，クリスティアーニのような見方を批判している。清水廣一郎「14世紀ピサの農村行政」『イタリア中世都市国家研究』岩波書店，1975年，322頁。

16)　2004年の教本はさまざまな新しい研究を取り入れているとはいえ，「アリストクラシー」をタイトルに掲げる本であることからも推察できるとおり，基本的にはこの立場に立ったものである。Cf. A. Poloni, "Fisionomia sociale e identità politica", p. 806.

17)　AAVV, *Nobiltà e ceti dirigenti in Toscana nei secoli XI-XIII: strutture e concetti*, Firenze, 1982, pp. 83-84.

18)　ヴァッレラーニはここで，ジョーンズやエルスの見解を引いているが，ジョーンズは1970年代の都市中心史観批判の代表であり，エルスはジェノヴァ経済史からアルベルゴと出会うことで，クランの人類学的考察に向かった，いわば独立した研究者である。彼らの見解から，支配層のプロソポグラフィーや文化的考察を行う研究を批判するのは，あまり適当ではないだろう。もっとも都市エリート層の貴族的性格の継続を前提としている点では両者は確かに共鳴しあっているのかもしれないが。

を単なる権力行使に減じ，制度史全体が支配層内部の闘争として見られることである。かくして制度の役割と制度の進展を条件付ける社会勢力，政治勢力の問題は解決されないままとなる。こうして問題は三点目，すなわちポポロ政体の解釈へと至る。確かにポポロ運動から，あらゆる階級闘争史観の残存を取り除く必要はある。が，ポポロの政治グループ内部に多様な要素が混ざり合っているからといって，ポポロの政治プログラムの存在を否定することはなかろう。あらゆる政治的紛争を競合する二つのエリートの覇権争いに還元することは問題である[19]。

　このようなヴァッレラーニの批判から透けて見えるのは，制度とポポロの再評価の必要性である。実際，変化に鈍感で，ある意味行き詰まっていた支配層研究に代わり，1980年代以降コムーネ時代の理解を進めてきたのは，まさにポデスタ制とポポロ政府の政治文化に対する研究であった。代表者として随所で名前が言及されるアルティフォニの主張を要約すると次のようになろう。すなわち，13世紀，ポポロの登場と共に定着していくポデスタ制は，集団討議による開かれた統治形態によって機能し，人々はさまざまな団体を通して政治に参加するようになる。またこのような状況のもと，政治と言葉の結びつきが強まり，いかに雄弁に語るかが統治者の能力として重視されるようになる。この言葉による統治は，平和や法や裁判を都市生活のあるべき姿として掲げ，「強制と支配」による統治からの断絶を用意した。13世紀後半のポポロ政府は権力システムが何よりも集合的利益のための組織であることを熱望し，このような新しい政治の考えを具体化する場として制度を選択する[20]。アルティフォニによれば，「ポポロ政府の政治文化は，制度の

---

19) M. Vallerani, "La città e le sue istituzioni." pp. 217-222.
20) E. Artifoni, "I podetà professionali e la fondazione retorica della politica comunale", in *Quaderni storici* 63, n. 3, 1986, pp. 687-719 ; Idem, "Corporazioni e società di «popolo» : un problema della politica comunale nel secolo XIII", *Quaderni storici* 74, 1990, pp. 391-393 ; Idem, "Retorica e organizzazione del linguaggio politico nel Duecento italiano", in *Le forme della propaganda politica nel Due e nel Trecento*, a cura di P. Cammarosano, Rome, 1994, pp. 157-182 ; Idem, "L'éloquence laïque dans l'Italie communale (fin du XIIe-XIVe siècle), in *Bibliothèque de l'ecole des chartes* 158, 2000, pp. 431-442 ; Idem, "I governi di «popolo» e le istituzioni comunali nella seconda metà del secolo XIII", in *Reti Medievali Rivista* 4, 2003, pp. 1-20. なお雄弁術の背景には当然のことながら，古典古代の著作家がある。

文化」であった[21]。具体的には，条例やポデスタと評議会に体現される政治システム，そこでの議論や手続きに則った選出・委託を重視し，日々の業務を記録し，そのように制度に基づいて行われる統治こそ望ましいという考えを鍛え上げていった，ということになろう[22]。

　さて，このような 13 世紀コムーネの見取り図を受けて，2000 年以降，研究者の関心は 13 世紀末～14 世紀の変化へと移っていき，多くの実り豊かな研究が生まれる。そしてその代表的なものはやはり，追放，裁判，立法行為など制度の次元に注目するものであった。ミラーニはボローニャをフィールドに，政治的追放を単なる党派争いの視点から見るのではなく，都市政府が市民の一部を敵として排除するしくみの変遷から研究した。そして，一定の市民を「敵の党派に属す」という観点から分類して都市からの追放を宣告するというしくみが，13 世紀末に独特の政治的迫害のあり方であることを示した。14 世紀になると，この追放のしくみに質的な変化が生じ，権力を握った党派は今度は敵対する者たちを，汚職や謀反などコムーネに対する犯罪を理由に追放するようになる。なぜなら，自身の集団からの排除と都市からの排除を一致させることに成功した集団は，コムーネと融合し，コムーネの秩序の保証者として立ち現れるが，集団が交代しても，追放という排除の道具は受け継がれ，強化されるからである。この経緯はまた，13 世紀の特徴であった多元的な政治組織が抑制され，より強制力を持った政治的頂点が登場する経緯でもあった。彼は，追放に着目することで，タバッコの見取り図を具体的に肉付けすることに成功したのである。一方，すでに 1991 年，ペルージャをフィールドに 13 世紀のコムーネの法廷の全体像と特徴を明らかにしたヴァッレラーニは，2000 年以降，やはり 14 世紀に向けての変化を探求し始める。彼は，13 世紀，市民は自分たちの紛争を遂行する上での戦略の一つとして法廷を利用していたこと，それゆえ，コムーネは訴訟を通じて市民間の紛争調停機能を示していたことを説いた。そして，このような法廷が 14

---

21) E. Artifoni, "I governi di «popolo» e le istituzioni comunali", p. 2.
22) ここで触れた 13 世紀イタリアにおける記録の質的・量的変化は，中世ヨーロッパ全体において史料論に対する関心が高まる中，それ独自としてこの時代を特徴付けるテーマを構成し，注目されていくことにもなる。G. M. Varanini, "Public written records", in *The Italian Renaissance State*, ed. by A. Gamberini, I. Lazzarini, Cambridge, 2012, pp. 385-405.

世紀に入り，糾問手続きの導入などでますます通常化する一方，減免や訴訟差し止め請求のような「例外措置」によって，トップに立った地域の政治権力の側からの介入を許すようになっていくことを指摘した。読み替えれば，訴訟や法廷は，ポデスタを代表とするコムーネがそれを通じて都市内の紛争・暴力の調停者として立ち現れるものから，政治権力のトップについた集団が，それらをいわば統制するための道具へと代わったと言えるだろう。さらに彼は，13世紀後半〜14世紀を読み解く一つのキーワードとして「権力の技法」を打ち出し，恩恵や越権行為や嘆願などのこの時代に新しい統治手段を分析すると同時に，こうした技法の変化が招来する権力の性質変化にも注目する。つまり14世紀には，コムーネの制度的論理に依存する権力装置から，緊急性と必要性を先行させ「例外」を常態化するような権力装置が生まれつつあるというのである。この際，重要なのは，この緊急性や必要性は，評議会の統制から自由な，限定された寡頭的集団が決めるということであり，とりわけシニョリーアの下では制度そのものを構成する道具になっていった，ということである。ヴァッレラーニはシニョリーアと共和制の質的差異により注目しているように思われるが，時代変化を権力の技法という具体的に目に見える現象で捉えようとする態度は，今後この14世紀を考えていく上で有効な指標になると思われる。共和制の側からは，フィレンツェを専門とするタンツィーニが，14世紀のフィレンツェ，ルッカ，シエナを例にとり，コムーネ体制の伝統と形成されつつある地域国家の文脈の緊張を，評議会史料の中に見いだそうとする。彼は，14世紀中，評議会が「緊急性」や「必要」と言ったレトリックで都市条例に対する例外，逸脱を認め，軍事・財政問題などの重要事項がより少数による簡便な手続きで定められるようになること，しかしこの進展は単線的なものではなく，またコムーネ体制の根幹に関わるような事柄は逸脱から保護されていたこと，しかし逸脱に対するいくつかの制限は14世紀末には乗り越えられ，やがて評議会に拘束されたコムーネ体制から，より自由でより容易に合意が得られる新しい体制へと変化していくことを説いた[23]。2013年には，ヴェネツィアなど他都市の評議会史料も用いながら，14世紀の権力の集中，政治的頂点の強化が，多様性や紆余曲折はあるものの評議会記録の量的・質的変化にも現れているとして

いる[24]。

　さて，彼らは，ここ10年ほど，イタリアのコムーネ史を牽引してきた多産な若手研究者であり，現在も関心を拡大しながら新たな研究に取り組んでいる。従って，その成果を十分評価することは筆者の能力を超えているし，ここに紹介しただけでも，微妙なスタンスの違いは窺い知れるであろう。が，総じて，彼らがタバッコやアルティフォニの流れを受け継ぎながらも，制度を通して表明される，より市民の具体的行動に着目して都市の変化の局面を照らし出していることは読み取れるのではないだろうか。このような「新しい制度史」ともいえる研究成果は，もはや，13～14世紀を考えていく上で，避けて通れないだろう。

　一方，このような制度の次元での研究に対し，法人類学や紛争・暴力など他国のヨーロッパ中世史で近年盛んとなった研究動向を取り入れて，政治的紛争と行為者の戦略をより重視した叙述を展開するのがゾルジの立場である[25]。彼はともすれば，近代主義的見解に陥りやすいポポロやポデスタ制の再評価の流れに対し，刑事裁判の変化や反豪族立法を扱いながらも，ポポロの政治プログラムを紛争とその過程での自己正当化の文脈で理解する必要性

---

23) L. Tanzini, "Emergenza, eccezione, deroga : tecniche e retoriche del potere nei comuni toscani del XIV secolo", in *Tecniche di Potere*, pp. 149–181. 彼は，2007年の著書では，フィレンツェの12世紀末から14世紀にかけての変化を立法行為に着目して分析し，都市条例の傍らにプリオーリと呼ばれる少数の指導的エリートが発布する法が増加していくことで，かなりの自由裁量を持った政治的頂点が出現する様を描いている。A. Poloni, "Il commune di popolo e le sue istituzioni tra Due e Trecento", p. 9. Cf. L. Tanzini, *Il governo delle leggi. Norme e pratiche delle istituzioni a Firenze dalla fine del Duecento all'inizio del Quattrocento*, Firenze, 2007.

24) L. Tanzini, "Delibere e verbali. Per una storia documentaria dei consigli nell' Italia comunale", in *Reti Medievali Rivista* 14-1, 2013, pp. 43–79.

25) 1980年代から精力的に活躍する彼の論点を網羅することは筆者の能力を超えており，筆者が目にしえた紛争に関係ある以下の文献に依拠した叙述であることを断っておく。また当然ながら，ここでもポローニのまとめは参考にした。A. Zorzi, "I conflitti nell'Italia comunale. Refessioni sullo stato degli studi e sulle prospettive di ricerca", in *Conflitti, paci e vendetta nell'Italia comunale*, a cura di A. Zorzi, Firenze, 2009, pp. 7–41 ; Idem, *La trasformazione di un quadro politico. Ricerche su politica e giustizia a Firenze dal comune allo Stato territoriale*, Firenze, 2008, capitolo VI, "Le pratiche infragiudiziarie", pp. 163–180. フェーデやヴェンデッタへの広い関心を示した論考として，A. Zorzi, "«Ius erat in armis». Faide e conflitti tra pratiche sociali e pratiche di governo", in *Origini dello stato. Processi di formazione statale in Italia fra medioevo ed età moderna*, Bologna, 1994, pp. 609–629.

を説いた。さらに，最近のヨーロッパの研究動向とも歩調を合わせ，ヴェンデッタ（私的報復）や仲裁など法廷外の紛争解決とその日常性，紛争と平和のくり返しによる「秩序形成能力」を重視する。司法は紛争解決の一部であり，報復の論理に従う党派争いは，仲裁の実践方法と暴力の儀礼化を発達させ，徐々に武力による解決を減少させていくのである。しかしこのような変化の具体的過程を解き明かすためには，紛争と和平の過程で使用される道具の変化にも注意を向ける必要があり，そこではやはり広義の制度的次元の考察が必要になってくるように思われる。考察の足場は紛争と当事者の戦略にあり，抽象的なコムーネの公共性と国家的装置の進展を想定させてしまうような歴史叙述に反対するとはいうものの，ゾルジの研究も，変化の過程を見る際には先に紹介したミラーニ，ヴァッレラーニと共鳴するものがあると言えよう。

　同様に，紛争から出発することを重視し，制度に注意を向けながらも，支配層研究の伝統に依りながら，より紛争当事者，彼らの社会的出自に寄り添ったかたちで時代変化を描く試みを行ったのが，ポローニである。13世紀から14世紀前半のピサを扱った著書において，彼女はプロソポグラフィーと制度分析を組み合わせることで，13世紀半ばに設立されたポポロ体制の制度的安定（それは，ピサが常にギッベリーニであったことと密接な関係がある）が逆説的に経済構造の変化に呼応した大幅な新人の参入を容易にしたこと，新たな支配層はポポロの権力機関であるアンツィアーニを通して定着し，14世紀には評議会の役割はアンツィアーニが召集する賢人会によって周縁化されていくこと，1316年から約30年間都市を支配するドノラティコ家の影響力は当初何よりもこの賢人会に参加することを通じて行使されたこと，などを指摘した。なお，彼女はタバッコの見取り図の有効性を評価しながらも，少数の家が継続的に支配するアンツィアーニがそれでもなお新人に開かれていたことを重視している[26]。つまり，14世紀における権力の頂点と社会の

---

26) A. Poloni, *Trasformazioni della società e mutamenti delle forme politiche*. ピサの政治史については，清水廣一郎「14世紀ピサの農村行政」，313-323頁。ポローニはまたルッカについても政治と経済に配慮しつつ，家系と紛争の分析を通して，13世紀〜14世紀初頭の変化を見ようとしている。A. Poloni, *Lucca nel Duecento. Uno studio sul cambiamento sociale*, Pisa, 2009.

分離を説くタバッコやキットリーニの見取り図に対し,「開かれた政治的対話の維持が, より安定した頂点の台頭とより明確で限定されたエリートの形成と共存[27]」している点が重要だとしているのである。ポローニの評価を参考にすれば, このような見方は他の研究にも共通している。先に紹介した制度的次元に注目した研究の特徴は, 活力ある多元的な政治勢力とそれによって実現された広範な市民の政治参加や議論の文化が, 13世紀末〜14世紀初めの権力の集中や統治技法の明確化の流れとのあいだに生み出す緊張と相互発展を描いたことでもあった[28]。

こうして, 1980年以降のコムーネ研究は, 制度の再評価を経て, それらと伝統的な支配層研究や, ヨーロッパ・アメリカに新しい潮流として登場した紛争史研究の流れをいかに組み合わせて, 13世紀後半〜14世紀の時代を読み解いていくかという段階に達していると言える。ここには, かつて「安定のヴェネツィア」と対比された,「争いと混乱」の中で「コムーネからシニョリーア」へ移行していくイタリア諸都市, という物語はほとんど残っていない。タンツィーニが試みたように, 新たな流れの中で, ヴェネツィアの同時代の変化を再考していく道は十分可能だろうし, ヴェネツィア史の側からもそのような方向性を求めていかねばならないだろう。

---

[27] A. Poloni, "Il comune di Popolo e le sue istituzioni", p. 14.
[28] 彼らの多くの研究成果のうち, 筆者がここで参照し得たのは以下のものである。特に著書については, ポローニほか随所で言及される彼らの代表的研究であることは, 間違いない。G. Milani, *L'esclusione dal Comune*.; Idem, "Banditi, Malesaldi e Ribelli. L'evoluzione del nemico pubblico nell'Italia comunale (secoli XII-XIV), in *Quaderni fiorentini per la storia del pensiero giuridico moderno* 38, 2009, pp. 109-140; L. Tanzini, *Il governo delle leggi*; Idem "Delibere e verbali"; M. Vallerani, *Il sistema giudiziario del comune di Perugia. Conflitti, reati e processi nella seconda metà del XIII secolo*, Perugia, 1991; Idem, *La giustizia pubblica medievale*, Bologna, 2005; *Tecniche di potere*; M. Vallerani, "Paradigma dell'eccezione nel tardo medioevo", in *Storia del pensiero politico* 2, 2012, pp. 185-211. なおミラーニについては, ジュリアーノ・ミラーニ(三森のぞみ訳・解題)「「追放」と「財布」:中世イタリアにおいて「さらし絵」はどのように機能したか」『早稲田大学イタリア研究所研究紀要』3, 2014年, 173-200頁, ヴァッレラーニについては, 中谷惣「中世イタリアのコムーネと司法」『史林』89-3, 2006年, 110-112頁, も参考になる。

第3節　家族，親族と新しい時代変化の見取り図

　では，本書のテーマである家族・親族はこのような刷新された時代変化の見取り図とどのように向かい合っていけばよいのであろうか。家族史研究は支配層研究と親和的であり，新たな制度史といかに向き合うかと言うことは，真剣に考えなければならない問題である。ポローニ自身が自覚的に試みているように，また彼女の研究動向でも触れられているように，最近のプロソポグラフィー研究は，制度の次元により注意深くなっている。つまり制度の分析に加えて，政治権力に属する家族がどのように権力を掌握・保持するか，政治行動の背後にどのようなイデオロギーがあるのか，新しい集団の台頭に伴ってどのような議論や言語が採用されるか，政治的選択の具体相はどのようなものか，などに頁が割かれるようになってきているのである[29]。このようなプロソポグラフィー研究の変化は，家族史と制度史の融合の方向性として確かに重要であろう。しかし，家族・親族に寄り添って社会を解き明かす手法はプロソポグラフィーだけではない。そこで浮かび上がってくるのが歴史人類学的アプローチによる家族史研究と制度をどのように接合していくか，という問題である。

　さて，エリート主義の流れを汲む支配層研究は1990年代に支配層の政治文化を明らかにするという点で大きな貢献をなした。アルティフォニでさえ，ガスパリなどの騎士研究の成果は認めている[30]。よって，もし13世紀まで続く支配層の政治文化が，騎士的生活様式と親族の紐帯に主として依拠する私的紛争・紛争解決にあり，ポポロが新たな「制度の文化」をもたらしたとするならば，両者の違いはまさに生活様式と政治プログラムという「歴史人類学的[31]」な差異となる。ここに家族や親族の絆が関わってくる余地があろう。そして実際，ポポロと豪族と言う伝統的な問題から出発しながらも，歴

---

29) A. Poloni, "Il comune di popolo e le sue istituzioni", pp. 14-16.
30) E. Artifoni, "I governi di «popolo» e le istituzioni comunali", p. 4.
31) J-C. Maire Vigueur, "Il commune popolare", in *Società e istituzioni dell'Italia comunale ; l'esempio di Perugia* (*secoli XII-XIV*), Perugia, 1988, p. 55.

史人類学的家族史で培ったセンスを十二分に発揮し，司法的・制度的問題と親族アイデンティティの関係に切り込んだのが，クラピッシュ=ズュベールの 2006 年の著書である[32]。

彼女は 14 世紀フィレンツェの豪族とポポロ政府の関わりを多面的に扱っているが，その中でいかにポポロ政府が，以下の道具を使って市民の親族構造に介入し，それを統制していったかを明らかにしている。すなわち，豪族に差別的な司法，豪族の平民化という政治的・法的措置，平民化した豪族に課す紋章や姓の変更といった親族アイデンティティへの介入である。まず，豪族に対する司法措置に見られる特徴は，幅広い親族に責任が及ぶと言うことである。その範囲はおおむね三親等あるいは四親等であり，この範囲の血縁者は被告が不在の場合代わりに有罪とされ，莫大な罰金が科された。たとえば，1352 年 11 月ポデスタは，ロッシ家のある者を，ポポロを殺したにもかかわらず法廷に出頭しなかった角で有罪とした。この者の叔父二人と兄弟は，犯人を法廷に突き出さなかったため 3000 リブラの罰金を科されたが，さらにこの支払いを行わなかったため，彼ら自身がポデスタによって有罪とされ投獄された[33]。ポポロの場合，豪族と結んだり，ポポロ政府に反逆したりすると，豪族がポポロを攻撃した際と同じだけの罰が科され，直系子孫は要職から排除された。しかし，それ以外の親族に罰が波及することはなかった[34]。かくして，豪族は，自らが個人として「平民のように」平和に暮らしていたとしても，豪族である限りその親族の罪を背負わなければならないのである。14 世紀にフィレンツェでは親族から分離して平民の地位を求める豪族の姿が見られるが，その理由の一つに親族関係による罪の波及への恐れがあったことは十分考えられる。こうして，クラピッシュによると，多くの豪族は，親族の連帯の軛から解放されるための出口を求めており，ポポロの方は，この親族の連帯の政治的機能を軽減することを願っていた。そこで，豪族は彼らの親族から離れて平民に統合されるという戦術を，ポポロは豪族

---

32) Ch. Klapish-Zuber, *Ritorno alla politica. I magnati fiorentini 1340-1440*, Roma, 2009 (*Retour à la cité. Les magnats de Florence, 1300-1440*, Paris, 2006.).
33) *Ibid*., pp. 146-155. 特に p.152.
34) *Ibid*., p. 161.

各々の個人の振る舞いを尊重して彼らを平民身分へと受け入れるという戦術をとり，ここに豪族の平民化という現象が生じるのである。豪族の平民化は，ある家がもはや「無力」でポポロ政府の脅威とならないことの確認や，生活態度などの個人的資質によって，個人規模・家族規模で行われる場合と，政治的理由で集団的に行われる場合があった[35]。いずれにせよ，こうして平民化した豪族には，紋章と姓の変更が要求される。紋章を変更する義務は，最初は1343年10月に新しく平民になった人のために考案されたが，1361年には新しい姓を採用する義務がそれに付け加わることによって強化された。こうしてポポロ政府は，さまざまな制度的措置を用いて豪族の親族の連帯にメスを入れ，彼らを分断し，分断された小家族を，新しい紋章と姓，すなわち新しい親族アイデンティティの元にポポロ政府へと受け入れて行ったのである。クラピッシュによれば，「豪族はある意味，親族・アイデンティティ・集団のコントロールの試験台であり，政府は，市民共同体として良く生きるために，親族のもっとも不相応な側面（筆者注：親族による報復や暴力を伴う連帯など）を攻撃した」。つまりクラピッシュの研究は親族の絆と，制度を利用することでそれを解体しようとするコムーネ〈ポポロ〉権力との，ダイナミックな相互作用によって新たな政治文化を基調とする都市社会が確立していく様を明らかにしているといえよう。

　確かにフィレンツェ社会はかなり特殊な世界であり，親族関係にまで切り込む豪族の平民化がどの都市でも行われたわけではない。しかし，家や家族はどの都市にも存在するものであり，第Ⅰ部ですでに見たように，親族の絆の強弱はあるものの，当然ヴェネツィアにも存在した。それならば，フィレンツェの例を，13世紀末から14世紀にかけての制度と親族の相互作用の発現形態の一つだと見ることは可能であろう。

35）　1325年にはいくつかの家が豪族リストから除去されたが，それは，彼らが人数の減少や政治経済的力の減少により，もはやコムーネの脅威とはならないとみなされたからだと考えられる。*Ibid*., pp. 24-26. 1342年には政府への資金提供と引き換えにポポロの地位が与えられた。また1343年，フィレンツェの短命僭主であったアテネ公追放後にも，「すべての市民とコンタード住民が，平和と平穏の中で生きることができるように，同様に評価されることが正しいと考えて」都市とコンタードの豪族に平民の地位が与えられた。*Ibid*., pp. 179-188.

おわりに

　昨今の北中部イタリア諸都市の研究は，13世紀末から14世紀という時代を，コムーネ時代の制度の遺産と，より「国家的」な統治技術が共存しつつ変化していく過程として捉えている。家族史的な流れをくむ研究もこのような新しい動向と無縁ではなく，フィレンツェの豪族を扱ったクラピッシュ＝ズュベールの著書は，制度や司法が親族構造・親族アイデンティティに介入し，これを統制していく様を明らかにした。クラピッシュの研究が示唆するのは，ヴェネツィアにおいても親族と制度の相互作用が国制上，社会上の変化の重要な構成要素の一つであり，その特徴を探っていくことが当該社会の権力の変化を照射する有効な方法となりうるということである。また，支配層研究を批判し，「権力の技法」の研究の有効性を打ち出したヴァッレラーニは，「13世紀末は，あらゆる政体にとって，もっとも熾烈な争いのテーマが，投票や選出システムであったこと，つまり権力に近づく方法であったことは偶然ではない」と述べた。彼は，決してヴェネツィア史には近づかないが，ヴェネツィア史研究者であれば，この言葉を聞いて真っ先に思いつくのは「セッラータ」であろう。そして，セッラータがまさに，家系に基づいて評議会へのアクセスをコントロールする仕組みであったことに鑑みれば，ますますヴェネツィアにおいても，この時代が，親族と制度の相互作用が政治と社会の変化を促していく時代であったことが推察されるのである。

　一方，歴史人類学的家族史研究と言ってまっさきに思いつくのは，やはりクラピッシュの覚書を利用した家意識の研究であろう。ヴェネツィアにおいて覚書は発達していない。それならば，ヴェネツィアにはまったく家意識は存在しなかったのであろうか。あるいは別の種類の史料が残っているのか。また家意識と14世紀に徐々に立ち現れてくる国家的権力はどのような関係にあるのか。さらに第Ⅰ部で見た財産をめぐる家族の動向，あるいは都市国家との関係は，本章で明らかにした13世紀末から14世紀に向けての統治や権力のあり方の変化の中でどのように変質していくのか。

　以下に続く各章は，このような問題を史料に基づいて具体的に検討してい

くことになろう。

第6章
親族と制度の相互作用
——評議会・反乱・統治技法

はじめに

　第5章全体の検討から，13世紀から14世紀の刷新されたコムーネ研究の動向の中で，同時代のヴェネツィア史を考察する必要性が確認できた。ヴェネツィアと他都市を対比的にとらえるのではなく，制度や統治技法の次元でより安定した権力に向かっていく流れの中で，ヴェネツィアの経験を考察していく可能性が開けているのである。本章ではこのような変化の時代における政治・制度と親族の相互作用を明らかにするために，次の3点を，試みるべき有効な分析方法として採用する。すなわち，第一点目として，セッラータなど制度的な発達を示す法令の数々と，そこにおける親族の取り扱いを分析すること，第二点目として，紛争における親族の振るまいとそれに対するコムーネの司法措置を検討すること，最後に，恩恵などの新しい統治技法（ヴァッレラーニの言うところの「権力の技法」）と親族の関係を解きほぐすことである。これらは，清水氏が提言した「権力構造と家族の関係」を具体的に検討する一つの手法となろう。

第1節　親族をめぐる評議会決議

(1) 13世紀～14世紀のヴェネツィア制度史

　13世紀から14世紀のヴェネツィア史において，制度史上の画期として必

第Ⅱ部　権力の変化と家・親族

ず参照されるのが，セッラータと呼ばれる一連の大評議会の改革である。1297年〜1323年におけるこの改革をセッラータ（閉鎖）と呼んだのは，同時代ではなく後のヴェネツィアの歴史家であるが[1]，それはここで，世襲制の原則，すなわち家系によって政治に携われるか否かが決まるという原則が確立されたからであった。ヴェネツィア史において，このセッラータは法的貴族身分を定義した法令としてほぼ必須の参照点であり，長い研究史がある。1297年法による大評議会メンバーの拡大の側面を照射したレーンの論考とそれ以前の研究史について，ここで繰り返す必要はなかろう[2]。この改革が1297年から1323年にいたるものであること，当初は資格審査の導入によって支配者層の拡大が実現したが，のちに審査基準が厳格になり，1323年にようやく評議員資格の世襲制が実現したことも，すでに一般に認められていることとして良い[3]。

　レーシュは2000年に20世紀のセッラータについての研究史をまとめ，かつて1297年に与えられていた国制史上の重要性が減じられ，1323年に至るより長いスパンでこの改革が見られるようになってきていることを確認している。チェッシによるセッラータを選出方法の技術的変更と見る解釈，クラッコの経済的側面を重視した解釈，レーンによる党派争いや政治的排除に対する恐れを重視する解釈を要約した後で，彼自身は選出手続き変更の必要性，戦争による人員の流出のため経験のある人々を必要としたこと，新しい家を

1）「セッラータ」と呼ばれ始めるのは15世紀以降のもようである。G. Rösch, "The Serrata of the Great Council and Venetian Society, 1286-1323", in *Venice Reconsidered. The History and Civilization of an Italian City-State 1297-1797*, ed. by J. Martin and D. Romano, Baltimore and London, 2000, pp. 70-72 ; D. Raines, "Cooptazione, aggregazione e presenza al Maggior Consiglio : le casate del patriziato veneziano, 1297-1797", in *Storia di Venezia-Rivista* I, 2003, p. 8.

2）F. C. Lane, "The Enlargement of the Great Council of Venice", in *Studies in Venetian Social and Economic History : The Collected Papers of Frederic C. Lane*, London, Variorum Reprints, 1987. (*Florilegium Histriale : Essays Presented to Wallace K. Ferguson*, ed. by J. G. Rowe and W. H. Stockdale, Toronto, 1971, pp. 236-74.) 日本でもすでに永井氏，齊藤氏の論考がある。永井三明「ヴェネツィア貴族階級の確立とその背景」『史林』63-5，1980年，1-31頁。齊藤寛海「都市の権力構造とギルドのありかた——ヴェネツィアのギルドとフィレンツェのギルド」『史学雑誌』92-3，1983年，66-92頁。

3）齊藤寛海「二つのイタリア」北原敦編『世界各国史15　イタリア史』山川出版社，2008年，198頁。

評議会に入れようとするグループが支配層内で明らかになってきたこと，を背景として指摘している。またいったん開かれたメンバーが閉鎖に向かった背景にはレーンとともに経済の停滞を見た[4]。一方，ライネスは共和国滅亡まで至るヴェネツィア貴族の家を特定，概観した論考の中で，やはりこのセッラータの研究史に触れ，上であげた名前とレーシュに加えて，セッラータ後も貴族身分が形成プロセスの途上にあったことを主張するホイナツキ，閉鎖の側面を再主張するルッジェーロ，法的側面を丹念に分析したクレシェンツィの見解に触れている。そして，「閉鎖」にせよ「拡大」にせよ，セッラータは，最高議決機関への所属と社会的ステイタスを法的に連結することで，ヴェネツィアの支配層の社会的輪郭を固めた出来事であるとまとめている[5]。

さて，この概観が示すように，セッラータに関する研究は，ヴェネツィア史の画期としての位置付けや，なぜ行われたかの背景を探るという文脈でのみで語られており，同時代の他のイタリア諸都市の変化との接合はほとんど見られない。レーンの画期的論考は他のイタリア諸都市の動向にもわずかに触れているが，党派争いに悩む他のイタリア諸都市という古い枠組みに止まっている。また，これらの論考は，考察もせいぜい1286年〜1323年に限られている。ホイナツキは後に15世紀初めの一連の法令に関して第2のセッラータという用語を生み出し，より長いスパンでセッラータを位置付けているが，それは，かえってセッラータを16世紀の貴族戸籍確立へと至る貴族身分発展の流れの中に位置付けてしまい，セッラータの同時代的意義に関しては見えにくくしているといえよう[6]。

しかし，13世紀後半〜14世紀にかけてのヴェネツィアの法令をよく観察してみると，親族に関する規定は，セッラータだけではない。例えば，1291年，ヴェネツィアの大評議会は戦争の和平交渉のために，「20の親族parentellaから20人の高貴なる人を選び」，彼らが，ドージェとドージェ評議員とこの

---

[4] G. Rösch, "The Serrata of the Great Council and Venetian Society, 1286-1323", in *Venice Reconsidered,* pp. 67-88.
[5] D. Raines, "Cooptazione, aggregazione e presenza al Maggior Consiglio", pp. 6-9.
[6] S. Chojnacki, "Social identity in Renaissance Venice: the Second Serrata", in *Renaissance Studies: journal of the Society for Renaissance Studies*, vol. 8, 1994, pp. 341-358.

戦争の協議のために先に選ばれていた10人の委員とともに目下の戦争について協議することを定めた[7]。この法令から親族は，それを基盤として代表を送るという考えが成り立つほど，当時の人々が政治活動を遂行する上で，重要な単位であったことがわかるのである。その一方で，1260年には「ある法令が評議会に持ち込まれたとき，その人に関係する親族propinquiは退出すること」という規定もあり[8]，重要な単位であるからこそ，それらを排除しようとした動きも存在する。

そこで本節では，これら親族に関する法令を包括的に扱うことで，親族と制度の相互作用の中で，ヴェネツィアの国制が固まっていく様子を観察することにしたい。セッラータも含めた種々の法令が，親族に対してどのような働きかけを行ったのか，反対にそれは政治活動や制度面における親族のどのような働きを成文化したものなのか，それを検討するのである。第5章の検討を踏まえれば，このような視角は同時代の他のイタリア諸都市の経験と接合しつつ，ヴェネツィアの特徴を浮き彫りにすることに貢献するだろう。では，史料の分析に入る前に，決議を行う母体となるヴェネツィアの評議会制度の発展を押さえておこう。

(2) ヴェネツィアにおける評議会制度の発展

ヴェネツィアにコムーネという言葉が登場するのは12世紀半ばである[9]。この頃，すでにドージェの傍らでドージェを補佐していた裁判官judexに加え，有力な人々の話し合いの場として賢人会が生まれ，ドージェの権力が徐々

---

7) *Deliberazioni del Maggior Consiglio*, III, p. 307. 'capta fuit pars quod debeant eligi in Maiori Consilio XX nobiles de XX parentellis et approbari ad unum ad unum, qui debeant esse cum domino Duce et Consiliariis et Decem ad facienda et expedienda negocia concordie de guerra presenti'.

8) 'Quando partes ponuntur in Consilio, propinqui illorum, quos tangit negocium, exeant de Consilio.' *Deliberazioni del Maggior Consiglio*, II, p. 80.

9) コムーネが形容詞で使われる例は古くからあるが，次に引用する1142年の史料では，賢人会の登場とともに，「共同の決議commnis consilio」という言葉が見られる。1140年代の後半にもコムーネの語が登場し，1152年の証書にはヴェネツィア・コムーネ communis Venetiarum という表現が見られる。A. Castagnetti, "Il primo commune", in *Storia di Venezia. II. L'età del comune*, a cura di G. Cracco e G. Ortalli, Roma, 1995, pp. 81-90 ; "Acta consili sapientum", in *Deliberazioni del Maggior Consiglio*, I, pp. 235-238.

に制限されていった。1172年元首(ドージェ)ヴィターレ・ミキエルが対ビザンツ遠征の失敗によって殺された後，賢人たちは，有力者が提案した候補を民会で賛同するのではなく，「全ての人々の同意によって」指名された11人の選挙人が「体制にもっとも有用で優れた」人物をドージェに選ぶという新しい方法を生み出した[10]。1268年にはくじで選挙人の選出をくり返し，最終的に選ばれた41人が投票によって新ドージェを選ぶという精巧な方法が案出され，これがその後長く定着することになる。また12世紀末よりドージェは就任時に誓約を行い，生まれたばかりのコムーネに対して，種々の責任を負うことになった。例えば，正しく統治し速やかに裁判を行うこと，裁判官は選出によって決めること，評議会の過半数の賛同がない限りローマ教皇や皇帝などに使節や書簡を送らないこと，ドージェに属していた特権は小評議会の全員と大評議会の大部分の同意に基づいてのみ維持することなどが述べられ，統治の基本原則のようなものを示している。誓約の内容は代を経るごとに，より詳細な規定になっていき，13世紀末のピエトロ・グラデニーゴのものは，全部で80以上の条項からなっていた[11]。これがひとまず完成形となり，14世紀も繰り返された[12]。

一方，ドージェ権力の制限と並行して，評議会が生まれ，整えられていく。1142年，賢人会が民会から「祖国patrieの名誉と利益と救済のため」の審議を委ねられた。12世紀末には，ヴェネツィアの六つの区から選出されたドージェ評議員がドージェと協力して統治に携わるようになる。数の関係から，ドージェ評議会consilium ducisは小評議会consilium minusと呼ばれ，賢人会は大評議会consilium maiusと呼ばれるようになった。また12世紀末には大評議会が特別の問題を審議するための機関として40人のメンバーを選んで権限を委託し，これが，後の四十人会に発展する。四十人会は司法問

---

10) 彼は激怒した群衆の一人によって，サン・ザッカリア修道院に逃げ込む途中で殺された。多くの歴史家は，この事件をヴェネツィア史の発展の重要な段階の一つに位置づけている。この事件を比較的詳しく取り上げたものとして，Thomas F. Madden, *Enrico Dandolo and the Rise of Venice*, Baltimore, 2003, pp. 56-58. このとき導入されたドージェの選出方法については，随所で解説が見られる。

11) *Le promissioni del Doge di Venezia. Dalle origini alla fine del Duecento*, a cura di G. Graziato, Venezia, 1986.

12) ASV (sala di studio), *Collegio, promissioni*, reg 1.

題や,貨幣・財政などについて審議する機関であったが,次に見るセッラータでは,評議員の資格審査について重要な役割を果たした。おそらく同じ頃,13世紀初め頃にプレガーディ会議が作られる。これがのちのセナートで,徐々に重要な権限を獲得し,対外政策や商業・軍事を主に司った[13]。13世紀中はConsilio Rogatorumと呼ばれたが,ここではセナートと記述する。

次に大評議会のメンバーの定義とその選出方法を確認しておこう。これらについて最初に明確な言及が見られるのは1207年の法令である。そこでは,35に分けられた地区（trentacieと呼ばれる）に基づく集団が,大評議会メンバーを選出（指名）すべき選挙人の選出母体となることを記している。しかし選挙人の人数などについては不明確なことが多く,詳しいことはわからない。1230年には35分区はヴェネツィアの六行政区であるセスティエーレに取って代わられた。セッラータに先立つ13世紀後半頃には,ドージェ評議員,四十人会,セナートのメンバーは大評議会に出席する権利があり,これらの人々に加えて毎年100〜150名の人々が指名されていたようである。指名の方法は,くじによって選ばれた委員会が選挙人を選び,この選挙人の委員会が次年度の大評議会メンバーを指名する。年度内に欠員ができた場合は,新しい委員会が集まって穴を埋めるための人員を指名した[14]。1293〜96年のあいだには,9月の通常指名に加えて,毎年4回の追加指名,すなわち一年に全部で5回の指名が行われている[15]。なお大評議会における投票箱による投票と多数決の原則は,1256年（多数決）,1264年（投票箱）にそれぞれ可決されている[16]。

さて,この大評議会は13世紀のあいだに重要な評議・決議機関として発展した。当初ここで賛同された提案は小評議会の記録として編纂されていたが,1282年からは大評議会記録として,年代順に日常の議決記録を記した冊子が残されるようになる。おそらく残っている最初の議決は1232年であ

---

13) *Deliberazioni del Maggior Consiglio*, I, pp. III-IX.
14) V. Crescenzi, *Esse de Maiori Consilio : legittimità civile e legittimazione politica nella Repubblica di Venezia（secoli XIII-XVI）*, Roma, 1996, pp. 295-308, 319.
15) D. Raines, "Cooptazione, aggregazione e presenza al Maggior Consiglio", p. 10 ; *Deliberaioni del Maggior Consiglio*, I, pp. 341-362.
16) *Deliberaioni del Maggior Consiglio*, II, pp. 79, 81.

る。1282年から1283年にかけて元首(ドージェ)ジョヴァンニ・ダンドロは5人のメンバーにこのときまでの議決の整理を委ね，廃れたものは廃止し，二つの冊子をまとめた。一つはドージェ，大評議会，四十人会，対外関係などに関する議決であって，liber comunis と呼ばれる。他方は，各種裁判官を初めとする個々の役職に関する議決であって liber officiorum という。両者とも項目見出しがつけられ参照が容易にできるよう整理された。評議会に関する親族関係の規定はこの二つの冊子に多く見いだすことができる[17]。

(3) 評議会の決議と親族

二つの冊子を通覧して，まず，最初に見られる親族に関する規定はクレタ総督に関するものである。1258年大評議会で，今後クレタの総督とその顧問官（相談役）は，財産分けされていない息子，兄弟，甥を伴ってはいけない，という提案が通り，命じられた[18]。ここには植民地のトップの行政機構にある者が，彼らの身近な親族の利害を追求しようとする可能性を，阻止する姿勢が見て取れる。こうして，ヴェネツィアの親族に関する規制は，まずクレタという，ヴェネツィアにとってもっとも重要な海外植民地の統治をめぐって始まったのである。この規定は，さらに1262年，他のヴェネツィア支配下の地域の行政機構にも拡大された。すなわち「ヴェネツィア外のすべての行政機構において，ある行政機構の長官は彼の顧問官の関係者であってはならないし，行政官同士，顧問官同士も関係者であってはならない。これは，その行政職の選出に関してヴェネツィアにおいて規定し遵守されている親族関係に従って secundum lineam parentelle, 関係者であってはならないということである」と定められたのである[19]。

では，この1262年規定で述べられている「ヴェネツィアにおいて規定し遵守されている親族関係」とは具体的にどのような親族の範囲を指すのであろうか。じつはそれを定めたのが，先に少し言及した1260年の法令である。そこでは，

---

17) *Deliberazioni del Maggior Consiglio*, II, pp. VIII–X.
18) *Deliberazioni del Maggior Consiglio*, II, p. 340
19) *Deliberazioni del Maggior Consiglio*, II, p. 359

第Ⅱ部　権力の変化と家・親族

　　　1260年，第3インディクティオ，6月15日。大評議会で次のような法令
　　が通り，命じられる。ヴェネツィア人同士，ヴェネツィア人と外国人，ヴェ
　　ネツィア・コムーネとヴェネツィア人，ヴェネツィア・コムーネと外国人
　　に関する問題や嘆願が大評議会，または四十人会，またはセナートに持ち
　　込まれ，それに関する法令が提出され投票が行われるときは常に，その件
　　が影響を及ぼす人々と，その者の家系 proles のすべてと親族 propinqui，す
　　なわち従兄弟，兄弟あるいは姉妹の息子であるところの甥，義父と娘婿，
　　おじすなわち父か母の兄弟，義理の兄弟は外に出て行くこと[20]

と定められた。ここでは，propinqui が親族呼称で規定されているので，ど
のような範囲の親族を除外しなければならないのか，極めて明確かつ具体的
に定められたことがわかる。Proles の内容は記されていないが，その原義（子
孫／中世ラテン語では家系・一族）と続く propinqui の定義から，ここでは息子
や父，孫（息子の息子），兄弟などの男系の近親を指すのだろう[21]。

　さて，当時の評議会は，今の議会とは異なり，行政，外交など公に関する
事柄から財産・借金問題，罰からの解放などの個人的な事柄まで，さまざま
な事柄を扱っていた。例えば，Liber comunis には個人に関する決議を集め
た項があり，その数は149件にのぼる[22]。「その件が影響を及ぼす人々」と
いうのはおそらく，このような決議を主として指したのであろう。現在でも，
ある個人に関わる事柄が審議される場合，その個人は議場から退出する場合
があるが，この中世ヴェネツィアの規定は，その個人だけでなく，その個人
の家系の人々や4親等内の血族・2親等内の姻族で規定される親族集団が議
場から退出することを定めたのである。ここからは，個人をとりまく親族が，
ある人に関わる議題が話し合われる場合，その者と利害を共にして決定を左

---

20) *Deliberazioni del Maggior Consiglio*, II, p. 80 : '………debeant exire foras de Maiori Consilio et de XL illi, ad quos factum spectabit, et omnes de prole eorum et propinqui, videlicet germani consanguinei, nepotes filij fratris vel sororis, soceri et generi, et avunculi, fratres patris vel matris et cognati.' germani consanguinei は従兄弟を指す（第2章参照）。
21) パヴァンは omnes de prole eorum et propinqui を兄弟，おじ，甥，従兄弟，婿，義兄弟だと説明している。E. Crouzet-Pavan, *"Sopra le acque salse"*, p. 393. しかしその根拠は不明である。
22) *Deliberazioni del Maggior Consiglio*, II, pp. 141-172: 'liber continens consilia specialium personarum'.

右する重要な役割を果たす可能性があったこと，または可能性があると皆が当然のように考えていたこと，それゆえ，議場から排除しようとする規定が成立したことがわかる[23]。この範囲の親族に対する規制は，その後，ドージェの誓約や議会での役職選出の投票にも登場しており，ヴェネツィアの親族関係に対する規制の基本となった。以下，その内容を具体的に見ていこう。

　まず，ドージェの誓約に関しては，1192年のエンリコ・ダンドロのものから史料が残っており，先にも述べたように13世紀中はその内容がほぼ毎回詳細になる。親族に関しては，ドージェの親族による贈物の受け取りや嘆願についての制限が見られ[24]，1260年の法令で定義された親族の範囲が初めて登場するのはヤコポ・コンタリーニの就任時（1275年）であった。ここでは，「評議会の規定に従ってドージェに所属する親族 aliquis propinquus が，

---

[23] 規制が及んでいないところで，親族が政治的に協力する例は，例えば，クレタの統治に見られた。1314年の大評議会決議は，クレタ総督と顧問官が特別の裁判を行うとき出席と同意を求められる一人の会計官が，しばしば総督や顧問官の近親であると不満を表明している。そして今後このようなことは決して繰り返されないように，もし3人の会計官が3人とも総督か顧問官の近親なら，裁判は会計官なしでやるように，と求めている。クレタの総督や顧問官に島の現役地方長官の親族が選ばれ，問題になったこともあった。順に，F. Thiriet, *Délibérations des Assemblées vénitiennes concernant la Romanie, Tome I*, Paris, 1966, n. 317, pp. 156-157; *Ibid., Tome II*, n. 914, p. 73, n. 938, p. 78. このような親族は，さらに，彼らが病気の場合，本人が病気である場合と同様，各委員会を欠席する合法的な理由と見なされていたが，このことは，ここで定義された範囲の親族が日常的にも接触が多く重要な人々であったことを示していよう。D. E. Queller, *The Venetian Patriciate: Reality versus Myth*, Chicago, 1986, p. 149. Cf. 'Exceptis his occasionibus videlicet infirmitate mei corporis vel meorum propinquiorum pro quibus secundum formam consilii teneor exire de consilio', M. Roberti, *Le magistrature giudiziarie veneziane e il loro capitolari fino al 1300*, vol. 2, Venezia, 1909, p. 94; 'occasione infirmitatis mei corporis vel meorum propinquiorum pro quibus secundum formam consilii teneor exire de consilio', *Ibid.*, vol. 3, Venezia, 1911, pp. 141, 154.

[24] 親族に関する誓約は，1229年，ドージェとともに，ドージェの奥方，成人した子供，嫁（義理の娘），息子の息子または娘であるところの孫もしくは孫娘も贈り物を受け取ってはいけないと定めたもの，1249年，ドージェはヴェネツィア内外の役職や統治者の選出を左右するような言動をつつしむこと，息子にもそれを誓わせること，また息子はドージェの前で誰かのために嘆願を行わないよう誓うことを定めたものがある。順に，*Le promissione del Doge di Venezia*, pp. 15-16; *Le promissione del Doge di Venezia*, pp. 32-33. 1252年のラニエリ・ゼノの誓約では，役職や支配機構への選出に関して，息子だけでなく，元首の奥方，嫁，娘，すなわち元首と共に元首宮殿に住む予定のもの qui nobiscum in palatio morabuntur が，選出を左右するような言動を慎み，また嘆願についても息子だけでなくこれらの親族全てが行わない誓いをすることが，述べられた。*Le promissione del Doge di Venezia*, pp. 51-52.

第Ⅱ部　権力の変化と家・親族

大評議会，セナート，四十人会，二十人会，あるいは他の委員会に提案を行う際，ドージェは彼に味方して彼らが評議会にいるあいだは意見を述べることができるが，彼らが退席した後は意見を述べることができない」という誓約がなされた[25]。評議会における親族の規制は，こうして，13世紀の後半にドージェの誓約にも，登場するのである。また，このドージェの意見表明についての規定は，先に規定された親族同士，すなわち4親等の血族と2親等の姻族は互いに味方して意見を述べる可能性が高かったことを示唆している。

次に，役職者の選出であるが，ヴェネツィアには支配下の地域の行政官を始め，市場や塩の管理，穀物の管理など多くの役職があった。それらの就任者は大評議会で選出されていたが，その選出手続きに，先の親族の範囲が登場する。まず1273年の法令は，役職就任者を選出（指名）する母体となる選挙人集団がくじで選抜されることを定める[26]。ここで，くじの当選者の中に互いにpropinquiの関係にある人が含まれないような配慮がなされた[27]。1274年にはドージェ評議員の選出法が改正されるが，これにもくじが使われる。くじで選ばれた二つの選挙人集団がそれぞれ候補者を提案し，大評議会でどちらの候補者をドージェ評議員として選出すべきかについての投票が行われる。このときに，候補者のpropinquiは大評議会から立ち去らなければならなかった[28]。こうして，いったんpropinquiの範囲が特定されると，特定の役職に就任する人を決めるための投票でも，このpropinquiを排除する規定が盛り込まれていったのである。この時期，評議会では，評議員の選出方法に対するくじの導入に加えて多数決の原則など，さまざまな制度上の

---

25)　*Le promissione del Doge di Venezia*, p. 102 : 'Et si aliquis propinquus noster qui nobis aptineat secundum formam Consilii habebit facere ita quod factum ducatur ad Maius Consilium, Rogatorum, Quadraginta vel Viginti vel ad aliud Consilium, possimus dicere in eius secundum donec erunt presentes in Consilio si nobis videbitur set secedentibus ipsis nichil super eorum facto postmodum dicere possumus'.
26)　すなわち，大評議会において入れ物から出席者が球を取り出すことで，くじを行い，まず40人，ついで，9人の選挙人委員会（指名者集団）を選ぶ。この委員会が6名以上の賛成で役職候補者の選出を行った。
27)　*Deliberazioni del Maggior Consiglio*, II, p. 92.
28)　*Deliberazioni del Maggior Consiglio*, II, p. 93.

第 6 章 親族と制度の相互作用

整備が行われていた。それと並行して，先に規定された親族集団が評議会の場でまとまって利益を追求することを排除しようとする動きが，まさにその評議会の場で進んだのである[29]。

このような親族の利害を制限する動きは，propinqui の退出以外にも見られる。1269 年，塩局やリアルトの役人は今後 una sclata や propinqui から複数選ばれることはできず，偶然選ばれた場合は最初の選出者がその役職に留まるとされた[30]。1279 年にはセナートは una sclata から 3 人以上選ばれてはならないという規定の確認が行われている[31]。Sclata は家柄や血統をさすヴェネツィア語[32]で proles と同じ意味と考えて良いだろう。ここには，重要な役職や評議会に，一つの家系，親族が集中することを避けようとする論理が働いていることがわかる。こうして 13 世紀後半に，評議会への参加が拡大し，その制度が整ってくるにつれ，評議会という制度の場で一つの家系，特に複数のメンバーが大評議会に参加しているような有力な家系に権力が集中すること，また親族の意向が評議や投票に反映されることを極力抑えようとする動きが見られるのである。

しかし，親族に対するさまざまな規制は逆に，評議会を舞台とするとはいえ，ヴェネツィアにおいても，親族が政治上の重要なパートナーであったことを浮かび上がらせている。そしてその親族は，一つの姓のもとに多くの傍系親族を含む大規模な出自集団というよりも，先の法令において親族呼称で規定された範囲の親族集団，すなわち，4 親等の血族と 2 親等の姻族を含む中規模親族集団であったと考えられる。確かに親族排除の規定が定められた 1260/61 年において，大評議会に 20 名近くまたはそれ以上のメンバーが参

---

29) 1261 年には小評議会からも親族が退出することが定められたが，1262 年に 6 人中少なくとも 4 人がとどまることが認められた。このことはとりもなおさず，ドージェ評議会において特定の親族サークルが優勢であったことを物語っているだろう。*Deliberazioni del Maggior Consiglio*, II, pp. 26–27.
30) *Deliberazioni del Maggior Consiglio*, II, p. 233 : 'non possit esse de cetero officiales Rivoalti nec Sallinarii de una sclata, nec propinqui.'
31) *Deliberazioni del Maggior Consiglio*, II, p. 88 : 'non possint esse de Consilio Rogatorum ultra tres de una sclata.'
32) P. Sella, *Glossario latino italiano. Stato della chiesa-Veneto, Abruzzi*, Città di Vaticano, 1944, p. 515.

加している大人数の家があった[33]。また10名を超える家は，7家であった。したがって少人数の家が，多人数の家の発言力，影響力が強まることを懸念し，親族退出の法令を通した可能性はあろう。実際大評議会の全体の人数は400名を超えていたため，半数以上が1名〜数名のメンバーしか大評議会に参加していない家に所属していたのである。しかし，第Ⅰ部の検討を踏まえると，たとえ小さな家および中規模の家からその影響力を懸念されたとしても，これらの大人数を擁する家が政治生活の場で同姓であることに基づいて強い結束力を示していたとは考えがたい[34]。同姓集団の結束力については第2節で改めて扱うが，親族を規制する法令が次々と通った背景には，新人の参加に伴う大評議会人数の拡大に加えて，このような大人数を擁する家の抵抗がそれほど強くなかったことも考えられるだろう。また，少数のメンバーしか大評議会に参加していないような家でも，姻戚関係によって大人数の家と結びつき，親族の退出規定に含まれる可能性はあった[35]。

　つまりヴェネツィアでは，支配層たちが自分たち自身の親族の利害を自分たちで規制していった側面が強いと思われるのである。これに関連して，ヴェネツィアで退出の対象になったのが姻族を含む親族集団であった点は注目してよいだろう。家族史に関する多くの研究は，婚姻を通じたネットワークが

---

[33] 本書（第1章）表1，表2参照。20名近く，またはそれ以上が選出されていたのは，コンタリーニ，ダンドロ，モロシーニ，クエリーニの4家，10名以上の選出はバセッジョ，ファリエル，グラデニーゴ，ミキエル，ダ・カナール，ダ・モリン，ヴェニエルの7家である。ただし，これらは同じ家系に属しているとは限らず，いくつかの分家に分かれていた可能性はある。

[34] 例えば，1283年のバルトロメオ・コンタリーニは妻，娘，兄弟姉妹，1285年のエンリコ・コンタリーニの遺言書は，両親と兄弟姉妹に対する遺贈や言及が主であり，その他のコンタリーニ家の親族に対する言及はない。M. C. Bellato, *Aspetti di vita veneziana*, pp. 317–322（doc. XIX），349–357（doc. XXIV）．

[35] 1256年のクィリーナ・ダ・モリンの遺言書によると彼女の母親はクエリーニ家の出身であった。一方，同年のヴィドータ・ダ・モリンの遺言書によると，彼女はアリムンド家の出身であり，実家の親族に多くの遺贈を行っている。1260/61, 61/62年の大評議会において，クエリーニ家はそれぞれ20名，13名，ダ・モリン家は10名，5名，アリムンド家は，1名，0名，の参加であった。*"Ego Quirina", Testamenti di veneziane e forestiere（1200–1261）*, a cura di F. Sorelli, Roma, 2015, pp. 125–130; G. Rösche, *Der venezianische Adel bis zur Schlieβung des Großen Rats*, Sigmaringen, 1989, pp. 127–129. ヴィアロ家（1261/2年において3名参加）がグラデニーゴ家およびヴィットゥリ家（1261/2年において1名参加），さらにスペチアーレ家（大評議会に参加なし）と婚姻関係を結んでいたことは第3章で見たとおりである。

支配層の政治的・経済的・社会的結びつきに大いに貢献し，ときには家同士の争いを緩和し得たことを指摘している。これはとりもなおさず多人数を擁する家でも複数の姻戚関係を通じて，多様な親族集団に利害が分かれていくからである。また個人によって範囲が異なる propinqui は，どの成員にとっても帰属範囲が明らかである出自集団と異なり，流動的かつ重層的である。親族に関する規制が次々と定められていった背景には，政治生活で重要であった propinqui が多様であり，比較的規制しやすい親族集団であったことも関わっているだろう。

では，このような親族集団は規制と排除の法令が進むまま，制度の前に弱体化していくのであろうか。それとも，フィレンツェの豪族とは異なる道筋をたどるのであろうか。次に，セッラータに関係する法令を，親族の観点から解きほぐしていこう。

(4) セッラータと金球くじ[36]

まず，セッラータの端緒となった 1297 年の法令を見よう。

> （1296 年 2 月 28 日[37]）。これから聖ミカエルの日まで，そしてそこから 1 年間，に行われる大評議会の選出は以下のように行う。過去 4 年間に大評議会にいた人は，四十人会で一人ずつ審査をうけ，12 票以上獲得した人が次の聖ミカエルの日まで，そしてこの日に同様の審査を受けることで次の 1 年，大評議会に参加する。ヴェネツィア外に行って席を失った人は，戻ってきたときに，四十人会の長に頼んで大評議会に参加できるかどうかの四十人会の審査を受けることができる。さらに 3 人の選出人が，まだ大評議

---

36) セッラータに関する法令は全て，2014 年に英訳をともなって原文が刊行されている。本節でも適宜その訳文も参照した。B. G. Kohl（ed. by R. C. Mueller），"The Serrata of the Greater Council of Venice, 1282-1323 : the documents", in *Venice and Veneto during the Renaissance : the Legacy of Benjamin Kohl*, ed. by M. Knapton, J. E. Law, A. A. Smith, Reti Medievali E-Book（Firenze University Press），pp. 3-34. ここで史料が 1282 年から始まっているのは，この年，大評議会のメンバーを指名する委員の選出についての規定（大運河の向こう側から二人，こちら側から二人をくじによって選ぶ）が採択されているからである。
37) ヴェネツィアの暦は 3 月 1 日で変わるため，史料上は 1296 年となる。*Deliberazioni del Maggior Consiglio*, III, p. 417.

会に参加したことがない人から，ドージェとドージェ評議員によって彼らに求められたように，他の人を選ぶことができる。この人々は四十人会の審査を受けて 12 票以上獲得すれば，大評議会に参加する。……毎年，この提案がさらに延長されるかどうかが，大評議会ではかられる。

まとめると，ここでは過去 4 年間大評議会のメンバーであった人は，四十人会の資格審査を受けることで大評議会に議席を持ち，毎年この資格審査が更新されること，さらに四十人会には，ドージェとドージェ評議員の命令によって 3 名の選出人が推薦した新人を認可する権限もあること，が定められた。かつて，この法令単独でセッラータが完成したような叙述も見られたのは，1297 年法により，一年ごとの選出（指名）が廃止されたからである。しかし，史料をよく検討すればわかるように，この時点では資格審査の有効期限は 1 年であったし，家系と評議員資格は，まったく関係がない。

クレシェンツィは 13 世紀後半すでに，大評議会のメンバーは特定の家系に限られていたこと，しかし 1297 年法には家系への所属と評議会へのアクセスの関係は見られないこと，その一方で，新人の選出に見られるように手続きのイニシアチヴはドージェとドージェ評議会のような権力の頂点に留保されていること，の 3 点から，この法は一過性の妥協の産物だと評価している。つまり，家系を評議会へのアクセスへの合法的手段としようという集団の利害と，できるだけ世襲の原則を排除し，名誉や政治的地位を家系と分断しておこうとする集団の利害との間を調整したものだと解釈しているのである。前後の法の検討も加えた彼の推論は，十分説得力があると思われる。そこで，まずクレシェンツィによりながら，特に法令の中で，妥協を生むことになった評議会を舞台とする二つの力の緊張関係を確認することにしよう。

まず，改革に先立つ 1286 年，評議会への選出に関し，「自分か父か父系の祖先の誰かが，何らかの評議会に参加したことのない人は，評議会に属すことはできない。ただし，上記の条件に当てはまらない人もドージェとドージェ評議員と，大議会の過半数の賛成を持って，議会に選出されることができる」という提案が四十人会の長によって行われた。これは，家系によって評議会へのアクセスを制限しようとする提案の最初のものである。しかしこの提案

第 6 章　親族と制度の相互作用

は賛成 48，反対 82，保留 10 で否決された[38]。当時，親族を排除する法令が徐々に可決されていた背景に鑑みると，自身の親族に権力を固定したい有力者とそれを制御しようとする動きが評議会を舞台に対抗関係にあったことは容易に推察できる。以後しばらく，祖先に関する言及はなされないが，1297 年法が可決されて 1 年もたたないうちの 12 月 15 日，今度は四十人会のメンバーは，自分自身が大評議会のメンバーであるか，父，祖父，それ以上（の父系直系尊属）がメンバーでなければならない，という法令が可決された[39]。こうして前年の法で，評議員資格の認定に重要な役割を与えられた四十人会に父系の原則が持ち込まれたのである。このように見てくると，クレシェンツィをはじめとする何人かの研究者が指摘するように，家系の取り扱いをめぐる緊張関係は確実に存在したと考えられるだろう。家系の利害を排除するか，それを守る方向で制度を変えていくか，四十人会，大評議会は家系に対してどのような態度をとるか，全体としては模索の中にあったのである。

　クレシェンツィは四十人会で実現された家系による制限が，徐々に大評議会の選出にも浸透し，1323 年の法令で，成文化される過程を描いている。が，本節で次に注目したいは，むしろ，新人，特に若者の大評議会への認可の過程で，家系に加えて，先ほど排除の対象になっていた propinqui の集団が法令上重要な役割を担うようになっていくことである。

　1315 年大評議会は，選出人が新たに大評議会のメンバーを選ぶ際に，忘却によってより良い人を選ぶのを忘れないよう，大評議会に選ばれることができる人のリストを帳簿に書きとめることを定めた。選出人はこのリストを参考に，そこからより適切な人を大評議会に推薦するのである。ところで史料の該当箇所には以下のような記述が見られる。

　　　選出人は選ばれるとすぐに選出に入らなければならないため，しばしば
　　　忘却によってよりよい人が選ばれずにいることがある。そこで大評議会に

---

38) *Deliberazioni del Maggior Consiglio*, III, pp. 156–157 : 'quod aliquis vel aliqui non possint esse de aliquo Consilio, si ipse vel pater aut progenitores sui a patre supra, unde traxerint originem ex parte patris, non fuerit vel fuerint de Consiliis Veneciarum'.
39) *Deliberazioni del Maggior Consiglio*, III, p. 446 : 'quod nullus de cetero possit eligi ad Consilium de XL, qui per se vel per patrem aut avum et ab inde supra non fuerit de Magno Consilio'.

選ばれることが可能な人は，18歳であることを保証し，四十人会で承認してもらうことで，自らの名前を記載させることができる。……このことは彼の父親と血縁の兄弟，そしてその他の彼の親族によってなされる（hoc etiam possit adimpleri per patres, fratres consanguineos et alios suos propinquos）。そしてこのようにして記載された人は，選出の際に読みあげられる[40]。

つまり18歳以上の人は，四十人会に出頭して帳簿に名前を記してもらうことが定められたのだが，その際，年齢の保証を行う人物として父と兄弟とその他の親族，つまりpropinquiが登場するのである。こうして，親族は大評議会への選出のもっとも最初の部分を法的に担うようになった。なお1319年には，選出人による指名は不正が横行するということで廃止され，代わりに金球くじと呼ばれるくじで大評議会への推薦者を選ぶようになる[41]。

大評議会について選出を行う選出人を選ぶ方法が多くの不適切なすり替えのため正直に行われていないので，今後は四十人会の帳簿に名前を書かれている人に対して，金球を用いたくじを行う。……25歳になった人は，ドージェとドージェ評議員と四十人会の長の前で年齢を証明し，彼らの大部分が十分だと思えば，選出されたとみなし大評議会に議席を持つ[42]。

ここには帳簿についての特別の言及がないので，1315年法で定められた帳簿は引き続き必要とされたと思われる。いつまでもくじに当たらない人が出てくることを避ける為，24歳まで続けてくじに当たらなかった人は，25歳になると，年齢を証明することで大評議会の資格審査が受けられることも

---

[40] ASV, Maggior Consiglio, liber Clericus civicus, c. 115 ; V. Crescenzi, *Esse de Maiori Consilio*, p. 333. ただし，クレシェンツィの引用では「血縁の兄弟」の部分の転写がpatres suos et consanguineosとなっている。筆者がオリジナルを確認したところpatres, fratres consanguineosであった。なお注36で言及したコールの転写では，patres, fratres et consanguineosとなっているが，筆者はfratresとconsanguineosのあいだにetを読み取るのは難しいのではないかと考える。
[41] このくじの紹介は以下の論文にみられる。B. Cecchetti, "I nobili e il popolo di Venezia", in *Archivio Veneto* 3, 1872, p. 432 ; S. Chojnacki, "Kinship Ties and Young Patricians in Fifteenth-Century Venice", in *Renaissance Quarterly* 38, 1985, pp. 243-244 ; J. E. Law, "Age Qualification and the Venetian Constitution : the Case of the Capello Family", in *Papers of the British School at Rome* 39, 1971, pp. 128-129.
[42] ASV, Maggior Consiglio, liber Fronesis, c. 56.

定められた。1323 年法は，この 25 歳の人に対して，年齢だけでなく，父または祖父が大評議会のメンバーであったことを証明することを要求したもので，ここに大評議会における家系の原則が確立する。つまり家系による世襲の原則は，必ずしも最初から目論まれていたわけではなく，クレシェンツィのいうような緊張関係の中で，1298 年法が大きな転換点となって徐々に，しかも propinqui の制度化と並行して，達成されたものなのである。1323 年法を詳しく見てみよう。

> 25 歳になれば，大評議会に参加することができるという法令は，ドージェとドージェ評議委員と四十人会の長の前で年齢を証明すればよいだけで，この法令は父あるいは祖父 pro patre vel avo のために評議会に参加することができるという証明については何も言っていない。しかしこのことは不足をもたらすし，年齢よりもこちらを知ることの方が必要であるし有用である。そこで，ドージェ，ドージェ評議員，四十人会の長の前で年齢の調査が行われるのと同様に，彼らの前で大評議会に参加することを願う人々が，この土地の秩序（ヴェネツィアの法）に従って，彼らのおかげで pro suis で大評議会にいることができるのかどうかと言うことを調べ，証明しなければならない。そして，この証明は四十人会の帳簿にあらかじめ調査に先立って書かれていなければ，受け取ることはできない。（不正な申請は）300 リブラの罰金である[43]。

この法令を見れば，まず四十人会の帳簿に名前があることが前提条件とされていることは明らかである。こうして直系の男系による血筋[44]と，姻族を含む親族の保証が大評議会に参加するための必要条件とされるに至ったのであった。不正な申請にかなりの罰金が科されていることから，申請の受付そのものが重要であること，従ってこの時点で選出後に行われる資格審査はほとんど意味をなさなくなったことが考えられる[45]。ただし，この「四十人会の帳簿」は史料としては残っていない。どの程度この法令が厳密に執行され

---

[43] V. Crescenzi, *Esse de Maiori Consilio*, p. 336 ; ASV, Maggior Consiglio, liber Fronesis, c. 239–240.
[44] pro suis は具体的には前文より当然父と祖父を指すことになると思われるが，この部分だけでは曖昧さが残ると思われる。

たか,残念ながら我々は知ることができないのである。金球くじの史料が体系的に残るようになるのは,おそらく1414年からで,この年に,さらにこの制度を整備する法令が通った[46]。

それによると,まず申請段階で,父が大評議会のメンバーであること・年齢・嫡出の証明が要求されるようになる[47]。propinquiは,父が不在の場合のこれらの証明の責任を引き受けることになり,引き続き法令上重要な役割を担った。法令には

> 父が生きており,ヴェネツィアにいるならば,その若者の父親が,息子をコムーネ司法官に紹介せねばならない。父は200リブラの罰金の元で,息子が18歳であること,500リブラの罰金の元で息子が合法的な結婚から生まれた彼の合法的な息子であることを保証する。……父が死亡しているかヴェネツィアに不在の場合は,そのときヴェネツィアにいる<u>近親のうちの一人か二人 unum aut duos ex propinquioribus suis</u>が保証人と共に,父について述べた罰金の元で,この申請を行う[48]。

とあり,父不在の場合に,親族から申請者と保証人が必要とされたことがわかる。

では,実際,申請者と保証人として登場したpropinquiには,どのような親族が見られるのだろうか。ホイナツキは1985年の論文で1408-1497年の16家,1065人の金球くじの記録について,申請者や保証人と本人の続柄を調べた。それによると父以外に半数弱の親族が申請者や保証人として登場し

---

45) 40人会による資格審査は15世紀前半に廃止された。クレシェンツィは,1407年に廃止されたと思われる,と述べているが,ライネスは廃止は1436年だとしている。V. Crescenzi *Esse de Maiori Consilio*, p. 347 ; D. Raines, "Cooptazione, aggregazione e presenza al Maggior Consiglio", p. 17.
46) S. Chojnacki, *Women and Men in Renaissance Venice. Twelve Essays on Patrician Society*, Baltimore and London, 2000, pp. 320-321. 法令は,V. Crescenzi, *Esse de Maiori Consilio*, pp. 349-350 に全文引用されている。
47) この資格調査は,おそらく証言をとったり家族の記録のようなものを提出させたりしたと思われる。1428年3男カルロの金球くじへの申請を行ったアルヴィーゼ・カペッロは,法務官から証拠を求められて「家族の記録をなくしたのでカルロの年令を証明できない。」と述べている。J. E. Law, "Age Qualification and the Venetian Constitution", pp. 129-130.
48) V. Crescenzi, *Esse de Maiori Consilio*, pp. 349-350.

第 6 章　親族と制度の相互作用

表 6

S. Chojnacki, "Kinship Ties", p. 253 より作成

ている。その内訳は多い順に，父方の親族 31.9 パーセント，母親 30.9 パーセント，兄弟 10.8 パーセント，母方の親族 8.2 パーセント，その他 18.2 パーセント（全部で 100 パーセント）で，父方母方ともおじの役割が大きかった[49]。その他については本人との続柄が不明瞭な場合が多いが，わかる範囲ではたいてい応募者の姻族である。ホイナツキは具体的なケース・スタディとして，ランド家の例を挙げている（表 6 参照）。それによると 1439 年マリーノの長男ジロラモは 3 男ヴィターレの保証人になり，後者は 1465 年前者の息子つまり彼の甥ピエロの申請者になった。また次男アルヴィーゼの息子フランチェスコの保証人には，ジロラモの息子で応募者本人には従兄弟にあたるピエロがなっている。表を参照すれば兄弟，おじ，従兄弟などが保証人や申請者として登場する様がよくわかるであろう。さらにアルヴィーゼが 1438 年金球くじに応募したときの申請者は義理の兄弟（姉妹の夫）マルコ・カペッロであった。アルヴィーゼの息子フランチェスコの申請者にも，母方のおじと共に義理の兄弟が登場している。このような姻族の役割は他にも見られ（表 7 参照），とりわけ義理の兄弟の重要性が確認できる[50]。こうして，4 親等の

---

49) S. Chojnacki, "Kinship Ties", pp. 247-250.

第Ⅱ部　権力の変化と家・親族

表7

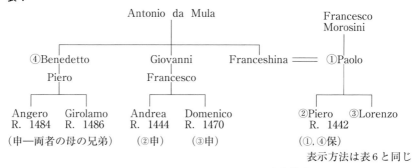

表示方法は表6と同じ

S. Chojnacki, "Kinship Ties", p. 263 より作成

血族と2親等の姻族を中心とする親族が大評議会への参加と結びつく政治的に重要な事柄を法的にも実質的にも支える柱となっていったのである。

　ここまでの議論をまとめておこう。13世紀後半，ヴェネツィアでも評議会を中心とする制度的な文化が整いつつあり，その中で親族の絆とどのように立ち向かうかという問題が浮上してきた。セッラータや15世紀初めまで続く金球くじの整備は，それに対するヴェネツィアの回答ということができるだろう。フィレンツェと異なりヴェネツィアでは，体制の敵を統御するのではなく，自分たち自身のもつ親族の利害を自分たちの制度でどのように統御していくかということが問題になったのである。

　ヴェネツィアの親族集団は，他都市のコンソリ時代の支配層の親族集団について一般的に言われていることとは異なり，女性の法的地位が比較的高く，また男系親族のまとまりからなる出自集団の結合力もそれほど見られなかった。これらは第Ⅰ部が明らかにしてきたことである。このような親族のありかたは，政治の舞台にもある程度は反映されていたのだろう。おそらくそのような事情もあり，ヴェネツィアでは，親族の利害を抑制する議案が次々と採択され，できるだけ親族の利害を排除しようとする試みが評議会の場で粛々と進んで行ったのではないだろうか。しかし当然，古くから大評議会に多くのメンバーを送っており，ドージェ評議会や四十人会などの重要な会議

---

50) S. Chojnacki, "Kinship Ties", pp. 253–267. なお，彼はこの論文で母系，姻族の重要性を強調してはいるが，親族集団としての考察は行っていない。

にも参加している有力者にとっては、家系を通じて自身のステイタスを守りたいという要求はあっただろう。また新たに台頭してきた人々にとっても、新人への門戸を開きつつも自身のステイタスを子へと引き継ぐことができるセッラータのシステムは受け入れられるものであったと考えられる。こうして緊張と試行錯誤の末、結局は親族の利害を取り込む形で、評議会制度が整備されて行ったのである。

　しかし、このような緊張の中で、評議会外での利害の対立は起こらなかったのであろうか。またそこに親族はどのようにかかわったのであろうか。次節ではそれを検討する。

第2節　クエリーニ・ティエポロの反乱[51]

(1) 反乱の概要

　セッラータが従来の研究で制度史の画期とされるのであれば、14世紀の都市内部の政治史で注目されるのは、クエリーニ・ティエポロの反乱、すなわちクエリーニ家とティエポロ家による体制打倒の試みである。この事件の顛末は1355年の元首(ドージェ)マリーノ・ファリエルの陰謀失敗とともに貴族共和制の勝利を表す事件として概説などでは説明されることが多いが、この反乱に親族はどのように関わったのであろうか。ミクロストーリアの古典とされるラッジョの『フェーデと親族』は、時代は異なるというものの、ジェノヴァ東部の二つの集落ラッパロ、キアーヴァリとその後背地であるフォンタナブオーナ渓谷を舞台に、当地の経済・社会・政治において親族がいかに重要なファクターであったかを描き出している。ここでは16～17世紀、世代を超えて紛争状態が継続していたが、この紛争の主体は、史料で parentella, parentado, casata などと呼ばれる親族集団であり、和解も親族間でなされた[52]。

---

51) 一般には、陰謀、謀反という言葉が使われるが、ここでは当日の軍事行動面に焦点を当てることから反乱という言葉を当てた。
52) O. Raggio, *Faide e parentele. Lo stato Genovese visto dalla Fontanabuona*, Torino, 1990.

つまり統治権力の脆弱さや不安定さと歩調を合わせる形で，親族というのは容易に政治の表舞台に立ち，紛争や和解の主体となりえたのである。確かに，ヴェネツィアの反乱は紛争当事者同士の和解や党派による政権交代として結末を迎えたのではなく，都市当局による反乱の鎮圧という形で結末を迎え，ジェノヴァはもとよりその他の都市のものと比べた場合でも，非常に小規模で短命のものであった。しかし，反乱の背景には後で述べる種々の緊張に加えて，ドージェとその支持者に対するクエリーニ家，ティエポロ家の人員の個人的な争いもあったことが指摘されている[53]。それならば，この二つの家を中心に反乱における親族の動きと，反乱後の処置における親族の取り扱いを検討することで，14世紀ヴェネツィアにおける親族と権力の関係を，また別の側面から照射することができるであろう。前節での検討が，評議会という制度の内側で繰り広げられた緊張を扱ったのだとすれば，たとえ小規模で短命のものであったとしても制度の外で起こった緊張，すなわち武力による政権へのアプローチを考察するのが本節である。

　このような考察は，さらに次の2点からも必要である。まず，本書第3章や第6章第1節の分析は，分家間の関係は日常的にはそれほど緊密ではなかったこと，評議会では姻族を含めた中規模の親族集団が重要であったことを示した。それならば，反乱という非常時においては，どのような親族の絆がどの程度発揮されたのか，あるいは発揮されなかったのか。この点は，親族と権力の関係を考える上で不可欠である。次に，そのことと重なるが，第1章第3節で同じ家名を持つ集団，すなわち家を無批判に政治的・経済的単位として扱うことへの疑問を提起した。また第6章第1節も家の結束力については問題を本節に委ねている。しかしクエリーニ・ティエポロの反乱という呼び名自体が示すように，従来，研究者は主要な反乱者が両家の者であることのみで満足し，その家の内実について，いままで十分考慮してこなかったといえる。反乱における家の政治軍事的結合力，それとコムーネの関係を考察することは，ヴェネツィアにおける家の意義を図る試金石となろう。

　では反乱のあらましに移りたい。反乱が起こった1310年のヴェネツィア

---

53)　F. C. Lane, "The Enlargement", pp. 239-242.

社会はさまざまな意味で緊張が高まっていた。まず，1297年から始まった一連の大評議会の改革は，複数の立場の人々の不満や反感をあおっていたと考えられる。評議会内部における緊張は前項で述べた通りだが，1300年にはマリーノ・ボッコノ他10名の都市民がドージェ宮殿に押し入ろうとして絞首刑にされた事件が生じた。ニコロ・トレヴィザン（？〜1369年）の年代記はこの陰謀事件の動機をマリーノが大評議会への加入を認められなかったことに帰着させている。この事件に加担したバルドゥイノ家は10年後のクエリーニ・ティエポロの反乱にも参加した[54]。また14世紀後半のトレヴィザンの年代記は，元首(ドージェ)ピエトロ・グラデニーゴが，平民の上層を大評議会に加入させることで大評議会の拡大を望んでいたこと，その政策の背後にはジャコモ・ティエポロ（第2章で登場したジャコモ・ティエポロの孫）をドージェにと望んでいた，そしてさらにグラデニーゴ選出後もティエポロ家に親近感を示し続ける，一般大衆への憎しみがあったことを述べている[55]。彼の年代記は反乱から約半世紀経過した頃にかかれたものであるので，彼の叙述が正しいという保証はない。しかしニコロ・トレヴィザンは，重要な役職を引き受ける貴族であり政治的情報に接する機会も多かった[56]。それゆえ，当時の状況をなんらかの形で伝えることはしているであろう。このような制度改革のただ中にある緊張状態に加えて，1310年という年は，1308年から始まったフェッラーラを巡る教皇庁との戦いにヴェネツィアが敗れた直後であった[57]。つまり，ヴェネツィアは軍事的・経済的にも苦しい時期だったのであ

---

54) 両方の陰謀に参加したバルドゥイノ家に対する罰は厳しく，コムーネの命令でサン・シメオン地区にある彼らの家は，不名誉の印として常に門をあけておくことが命じられた。V. Lazzarini, "Aneddoti della congiura Quirini Tiepolo", in *Nuovo Archivio Veneto* 10, 1895, pp. 87-89.
55) F. C. Lane, "The Enlargement", pp. 238-239, 262-263. レーンの引用によると，この年代記はかなり俗語化したラテン語で書かれているが，家を表すために famiglie が使われている。
56) 彼は1355年，マリーノ・ファリエルの陰謀事件のとき十人会のメンバーであり，クレタ反乱後の1365-1367年，クレタへの派遣使節となった。1369年，サン・マルコ財務官在職中に死亡する。トレヴィザンの年代記については，A. Carile, "Note di cronachistica veneziana : Piero Gustinian e Nicolò Trevisan", in *Studi veneziani* 9, 1967, pp. 119-125 ; F. Thiriet, "L'importance de la chronique de Nicolò Trevisan", in F. Thiriet, *Etudes sur la Romanie greco-vénitienne（Xe-XVe siècles）*, Variorum Reprints, London, 1977, XIX, pp. 407-414.

る。1309 年 8 月のフェッラーラでの戦いの敗北後，9 月に教皇庁との和解を模索し始めたヴェネツィアだが，教皇庁の態度は硬く，ヴェネツィアに下された破門，それに伴う他都市のヴェネツィアとの商業停止はこの時点では解除されていなかった。

　こうした社会の緊張を背景に，1310 年 6 月 15 日未明，種々の不満を吸い上げる形で反乱が起こる。この日，リアルトからサン・マルコ広場へ，二手に分かれた貴族の集団が大勢の平民を従えて押し寄せた。一方を率いるのはマルコ・クエリーニとその息子のニコロとベネデット，もう一方の先導者はマルコの娘婿バイアモンテ・ティエポロである。彼らの目標はドージェ宮殿で，そこでパドヴァへ援軍を集めにいったバドエロ・バドエル[58]と合流し宮殿を占拠するはずであった。しかし，事前に反乱軍の脱退者から情報を得たドージェが宮殿の警備を固めたため，激しい戦闘のあと反乱軍は一日で惨敗した。首謀者のマルコ・クエリーニと彼の息子ベネデットはこの戦いで殺され，バイアモンテは逃亡したが，やがてスラヴォニアへ追放された。バドエルは市内に入らなかったもののドージェから報せを受けたキオッジャのポデスタと戦い，結局捕われて投獄される。彼は 6 月 22 日の裁判で有罪とされ，打ち首になった[59]。

(2) 反乱の参加者と「家」

　反乱の翌々日から各地の地方行政官に反乱を報せるために書かれた手紙には，バイアモンテと「「大きな家」のマルコ・クエリーニとヴェネツィアに

---

57)　フェッラーラとの戦争については，G. Soranzo, *La Guerra fra Venezia e la S. Sede per il dominio di Ferrara* (*1308-1313*), Città di Castello, 1905.
58)　バドエル家はパドヴァの有力家系やレンディナラ（パドヴァとフェッラーラの間にあるコムーネ）の封建領主と姻戚関係を結んでいた。またバドエロ・バドエルの姉妹がマルコ・クエリーニの妻であった可能性があるが，確証はない。M. Pozza, *I Badoer. Una famiglia veneziana dal X al XIII secolo*, Conselve (PD), 1982, pp. 64-74.
59)　アンドレア・ダンドロの年代記には，反乱の直後にドージェがヴェネツィア支配下の各地の行政官，とりわけコローネとモドーネの城主に送った手紙の写しが添えられており，そこから反乱の様子を再構成することができる。またロマニンはそれに評議会記録を添えて反乱のあらましを再構成している。*Andrea Danduli Chronica*, a cura di Ester Pastorello, RISS, tom XII, parte I, pp. 375-383；S. Romanin, *Storia documentata di Venezia*, *III*, Venezia, 1855, pp. 31-39.

第 6 章　親族と制度の相互作用

いたこの家の他のもの，サンタ・ジュスティナ地区のピエトロ・クエリーニと彼の息子のマルコ，アンドレア・ダウロ，他の貴族の何人かの人々，貴族以外の我々の市民のうちの多くの堕落したものが，多くの追放者とともに陰謀を企んだ」とある[60]。また元首(ドージェ)ピエトロ・グラデニーゴがコローネとモドーネの城主に宛てた手紙には，「6 月 14 日日曜日の夕刻，ある者が我々のところにやってきて，今晩我々の宮殿を征服しに来るため，先述のバイアモンテの家とクィリーニ家の「大きな家」(domum maiorem de cha Quirino)[61]に多くの人が集まっている。そして人々のある部分は前述のピエトロの家に集まっている，と述べた」という記述も見られる[62]。ここで登場する cha (ときに ca) は日本語の「家」にあたる曖昧な語で同居親族集団や，さらに広く同姓集団全体を指した[63]。こうしてバイアモンテの家屋とクィリーニ家に属する二家屋が反乱の集結場所になっていたこと，バイアモンテとクィリーニ家の複数の人物が反乱の中心になっていたことがわかるのである。そこで次に，このクエリーニ家と，バイアモンテが属すティエポロ家がどのような家であったのか，またこれらの家を構成する者のうち，どのような人々が反乱に参加したのかを見ていくことにしよう。

　クエリーニ家は古くからコムーネで重要な位置を占める大人数の家で，すでに 1164 年コムーネの財政援助のため資金を貸し出した 12 人の富裕者の中

---

60) *Andreae Danduli Chronica*, p. 375：'Marcus Quirino de domo maiori, et ceteri de ipsa domo, qui se Venetijs repererunt, Petrus Quirino sancte Justine et Marcus eius filius, Andreas Dauro et alij nobiles, quamplures ex popularibus nostris civibus seducentes, et cum bannitis et forinsecis et malandrinis conspiraverunt quampluribus.'

61) レナーによればクエリーニ家には七つのリネージ（分家）があり，その内四つがヴェネツィア，三つがクレタで，ヴェネツィアの 4 リネージのうち最初の一つが ca maior 或いは ca Mata と呼ばれていた。R. J. Loenertz, "Les Querini, comtes d'Astypalée 1413-1537", *Orientalia Christiana Periodica* 30, 1964, p. 385. この 7 リネージ相互の関係やいつ誰から分岐したか等の詳しいことはわからないが，当時の史料に "domus Maioris de ca' Quirino" や, "Ca'Quirino vocatam ca' Mata" 等の記述がみられることから，クエリーニ家の中にこの呼称で区別される人々がいたことは事実である。Cf. *Consiglio dei Dieci : Registri I-II*（1310-1325), n. 417；*Consiglio dei Dieci : Registri III-IV*（1325-1335), n. 460.

62) *Andreae Danduli Chronica*, p. 379：'Die vero dominica xiiij junij, circa sero, venit quidam ad nos dicens quod ad domum dicti Baiamontis et ad domum maiorem de cha Quirino congregabatur gentium multitudo, et etiam aliqua pars gentis ad domum Petri praedicti, ut illa nocte venirent ad nostrum palatium debellandum'.

183

に入っている[64]。13世紀を通して遠征隊の船長や大使，ロマニアの行政官などにメンバーを供給し，大評議会にも平均して十数人が選ばれ[65]，13世紀の年代記作者ダ・カナールによれば「高貴な血統」であった[66]。また1291年のバルトロメオ・クエリーニ(カステッロ司教)の遺言書，同じく同年のジャコモ・クエリーニ（サン・ジュリアン地区，先のバルトロメオの兄弟）の遺言書は，13世紀ヴェネツィアの遺言書としては珍しく，不動産をクィリーニ家の男系子孫代々残すことを指示しており，この家が比較的男系による家系意識が強かったことを窺わせている[67]。実際，先に引用した手紙に添えられた追放者リストには10名のクエリーニの名前が見られ[68]，「大きな家」以外に複数のクエリーニが参加していた。またアンドレア・クエリーニのように10人会の後の調査で追放された者もいた[69]。しかし，1302年コス島問題に関

---

63) 「ヴィダル家の路 ruga de Ca Vidal」「ポラーニ家とジュスト家の家屋のそば circa domorum de Ca Polani et Ca Iusto」「トロン家の船 navis de Cha Truno」「モロシーニ家とミキエル家のその貴族たち isti nobiles de Cha Mauroceno et de Cha Michael」などの使用法が見られる。このうち1番目と2番目は明らかに同居集団としての家，すなわち世帯のようなものを指していると思われるが，Caが単に同居集団に限定されないことは，各地区が回り持ちで行う聖母マリアの祭りの資金担当者について定めた，次の法令から明らかであろう。ここでは「子供とアレクサンドリアに行っているアンドレア・ロレダンを除いて，この地区に財産を持ち住んでいる全てのロレダン家の男性 omnes de Cha Lauredano masculi habentes possessiones et habitantes in contracta は，12グロッソ払わねばならない」と規定されたが，わざわざ「全ての」と断ったところに，当該地区に財産（住居）をもっているロレダン家の男性が複数いたことを窺わせるからである。出典は順に，*Le deliberazioni del Consiglio del XL*, vol. 1, n. 130; *Le deliberazioni del Consiglio del XL*, vol. 3, n. 127; *Le deliberazioni del Consiglio del XL*, vol. 1, n. 36; *Le deliberazioni del Consiglio del XL*, vol. 3, n. 522; *Ibid.*, n. 636.
64) G. Cracco, *Società e stato nel medioevo veneziano*, Firenze, 1967, p. 27; G. Luzzatto, *I prestiti della Repubblica di Venezia（sec. XIII–XV）. Introduzione storica e documenti*, Padova, 1929, pp. 3-4.
65) 1261～97年の大評議会に選出された人のリストによると，全体の3～5パーセントを占めていた。*Deliberazioni del Maggior Consiglio* I, pp. 267-362.
66) Martin da Canal, *Les estoires de Venise : Cronaca veneziana in lingua francese dalle origini al 1275*, a cura di A. Limentani, Firenze, 1973, pp. 82, 83, 208, 211.
67) F. Arbitrio, *Aspetti della societa veneziana*, pp. 83-109, 121-130.
68) *Andreae Danduli Chronica*, pp. 377, 380-381. そこに挙げられた名前は，Petrus Quirino Sanctae Justinae, Thomam Quirino quondam Galuani（Thomas Quirino Sanctae Trinitatis）, Petrum Quirino nanum, Iaobinum eius fratrem, Nicolaum Quirino Durante, Symonetus Quirino, Pizagalus Quirino, Petrus Quirino de domo maiori, Nicolaus Quirino zottus, Nicolaus Quirino fr. Quondam Marci.
69) *Consiglio dei Diei, Registri I–II（1310-1325）*, p. 121, n. 348.

してクレタ総督と協力する旨が述べられている（おそらくガレー船船長であろう）アンジェロ，1301〜1303年コローネの城主であったカルロ等[70]，当時の史料に登場する成人男子のクエリーニで追放者に名前の見られない者もいる。彼らはたまたまヴェンツィアにいなかったのかもしれない。が，当時ロマニアでガレー船船長をしていた，「大きな家」のマルコやピエトロと近縁と思われるジョヴァンニについては，彼をモドーネに入れないようにとの命令が発せられている[71]。それゆえ，上記の2人は反乱者のクィリーニとは近縁になく，反乱にも参加しなかったと考えるのが妥当であろう[72]。つまり反乱には，血縁の絆に基づいて複数の同じ家に属する人間が参加していたが，それはすべての家の成員を覆うほどではなかったということである。

　次に，ティエポロ家の参加状況を見ることにする。ティエポロは12世紀から商業史料に登場し始める[73]中規模の家だが[74]，13世紀にはドージェを2人も出し，両者ともヴェンツィアの英雄的存在だったので一般住民に人気があった。1229〜49年の元首(ドージェ)ジャコモ・ティエポロと，彼の息子で1268〜75年ドージェだったロレンツォ・ティエポロ（バイアモンテの祖父）の人気の高さは，ロレンツォ時代に生きたマルティン・ダ・カナールが彼の年代記で語っている[75]。かくしてティエポロ家にはジャコモ——ロレンツォ——ジャコモ——バイアモンテと連なる人望とでも言うべきものがあったのだが，やはりティエポロも，その人望によって家の構成員全員が結集し反乱に参加した，ということはなかったようである。なぜなら反乱の1年前の1309年マルコ・ティエポロなる人物がドージェ評議員に選ばれているが[76]，主要な追

---

70) 順に，F. Thiriet, *Délibérations des Assemblées vénitiennes*, I, n. 73.; *Ibid*., n. 39, 41, 91.
71) *Délibérations des Assemblées vénitiennes*, I, n. 217.
72) 死亡している可能性は否定できないが，少なくとも1310年以前に遺言書が残されていることはない。以下，ティエポロ家についても同様。
73) G. Cracco, *Società e stato*, p. 62.
74) 大評議会にはだいたい4, 5人が選ばれ，全体の1パーセント前後を占めた。*Deliberazioni del Maggior Consiglio*, I, pp. 267-362.
75) 「ヴェンツィアの民衆はヴェンツィアのドージェでロレンツォの父であったジャコモ・ティエポロの高貴さと偉大さについて明確な記憶を持っていた。ジャコモがドージェになる前，そしてドージェのときに行った事柄の高貴さと偉大さについての記憶を持っていた」，Martin da Canal, *Les estoire de Venise*, pp. 278-279.

放者の中に彼の名前は見られない。バイアモンテの他にニコロとアンドレアが追放者リストに見られるので[77]，マルコがリストにないのは，参加しなかったからだと考えられる。おそらくこのマルコは，曾祖父が元首ロレンツォの兄弟で[78]，バイアモンテとは再従兄弟にあたる間柄である。その意味では，バイアモンテとは比較的遠縁に当たる親族だといえよう。

　さらに反乱後のクエリーニ，ティエポロの活動も，両家内部における不参加者の存在を裏付けているように思われる。反乱後2年しか経っていない1312年に，リッツァルド・クエリーニなる人物が，ヴェネツィアの重要な寄港地であるネグロポンテの補佐官になっていた[79]。1329年には，先に述べたサン・ジュリアン地区のジャコモの孫に当たるジョヴァンニが，フェッラーラに近いパポッツェの所有地のことで，ドージェの前に出頭するよう十人会に命じられている[80]。さらに，1342年にはドージェ選出委員（41名）という重要な役職にもグラデニーゴ家の者と共にクエリーニ家の者が選ばれている[81]。ティエポロも1361年，ドージェ選出委員に選ばれた[82]。また，1379年の資産評価では22人のクエリーニが登録され，評価額の順位でも11位に

76）　*Délibérations des Assemblées vénitiennes*, I, n. 183.

77）　*Andrea Danduli Chronica*, pp. 377, 380–381 ; S. Romanin, *Storia documentata*, pp. 29, 35.

78）　Cf. ASV, Bianca Lanfranki Strina, *Inventario, Procuratoti di San Marco. Misti*（*Commissarie*）, 394/8, commissaria di Tiepolo Maria ux. Lorenzo, cf. S. Giustina ; ASV, M. Barbaro, *Arboli de'patritii veneti*, VII. 32

79）　*Délibérations des Assemblées vénitiennes*, I, n. 313. これは1314年10月23日，元ネグロポンテのバイロ，エンリコ・ドルフィンとその補佐官リッツァルド・クエリーニにコムーネへの会計簿提出の期限延長を認めた記事である。しかし，以下に示す，ホプフのロマニア行政官リストから，エンリコ・ドルフィンのバイロ就任期間が1312-14年であることがわかるので，クエリーニもこの期間補佐官であったことがわかるのである。また，この記事から，リッツァルド・クエリーニが1314年，反乱者とかかわりなしにヴェネツィアにいたことがわかる。K. Hopf, "Catalogues des gouverneurs vénitiens de la Grèce et des îles grecques", in : *Chroniques gréco-romanes inédites ou peu connues*, Berlin, 1873, p.372.

80）　*Consiglio dei Dieci*, *Registri III-IV*（*1325-1335*）, n. 449. このジョヴァンニ及び，彼の二人の兄弟が，その他の親族の参加にもかかわらず反乱に参加しなかったことは，後で述べるフォジェロンの論文も指摘している。F. Faugeron, "L'art du compromise politique : Venise au lendemain de la conjuration Tiepolo-Querini（1310）", in *Journal des savants*, n. 2, 2004, pp. 374-375.

81）　*Raphayni de Caresinis-Chronica AA. 1343-1388*, RISS, tomo. XII, parte II, a cura di E. Pastorello, Bologna, 1923, p. 78.

位置し[83]，クエリーニが人数・財産とも多い家であり続けたことを証明している。もし両家の全員が反乱に参加あるいは協力し，そして敗れたのなら，このようなことにはならなかったのではないだろうか。また，少数ずつしか参加していない他の貴族を考えれば，ますます反乱者は家全体として反乱に参加したのではない，ということがはっきりするのである。例えばトレヴィザン家，ザネ家からはそれぞれアンジェロ，マルコくらいしか参加しなかった[84]。

確かに反乱の基礎に親族の絆があったことは容易に推測できる。「大きな家」とサンタ・ジュスティナ地区のクエリーニが中心になったことは史料が再三述べていることであるし，クエリーニ家とティエポロ家は姻戚関係で結ばれていた。バドエル家とクエリーニ家のあいだにも姻戚関係があったと考えられる。しかしその親族の絆の範囲は家全体にまで拡大できるものではなく，分家，あるいは分家間に結びつきがあったとしてもせいぜい複数の分家レヴェルの範囲にとどまっていた。つまりヴェネツィア貴族の家は反乱という重大事においても，十分な結束力を示すことができず，一方で姻族の絆は反乱においてもある程度機能した，ということである[85]。このことは先に見た，政治活動における propinqui の重要性と適合的であろう。

(3) 反乱後の処置

では反乱に対するコムーネの対応の仕方はどうであろうか。事件の後すぐ大評議会が召集され事件の処理に携わる委員会が作られた。これが後の十人

---

82) *Raphayni de Caresinis-Chronica*, pp. 59–60.
83) S. Chojnacki, "In search of the Venetian patriciate", p. 74 ; G. Luzzatto, *I prestiti della repubblica di Venezia*（*sec. XIII–XV*）, Padova, 1929, pp. 139–195.
84) 彼らは罪も軽かったらしく自宅謹慎とサン・マルコ及びリアルトへの出入り禁止ですんでいる。V. Lazzarini, "Aneddoti della congiura", pp. 81–82.
85) 反乱の参加者や追放者に対する反乱後の処置を詳しく扱ったフォジェロンの研究もこの見解を支持しており，「その名前にもかかわらず，ティエポロ・クエリーニの陰謀は「家」の枠組みに含まれるものではない」と述べ，77 人の貴族の参加者は，28 以上の家に所属しているが，多くの場合，反乱者は一つの家から 3 人にも満たないこと，クエリーニ家については四つの分家から 17 名が，ティエポロ家については二つの分家から 7 名が参加しているが，家（Ca）全体の規模に至る統一的な振る舞いは確認できないこと，を指摘している。F. Faugeron, "L'art du compromise politique", p. 374.

会となるもので，彼らの仕事の大部分は追放者の没収財産の処理や追放者の許容行動地帯の拡大，追放地を離れた者に対する暗殺指令，追放者の死亡確認などであった[86]。さて，その十人会の記録を見ると，彼らが反乱者の妻子をほぼ反乱者と同列に扱っていることがわかる。反乱者の妻や娘や息子と話をしたり彼らから手紙を受け取ったりすると罰金刑で[87]，反乱者の息子や娘を家にかくまっても罰金刑であった[88]。また妻には追放が命じられた[89]。夫の死後ヴェネツィアに戻ることを許されたが，息子や娘がおらず，また妊娠していないのなら，という条件を付けられた妻の例[90]もある。この点は，フィレンツェの反豪族立法と比べたときに興味深い点である。もちろん反豪族立法は謀反に対する処置ではないので一概に比べることはできないが，フィレンツェでは女性に対する考慮はほとんどない。つまり「弱い女性」は取り締まりの対象でなく保護されねばならないのである[91]。ところが，ヴェネツィアでは妻も反乱者と同様に追放され，息子ばかりか娘も用心の対象になっている。実はドージェの誓約にも女性が取り締まりの対象となる例がみられる。1252 年のラニエリ・ゼノの誓約では，役職や支配者の選出に関して，息子だけでなく，ドージェの奥方，嫁，娘，すなわちドージェと共にドージェ宮殿に住む予定のもの qui nobiscum in palatio morabuntur が，選出を左右するような言動を慎み，また嘆願についても息子だけでなくこれらの親族全てが

---

86) ザーゴが編纂した史料によると，14 世紀の後半になる程，両家に関する項目は減っていく。この後十人会は「夜の紳士」Signori di Notte と呼ばれる治安機関と共に市内のパトロールや居酒屋の監視なども行うようになり，市内の治安維持，特に陰謀取締りの性格を身につけていった。十人会をコムーネの永久機関とすることが決定されたのは 1335 年である。十人会については，G. Ruggiero, *The Ten: Control of violence and social disorder in Trecento Venice*, Ph.D. diss., University of California at Los Angeles, 1972 を参照。

87) *Consiglio dei Dieci*, I–II, n. 16, pp. 9–10 : 'qui vel que loquntur vel partecipabunt in verbo, litteris vel facto aliquo cum uxoribus, filiis vel filiabus proditorum bannitorum'.

88) *Consiglio dei Dieci*, I–II, n. 15, p. 9 : 'Quod aliqua persona non audeat nec presumat recipere vel retinere in domo aliquem filium vel filiam proditorum'.

89) *Consiglio dei Dieci*, I–II, n. 20, p. 11 : 'Item quod consilium captum die quinto septembris VIIII indicione quod omnes uxores proditorum forbanitorum debeant exire de Veneciis et districtu usque ad VIII dies et non possint stare in aliqua terra subiecta dominio Veneciarum donec mariti sui sunt vivi, extendatur tam uxores…'.

90) *Consiglio dei Dieci*, I–II, n. 137, p. 64 : 'Quod uxor condam Petri Quirino proditoris, qui occisus est, possit venire Venecias si non habet filium vel filiam ex eo nec gravida sit'.

91) Ch. Klapish-Zuber, *Ritorno alla politica*, pp. 27–28.

行わない誓いをすることが，誓われた[92]。ヴェネツィアでは女性にも政治的な影響力があるとみなされていたのだろう。こうして第Ⅰ部で明らかになった家族生活の特徴は，親族に関する法令のみならず，反乱後の処置にも反映されているのである。

　次に親族関係に関する処置で目を引くのは，反乱者の没収財産の売却に際して，反乱者の家系の者，および前節で確認した評議会から退出対象になる propinqui の範囲の者がそれらを購入することが禁止されたことである[93]。追放については妻子のような近親にしか罪が及ばない措置が取られたが，当時の人々の意識の中にはやはり政治的に重要な親族集団としての proles と propinqui が存在し，反乱後の処置においてもそれが浮上したということであろう。しかし誰の財産を没収するかということに関しては慎重に取り扱いが行われた。最もよい例はジョヴァンニ・クエリーニのものであろう。彼は事件のときロマニアにいて反乱に参加しなかったのだが，そのジョヴァンニの財産は反乱の首謀者マルコとピエトロの間にあった。コムーネはリアルトにあるこれらの建物の破壊を命じたが，ジョヴァンニの分3分の1の権利は守られたのである[94]。またトッマーゾ・クエリーニは追放に処され財産も没収されたのだが，この財産には実はトッマーゾの父の遺言によって彼の姉妹の嫁資分が含まれていた。そこでコムーネはこの財産を競売で売り払ったあとトッマーゾに属する3分の1はコムーネの収入にし，残り3分の2は彼女たちの嫁資に回すよう取り計らった[95]。こうしてコムーネ（すなわち反乱に参

---

92) *Le promissione del Doge di Venezia*, pp. 51–52.
93) *Consiglio dei Dieci*, I–II, n. 21, p. 11 : 'Quod aliqua domus vel possessio de his que venduntur vel venderentur que fuerunt proditorum nostrorum, qui sunt vel erunt de cetero in banno nostro occasione proditionis Baiamontis Teupulo et sequacium facte in die sancti Viti, non possint devenire per aliquem modum vel ingenium vel colorem quesitum in aliquem vel aliquos de prole ipsorum proditorum, nec in aliquem qui exiret pro eis secundum formam consilii de conslio'.
94) E. Crouzet Pavan, *"sopra le acque salse". Espaces, pouvoir et société à Venise à la fin du Moyen Âge*, Roma, 1992, p. 922. Cf. *Consiglio dei Dieci*, I–II, p. 248（appendice）: 'Quod due partes domus maioris que tangebant olim Marcum Quirino pro una parte et Petrum Quirino pro altera, iuxta tenorem divissionum, ruinentur. Verum si divissiones non possent haberi remanente parte Iohannis Quirino cum eo quod esset comune, residuum totum ruinetur.'

第Ⅱ部　権力の変化と家・親族

加しなかった貴族たち）は追放や財産没収という実害が反乱者本人とその妻子だけに及ぶように気を配ったのである。これも，親族に罪の責任が及ぶフィレンツェの反豪族立法とは，対照的な措置である。

　ところが反乱後の処置の中には家全体にかかわるようなものもある。一つ目は紋章に関するもので[96]，反乱後ティエポロとクエリーニは紋章を変えることが要求され，守らなかった者には罰金が課された。ティエポロ家は反乱のとき二つの塔のある砦の模様の紋章を使用していたが，それは彼らが以前用いていた角の模様の紋章に変更された。クエリーニの紋章は二つだが，反乱に使われたのはクォータリー（4分割図形）でこれが禁止された。もう一つのユリの花の紋章については，クォータリーが禁止されてからこの紋章が登場したという意見もあるが，系図学者バルバロは反乱の40年も前からこの紋章は使われていたと述べている[97]。いずれにせよクォータリーを使っていた人々は禁止後2分割に金星を配した紋章を採用することになった。しかしクエリーニはクォータリーへの愛着を持ち続けていたようで，1421年クレタのジョルジョ・クエリーニがクォータリーを使っていることが十人会に知られて罰金を課されている[98]。二つ目は十人会への参加資格についてで，クエリーニ家の者は反乱から一世紀近く経た1406年まで十人会に参加することができなかった。十人会には追放者の家族は選出されないという規定があって[99]，1406年クエリーニが選出可能になったのも追放者のクエリーニが全て死亡したという理由からなのだが，果たしてそれほど明確な事実に基づいてクエリーニが排除されていたのかというと，その点は疑問である。というのは，これに先立つ1389年ランベルト・クエリーニなる人物が十人会に選ばれたが，その時ドージェ評議会が彼の選出は承認されないのではないかと危惧したため選出が保留されるという事態があった[100]。さらに1406年

---

95) *Consiglio dei Dieci*, I-II, n. 52, p. 37 : 'Vadit pars quod relique due partes…. dentur pro nostro comuni dicte filie condam dicti Galvani pro suo maritare in imprestitis vel peccunia'.
96)　紋章については以下の論文に詳しい。V. Lazzarini, " Le insegne antiche dei Quirini e dei Tiepolo", in *Nuovo Archivio Veneto* 9, 1895, pp. 221-231.
97)　R. J. Loenerts, "Les Querini", p. 390.
98)　V. Lazzarini, "Le insegne", pp. 223, 229.
99)　V. Lazzarini, "Aneddoti della congiura", pp. 89-90.

クエリーニの参加を認めた大評議会決議は満場一致ではなく，賛成222人に対して154人もの反対があったのである[101]。追放者の家族かどうかという厳然たる事実より，クエリーニという「家」の一員であるという理由で排除されていたと考えたほうが自然だろう。

しかし紋章にしても十人会への参加にしても，追放や家屋破壊のように直接政治経済的に被害を被るような措置ではない。十人会は少なくとも14世紀中は事件の事後処理と反乱防止に携わる委員会で，外交，財政，商業等の重要な国政にかかわることには，それ自体としてはタッチしなかった[102]。家全体にかかわるような法令は実害をともなわず，観念的レヴェルに留まっていたのである[103]。このことと先の追放や財産没収の措置を考えあわせると，反乱者は家としては直接には罰せられなかった，とみなせよう[104]。実際，反乱後の大評議会決議は，「バイアモンテ・ティエポロと彼に従い参加した人々」の追放を述べていて，ここには家も親族も家族も現れていない[105]。これらの事実はクルーゼ・パヴァンがすでに指摘していることであるが[106]，家族史の文脈でもう一度その意義を確認しておくことは大事であろう。つま

---

100) V. Lazzarini, "Aneddoti della congiura", pp. 91, 96 : 'Cum propter casum occursum in Venetjs MCCCX alique domus de nostro Maiori Consilio fuerint private de possendo eligi, stare et esse de consilio de Decem,.........quod omnes illi de cha Quirino, nunc et per futura tempora, possint eligi, stare et esse de nostro consilio de Decem, ut alij nostri nobiles de Maiori Consilio. De parte=222 ; de non=154 ; non sinceri=14.'
101) ティエポロがいつ十人会に参加を認められたのかについては，参照できた範囲の史料からはわからないが，少なくとも1335年までは選出されていない。
102) マリーノ・ファリエルの陰謀で十人会が迅速な処理をしたことはよく知られているが，これは特殊な例で普段は主に貴族に対する平民の不敬な発言などを取り扱っていた。G. Ruggiero, *Violence in Early Renaissance Venice*, New Jersey, 1980, p. 11 ; Idem, "The Ten", pp. 159–161, 253–258.
103) なお，紋章についてのジョルジョ・クエリーニの処罰や十人会への参加の許可は，概念的なものだとしても，14世紀末～15世紀初めにおいて「家」への愛着や「家」を一つの利害集団と見なすような態度が確かにあったことは示している，ともいえる。このような「家」意識の存在と機能については，第7章であらためて扱う。
104) この点も，フォジェロンが確認するところで，さらにパヴァンも「家の集団的責任は追及されなかった」と指摘している。F. Faugeron, "L'art du compromis politique', p. 420 ; E. Crouzet Pavan, *"Sopra le acque salse"*, p. 275.
105) また大評議会に議席を持っていないものは，ドージェに願い出ることで慈悲を得ることができた。*Consiglio dei Dieci*, I–II, p. 243 (appendice).
106) E. Crouzet Pavan, *"Sopra le acque salse"*, p. 275.

り，このような処置は，反乱者は厳しく押さえるが家の反発は招かず，先にも示したようにコムーネに忠実であれば家と関わりなしに政治的・経済的に活躍できる保証を与えたので，ますます家全体としての政治軍事的結合力を弱めることになったと考えられるのである。そして，このような処置が可能だった背景には，政治的に重要な集団は4親等範囲の血族と2親等の姻族を含む集団で，もともと出自集団としての家全体の結合力はそれほど強くはない，という事実があったことも，確認しておかねばならない。

　なお，反乱に参加した家の特徴に注意してこの反乱を振り返ってみると，クエリーニ家は13世紀末に男系意識を強めていたこと，ティエポロ家は祖先にドージェを二人出した伝統を持つこと，バドエル家はパドヴァの封建領主と姻戚関係にあるなど，家全体の政治軍事的凝集力はなかったとはいえ，比較的，第Ⅰ部で見た「商人の家」のあり方から逸脱していくような形の家が，反乱に参加し，そして負けたと見ることもできる。この点も，以後のヴェネツィアの国制を考える上で重要であろう。つまりこの反乱は家族史の側から見れば，メール・ヴィグールがポポロと旧都市貴族層の争いについて述べたような一種「歴史人類学的」な争いであり，この反乱の鎮圧によって評議会の外で男系親族の絆を強めるような芽が完全につまれたと解釈することもできるのである。1355年の元首(ドージェ)マリーノ・ファリエルの陰謀では，親族はほとんど機能していない。これはドージェが自己の家や親族ネットワークよりも平民の力を利用して既存の支配体制を転覆しようとしたものであり，その結末はドージェがドージェ宮殿の入り口で首を切られ，ヴェネツィア政府が貴族共和制を断固として守る姿勢を内外に示したことであった[107]。

---

107) マリーノ・ファリエルの陰謀については，V. Lazzarini, "Marino Faliero, la congiura", in *Nuovo Archivio Veneto* 8, 1897, pp. 5-107, 277-374. 例えば，アルベルト・ファリエルとベルトゥッチョ・ファリエルは陰謀について知っていたが，主要な役割を果たさなかった。しかしベルトゥッチョについては，陰謀について知らせなかった角で有罪となり，投獄された。またニコロ・ファリエルは十人会の一員であったが，ドージェと親族関係にあったため，陰謀を裁く会議から排除された。Ibid., pp. 82, 98, 276-282.

第 3 節　恩恵（gratia）制度

(1)「権力の技法」としての恩恵

　では，このように，親族の利害を抑制する一方で，親族の絆そのものを評議会制度の柱に据えることで成立していく権力，大規模な出自集団としての「家」の結合力をますます弱める形で反乱後の処置を執り行った権力は，個々の家族とどのような関係を取り結んでいくのだろうか。最後に恩恵制度を通じて，この問題を考えていくことにしたい。

　「恩恵」とは権力側が住民の嘆願にしたがって与える特権もしくは特例措置で，史料上の用語は gratia である。Gratia は一般には恩赦と訳されることが多く，フランス王国などでは，もっぱら死刑や追放刑の赦免の意味で使われ，王権の重要な要素をなした[108]。しかしヴェネツィアで与えられる gratia は恩赦とは異なり，罰金の軽減など，犯した犯罪，違法行為に対する罰則の軽減は行われるものの，死罪の赦免は行われない。また，コムーネの役職への就任や地方の行政官職を一定期間離れる許可，土地の埋め立てや橋の建設許可，ワインや小麦の輸出の許可，外国人定住者に対する市民権の付与など，個人に対する行政的，経済的特例の意味合いが強いことも特徴である。よって，ここでは恩恵という訳語を当てた。なお，このような gratia の性質は，なにもヴェネツィアだけの特徴ではなく，ミラノ，ボローニャ，ルッカなど近年，gratia 制度が研究されている多くのイタリア都市に当てはまる。もっとも都市によっては，シニョーレによるひいき，特権付与の側面が強い場合もあれば，恩赦・大赦の要素をかなり含んでいるような場合もあった。

　最近の研究は，嘆願とそれによって与えられる恩恵が，シニョーレの統治制度を強化するために役だったことを指摘している。ヴェローナ，シャルル・

108）　福田真希『赦すことと罰すること――恩赦のフランス法制史』名古屋大学出版会，2014年，クロード・ゴヴァール著（轟木広太郎訳）「恩赦と死刑――中世末期におけるフランス国王裁判の二つの相貌」服部良久編訳『紛争の中のヨーロッパ中世』京都大学学術出版会，2006年，258-277頁。

ダンジュー支配下の北イタリア，ボローニャなどについての研究が蓄積し，マリア・ナディア・コヴィーニはこれらを踏まえてヴィスコンティ家とスフォルツァ家による恩恵を取り上げ，それを「権力の技法」——すなわち，さまざまな政体が有効な統治を行うために行った働きかけ——の観点から考察した。彼女によるとヴィスコンティ，スフォルツァによる恩恵とは，許可状 lettera patente の形で与えられる当局による特別の処置で，それによって私人やある団体に条例や法令や慣習からいくぶん逸脱した認可を与えるものである。これを通じてミラノのシニョーレは，臣下を自らの懐に受け入れ，新人をひいきし，あるいは法の厳格さをやわらげて公正さを保つのである[109]。ヴァッレラーニの2012年の論文は，さらに嘆願と恩恵のもつ「例外」としての側面を掘り下げて考察を進め，「例外」が蓄積することによる権力の性質変化に注目した。彼は，シニョーレが個人として与える特権や恩恵が，シニョーレと臣下のあいだの個人的・直接的回路を制度化し，慈悲を通じてシニョーレの権力をコムーネの制度から離れた高みへと押し上げる役割を果たした，という点を強調したのである[110]。

では，恩恵と嘆願はシニョリーアに特有な革新的統治技法なのであろうか。コヴィーニは，ミラノの13世紀や，ヴェネツィアの例に言及しながら，恩恵が必ずしもシニョリーアに限られたものではないことを確認している。しかし，やはりコムーネ体制における制度に縛られた複雑な手続きを要する恩恵授与と，シニョーレの自由裁量によって容易に迅速に与えられる恩恵の違

---

109) M. N. Covini, "De gratia speciali. Sperimentazioni documentarie e praiche di potere tra i Visconti e gli Sforza", in *Tecniche di potere nel tardo medioevo. Regimi comunali e signorie in Italia*, a cura di M. Vallerani, Roma, 2010, pp. 183-206. ヴェローナなどの北イタリア，シャルル・ダンジュー支配下のイタリア，ボローニャについての研究は，G. M. Varanini, "«Al magnifico e possente segnoro». Suppliche ai signori trecenteschi italiani fra cancelleria e corte ; l'esempio scaligero", in *Suppliche e «gravamia». Politica, amministrazione, giustizia in Europa（secoli XIV-XVIII）*, a cura di C. Nubola e A. Würgler, Bologna, 2002, pp. 65-106 ; M. Vallerani, "La suppulica al signore e il potere della misericordia. Bologna 1337-1347", in *Quaderni storici* 44, 2009, pp. 411-442 ; P. Grillo, "Un dominio multiforme. I comuni dell'Italia nord-occidentale soggetti a Carlo I d'Angiò", in *Gli Angiò nell'Italia Nord-Occidentale（1259-1382）*, a cura di R. Comba, Milano, 2006, pp. 31-101.（Vallerani と Grillo のものについては筆者未見）。
110) M. Vallerani, "Paradigmi dell'eccezione nel tardo medioevo", in *Storia del pensiero politico*, anno 1, N. 2, 2012, pp. 185-211.

いを重視しているように思われる。またヴェネツィアの恩恵制度を教会と慈善，信仰の観点から研究したオルタッリは，ヴェネツィアの恩恵制度は免税や役職期間の短縮，罰の緩和など，すでに被った何らかの公的行政に対する責務を軽減するものとしての側面が強く，対価のない純粋な寛大さ・気前の良さを示すような恩恵は少ないと述べた[111]。ヴァッレラーニがシニョーリアにおける権力の変質を重視しようとしていることは，再三述べてきたことである。フランスの君主政でも嘆願と恩恵のような「例外」システムが重要な機能を果たしたことを思えば，コムーネからシニョーレの権力がいかに立ち現れるかを考察しようと試みる研究者たちにとって，とりわけ恩恵がシニョリーアと結びついて重要な「権力の技法」とみなされるのは，無理のないことであろう。

　しかし，ヴァッレラーニ自身も認めるように，恩恵は，「例外」という手段を用いて通常の規範を緩和し，それを与える主体と与えられるもののあいだに直接の回路を開くものである。また彼は，嘆願と恩恵のような例外による権力のあり方をフーコーの「司牧する統治[112]」になぞらえ，その核心は「関係を個人化する技術」「権力の中心に個人の状況をおくこと」だとした。そして，一般的な法律では解決することができない個人の事情に直接介入することで，君主の偉大さが増大するとしている[113]。そうであるならば，与える主体がシニョーレであれ，全体としての評議会であれ，またそれが，純粋な寛大さ・気前の良さによるものであれ，公的責務の軽減であれ，その効果にかわりはなかろう。この点で注目に値するのが，ルッカを扱った中谷惣氏の論考である。ここでは共和制ルッカにおいても，恩赦の実践によって集団としてのコムーネ権力が拡大していったことが指摘されている[114]。恩恵を与える手続きにコムーネ的なもの，評議会制度的なものが生き続けている

111） G. Ortalli, "Il procedimento per gratiam e gli ambienti ecclesiastici nella Venezia del primo Trecento. Tra amministrazione, politica e carità", in *Chiesa società e Stato a Venezia : miscellanea di studi in onore di Silvio Tramontin nel suo 75 anno di età*, a cura di B. Bertoli, Venezia, 1994, pp. 75–100.
112） ヴァッレラーニによると，これは，フーコーがコレージュ・ド・フランスの講義で述べたモデルで，司牧者は各個人に配慮することで，集団を統制する。
113） M. Vallerani, "Paradigmi dell'eccezione nel tardo medioevo", pp. 209–211.

としても，ヴェネツィアにおいても，恩恵を与える主体である各評議会は，総体として個人の事情に介入し，総体として権力機関としての偉大さを増すことになるのではないだろうか。

　本節では，このような見通しの元にヴェネツィアの恩恵を取り上げ，そこにおいて，親族がどのような形で現れているのかを考察したい。

(2) ヴェネツィアの恩恵

　ヴェネツィアにおいて恩恵の実践は，ドージェとドージェ評議員（すなわち小評議会）への嘆願からはじまる。ドージェとドージェ評議員に嘆願が提出されると，まず小評議会で審議が行われ，ついで四十人会，大評議会に送られ，大評議会の3分の2以上の賛同を得ると恩恵を与えることが決定された。恩恵が制度的に整えられたのは，13世紀後半で，史料が別冊子として残っているのは，1299年からである。当初は，大評議会決議録にも対応する恩恵が記載されていたが，1318年以降大評議会に恩恵記録は記載されず，この別冊子のみが恩恵の記録をまとめて保存することになった。記録はおそらく小評議会の段階で書かれたもので，15世紀以前には嘆願状そのものは残っていない[115]。四十人会や大評議会で恩恵が採択された場合，その印として十字の印と採択された日付が脇に添えられた[116]。恩恵は中世を超え共

---

114) S. Nakaya, "The *Gratia* and the Expansion of Politics in Fourteenth-Century Lucca", in *The Southern African Journal of Medieval and Renaissance Studies, vol. 22/23, 2012/2013. The Late Medieval and Renaissance Italian City-State and Beyond. Essays in Honour of M. Bratchel*, 2015, pp. 107-134.

115) 1305年，主任助祭ジョヴァンニが兄弟のために要求した恩恵は，例外的に嘆願の形態が恩恵授与の史料に引用されている。そこでは「ドージェ殿の慈悲とドージェ評議会に対して嘆願します。'Supplicat vestre ducali clemencie vestroque consilio'」とある。*Cassiere della bola ducale, grazie, novus liber*, a cura di E. Favolo, Venezia, 1962, p. 124（n. 533）.

116) ヴェネツィアでは恩恵に関する最初の法令は，1255年である。が，当時の多くの制度的発展と同様に，制度の樹立を示すようなはっきりとした法令が存在するわけではなく，1255年にはすでに恩恵がドージェとドージェ評議員によって与えられていること，額の多い恩恵に関しては，四十人会と大評議会の大部分の賛同が必要であることがわかるのみである。1282年に「大部分」が正確に述べられ，小評議会のうち5名，四十人会の長のうち2名，四十人会のうちの25名，最後に大評議会の3分の2の賛成が必要とされた。恩恵の手続きについては，*Cassiere della bocca ducale, grazie, novus liber*（*1299-1305*），pp. VII-XXII, LXXV-LXXXIII. 1255年と1282年の法令については，*Ibid*., pp. 189-190, 196. 史料の解説は，*Ibid*., LVI-LXXV, XCIII.

和国滅亡まで続くため，膨大な史料が残っているが，ドージェとドージェ評議員のみで授与可能な少額の恩恵や慣習的施しは含まれておらず，必ずしも網羅的ではない。また史料の保存状態も悪いものが多く，欠損もある。しかし，幸い1299〜1305年をカヴァーするレジスター1と1364年〜1372年をカヴァーするレジスター16が刊行されているので[117]，まずはこの二つの史料を比較検討することから始めたい。

まず家族に関する恩恵を検討する前に，簡単にレジスター1とレジスター16を比較しておこう。レジスター1には6年間で562件，レジスター16には8年間で1697件の恩恵が含まれており，単純に平均をとれば1年あたりの恩恵の数は大幅に増えている。また記録されている文書も，ほぼ全てが簡

---

117) *Cassiere della bolla ducale, grazie, novus liber*（1299-1305），（以下 *Novus liber* と略記）; *Cassiere della bolla ducale, grazie, Registro 16*（1364-1372），2 vols, a cura di Stefano Piasentini, Venezia, 2009（以下 *Registro 16* と略記）。なお，史料の目録は1464年と1669年に作成されているが，現在国立ヴェネツィア文書館では，新たな分類に従ってレジスター1からレジスター25までがデジタル化されているため，ここではその分類に従う。レジスター1はいわゆるNovus Liberと呼ばれるもので，この呼称はさらに古い冊子が存在したことを窺わせるが，それは残っていない。また1329年以前の恩恵を記した冊子が存在したこともほぼ確実であるが，それも残っていない。現在の分類は以下の通りである（＊はデジタル画像に写っておらずFavoloの情報に従ったものである）。

Registro 1	1299/6（？）-1305/3/21	Registro 14	1356/9/26〜1361/2
Registro 2	Register 1 のコピー	Registro 15	1361/4/6〜1364/5（？）
Registro 3	1329/6/12〜1330/9/4	Registro 16	1364/4/26〜1372/5（？）
Registro 4	1331/8/21〜1332/2/18	Registro 17	1372/7/19〜1390/3/28
Registro 5	1331/10/27〜1335/6/19 Grazie di contrabbandi	Registro 18	1390/3/29〜1400/4（？）
Registro 6	1333/9/5〜1335/10/1	Registro 19	1401/3/19〜1405/1/10
Registro 7	1335/10/16〜1338/12/12	Registro 20	*1407/8/7〜1417/1（？）
Registro 8	1338/11/15〜1341/4/22	Registro 21	1417/3/1〜1423/9/9
Registro 9	1341/4/2〜1343/7/18	Registro 22	1423/10/1-13〜1431/3/4
Registro 10	1343/7/23〜1345/2/27	Registro 23	*1431/3/1-12〜1437/4
Registro 11	1345/3/6〜1346/9/21	Registro 24	1437/5/5〜1440/4/3
Registro 12	1348/4/15〜1352/8/29	Registro 25	1440/5/8〜1445/8/10
Registro 13	1352/9/1〜1356/10		

第Ⅱ部　権力の変化と家・親族

素なレジスター1に比べて，レジスター16では長めの文章も含まれており，恩恵の実践が定着するにつれて量・記録の質とも高まったと考えて良かろう[118]。次に恩恵の受益者の内訳を見る。レジスター1では562件のうち200件（約35パーセント）がいわゆる支配層にあたる人々に対するものであった[119]。彼らはこの後，セッラータを通じて大評議会に世襲の終身分を持つことになる人々なので，ここでは以後貴族と呼ぶ。これに対して，1364年から1372年をカヴァーするレジスター16では，1697件のうち貴族は338件（約20パーセント）で，被支配層への恩恵が拡大したことがわかる。被支配者に対する恩恵は，レジスター1では木材やワインを無税で輸出する許可，商業上の違反に対する罰金からの解放，役人の給料の値上げなど，レジスター16では傷害やけんかの罰金からの解放が目立っている。貴族に関する恩恵では，被支配者層と同様の商業上の恩恵のほか，役職に関するものが目立って多いのが特徴である。たとえば，選出された役職から免除される許可，行政官が赴任先をいったん離れてヴェネツィアに来る許可，赴任先への出発期日を延長する許可などである。社会史研究の文脈で恩恵を扱ったロマーノは，貴族，豊かな商人や手工業者など上層の被支配者層，一般庶民への恩恵に分類してそれぞれの特徴を抽出した。そして，恩恵の手続きは，貴族には新しい制度との和解を促し，被支配者層には，政府が人々の必要に答えることができる，ということを示すことで新しい国家構造を合法化する助けとなった，とまとめた。彼の結論は大枠では妥当であろうが，時代変化に配慮した分析とはなっておらず，静態的な像を描くにとどまっていると言えるだろう[120]。恩恵の時代変化の分析は14世紀のヴェネツィア社会の変化を明らかにする上で実り豊かな方向性を示していると思われるが，ここではそれらを総合的に論じる準備も余裕もない。よって，以下では本節の趣旨に従い，家族・親

118）　後で検討するレジスター3は件数や叙述量に関しては，ほぼレジスター16に近い。
119）　ここでは支配層の識別には史料の名前につけられたnobilis virという肩書き，また明らかに大評議会に頻繁に議席を持っている家名を指標として用いた。
120）　D. Romano, "*Quod sibi fiat gratia*: Adjustment of Penalties and the Exercise of Influence in Early Renaissance Venice", in *Journal of Medieval and Renaissance Studies* 13, 1983, pp. 251-268. 彼が利用した史料は，レジスター1，レジスター7と8（1335年10月〜1341年4月）の全体と，その他の14世紀の恩恵の抜粋である。

第6章　親族と制度の相互作用

族に関する恩恵だけに絞って話を進める。なお，恩恵の全体量に対して，家族に関する恩恵は非常に少ない。しかし，次に見るように，年代によるドラスティックな質の変化が観察できるので，分析の価値は十分あると思われる。断っておかねばならないのは，家族に関する恩恵は，ほとんどが貴族に関するものだということである[121]。ロマーノは別の研究で，貴族と庶民層の家族を比較し，親族の絆がより重要だったのは貴族であると述べている[122]。庶民層の恩恵にほとんど家族が登場しないのはそのような事情もあるのだろう。

(3) 恩恵に見る家族　レジスター1とレジスター16の比較

　まず，レジスター1から見ていこう。第1節で見た通り，貴族にとって，この時期は親族の絆を排除するか取り込むかをめぐる緊張の中で，大評議会の改革が進む重要な時期であった。しかし，評議会における親族の排除や大評議会の参加資格について，規則を曲げて特別措置を講じるような恩恵は見当たらない。唯一，1305年，大評議会に承認されていないにもかかわらず承認されたと誤解して大評議会に来たために罰金を科されたマリノ・ベレーニョが，その罰金から解放される恩恵が見られるのみである[123]。こうして見てくると，第1節で確認した評議会における親族の利害の規制，大評議会への参加資格はかなり厳格に守られたことがわかる。

　では，どのような恩恵が，家族に関わってくるのだろうか。次の史料を見てみよう。

　　　ファッラのポデスタである高貴なるエンリコ・ドルフィン殿に恩恵を与
　　えることに対して。その行政機関における仲間として自分の息子から一人
　　を連れていくことの恩恵。(1301年3月11日，採択)[124]

---

121)　公証人などいわゆる都市民の上層にもこのような恩恵は見られるが，ここでは体系的な考察はしない。貴族の恩恵との絡みで，あとで少し触れることにする。
122)　D. Romano, *Patrician and popolani. The social foundation of the Venetian Renaissance state*, Baltimore, 1987, pp. 39-64.
123)　*Novus liber*, p. 128 (n. 551).
124)　*Novus liber*, p. 48 (n. 201).

第Ⅱ部　権力の変化と家・親族

　ここでいうファッラはおそらくダルマティアにあるヴェネツィア支配下の島であり，このポデスタ職については，1278年の大評議会の決議がヴェネツィア人の同僚を一人，公証人を一人，従者8人，馬6頭を連れて行くことを定めている[125]。この決議には同僚の資格についてヴェネツィア人と述べるのみでその他の制限はない。しかし，1261年のヴェネツィア外の行政官に対する親族排除規定を適用すれば，ファッラのポデスタが自分の息子を同僚として連れて行くことは，支配機構に属すポデスタとその同僚が親子関係にあることになり，明確に法令違反であることがわかるだろう。すでに見たように，1261年規定はヴェネツィア外の行政官は，行政官同士，行政官とその顧問官，顧問官同士において評議会で定められた親族の範囲にあってはならないと定めているからである。この恩恵は，それを曲げて，自分の息子を連れて行きたいという要求に対する特別措置であった。じつはレジスター1で現れる，家族に関する恩恵は，このような行政官が赴任先に息子を連れて行く許可がほとんどである。ドルフィンのように同僚として連れて行きたいという場合でなく，ただ単に連れて行く場合でも恩恵による許可が必要であった。ペロポネソス半島にあるヴェネツィアの重要な植民地であるコローネとモドーネの行政官は，15歳と16歳になる息子を伴う許可を得ている[126]。行政官の親族は，商業に関して，あるいは政治的事柄を決定する際に，行政官と利害関係をともにするとみなされたため同伴禁止の規定が出ていたと思われる[127]。恩恵ではその厳格さを若干緩和して，貴族に家族の利害をある程度認める措置が取られたのだった。このような恩恵は全部で6件見られた[128]。

　しかし，行政官が息子を連れて行くことを許可する恩恵はレジスター16

---

125)　*Deliberazioni del Maggior Consiglio*, II, pp. 337-338.
126)　*Novus liber*, p. 126, n. 542. 史料の言葉が簡素で曖昧なため，どのような資格で連れていくのか，またクレタはともかくコローネとモドーネに関しても息子を伴っていってはならない法令が存在したのか，詳しいことはわからない。
127)　コローネの行政官について，同僚を伴っていっても良いが，それはヴェネツィア人であること，商業をしないことが定められている。*Deliberazione del Maggior Consiglio*, II, p. 349.
128)　*Novus liber*, p. 62, n. 263 ; p. 63, n. 267 ; p. 64, n. 274 ; p. 91, n. 393 ; p. 92, n. 398 ; p. 126, n. 542.

ではまったく見られない。代わりに行政官の赴任に関して登場するのは，前任者の公証人や役人，あるいは他部局の公証人を雇用する許可である。ヴェネツィアの地方行政官であるポデスタの規定では公証人の再任は禁止されていたが[129]，それを曲げて，優秀だから，あるいは他に適当な公証人が見つからないからこの公証人を雇いたい，ということに対する恩恵なのである。この時代，おそらく貴族の行政官にとって，自分の息子を伴うよりも，有能な事務官をそばに置くほうが関心事となっていたのだろう[130]。

では，レジスター16では家族に関してどのような恩恵が見られるのだろうか。そこで関心を引くのが，役職授与の恩恵である。ヴェネツィアでは役職は有給であり，大評議会での選出によって役職就任者が決まった。役職授与の恩恵はその規定をいったん取り消して，特定の人に特別の決議によって有給の役職を与える，というものである。この恩恵はレジスター1にも見られるが，そこでは理由が記されることはまずない[131]。それがレジスター16では，役職を願う理由として「家族の負担」が登場するのである。

> 高貴なるダルド・マノレッソ殿は，家族の負担があり，恩恵によって規定を取り消して1年間ロンバルディア勘定係に就任する[132]。

あるいは恩恵の理由として，「無力な（みすぼらしい）状況 in debili conditione」が述べられるが，それが家族の事情と関連付けられている例もある。

> 貨幣局の役人であった故アンドレア殿の息子である高貴なるジュスト・フォスカリ殿は，母と多くの兄弟とともに，みすぼらしい状況で残された。そのような彼のみすぼらしい状況を考慮して，規定を取り消して，特別の

---

129) E. Orlando, *Le altre Venezie*, p. 173.
130) *Registro 16*, vol. I, p. 43, n. 43 ; p. 150, n. 306 ; p. 379, n. 852 ; vol. II, p. 683, n. 1518 ; p. 716, n. 1596 など。公証人と恩恵の関係は改めて扱う必要があろう。
131) 'Pro facienda gratia nobili viro Petro Bono quod ipse sit bailus duobus annis in Mothona, complete termino illius qui est modo', 'Pro facienda gratia nobili viro Paulo Çane quod sit potestas Emone per unum annum', 'Item pro facienda gratia nobili viro Rigacio Gradonico quod ipse sit castellanus Bicornie ad duos annos', など。順に *Novus liber*, p. 38, n. 161 ; p. 71, n. 307 ; p. 76, n. 329.
132) *Registro 16*, p. 241, n. 534.
133) *Registro 16*, p. 121, n. 235.

第Ⅱ部　権力の変化と家・親族

恩恵で，彼にその貨幣局の役人の職が 1 年間与えられるように[133]。

みすぼらしい状況，あるいはさらに貧しさ paupertas は，単独でも役職授与の理由として登場しており，貧しさが嘆願一般に共通してよく登場する理由であることに鑑みれば，役職授与の恩恵の理由として「みすぼらしい状況」が述べられるのは，ある意味当然といえよう。しかし，それとともに家族の事情が語られる点は注目して良い。また実際，貧しさと家族の負担は対になって語られることが多いのである[134]。さらに，これらの理由に加えて国家／当局に対する奉仕が強調される場合もある。次の 2 例が特徴的なものであろう[135]。

　1）高貴なるマリーノ・バルバディーゴ殿が述べるように，彼はクレタ反乱の前に大評議会によってシティア（クレタ東部の都市）の行政長官に選ばれた。多くの出費をして，家族とともについにカンディア（クレタの中心都市）まで行ったが，そこで反乱に遭遇した。マリーノはすべての息子とともに捕らえられ，牢に入れられ，鉄の足枷をはめられた。（そのため）これまで大変，みじめで困窮した状態である。そこで，当局（Dominium）に，彼の損害の賠償 cumpensatione として，規定を取り消して，1 年間ブドウ酒税局の役人に就任する恩恵が与えられるように，嘆願している。<u>多くの家族とともに</u>物乞いをせずにすむように。（1364 年 7 月 31 日，採択）

　2）高貴なるニコレート・マリピエロ殿のみすぼらしい状況を考慮して，彼に，規定を取り消して，特別の恩恵で Vallis のポデスタに 1 年間就任する恩恵が与えられるように。彼は，国家（Dominium）の名誉において<u>忠実に称賛すべく行動し</u>，そして，多くの<u>家族の負担</u>にあえいでいるからである。（1364 年。識別不能）

こうしてレジスター 16 では，貧しさや不遇，「国家」に対する奉仕に加えて，あるいはそれと結びついて「家族の負担」が記されたのである。それぞ

134）例えば，'qui multa paupertate et magna familia gravatus est'. *Registro 16*, p. 482, n. 1105. 他にも，*Registro 16*, p. 64, n. 95；p. 71, n. 111；p. 75, n. 119；p. 192, n. 412；p. 484, n. 1108 など。
135）順に，*Registro 16*, p. 46, n. 52；p. 64, n. 95.

れ叙述に寡多はあるが，家族を理由とした恩恵は全部で58件あり，役職授与の恩恵の約6割を占める。なかには，「娘に十分な嫁資を支払うことができない」と具体的に「困窮」の理由を説明しているものもあった。嫁資に関する言及は全部で4件しかないが[136]，それでも嘆願理由に嫁資が登場することは「貧しさ」の中身を示唆していて興味深い。つまり，役職を要求するのは，一人で生活できないほどの貧しさというわけではなく，家長がその対面と責任を保つために必要な資力がないという貧しさなのである。こうしてレジスター16では，家族を十分養うことができない「無力で in debili conditione」「負担で圧迫された gravatus」家長に対して「国家」が恩恵を与えるという「語り」あるいは状況が定着しているのである。

(4) 恩恵に見る家族と「国家」

　ここまでの検討より，レジスター1では，家族の都合・利害を認めてもらうための恩恵が，レジスター16では家長が助けを求める恩恵が目立っていることがわかった。ただ，1364〜1372年は，ジェノヴァとの戦争やクレタの反乱など，ヴェネツィアにとって大きな戦争が続いたあとでもあった。実際レジスター16には，クレタ反乱の際にヴェネツィアに忠実であったため，反乱者に捕らえられ財産を失い惨めな境遇に陥ったから，という理由で恩恵を願い出る例が複数見られる。そこで，このレジスター1とレジスター16の差が時系列的なものか，それとも大きな戦争の後であるレジスター16に

---

136) 「高貴なるマリーノ・ダ・エクイロ殿のみすぼらしい状況を考慮して，彼に，規定を取り消して，特別の恩恵で1年間法廷の役人に就任する恩恵が与えられるように。彼は，多くの家族の負担があり，成人した未婚の娘が一人いて，彼女に嫁資を与えることができないのである（1364年7月31日〜8月13日，採択）」。*Registro 16*, p. 46, n. 51.「高貴なるアンドレア・ビザマーノ殿が述べるように，彼はできる限り正直に生活を送っており，また国家の名誉（honorem Dominii）のために励んでいた。しかし娘たちを結婚させるために被った多くの不運のために，みすぼらしい状態に陥ってしまい，当局の恩恵がなければ生活を送れないくらいである。なぜなら彼の娘の嫁資の支払いを終えるために，まだ8リブラ・ディ・グロッソ（約80ドゥカート）が残っており，そのため当局に規定を取り消して「平和の5人（治安維持のための役職）」に1年間就任する恩恵を与えてもらえるよう，嘆願する。彼の貧しさと無力な状況を考慮して，彼が乞う恩恵がなされるように（1370年7月12-14日）」。*Registro 16*, p. 647, n. 1435. 他の2件は，*Registro 16*, p. 23, n. 10 ; p. 218, n. 476.

特有の内容なのか，ということを調べなければならない。そのためには，別の時期の検討が必要となろう。本来なら網羅的な調査を行うことが必要であるが，ここでは，おおよその傾向を掴むために，刊行史料の間の時期で比較的史料の保存状態の良いレジスター3を検討したい。また，先に無批判に採用した「国家」という言葉についても検討を加える。

　1329-1331年をカヴァーするレジスター3には，全部で664件の恩恵が含まれている[137]。通覧してすぐに気づく興味深い点は，このレジスター3はまさにレジスター1とレジスター16の間の過渡期を示しているということである。つまり，子供を赴任先に連れて行く恩恵と「家族を養う負担」を軽減するための恩恵の双方が見られるのである。また，「家族の負担」については，レジスター16ほど頻繁ではなく，「家族の負担」を理由に役職を授与する慣行は，14世紀の間に常態化したことが推測できる。

　では，レジスター3では，具体的に，どのような家族に関する恩恵が見られるのであろうか。まず，息子を赴任地に連れて行く恩恵に関してはレジスター1とほとんど差はない。

　　クレタの顧問官に選ばれた高貴なニコロ・ペンサウロ殿に，彼の任命書に反せず，彼の行政職に12歳の息子を連れていく恩恵が与えられるように。同様の多くの場合になされているように。(c. 101, 1330年6月3日，採択)

「同様に多くの場合になされているように」という文言からはこの恩恵がこの時代はまだ一般的な慣行であったことがわかる[138]。次に家族の負担が語られている恩恵は次の3例である[139]。

　　1) フランチェスコ・トレヴィザンは多くの災難に遭い，みすぼらしい状況に陥ったので，自分と家族を養うことができるように，彼に2年間＊＊

---

137) nobilis vir を指標にざっと数えたところ，貴族は109件であった。
138) この後，法令で家族の同伴が認められたため，恩恵から消滅する可能性は否定できないが，その場合でも，おそらく許可されたのは行政官にとって家族を連れて行くことがそれほど政治的・経済的に重要な意味を持たなくなったからであり，公証人の再任を要求する方が，14世紀後半には重要な事柄になっていった，という文脈はくずれないであろう。
139) 順に，ASV, *Grazie*, Registro 3, c. 24, c. 100, c. 117.

第 6 章　親族と制度の相互作用

の兵士長官に就任する恩恵が与えられるように。兵士長官たちが言うには，彼は優秀なので，満足している。（1329 年 10 月 24 日，採択）

　2）高貴なるレオナルド・ムダッチョ殿と彼の祖先は，ドージェの支配の全てに対して恭順を示していた。そしてみすぼらしい状況に陥り，多くの家族の負担があり，今の役職では彼らを育てることができないので，規則を取り消して，3 年間＊＊のポデスタに就任する恩恵が与えられるように。（1330 年 5 月 31 日，1331 年 4 月 3 日大評議会で採択）

　3）高貴なるサン・サムュエル地区のニコロ・ソランツォ殿は多くの不運にあって損害を受け，そのためみすぼらしい状況に陥った。自分と家族を養うことができるように，規則を取り消して，通常の給料と条件で 2 年間アクイレイアの代官に就任できるように。（1330 年 9 月 1 日，採択）

わずか 3 例ではあるが，「家族を養うことができないようなみすぼらしい状況」と役職授与の恩恵が結びついて語られていることはわかるであろう。よって，レジスター 1 からレジスター 16 への変化は，レジスター 16 の特殊な状況ではなく，時系列的な変化だと考えることができるのである。

では，このような理由による恩恵はなぜ広まっていったのであろうか。まず，家族の負担が語られていない役職授与の恩恵を見てみよう。じつはそれは一件しか認められないが，そこでは，次のように述べられている。

　4）高貴なるジョヴァンニ・ゼノ殿は，多くの不運にあって損害を受けたので，彼に同情し，規則を取り消して，3 年間，仲介税（管理）の職に就く恩恵が与えられるように（1330 年 5 月 31 日，採択）[140]

1，3，4 はどれも一様に不運や損害を恩恵の理由にしている。このような不運による財産の損失はレジスター 16 でも述べられており，その具体的叙述から推察すれば，ここで指している不運とは，難破などによる商品の喪失であろう[141]。従って，当初は，ヴェネツィアの貴族の普通の生活の中で，

---

140) ASV, *Grazie*, Registro 3, c. 101.
141) Cf. *Registro 16*, pp. 130–131, n. 260 ; pp. 254–255, n. 568. 船を失ったこと，それに伴う損失額が並べられている。両者は同じ嘆願であり，2 度提出したが，大評議会で否決された。

特に不運に見舞われ財産を失った人が，役職授与の恩恵を願い出ていたと思われる[142]。

もう一点考慮に値すると思われるのが，忠実な働きや家族を十分養えないことなど，レジスター 16 によく見られる構図とよく似た恩恵が，貴族の下で働く公証人に対して与えられていることである。

> 公証人のジョヴァンニは長く我々のコムーネのために勤めた。そして内外において忠実に合法的に働き，いかなる危険な仕事も出費も惜しむことなく働いている。しかしながら 7 リブラ・ディ・グロッソの給料しかもらっておらず，これでは家族とともに快適な生活を送ることはできない。そこで，彼の優秀さと忠実さを考慮して，20 ソリドゥス・ディ・グロッソを追加し，今後は 8 リブラ・ディ・グロッソをもつという提案が通る。(1330 年 6 月 10 日，おそらく採択[143])

公証人に対する恩恵はレジスター 16 でも見られるので，家族を考慮しての恩恵は，貴族と公証人とほぼ同時に始まったと考えても良いであろう。ここで注意したいのは，1330 年に家族の負担と結びつけて役職授与の恩恵を与えられているニコロ・ソランツォの例である。実はニコロが属しているソランツォ家は，14 世紀のヴェネツィアでもっとも有力な家の一つに入る家柄であった。つまり，当初は，コムーネの公証人などに対するいわばパトロン的な恩恵を逆手に取る形で，不運によってしばし財産を失い困った状況になった有力な貴族が，自分の家族に有利なように役職を要求した側面もあったのではないか，ということが考えられるのである[144]。実際レジスター 16 でもダンドロ，ドルフィン，コンタリーニなど，有力貴族の家名を持ってい

---

142) レジスター 1 の役職授与に関しては，まったく理由が記されていないため，なぜその役職が付与されたのかわからない。しかし，14 件見られるうちのほとんどがロマニアの城主やクレタ島の役職などに関するものであるため，恩恵を願い出る方の「みすぼらしい状況」とは別の論理による役職授与であった可能性はある。
143) ASV, *Grazie*, Registro 3, c. 103.
144) 確かに「家」全体の凝集力の弱さを考慮すると，このソランツォは比較的力のない分家に属すソランツォであった可能性は否定できない。しかし「不運にあって」という嘆願理由は，彼が「不運にあう」までは，普通に商取引を行っていた可能性を示唆しているので，彼を特別貧しい分家だとみなす必然性もなかろう。

第 6 章　親族と制度の相互作用

る人物が存在するし，やはり有力な家の家名を持つピエトロ・コルネールは，病気の父を助けるためという理由で，より給料の多い役職への就任を願い出ている[145]。不運と家族の負担を理由に 2 度，恩恵を願い出たニコロ・ヴェニエルは，助けるほどの状況ではないということを見透かされているのか，大評議会で却下されている[146]。ただレジスター 16 の役職授与の恩恵を願い出ている貴族にはそれほど有力な家に属すわけではない人々も多く見られる[147]。レジスター 16 の述べる「みすぼらしい状況」というのは，レトリックの面もあるが，貴族の家長としては現実でもあったのだろう[148]。いずれにせよ，役職授与のための嘆願と，そこで家族の負担を主張する組み合わせは，すでに 1330 年代に，貴族の側から政府への働きかけとして始まったことが推察できるのである。

　しかし，貴族がたとえ恩恵を戦略的に利用していたとしても，小評議会による第一次審査，四十人会の判断，大評議会の決定という手続きは，嘆願するものと恩恵を与えるものという権力関係を生み出す。付与された恩恵は大評議会で読み上げられることが 13 世紀末より定められていたので[149]，このような権力関係はさらに大評議会の成員全員が確認することになっただろう。そしてこの権力関係の中で，とりわけ小評議会を頂点として大評議会へと至る審議機関が恩恵によって家族を助けるという構図が十分広まれば，個々の貴族の家の集合の一段上に，恩恵を与える主体としての権力が立つ，

---

145)　先のソランツォ家も含めて，これらの家は，ホイナツキの調査で，常に傑出しているとされた 14 家に含まれている。本書第 1 章参照。史料の出典はそれぞれ，ライヌッチョ・ダンドロ，*Registro 16*, p. 111, n. 204 など複数；マッフェオ・ドルフィン，*Registro 16*, p. 355（n. 793）；マルコ・コンタリーニ，*Registro 16*, p. 591, n. 1332；ピエトロ・コルネール，*Registro 16*, p. 108, n. 195. もちろんだからと言ってその個人が有力な分家に属していたかどうかまではわからないため，ここでの議論は一つの可能性を示唆するにすぎない。
146)　*Registro 16*, pp. 130-131, n. 260；pp. 254-255, n. 568.
147)　ホイナツキの指導的な家の調査に基づいて，30～50 位くらいを占めるベレーニョ家，メモ家，マリピエロ家なども見られるが，まったくそのリストに名前が登場しない，de Esulo, Magno, Babilonio なども恩恵を受けている。Cf. Chojnacki, "In Search of Venetian Patriciate", pp. 73-75.
148)　貧しさなどの文言は見られないが，「彼の状況は皆がよく知っているので」というように，衆目にある程度の困窮が認められていたことを窺わせる記述もある。
149)　*Novus liber*, pp. LXII-LXIII, p. 202. 'debeant omni mense legi in maiori consilio omnes gratie facte in ipso mense'（1288 年 8 月 21 日）．

より「国家」的な政治構造を生み出す手助けとなるのではないだろうか。その点で，興味深いのが，相続人にお金を与えることを決定したレジスター 1 の恩恵と，同様の状況を語るレジスター 16 の恩恵の比較である。

　　5）高貴なるマッテオ・クエリーニ殿の相続人たちに 50 リブラ・ディ・グロッソの恩恵を与えること。これは我々のコムーネの名誉と奉仕のための軍事遠征で働くことによって，マッテオが被った損害と失った財産を弁済するためである。（1299 年 9 月，採択）[150]

　　6）高貴なるマッフェオ・カヴァレリオ殿が述べるように，彼の祖先は常に進んで国家の名誉と命令のために働いたので，恩恵を期待することができるほどであった。そしてこのマッフェオは父から多くの責任，すなわち 4 人の兄弟と 4 人の姉妹とともに，みすぼらしい状況で残されたのである。しかし，耐えられる間は，何かを嘆願することで当局に負担をかけることは決して望まなかった。しかし今や，非常に厳しい状況に陥り，彼は恩恵を願い出ることが適当となった。そのため，当局に，規定を取り消して，仲介税（管理）の役職を一年間与えるようにと嘆願した。そのため彼が要求したように，この恩恵が与えられること。（1367 年 2 月 3 日〜4 月 5 日，採択）[151]

5 はお金を，6 は給料付きの役職を付与する恩恵であるが，どちらも父親や祖先がヴェネツィアのために働いたことを叙述している。しかし 5 では，その父親が被った損害をコムーネが償うために残された家族に恩恵が施されているのに対し，6 では，多くの家族とともに「みすぼらしい状況」に残されたため，残された家族が助けを求めて「当局」に嘆願しているのである。つまり 5 の場合，コムーネとマッテオ・クエリーニの相続人たちの関係は対等であり，コムーネはあたかも私人同士の契約のように，損害賠償を相続人に対して行う，とされている。これに対し，6 に現れているのは，祖先の「国家」への忠実を強調すると同時に，家族が養えないので政府に助けを求める，あたかも臣民のような家長の姿なのである。このような恩恵，さらに先に紹

150）　*Novus liber*, p. 11, n. 31.
151）　*Registro 16*, p. 313, n. 709.

介したようなレジスター 16 に多く見られた恩恵には，もはやコムーネに損害賠償を要求する対等な家族の姿はなく，かわりに，家族が養えないので政府に助けを求める家長や，家長を失って苦しく政府に助けを求める相続人の姿が現れているといえる。これを権力の側から見ると，家族に保護を与えるような権力の登場とすることは，あながち間違いではないだろう。

　ここで当局／国家と仮に訳したドミニウムという言葉は，もとは「支配・所有」という意味で，テネンティによれば，stato と並んで 15 世紀頃から「国家的なる現実」を指すために使用されるようになる言葉である[152]。またグラブによれば統治権，統治主体，統治される領域など意味に揺れがあり，具体的には，ヴェネツィア政府全体を指すことも，より狭く一般的にショリーア（政庁）と呼ばれる行政府（すなわちドージェとドージェ評議員と四十人会の長が構成する）を指すこともできた。さらに 15 世紀末に向かっては，ヴェネツィア政府が権力を行使する領域全体も指すようになった[153]。しかし，レジスター 16 を見る限り，すでに 14 世紀後半においても，文脈によって政府・当局などと解釈した方がよい場合と，より広い意味合いを持たせた方が良い場合もあり，難解な語である。たとえば，クレタ反乱後の 1367 年には「毎日，当局 dominium の前に，少なからぬクレタの子供達が現れて生活に困っていると惨めに嘆願している[154]」という記述が見られ，明らかにここでは，ドージェとドージェ評議員と四十人会の長，すなわちシニョリーア（政庁）とのちに呼ばれる人々を指していると思われるが，「あなた方の偉大なる領国[155] dominium に対して，感嘆すべき勝利をもたらした[156]」というように，より

---

152) A. Tenenti, "Il senso dello Stato", in *Storia di Venezia IV, Il Rinascimento, politica e cultura*, a cura di A. Tenenti, V. Tucci, pp. 311–344, 特に p. 313–316.
153) J. S. Grubb, *The firstborn of Venice, Vicenza in the early Renaissance state*, Baltimore and London, 1988, pp. 19–23.
154) 'Cum coram Dominio cotidie compareant nonnulli pueruli et infantes, tam adhuc lactantes quam alii, de Creta, miserabiliter plorantes quia non habent unde vivant et sustententur', *Registro 16*, p. 385, n. 860.
155) 「領国」という訳語は，国家 stato を扱ったシャボーの論文の日本語訳に与えられている。F・シャボー著（須藤祐孝編訳）『ルネサンス・イタリアの〈国家〉・国家観』，無限社，1993 年，113–114 頁。
156) 'reverenciam Dei, qui vestro Dominio glorioso mirabilem victoria concessit contra Tergestinos', *Registro. 16*, p. 598, n. 1343.

広い意味でとったほうが良い使用法もある。いずれにせよ、自治共同体であるコムーネ、互いに対等な成員の集合であるコムーネとは異なる語彙、「支配・所有」を本質とする語彙が、家族に対する恩恵授与の中に現れてきているのである[157]。確かに、恩恵を求める貴族もそれを与える貴族もどちらも同じ支配層に属す人々である。しかし、レジスター16においては、そこで採用される語彙・語りの構図は明らかに対等ではない。そして、このような「国家／当局 dominium」が家族の個々の事情を考慮し、それを助けるという構図は、まさにヴァッレラーニが指摘した恩恵による権力の変質になぞらえることができるであろう。

13世紀後半に制度が整えられた恩恵は、多くの貴族、被支配層の利用するところとなる。当初貴族は、家族の都合・利害を認めてもらうことに恩恵を利用していたが、その定着につれ、家族の扶養に対して責任を持つ貴族の家長たちが、「無力な状況」に陥った場合に「国家／当局」に助けてもらおうとして恩恵制度に頼るようになった。こうして、ヴェネツィアでは14世紀の間に、個々の貴族家族の集合の一段上に、恩恵を与える主体としてのより抽象的な権力（内実としては、小評議会を頂点として、四十人会、大評議会へと続くヒエラルヒー構造）が立つ、より「国家」的な政治構造が立ち現れてきたと言えるだろう。言い換えれば、対等な家長の集合であるコムーネから、より支配・被支配関係、保護・被保護関係が強調される政治体への移行が見られるのである。

なお、恩恵には第1節で見たような親族、家系は現れず、赴任先に息子を連れていく恩恵や、役職授与に家族の負担が記される恩恵など、もっぱら同居親族、すなわち家族が登場する。これは恩恵を享受することができるのは、せいぜい家族の範囲だということを意味するが、親族が困窮したその一員を

157） レジスター3には、まだドミニウムなる言葉が出現しておらず、レジスター16ではほぼドミニウムが使われている市民権授与などの恩恵と同様の文脈において「ドージェの支配とヴェネツィア・コムーネに対して、大いなる尊敬と敬意と愛情を示した semper gesserit magnum honorem reverenciam et amorem erga ducales dominationem et comunem Veneciarum」と記載されたり、役職授与の恩恵でも単に「我々のコムーネに対する従順 in obsequiis nostri comunis」と記載されたりしている。ASV, *Grazie*, Registro 3, c. 7, c. 25. このことに鑑みると、やはり恩恵の文脈では14世紀末に向けて、コムーネとは異なる政治体が意識されるようになってきた、ということが言えるだろう。

保護できないとき，あるいは保護しなくとも，政府が介入することができるというのは，ヴェネツィアの国制上大きな意味を持ったと思われる。なぜなら大評議会を構成する貴族のメンバーが総体として，住民の個別事情に下りてくることができたため，そのような政府に対抗して一族の利害を守る「家」というものは，もはや必要ではない，ということが考えられるからである。

おわりに

　最後に本章の分析をまとめておこう。第1節ではセッラータなど制度的な発達を示す法令の数々と，そこにおける親族の取り扱いを分析した。そこからは，当初，政治的協力者の範囲として制限の対象になっていた家系 proles や親族 propinqui が，セッラータと金球くじを通じて，評議会制度を支える柱として制度化されていった様が観察できた。つまり，ヴェネツィアでも，13世紀後半に，評議会を中心とする制度的な文化が整いつつあり，その中で親族の絆——これは，家族史研究が再三指摘してきたものであるが——とどのように立ち向かうという問題が浮上したのである。セッラータはその幅広い動きの中の一つだと考えることができるだろう。第2節では反乱への親族の参加，反乱に対するコムーネの処置を検討することで，日常的な評議会と異なり，非常時における親族の役割を浮かび上がらせることに努めた。親族の絆と武力をもとに政権へアプローチしようとする動きはあったが，そこで機能する親族の絆は，同姓集団としての家全体を動員するほどの吸引力はなかったこと，反乱後の処置も，紋章など象徴的な家の印を除いては，反乱に参加しなかった親族に責任が及ぶことはなく，ますます家はコムーネと対立するものとしては存在しがたくなったこと，がわかった。最後に第3節では，恩恵を通じて家族と権力の問題を考えたが，そこからは家族の負担にあえぐ家長が「国家／当局」に恩恵を嘆願するという構図，さらにそのような嘆願／恩恵の絶対数の増加が，両者の非対称な権力関係を培っていったのではないかという見通しを得た。語彙で言えば，コムーネからドミニウムへという変化が家族に関する恩恵の中に見られるのである。

　では，このようにして整備されていく「制度」，変化していく権力は支配

層の親族意識にどのような影響を与えたのだろうか。また第 2 節で政治的軍事的吸引力に乏しいとされた同姓集団である家は，ヴェネツィア支配層にとってどのような意味を持ち得たのだろうか。第 7 章では支配層の貴族アイデンティティを考察する中で，このような問題を考えることにしたい。

第7章

家意識と貴族アイデンティティ
——都市年代記付属の家リスト

はじめに

　第6章では，13世紀末から14世紀にかけて男系直系の連なりと4親等程度の血族及び2親等の姻族を含む親族が大評議会に参加するための柱となっていったこと，また同姓集団で表される家の政治軍事的凝集力は弱く，政府が個々の家族の必要に答えるようになっていったことを示した。こうして14世紀のヴェネツィアでは親族と制度が互いに影響を与えあいながら，貴族共和制が進展していくのである。では，このような貴族身分の確立期である14世紀において，貴族たちは自らの家をどのようなものとして認識していたのであろうか。また彼らの家意識と，14世紀のあいだに高まっていく「国家的」権力とはどのような関係を取り結んでいったのだろうか。

　一方で，反乱後の処置をめぐる15世紀初めの事例は，当時，家名によるアイデンティティが，まったく存在しなかったわけではないことを示唆している。それでは，14世紀の社会において，同姓集団はどのような部分において現れ，どのような機能を有していたのだろうか。またそれと個々の家系はどのような関係にあるのだろうか。

　本章では，貴族の家意識，貴族アイデンティティ，同姓集団と分家の関係などを考察する中で，これらの問題に一定の回答を与えることにしたい。史料としては，「家リスト」と総称できるヴェネツィア独特のテキストを扱う。

第Ⅱ部　権力の変化と家・親族

第1節　史料としての家リスト

　11世紀から17世紀にかけて，とりわけ14世紀以降ヴェネツィアでは，ヴェネツィアの歴史を語る多くの年代記が作成された[1]。「家リスト」はこのような多くの写本のうち，いくつかの年代記写本の末尾に添えられた家名とその家の説明からなるリストで，遅くとも13世紀前半には登場する。14世紀以降は紋章の図柄が加えられることもあり，さらに近世では年代記から独立した独自の写本を構成する場合もあった[2]。また，このような家リストを含む年代記写本はとりたてて珍しいわけではなく，マルチャーナ図書館を初めとするヴェネツィアの図書館に複数が保存されている[3]。これら写本の体系的研究は，後で詳しく述べるように，ドリット・ライネスを待たねばならない。しかし，チェッシが1964年に刊行した14世紀半ばの『ヴェネツィアの歴史』（別名『偽ピエトロ・ジュスティニアンの年代記』）[4]に付与された家リストは比較的よく知られており，随所で言及されてきた。たとえばキーダーはペスト後のヴェネツィア貴族の心性を表すものとしてこの家リストの情報を利用している[5]。ホイナツキは14世紀ヴェネツィア貴族のアイデンティ

---

1)　A. Carile., "Note di cronachistica veneziana : Piero Giustinian e Nicolo Trevisan", in *Studi veneziani* 9, 1967, p. 104 ; A. Carile, "Aspetti della cronachistica veneziana nei secoli XIII e XIV", in *La storiografia veneziana fino al secolo XVI. Aspetti e problemi*, a cura di A. Pertusi, Firenze, 1970, p. 81.

2)　D. Raines, "Social debate and harmful publication. The family chronicles of the Venetian patriciate", in *Scripta Volant, verba manent. Schriftkulturen in Europa zwischen 1500 und 1900−Les cultures de l'écrit en Europe entre 1500 et 1900*, ed. by A. Messerli / R. Chartier, Basel, 2007, pp. 283−313. 特に p. 284 ; J. S. Grubb, "Memory and identity : why Venetians didn't keep *ricordanze*", in *Renaissance Studies* 8, n. 4, 1994, pp. 375−387. 特に p. 379.

3)　D. Raines, "Social debate and harmful publication" にはいくつか写真が掲載されている。筆者がマルチャーナ図書館で見たものは，Cod. Marc. Lat. X, 36a (=3326)，Cod. Marc. Lat. X, 237 (=3659)，Cod. Marc. It. VII 2034 (=8834) の3種である。8834 はアルファベット順に家の名前が並んでいる。またパドヴァ市立図書館に保存されているものも手に取ったが，これはむしろ紋章が主体となっており目録によると16世紀のものである。C. M. 221, C. M. 726.

4)　*Venetiarum historia vulgo Petro Iustiniano Iustiniani filio adiudicata*, a cura di R. Cessi e F. Bannato, Venezia, 1964, p. 257.

5)　B. Z. Kedar, *Merchants in Crisis, Genoese and Venetian men of Affairs and the Fourteenth-Century depression*, New Haven, 1976, pp. 122−123.

ティを探求するなかでこのリストに注目し[6]，カステルヌオーヴォも14世紀北イタリアにおける貴族再編の文脈でこのリストに触れた[7]。ただ，第2節で見るように，この史料の成り立ちには複雑な背景があり，『ヴェネツィアの歴史』の家リストの叙述全てが14世紀の世相を反映しているわけではない。キーダーのような史料の扱いは，じつは危うい使用法なのである。その一方で，家リストの与える情報が信頼できないという理由で，近年に至るまで内容の深い考察が行われてこなかったという経緯もある。実際ホイナツキも叙述内容に踏み込むことはしていない。適切な史料批判を行った上で，家リストの叙述を分析する必要があるといえよう。

　では，この家リストとは具体的にどのようなテキストなのか。チェッシの校訂した『ヴェネツィアの歴史』には，ヴェネツィアの起源から14世紀半ばまでの都市年代記のあとに，さまざまな付属資料が添えられている。その最初が家リストで，ここでは，冒頭に「以下はヴェネツィア貴族の家系 proles である」と述べられ，家名ごとに貴族が分類して提示されている。同じ家名が複数登場することはない。従って家リストでは，家系 proles は姓を同じくする人々の垂直の連なりとしてイメージされているということができるだろう。ただミキエル家，ファリエル家などについては，「高貴さに差がある」「一つではない」などの言及があり[8]，年代記作者が同姓集団内の分家ごとの差に気を配っていたことは注意しなければならない。この点については第4節で詳しく論じる。

　家リストの内容について具体的イメージを得るためにリストのトップに記されたバドエル家と2番目のカルバーニ家の記述を見てみよう。

---

6) S. Chojnacki, "La formazione della nobiltà dopo la Serrata", in *La Storia di Venezia III, La formazione dello stato patrizio*, a cura di G. Arnaldi, G. Cracco, A., Tenenti, Roma, 1997, pp. 662-671.
7) G. Catelnuovo, "L'identità politica delle nobiltà cittadine (inizio XIII-inizio XVI secolo)", in R. Bordone, G. Castelnuovo, G. M. Varanini, *Le aristocrazie dai signori rurali al patriziato*, Roma-Bari, 2004, pp. 221-222.
8) 本章第4節参照。

今，バドエルと呼ばれて，昔には皇帝の名誉に届いたパルティチアコは，パヴィアからやってきた。先祖はトリブーヌスであった。皆賢く，親切であった。多くの教区を持ち，サン・ジョルジョ教会を彼らの名誉のために建てた。
　しかし現在バドエルの紋章は二つであるにもかかわらず，高貴さと古さにおいて彼らの間の違いはわずかである。主要なバドエルはこの紋章（絵）を持っているものたちであり，これがもう一つの紋章（絵）である。
　カルバーニは，現在ユスティノポリスと呼ばれているカポディストリアからやってきた。先祖はトリブーヌスであった。協調的で謙虚な人々で，彼らの名のために聖セルヴロの教会を建立した[9]。

　これらの引用から，家リストでは貴族の家の家名（姓）に加えて，その家の性質や出身地，先祖，注目すべき業績などが書かれていることがわかる。トリブーヌスとはビザンツ支配時代，軍長官の下にいた地域の権力者たちである[10]。また，第4回十字軍を指揮した元首(ドージェ)エンリコ・ダンドロが属すダンドロ家についての叙述はより長く，1204年にコンスタンティノープルを陥落させ，その際に紋章を変更したことにも触れられている。全文紹介すると以下のようになる。

　ダンドロは，アルティーノの町からやってきた。先祖はトリブーヌスであった。慎重で勇敢で評議会においては賢い。しかし，現在ダンドロの紋章がさまざまであるからといって，彼らの間に違いがあるわけではない。主要な紋章はこれである（絵）。最初にこれを変更した人は，ドージェであったエンリコ・ダンドロ殿で，1204年にヴェネツィア人とフランク人と一緒に力強くコンスタンティノープルを取った時である。その変更はこのよう

---

9) *Venetiarum historia*, p. 255 : 'Particiaçii, qui nunc Baduarii appelati sunt et antiquitus imperiali fruebantur honore, de Papia venerunt, tribuni anteriores fuerunt, sapientes ac benivoli omnes erant. Qui multa patrocinia habentes, ecclesiam Sancti Georgii ad honorem eorum hedificarunt. Sed licet presentialiter Baduariorum armature sint due, tamen nobilitate antiquitateque modo modica est differentia inter ipsos……'.

10) D. M. Nicol, *Byzantium and Venice. A study in diplomatic and cultural relations*, Cambridge, 1988, p. 9. また何らかの特定の職務を示すというよりは，社会的政治的優位を示すため年代記では使われている。D. Raines, *L'invention du mythe aristocratique. L'image de soi du patriciat vénitien au temps de la Sérénissime*, 2 vols, Venezia, 2006, p. 374.

第7章　家意識と貴族アイデンティティ

なものである（絵）。その理由は，よく似たモンフェッラート候の紋章，すなわち白と赤の二色模様から自分たちの紋章を識別するためである。主要な紋章の中に十字を描いているダンドロがいるが，この追加は，ドージェであったジョヴァンニ・ダンドロの子孫であるアンドレア・ダンドロが行ったものである。彼はユスティノポリスのポデスタでカピターノであったとき，アクイレイア総大司教を平野において彼の軍隊とヴェネツィア人の名誉とともに破壊と敗北へと追いやった。そして前に掲げさせていた十字架を雄々しく奪った。これは 1290 年である[11]。

　叙述は長いが，書かれている事柄は家名，性質，出身地，先祖，注目すべき業績などで，先の引用と大差ないことがわかるだろう。他の家についても，叙述の長短はあるものの，おおよそ同様の内容である。さて，『ヴェネツィアの歴史』では，このような家リストのあとに，エラクレーア[12]，エクイロ（現在のイェーゾロ），マラモッコなど，アドリア海沿岸の町[13]やラグーナの島からリアルト（ヴェネツィア本島）に移住したトリブーヌス家系の一覧が続く。

11）　*Venetiarum historia*, p. 259 : 'Danduli de Altinense venerunt civitate, tribuni anteriores fuerunt, discreti, audaces et in consilio sapientes. Sed quoniam ad presens Dandulorum armature diverse sunt, tamen in aliquot non different inter ipsos. Armatura vero principalis est ista. Primus enim, qui eam tramutavit, fuit dominus Henricus Dandulo, dux inclitus Venetorum, anno Domini 1204, quando cum Venetis et Francis potenter cepit Constantinopolim, que tramutatio talis fuit. Causa huius fuit ad recognoscendum armaturam suam ab illa marchionis Montisferati, que erat similis sue, balzana, videlicet alba et rubea. Sunt etiam aliqui Danduli, qui in armature principali gerunt quamdam crucem, quam additionem fecit dominus Andreas Dandulo, natus bone memoris domini Iohannis Danduli ducis, qui, dum esset potestas et capitaneus Iustinopolis, patriarcham Aquilegie cum eius exercitu in plano campo cum honore Venetorum misit in exterminium et conflictum, crucemque vero, que ante se gerere faciebat, cepit virililter et potenter. Hoc fuit in 1290'.

12）　エラクレーアは 8 世紀までのドージェの所在地。7 世紀，エラクレーアにランゴバルドからの亡命者がたどり着き，都市の拡大等が行われて新たにチッタノーヴァ・エラクリアーナ（エラクレーアの新しい都市）と呼ばれるようになった。A. Niero, "Santi di Torcello e di Eraclea tra storia e leggenda", in *Le origini della chiesa di Venezia*, a cura di F. Tonon, Venezia, 1987, p. 62. 単にチッタノーヴァと呼ばれることもあり，本章では基本的に史料の叙述に従う。チッタノーヴァ・エラクリアーナに関しては，一貫してチッタノーヴァの名称を採用する。

13）　当時はこの付近も潟であった可能性はある。11 世紀頃の助祭ジョヴァンニの年代記には，ヴェネツィア人の居住地としてエラクレーアやエクイロがトルチェッロやムラーノ，マラモッコと同じく「島」として挙げられている。*Cronache. Scrittori della chiesa di Aquileia* XII/2, a cura di G. Fedalto, L. A. Berto, Città Nuova, 2003, pp. 34–35.

第Ⅱ部　権力の変化と家・親族

これは家名のみの一覧である。そして最後に「これらは確かに 12 のトリブーヌスの出身であると知られている，より高貴なヴェネツィアの 12 家系である」「これら下記の家系は高貴さにおいて上述の 12 家系に続く家系である。」として 24 の家名——やはり家名のみ——がリストアップされている[14]。ここで家に関する叙述は幕を閉じ，続いてサン・マルコ財務官，グラードからカヴァルゼレまでの行政官（キオッジャのポデスタ，トルチェッロのポデスタ，グラード伯など），ロマニア地域の行政官（コンスタンティノープルのバイロ，コローネのモドーネの城主など）などの行政官リストが添えられ[15]，年代記全体が終了する。

こうして，家リストとは貴族をそれぞれの家名によって分類して解説をほどこすという形態を持っていること，従ってその叙述内容や情報の提示の仕方の分析が，貴族アイデンティティ，貴族の家意識の中身，14 世紀ヴェネツィア社会における同姓集団の意味などを知る上で有効であること，が推察できるのである。確かにトリブーヌス出自にしても出身地にしてもその真偽を確かめる手立てはない。しかし重要なのは事実ではなく，貴族の家について年代記がどのような情報をどのように書くべきだと考えたか，ということであろう。

この点について触れておかねばならないのが，ドリット・ライネスの研究である。彼女はヴェネツィア貴族の自己イメージの形成・変遷を探るため，中世から 17 世紀に至る 200 余の年代記写本の調査に取り組み，その成果は 2006 年に 2 巻本として発表された[16]。本章との関連で注目すべきは，ライネスの研究によって，家リストの内容が中世の原型を保ちながらも時とともに不断に変わっていくことが明らかにされた点である。彼女は各家に与えられた説明を，家名，出身地，トリブーヌス出自，性質，教会建立の項目に分け，これらの項目の変遷を記述年代のわかっている 18 の年代記を取り上げることで 17 世紀まで順次検討した。そして，トリブーヌスの称号が 16 世紀

14）　*Venetiarum historia*, pp. 274-276. Cf. 'Hec sunt duodecim nobiliorum proles Venetiarum, que de XII tribbu certisime esse noscuntur', 'Hec sunt infrascripte proles, que in nobilitate secuntur stirpes XII superius memoratas'.
15）　*Ibid*., pp. 277-322.
16）　D. Raines, *L'invention du mythe aristocratique*.

に向かって増えていく様，近世になるとヴェネツィアへの移住の年代がより精密に記されるようになること，もはや教会の建立は顧みられなくなること，近世には性質と振る舞いに「愛国的」などの形容詞が見られること，などを明らかにしている。また先に述べた主要な 24 家の家名も時代によって若干入れ替わりがあることも示した。つまり中世から近世へと受け継がれた「家リスト」は，過去の叙述の単なるコピー再生産ではない。反対にそれぞれの年代記作者が個々バラバラに好き勝手に作成したものでもない。家リストは当時の貴族が自分たちの出自について，あるいは統治システム内で必要な資質について，どのように考えていたかについて，もっともよく示してくれる史料なのである[17]。

　ライネスの関心は主として近世にあり，中世の年代記も扱っているとはいえ，エリート層の自己認識がヴェネツィア貴族の長い変遷の中でどのように変化していくかを捉えるという姿勢が強い。また中世も扱っているとはいえ，14 世紀の家リストの分析は手薄である。そこで，以下では，14 世紀の家リストに絞って内容を詳しく検討し，この時代のヴェネツィア貴族の家意識や貴族アイデンティティの一端を明らかにすることにしたい。

第 2 節　家リストの成り立ち

　家リストを含んだ 14 世紀の年代記写本としては，現在二つが知られている。一つは前節で紹介したチェッシ刊行の『ヴェネツィアの歴史』の底本となったもので，マルチャーナ図書館に保存されている無名作者の写本 (Lat. X, 36a=3326) である。もう一つはこれと類似の内容を含むパリの国立図書館にあるパリ写本 (Lat. 5877) である。パリ写本はピエトロ・ジュスティニアンと呼ばれる人物の自筆だと考えられており[18]，そのためチェッシが刊行したテキストは，それとよく似ているが異なる年代記であるという意味で『偽ピエトロ・ジュスティニアンの年代記』とも呼ばれるのである。なお『ヴェネツィアの歴史』と『ピエトロ・ジュスティニアンの年代記』の関係につい

---

17)　*Ibid*., pp. 365-451, 特に pp. 370-371.

て,チェッシは共通の参照元を想定している[19]。しかし,同時代の他の年代記も含めた参照関係は複雑でよくわからないというのが実情である[20]。もちろん『ヴェネツィアの歴史』『ピエトロ・ジュスティニアンの年代記』にはオリジナルな記述があり,付属資料の添付も含めて,この二つの年代記が他の同時代の年代記や過去の年代記に比べて独自の価値を持っていることは認められている。

さて先にも述べたように,これら写本に書かれた家についての叙述が14世紀のヴェネツィア貴族の家意識や貴族アイデンティティを反映したものだと言うためには,ライネスの研究紹介だけでは不十分で,この史料の成り立ちや性格をより詳しく押さえておく必要がある。本節では,テキストの内容分析に入る前に,家リストの写本やテキストの成り立ちについて説明し,この二つの写本が,当時のヴェネツィア貴族の集団意識を知る材料として役立つことを確認する。また同時にマルチャーナ写本とパリ写本の異同についても説明する。

(1)『アルティーノ年代記』

第1節冒頭やライネスの研究紹介でも示唆したように,家リストは14世紀に一から作られたものではない。より古い時代に属す原型があり,これは

---

18) パリ写本の年代記とまったく同じ内容のコピーが大英図書館に存在する。この1564年の写本ではf. 16にジュスティニアーノ・ジュスティニアンの息子であるピエトロが作者であると書かれており,パリ写本の作成者がピエトロであるという推定は,このロンドン写本の記名に由来する。さらに,ロンドン写本には,この写本は1481年8月18日アンドレア・コンタリーニがサン・サルヴァドール地区の写本師フランチェスコの書店で購入したとある。A. Carile, *La cronachistica veneziana*, pp. 38-43 ; Idem, "Note di cronachistica veneziana", pp. 110-116 ; L. Fiori, *Pietro Giustinian e il suo codice autografo : problemi di tramissione testuale*, tesi di dottorato, aa 2011-2012(II anno), Università di Bologna, pp. 11-14.
19) チェッシはパリ写本は参照していない。前注で述べたロンドン写本とマルチャーナ写本の内容が似通っていること,ロンドン写本はマルチャーナ写本の完全な縮約版ではないことから,3326とロンドン写本のもとになった写本(すなわちパリ写本)には共通の参照元があったのではないかと考えた。*Venetiarum historia*, pp. VI-IX.
20) A. Carile, *La cronachistica veneziana*, pp. 38-43 ; Idem, "Note di cronachistica veneziana", p. 116 ; L. Fiori, *Pietro Giustinian e il suo codice autografo*, pp.11-14 ; M.V. Serban, "Some consideration regarding the anonymous *Venetiarum Historia*", in *Historical Yearbook* 7, 2010, pp. 177-194.

13世紀に遡る写本として伝わっている『アルティーノ年代記』に含まれる断片であった。この断片は，冒頭に「チッタノーヴァ（エラクレーア）とエクイロから出立したヴェネツィアのトリブーヌスと市民の名前」というタイトルが添えられ，91の家名と出身地，家の資質などの簡単な説明から構成されている[21]。以下ではこの家リストを14世紀のものと区別するために，「家カタログ」と呼ぶ。家カタログは，さらに古い形では，同じく『アルティーノ年代記』に含まれている単に家名だけが並べられたリスト（以下，家名一覧と呼ぶ）であったと想定されている。家名一覧は2種類あり，一つには「これらはチッタノーヴァから出立してリアルトにやってきたトリブーヌスたちの名前である」という添え書きが，もう一つには「以下は，エクイロの城塞を出立してリアルトにやってきたトリブーヌスと市民たちである」という添え書きがなされている[22]。よって家リストの利用のためには，これらの断片との比較検討，さらにこれらの断片が歴史史料としてどのような価値を持っているか，ということがまず明らかにされなければならない。

　『アルティーノ年代記』はヴェネツィアでもっとも古い年代記の一つである。ここには，アドリア海沿岸の町アルティーノが蛮族によって破壊され，そこから出立したトリブーヌスの一族たちがラグーナの島に教会を立て住み始める物語，トルチェッロやオリーヴォロの司教のリスト，リアルト（ヴェネツィア本島）の教会建立者のリスト，グラードの町の建設物語などが含まれており，一見すると初期のヴェネツィアについて非常に貴重な情報を提供しているように見える。しかし，実はこの年代記は「断片」という言葉自体が示すように，ファゾーリによると中世史で「最も絶望的な」テキストであった[23]。つまり13世紀にさかのぼる三つの写本（ドレスデン写本，ヴァティカン写本，ヴェネツィア写本）が知られているが，そのどれもが一貫したテキストではなく複数の部分の集合（断片の集合）からなり，しかもその順序が写本

---

21) *Origo civitatum Italie seu Venetiarum*（*Chronicon Altinate et Chronicon Gradense*），a cura di R. Cessi, Roma, 1933, p. 146 ; *Cronache*, pp. 236-237. ただしこの添え書きが見られる写本は一つのみである。

22) *Origo civitatum Italie seu Venetiarum*, pp. 46, 157-158 ; *Cronache*, pp. 250-251.

23) G. Fasoli, "I fondamenti della storiografia veneziana", in *La storiografia veneziana fino al secolo XVI*, Firenze, 1970, p. 33.

ごとに異なるという形態をとっているのである。家名一覧も家カタログもこのような「部分」の一つであった。作者はもちろんわからない。またオリジナルの写本のかたちが存在するのか，存在するとすれば，それはどのような構成になっていたのかも謎である[24]。19世紀にこの年代記を刊行したジモンスフェルトは，彼がもっとも古いと想定するヴァティカン写本を底本とした[25]。

　このジモンスフェルトの校訂に異議を唱えたのがチェッシである。彼はこれらの写本を構成するそれぞれの部分は断片として流通し，もとの核に新しい情報が付け加えられたり，いくつかの断片が排除されたりしながら伝わって，それぞれの写本を構成するに至ったという仮定のもと，三つの写本のどれかを中心に据えるという立場を放棄する。そして記述の内容からこの年代記の発展を3段階に分け，『イタリア都市あるいはヴェネツィアの起源』（以下『起源』）という新しい名前のもとに，テキストを刊行した[26]。つまり断片を組み合わせて時代順に年代記の三つのヴァージョンを提供したのである。この整理により，家名一覧は家名カタログより古く11世紀に成立した最初のヴァージョンから登場するとされた。一方，家名カタログは13世紀初めに成立した最後のヴァージョンで初めて年代記に取り込まれる，とされる[27]。ただ家名一覧や家名カタログの史料的価値についてチェッシは断言を避けており，評価を将来の研究に委ねた。というのも，実は家名カタログは，家名と出身地がたいてい同じ音韻で始まっている上，出身地としてはイタリア各地の都市名が挙げられる，という体裁をとっていた。そのため，歴史的には

---

24)　*Cronache*, pp. 20–21, 191；*Origo civitatum Italie seu Venetiarum*, pp. VII–XV, L.
25)　H. Simonsfeld, "Chronicon venetum quod vulgo dicunt Altinate", in MGH, Scriptorum, Tom. XIV, Hannover, 1883, pp. 1–69. 写字生による修正が少ないことや皇帝のリストの年代よりそのように考えた。Ibid., pp. 4–5；*Origo civitatum Italie seu Venetiarum*, p. XV；M. V. Serban, "Consideration regarding the place of Chronicon Altinate in the Venetian Historical Writing", in *Revue des études sud-est Européennes*, LI, 2013, p. 85. なお他の二つの写本も19世紀に刊行されている。*Ibid*., p. 90.
26)　*Origo civitatum Italie seu Venetiarum*, pp. XV–XXIII. チェッシによると，三つの編纂の年代は，1081-1118年，1145-1180年，12世紀末〜13世紀初めである。*Ibid*., pp. XXIII, XXV–XXVI, XXX. Cf. G. Rösch, *Der Venezianische Adel*, p. 19；D. Raines, *L'invention du mythe aristocratique*, p. 375.
27)　『起源』に含まれた三つのヴァージョンのそれぞれの構成を参照のこと。

何の意味もない，ただの年代記作者の「気まぐれ」の可能性もある，と考えられていたからである[28]。チェッシの校訂を利用しながら家名一覧，家カタログと証書史料の厳密な対照を行ったのはレーシュである。彼は証書ですでにヴェネツィアの指導者として現れているにもかかわらず，『起源』に登場しない名前があることに注目して，この家名一覧と家カタログの成立年代を10世紀半ば～11世紀に遡らせた[29]。さらに10世紀末の修道院建立文書や11世紀のドージェの発給した文書の副署人との比較を行い，家カタログに登場する家の実に4分の3が当時の公文書で確認できることを指摘した[30]。こうして『アルティーノ年代記』に挟まれた家名一覧と家カタログは単なる空想や言葉遊びではなく，ヴェネツィアの政治社会的現実とリンクしていることが確認されたのである。

　さて，年代記を三つの時代に分けたチェッシの操作は概ね受け入れられたが批判もあり[31]，2003年には再び『アルティーノ年代記』の名前の元，ジモンスフェルトが刊行したテキストが翻訳を伴って再刊行されている[32]。ただ家カタログが三つの写本のどれにも含まれていること，三つの写本がいずれも13世紀に遡るものであることは認められており，ここにレーシュが行った研究を加えると，『アルティーノ年代記』の家カタログを少なくとも10世紀半ば～13世紀初め，すなわちセッラータ以前の現実の一端を示したものとして利用することは可能であろう。

　では，この13世紀の家カタログと14世紀の家リストはどこまでが同じで，どこからが違うのか。まず家カタログに含まれている家の叙述については，ほぼ14世紀の家リストも採用しており，まったく文言が一致するものも少なくない。ただしグラデニーゴやファリエル，モロシーニなど有力な家につ

---

28) *Origo civitatum Italie seu Venetiarum*, pp. XLIII–XLIV ; Fasoli, "I fondamenti della storiografia veneziana", pp.40–41.
29) 1096年に元首に選出されたミキエル家の名前が家カタログにはないことが一つの大きな根拠になっている。Cf. G. Rösch *Der Venezianisch Adel*, pp. 21, 29.
30) G. Rösch *Der Venezianisch Adel*, pp. 22–24.
31) M. V. Serban, "Consideration regarding the place of Chronicon Altinate", pp. 83–103. 特に pp. 84–85 参照。この論文の著者も写本に忠実な刊本に従うことを提唱している。
32) *Cronache. Scrittori della chiesa di Aquileia* XII/2, a cura di G. Fedalto, L. A. Berto, Città Nuova, 2003.

いては，叙述が長くなっている。次に，先にも見たようにマルチャーナ写本（すなわち『ヴェネツィアの歴史』）には家リストの次に出身地別の家の一覧が添えられているが，これも，かなりの部分，『アルティーノ年代記』の家名一覧と重なっている。この出身地別の家の一覧はパリ写本にも見られる。相違点の第一は，明らかに採用されている家名の数が家カタログよりも14世紀のリストの方が多いということである。家名の増加は13世紀後半の大評議会名簿に名前が見られる家に負うところが多く[33]，現実に合わせて貴族の家名が更新されたと考えられる。次に14世紀の家リストの方が，全体として叙述が長い。これは新しく加わった家の場合にも言えるし，家カタログにすでに含まれていた家の叙述が長くなる場合もある。さらにマルチャーナ写本では先に見たように新たに24の高貴な家の家名の一覧が付け加えられ，パリ写本でも12の高貴な家の家名の一覧（マルチャーナ写本の最初の12家に一致）が付け加えられている。ホイナツキの調査によると，ここに記された24家は，14世紀の現実政治でトップクラスに位置する家であった[34]。14世紀の家リストの作者は，13世紀の家カタログを参考にしながらも14世紀の現実と要求に合わせて貴族の家リストを作り直した，と言ってもよいだろう。なお家名を並べる意図についても13世紀と14世紀では大きく変わったと言えるが，この点については内容分析で論じることにしたい。

(2) ヴェネツィアの都市年代記

では，こうして『アルティーノ年代記』を参照しつつ作成された14世紀の家リストはどの程度参照され流通していたのであろうか。またこの家リストを含む年代記の作者はどのような人物で，これらのリストは誰に向けて書かれたのだろうか。まずは，ヴェネツィアの年代記そのものの説明から始め

---

[33] 例えば，レーシュの分類による第二グループ（大評議会に平均3名以上が毎年選出）19家のうち，家名カタログに名前が見られた家は5家で，13家が新たに付け加えられている。Boldu についてはパリ写本にのみ登場する。一方，パリ写本では Viaro は含まれていない。家名カタログに含まれているにもかかわらず14世紀の写本に含まれていない家も数家あるが（Amanciaci, Abri, Ronciachi, Ciliencii），これらはレーシュのリストに名前が見られない。Vitrignati はパリ写本にのみ現れるが，レーシュのリストには名前が見られない。しかしこの家と Vitturi（第二グループ）の関係は定かでない。

[34] S. Chojnacki, "La formazione della nobiltà dopo la Serrata", pp. 662-671.

よう。

　ヴェネツィアの年代記の写本は中世から近世まで，また世界各地に散らばったものも含めて，1000程度あると推察されるが，実は，これらについて全体像を描くのは大変難しい。まとまったカタログがない上，年代記の写本はほとんどが無名作者のものであり，互いに混成しているため，オリジナルのテキストを判別し，信頼できる写本相互の系譜関係を打ち立てることが，ほぼ不可能だからである[35]。このような状況の中で年代記の整理に多くの労力を費やしたのがカリーレである。彼は13～16世紀の数百の写本の調査を行い，それらを1204年の第4回十字軍の情報の種類によって五つに分類した[36]。この作業は膨大な写本の出版のための一つの指針となり，近年年代記の研究が進む中で，カリーレがAグループとBグループに分類した14世紀の年代記が新たに刊行されている[37]。ただしカリーレの分類は内容の一部に注目したものであり，そこでは家リストが付与されているか否かということは問題にならなかった。

　カリーレとは別の観点から年代記の分類を試みたのがライネスである。ライネスは写本の中身よりもその形態に注目した。そもそもヴェネツィアで多くの写本間の混成が見られるのは，写本の作られ方に理由がある。年代記の編纂者・作成者はたいていヴェネツィアの支配層であり，彼らは忠実に以前

---

[35] A. Carile, "Aspetti della cronachistica veneziana nei secoli XIII e XIV", pp. 75-83 ; Idem, "Note di cronachistica veneziana" ; *Cronica di Venexia detta di Enrico Dandolo. Origini-1362*, a cura di R. Pesce, Venezia, 2009, pp. XI-XII. 例外としては13世紀の『マルティン・ダ・カナールの年代記』，『ヴェネツィア元首の歴史』などが挙げられよう。

[36] A. Carile, *La cronachistica veneziana (secoli XIII-XVI) di fronte alla spartizione della Romania nel 1204*, Firenze, 1969.

[37] *Cronaca «A latina». Cronaca veneziana del 1343*, a cura di C. Negri di Montenegro, Spoleto, 2004 ; *Cronica di Venexia detta di Enrico Dandolo*. その他，ヴェネツィアの年代記についての最近の研究として，C. Neerfeld, *«Historia per forma di Diaria». La cronachistica veneziana contemporanea a cavallo tra il Quattro e il Cinquecento*, Venezia, 2006 ; J. Melville-Jones, "Venetian History and Patrician Chroniclers", in *Chronicling History. Chroniclers and Historians in Medieval and Renaissance Italy*, ed. by S. Dale, A. Williams Lewin, D. J. Osheim, Pensylvania, 2007 ; G. Saint-Guillain, "Tales of San Marco : Venetian Historiography and Thirteenth Century Byzantine Prosopography", in *Identities and Allegiances in the Eastern Mediteranean after 1204*, ed. by J. Herrin, G. Saint-Guillain, Ashgate, 2011 ; M. Kuha, "Note intorno alla tradizione manoscritta di Chronica Venetiarum di Benintendi de'Ravagnani", in *Arctos. Acta Philologica Fennica*, XLVI, 2012, pp. 79-94.

の年代記を写すのではなく、自身の好みに応じて修正、書き加え、省略を施した。14世紀半ば頃からは、古い時代についてはすでに存在している年代記やその断片を必要に応じて省略したり改変したりしながら写し、終わりの方には自分の同時代の事柄を新たに書き込むという作業も行われる。このようにして、おそらく14-15世紀頃には多くの貴族の家族が、自身の「ヴェネツィア年代記」を所有していたと考えられる[38]。ライネスの仮説によれば、年代記は貴族がそこから政治に携わる上で必要な情報を引き出す一種のデータベースの役割も果たしていた[39]。ライネスはこれらを「参照のための年代記」と呼び、例えばドージェの統治期間がすぐにわかるような見出しの使用、飾り文字、欄外の注、彩色などに注目して、読書に適した文学的目的の年代記と区別している[40]。年代記が政治的データベースであったかどうかについては仮説の域をでず、特に14世紀について実証は困難であろう。ただ、チェッシの刊行した『ヴェネツィアの歴史』の底本となった写本は、「参照のための年代記」の要素を全て備えており、家名の冒頭のアルファベットは、目立つように大型の大文字で赤と青が交互にくるように彩色されている（口絵参照）。巻末には家リストのみならず、先にも見たように行政官リストも添えられている。パリ写本には家リストと行政官リストに加えて、ハンガリー王との和平文書などの公文書の写しもいくつか添えられている[41]。また家名の冒頭のアルファベットも参照しやすいように、大型の大文字かつ他の文字から左に飛び出した形で描かれている。このような写本の形態と、家リストのテキストが後の時代も貴族の年代記の中で受け継がれていくことを考えると、14世紀の家リストも一定の貴族のサークルの中で参照されたことは推察できるだろう。

---

38) C. Neerfeld, «Historia per forma di Diaria», pp. 15-25 ; D. Raines, "L'archivio familiare. Strumento di formazione politica del patriziato veneziano", in Accademia e biblioteche d'Italia 64, 1996, IV, p. 7 ; Eadem, "The Private Political Archives of the Venetian Patriciate-Storing, Retrieving and Recordkeeping in the Fifteenth-Eighteenth Centuries", in Journal of Society of Archivists 32, n. 1, 2011, pp. 135-136.
39) D. Raines, "The Private Political Archives of the Venetian Patriciate", pp. 135-136.
40) D. Raines, "Alle origini dell'archivio politico del patriziato : la cronaca «di consultazione» veneziana nei secoli XIV-XV", in Archivio Veneto, V serie, n. 185, 1998, pp. 5-57.
41) BNF, Cod. Lat. 5877, ff. 46r-55r.

第 7 章　家意識と貴族アイデンティティ

　次に，この二つの年代記写本の作成に関する情報をもう少し詳しく見ていこう。パリ写本を作成したのがピエトロ・ジュスティニアンなる貴族だと考えられていることはすでに述べたが，実は，この写本は貴族が年代記をどのように所持し写したかを示す貴重な例を提供している。ここではフォリオ 1 に家のメモが見られ，「1348 年 3 月 19 日に私の娘チェチリアが生まれた」「私の親，ジュスティニアーノ・ジュスティニアンが対トルコ同盟の隊長」「2 度目のキオッジャの代官を引き受ける」など，写本の所有者の人生の節目における出来事が記されている。これらの出来事は 1348-1357 年にまたがっており，年代記自体の記述が 1358 年に至っていることから，おそらくこの写本の所有者は 1348 年以前に写本を所有し，すでに存在する年代記やその他の資料などを活用して 1358 年にこの年代記を完成したと推論できるのである[42]。マルチャーナ写本も，付属の行政官のリストが 1357 年までであることと年代記自体の記述が 1358 年に至っていることから，やはり 14 世紀後半に完成したと考えられる。所有者は不明であるが，貴族しか知り得ない情報が多く含まれていることや，彩色された美しい装丁から，やはり 14 世紀半ばの貴族であろう[43]。なお，この写本の 15 世紀のコピーである Lat. X. 237 =3659 には，3326 のコピーの後に月の観察結果が添えられており，それは 1405 年から 1442 年に至っている[44]。従って 3326 はこの写本以前に作成され，転写に用いられたこと，3659 の所有者は年代記を転写した後それを自家用に使用したことがわかるのである。以上より，14 世紀の家リストは，どちらの写本においても貴族が貴族に向けて作成したものだといえるのである。

　最後に，パリ写本とマルチャーナ写本の家リストを比べておきたい。じつ

---

42)　BNF, Cod. Lat. 5877, f. 1r. 家族のメモはロンドン写本では f. 15 に書かれている。A. Carile, *La cronachistica veneziana*, pp. 38-43 ; Idem, "Note di cronachistica veneziana", pp. 110-116. ただし筆者はロンドン写本を参照していないので，家リストの順番まで含めてすべて同じかどうかは確言できない。
43)　第 4 節で述べる大評議会での振る舞いなど。著者に関しては，貴族に関する知識は多いが，歴史家としても政治家としてもあまり能力がないとの評もある。G. Arnaldi, L. Capo, "I cronisti di Venezia e della Marca Trevigiana", in *Storia della cultura veneta. Il Trecento*, a cura di G. Arnaldi, Vicenza, 1976, p. 298.
44)　BM, Cod. Marc. Lat. X. 237=3659, ff. 105v-106r.

第Ⅱ部　権力の変化と家・親族

は両者には何点か違いがある。まずパリ写本はマルチャーナ写本に比べて家リストに掲載された家の数が少ない。全部で132であり，情報に乏しい家や14世紀においてほとんど重要でない家については掲載されなかったと考えられる。2番目として，家の提示の順番もマルチャーナ写本と若干入れ替わっており，重要な家にもかかわらず後ろの方に記されていたソランツォ家やヴェニエル家は，パリ写本では132家の中に余裕を持って含まれるように若干前方に移動している。3番目として，ジュスティニアン家についての叙述がより詳しくなり，またミキエル家よりも先にジュスティニアン家をおいていることから，ピエトロ・ジュスティニアン本人の意向がある程度家リストに反映していることが窺える[45]。最後に紋章の絵が多用されているマルチャーナ写本に比べて，パリ写本は言葉で説明している場合が多い。ただ家の叙述内容自体については，両写本ほぼ同じであり，取り上げられた家もマルチャーナ写本の方が多い。よって本章ではチェッシの校訂した史料を主たる分析対象とし，パリ写本を補足的に使用する[46]。

第3節　家リストの検討

(1) 14世紀の家リストの特徴

前節では家リストの史料としての成り立ち，性格を確認した。これを踏まえて本筋では，内容そのものの分析に移りたい。チェッシ校訂の家リスト，パリ写本に共通して言える重要な点は，何よりもこれが「ヴェネツィア貴族の家系 proles nobilium Venetorum」というタイトルのもとに提示されていることである。この点が，家カタログ，および家名一覧との質的な違いであり，ここに13世紀以前の社会から14世紀の社会にかけての家の意義の質的転換

---

[45] BNF, Cod. Lat. 5877, ff. 56r–62v. ただしジュスティニアンの叙述において，否定的な表現も混ざっていることは，ピエトロ・ジュスティニアン本人が一からこの叙述を作成したものではないことを窺わせる。

[46] 家リストの出典は，*Venetiarum historia*, pp. 255–276 ; BM, Cod. Marc. Lat. X. 36a= 3326, ff. CLXX (152r)–CLXXXXI (167r) ; BNF, Cod. Lat. 5877, ff. 56r–69r. 以下，全体の分析に関しては，いちいち注では記さない。

第 7 章　家意識と貴族アイデンティティ

を読み取ることができるだろう。先にも見たように家カタログと家名一覧の添え書きは，両者が何よりもヴェネツィアへの移住の記憶を伝えるリストであったことを示している。家カタログの添え書きは「チッタノーヴァ（エラクレーア）とエクイロから出立したヴェネツィアのトリブーヌスと市民の名前」，家名一覧の添え書きは「これらはチッタノーヴァから出立してリアルトにやってきたトリブーヌスたちの名前である」「以下は，エクイロの城塞を出立してリアルトにやってきたトリブーヌスと市民たちである」であった。確かに 14 世紀の年代記にも移住の記憶は引き継がれており，年代記本体にはフン族の王アッティラに追われた人々が潟に移住する話が見られる[47]。また再三述べているように家リストの後にも出身地別の家の一覧が添えられている。一方あとで見るように，家カタログにも当時の支配層が「古さ」によって自分たちを新興層と区別しようとしていた意図が読みとれる。しかし家リストの冒頭のタイトルはあくまで「以下はヴェネツィア貴族の家系である」であり，新たに付け加えられた 24 の高貴な家のリストが現実の政治社会で力のある家であること，またヴェネツィアの地方行政官リストと並べて家リストが添えられていることは，このリストがヴェネツィアという都市国家の支配層の可視化と深く関わっていることを示している。このような家名のリストの意義付けの変化は，セッラータを経た 14 世紀になって，家名によって貴族に属す人々を明確に切り出し，それを互いに確認，認識しようとする意識が生まれたことを示していよう。家名が冒頭に来ていること，先にも述べたように家名がすぐに参照できるよう目立つデザインが取り入れられていることも，そのことを証言していると考えられる。そしてほとんどの家について，先祖への言及や「古い」という言及があることは，家が過去から現在へと続く連続性の中で認識されていることをも示している。遺言書や公証人史料や評議会史料の検討では浮かび上がらない遠い祖先まで続く家意識が，ヴェネツィアの歴史を語る年代記付属の家リストで，貴族と関連付けて表明されているのである。

　では，このような貴族の家意識，あるいは家系意識の中身はどのようなも

---

[47]　*Venetiarum historia*, pp. 13–18.

第Ⅱ部　権力の変化と家・親族

のだったのだろうか。次に家リストに書かれた情報を具体的に見ていこう。チェッシ校訂の家リストに挙げられた家名は307であるが，そのうち147家は名前のみしか記載していないため，実質的に情報を提供しているのは160家である。ライネスが『ヴェネツィアの歴史』のリストも含め中世〜近世の家リストを検討するために用いた分類項目は家名，出身地，トリブーヌス出自，性質，教会建立の五つであったので，まずこれに従ってリストの内容をみていくことにしたい。その際，家カタログにおけるこれらの項目を詳しく検討したライネスの見解を紹介し，それをもとに14世紀における上記の項目の意義を考察する。

(2) 二つの家名

　まず家名の検討から始めよう。家カタログや家リストでは，第1節で引用したバドエル家の記述が示すように，その時点で呼び慣わされている家名と，それ以前の家名の二つの家名が記されている場合が多い。この背景には，ヴェネツィアでは他都市に比べて家名の登場が早く9世紀にさかのぼること，しかしまだそれらが安定的なものではなかったことがあると考えられる。バドエル家とその古い家名として挙げられているパルティチアコの関係については，10世紀の元首(ドージェ)オルソにおいてパルティチアコが姓として用いられていること，彼の息子がピエトロ・バドエルと呼ばれていることがわかっている[48]。ただし，他のすべての家においてこのような実証ができるわけではなく，時代が下るにつれ，新しい家が過去に断絶した家の家名を自分たちの先祖の名前として名乗るケースもあった。ライネスによれば，家カタログが二つの家名を記載したのは，家の歴史を語る際，支配層への帰属の証明のためにも，この土地における古さを思い起こさせるためにも，以前の名前を記す必要があったからである[49]。家名が家の連続の象徴になっている以上，古い

---

[48]　ただし，このオルソとエラクレーア出身でドージェを出した家系であるパルティチアコとの親族関係は不明。パルティチアコの主要な家系は断絶したと思われる。またバドエルは当初オルソの兄弟の名前として登場している。D. Raines, *L'invention du mythe aristocratique*, pp. 381；*Cronache*, pp. 98-101, 104-105；M. Pozza, *I Badoer. Una famiglia veneziana dal X al XIII secolo*, Padova, 1982, pp. 9-11.

[49]　D. Raines, *L'invention du mythe aristocratique*, pp. 378-383.

第 7 章　家意識と貴族アイデンティティ

名前への言及は，やはり家の古さを主張するものであろう。

　14 世紀の家リストの二つの名前は，ほとんど家カタログを踏襲したものであるが，新しいところではサヌードがカンディアーノと結び付けられている[50]。カンディアーノは 9〜10 世紀にドージェを輩出した由緒ある家であり[51]，サヌードにとっては自分たちがカンディアーノにさかのぼる古い家であると示すことは重要であっただろう。ただ，ミキエルやジュスティニアンなど 14 世紀にあらたにリストに加えられた有力な家がすべて昔の名前を添えているわけではない。古い名前との勝手な関連付けは一般的でも公認されているわけでもなかったことが窺える。古い家名と自らを結び付けようとする動きと，それに対する不信感は次のバセッジョ家の例によく表れている。

　　　マスタリチは今日ある人々によるとバセッジョと呼ばれており，レッジョからやってきた。先祖はトリブーヌスであった。しかし嘘つきで，名声があり野心家で，教会の建立者でもあった。聖処女マリア教会をつくった。ある人々の意見では，バセッジョはマスタリチではなく，上記の場所の出身でもなく，最初の出身地はギリシアで，トルチェッロ，次いでリアルトに住みに来たということである。名声ある人々で，古くからこのような紋章（絵）を持っていた。その後，あるフランドル伯に対する愛情のために，このような現在の紋章（絵）*を持ち始めた[52]

この記述は『アルティーノ年代記』では，

　　　マスタリチはレッジョからやってきた。以前はトリブーヌスであった。嘘つきで愚かで野心家，教会建立者である[53]。

という簡潔な記述である[54]。パリ写本ではマスタリチ家とバセッジョ家は

---

50)　*Venetiarum historia*, p. 255.
51)　D. M. Nicol, *Byzantium and Venice*, p. 36.
52)　*Venetiarum historia*, p. 257.
53)　*Origo civitatum Italie seu Venetiarum*, p. 146.
54)　アルティーノ年代記ではこのような辛辣な評も少なくないが，その真意を特定することはできない。『アルティーノ年代記』の作者も謎のままであるが，集められた断片から全体として教会に関する年代記を作ろうとしたのではないかと考えられている。M. V. Serban, "Consideration regarding the place of Chronicon Altinate"; *Cronache*. p. 20.

231

別々の家として記され，マスタリチについては家カタログの記述の繰り返し，バセッジョについては，

> バセッジョは，ある人々はギリシアからやってきたと言っているが，トルチェッロ出身である。先祖はトリブーヌスであった。大変賢く，勇気があり，すべてにおいて人気があり，聖バセッジョ教会を立てた。以前は，現在のこの紋章（＊と同じ絵）は使っていなかった[55]。

となっている。レーシュの研究によれば，バセッジョはすでに12世紀初めにはコムーネの要職に就いている家柄である[56]。しかし『アルティーノ年代記』の家カタログに名前はない。一方，マスタリチはすでに9世紀末の史料に登場するが，11世紀以降は主要な史料に見られないため断絶したと考えらえる[57]。従って14世紀のバセッジョについては，ある人々は古さを求めてマスタリチと結びつけたが，それを認めない意見もあったことがわかるのである。14世紀の家リストが家カタログに記載された二つの家名を引き続き採用したこと，また新たに古い家名と自らの家を結びつける例もあったことの背景には，貴族たちが家名で象徴される先祖の古さを求めていた事情がある，と考えられるだろう。

(3) 出身地

次に，家カタログに掲げられた91家全てに記されているのが出身地である。これも家名と同じく真実かどうか実証できるものではないが，重要なのは事実ではない。さて，家名一覧の添え書きはリアルト（ヴェネツィア本島）に移住した人々の主要グループが近郊のエラクレーア出身，もしくはエクイロ出身の二つであったことを伝えている。しかし家カタログでは，両者が一つにまとめられている。またカタログ内ではエラクレーアやエクイロは各家

---

55) BNF, Cod. Lat. 5877, f. 57v. 'Baxilii de Torcelo venerunt licet aliqui dicant de Grecia. Tribuni anteriores fuerunt valde sapientes animosi et in omnibus gratiosi et ecclesiam Sancti Baxilii construxerunt',
56) G. Rösch, *Der Venezianisch Adel*, pp. 59-60, 65.
57) A. Castagnetti, "Famiglie e affermazione politica", in *Storia di Venezia I, Origini-Età ducale*, p. 616, 619 ; G. Rösch, *Der Venezianisch Adel*, pp. 66, 127-132.

の出身地として記載されず，ヴェネツィアからより遠いイタリアの町々の名前が記されてた。ライネスは，チェッシの『起源』に基づいて家名一覧は家カタログよりも古い認識を伝えているものだとし，両者の違いに，時代を経るにつれて出身地による集団間の違いが忘却されていった過程を見て取る。さらに，家カタログに記載された出身地は，エラクレーアやエクイロを単なる通過点へと変換し，それ以前の居住地へと言及することで家の古さを強調すると同時に，ヴェネツィア支配層としての一体感を増すことになったと主張した[58]。

　この解釈は，家名一覧とカタログの比較のみならず彼女自身が行った都市の創建物語についての分析にも基づいている。ライネスによれば，ヴェネツィアにはトロイアからイタリアにたどり着いた英雄に都市の建設を帰す都市起源物語と，潟への移住に都市の起源を見るより現実的な物語の二つがあった。トロイア起源は当時のヨーロッパで一般に好まれた素材であり，ヴェネツィアもその影響下にあったということができるだろう。しかしトロイア起源説からは「祖国の父」は生まれず，むしろ年代記において発達・定着していくのは，フン族の侵入による移住の物語であった[59]。一般的に了解されている事実として都市ヴェネツィアはフン族というよりもランゴバルド人に追われた人々がラグーナに移住したことで人口が増え，成長していく集落である。確かにフン族の進入は人々を潟へ逃れさすことになったかもしれないが，それは短期的なもので脅威が過ぎ去ると人々はもとの居住地に戻った。また移住の波は長期にわたるものであり，イタリア本土から沿岸部や潟の島々へ，さらにリアルトへというように段階的なものでもあった。ライネスは，当初人々はリアルトに移住する前の出身地によって識別されていた，とする。つまり『アルティーノ年代記』などの古い年代記が語る複数の移住の物語は，家名一覧とともに，ヴェネツィア人を構成する複数の集団が出身地ごとに独自の記憶を保持していた名残であるとしたのである。しかしこれらの年代記

---

58) D. Raines, *L'invention du mythe aristocratique*, p. 386.
59) この二つの物語は，一つの年代記において共存していることも多いが，特に近世において，アッティラから物語を始める年代記が，トロイアの話から物語を始める年代記より量的に増えて行く。D. Raines, *L'invention du mythe aristocratique*, p. 52.

第Ⅱ部　権力の変化と家・親族

とほぼ同じ 11 世紀頃に成立した年代記でも，このような出身地別の記憶の存在を表明しないものもある。助祭ジョヴァンニはドージェに近い人物として，より「公式の」年代記を書いた人物であるが，彼の年代記では，ヴェネツィア誕生の歴史は，ランゴバルドの支配に屈することを拒否した人々が潟の島に向かいそこをヴェネツィアと名付けた，というように単一のプロセスとして描かれた[60]。そして，この傾向は年月の経過とともに強まり，互いに異なる出身地をもつ複数の集団による移住の波が，一つの民族の移住に統一される。それとともにアッティラが裏の意味での「建国の父」になり，移住者を迎え入れた場所が自由の地とされていく，というのである。つまり，アッティラが人々を故郷から追い出し移住を促進した原因としてクローズアップされ，すべての移住者を外側の脅威に対して連帯させ内部の争いを否定する効果をもった人物となった，ということである[61]。この流れの中で，家カタログは，出身地別の記憶を保持しようとするのではなく集団的記憶の中に各家の出身の記憶を保持しようとする新たな傾向を示していると解釈できる。つまり，エラクレーアやエクイロといったリアルトに移住する前に人々が集団で居住していた場所を強調するのではなく，人々がエラクレーアなどに移住する以前に住んでいた（とされる）イタリア各地の町々の名前を出身地として記し，同時にそれらを一つのカタログに統合して提示することで，さまざまな場所からリアルトに集まった集団としてのアイデンティティが強調されるようになった，と解釈したのである。ライネスは家カタログの成立時代は，まさにコムーネが生まれる 12 世紀半ば頃であろう，とした[62]。

チェッシの『起源』に対しては先にも述べたように批判もあるため，家名一覧と家カタログの年代的な問題については，ライネス説を手放しで支持するわけにはいかない。しかし彼女の年代記写本に対する深い造詣と都市の創

60）　D. Raines, *L'invention du mythe aristocratique*, pp. 42–43. Cf. Giovanni Diacono, *Istoria Veneticorum*(*Storia dei Veneziani*), in *Cronache*, pp. 32–35：'Populi vero eiusdem provintiae penitus recusantes Longobardorum ditioni subesse, proximas insulas petierunt. Sicque Venetiae nomen, de qua exierant, eisdem insulis indiderunt'. ウェネティアはマントヴァやブレシャやトレントに加えてほぼ現在のヴェネト州及びフリウリ＝ヴェネツィア・ジュリア州を覆う古代ローマ時代の行政区分。ヴェネツィアの名前はおそらくそれに由来する。
61）　D. Raines, *L'invention du mythe aristocratique*, pp. 40–63, 特に pp. 57–58.
62）　*Ibid*., pp. 373–378, 特に pp. 377–378.

第7章　家意識と貴族アイデンティティ

建物語に関する分析を踏まえれば，家カタログが集団的記憶の中に各家の出身（というよりも各家がリアルトに移住してきた人々であるということ）の記憶を保持しようとした，という意見は十分説得力を持っている。そして，これを受け入れるならば，14世紀の家リストの出身地も，都市創建時にさかのぼる移住の記憶をそれぞれの家に付与し，全体としてヴェネツィア貴族が移住者の共同体から成立していることを示すものだ，ということになろう。ただし14世紀の家リストには，トルチェッロやブラーノなど近隣の島も見られ，これらは実際の出身地を示していると考えることも可能である。またアッコン出身者については，1291年のアッコン陥落によりヴェネツィアに避難し大評議会に加わった人々がいたことをこの年代記の本文が伝えており[63]，現実の記述であったろう。しかしその他については，やはりマントヴァ，レッジョ，フェッラーラなどヴェネツィアから離れたイタリアの町の名が記されており，家カタログの出身地をそのまま引き継いでいる場合が多い。さらに出身地の記載は14世紀の家リストにおいて非常に重要で，307の家名のうち出身地の記載があるのは140件，ないものについても，家名のあとに空白と「～から来たvenerunt」という語句が記され，あとで出身地が書き込めるようになっている。パリ写本でも132家中125家に出身地の記載があった。なお，パリ写本にはアッコン出身者は記載されていない。出身地へのこだわりは，上で述べたように，貴族の家の記憶が都市創建時に遡る移住と分かちがたく結びついていることを示しているのだろう。

(4) トリブーヌス出自

　このような古さに対する要求は，トリブーヌス出自にも表れていると考えられる。先祖がトリブーヌスであったという叙述は家カタログでは58家に見られる。またトリブーヌスという記載がなくても，「古い」と述べられている家がほとんどである。さて，トリブーヌスは先にも述べたようにビザンツ支配時代，軍長官の下にいた地域の権力者たちであったが，一般に10世紀頃には彼らの実質的な政治権力は弱まっていた[64]。家カタログの成立はど

---

63)　F. C. Lane, "The Enlargement of Great Council of the Venice", p. 238 ; *Venetiarum historia*, p. 205.

のような立場をとるにしても，この時代より後になるので，実質的な政治権力は弱まっても，トリブーヌスという肩書きの持つ威信は弱まらず，後代に伝えられたということになる。このころすでにドージェの補佐役として裁判官 judex の重要性が高まっていたが，この役職は世襲ではなく地域支配とも結びついていないので，トリブーヌスの称号が特権階級の指標として選ばれたのだろう[65]。ライネスは，当時の支配層が新たに台頭してきた新参者に対して自分たちの優越を示すために，各家の古さを強調したカタログを作成したのだろう，と述べている[66]。レーシュも，このカタログが作られた時代については異なる見解を持つものの，トリブーヌスの出自の強調の背景に，今までの支配層と新参者の競合を見て取っている[67]。『アルティーノ年代記』の成立の経緯は先にも述べたようによくわかっていないので，これ以上考察を深めることはできないが，トリブーヌス出自が二つの名前や出身地，後で述べる教会建立と関連しあって，家の古さを示すために用いられていることは認められるだろう。

　さて，14世紀の家リストではチェッシの校訂版で82件，パリ写本で78件というように，トリブーヌス出自を与えられる家の数は増えている。さらに家カタログで名前が言及されていない家でも，トリブーヌスの出自が与えられることがあり，とりわけ「より高貴な」24家にその傾向が顕著に見られる（24家中23家がトリブーヌス出自で，そのうち14家は『アルティーノ年代記』に記載がない）。これらのことを踏まえると，14世紀の貴族たちが家の過去や高貴さの指標としてのトリブーヌス出自を重視していたことがわかる。そしてトリブーヌスが移住の頃の実力者であることは，やはり14世紀の支配層が都市創建時にさかのぼる古さを，一種の家のアイデンティティや貴族の指標にしていたことを示しているのである。

　なお，教会建立については家の古さを示すための補完的要素とし，38件にその記述が見られることを指摘するにとどめたい[68]。

---

64) 9世紀の間にトリブーヌス家系が衰えて新しい家系が登場し始める。A. Castagnetti, "Famiglie e affermazione politica", pp. 618-620.
65) D. Raines, *L'invention du mythe aristocratique*, pp. 386-389.
66) *Ibid*., pp. 377-378.
67) G. Rösch, *Der venezianische Adel*, p. 31.

(5) 性質

　さて，二つの名前，出身地，トリブーヌス出自，教会建立はどれも過去に関する記載であったが，家リストは過去の出来事についてのみを語っているわけではない。その家の性質についても述べており，これも貴族アイデンティティを探るためには有用な指標となろう。ライネスの分類によると，家カタログに見られる性質や振る舞いを示す語句は，賢さや良識など知性・統治に関する性質が 35 件，戦闘に関する有能さを指し占めす指標が 14 件，雄弁さのようにポデスタの指標としてよく用いられた指標が 5 件など，統治能力を示す言葉が 80 件と一番多い。ついで慈悲深い，社交的，謙虚，善良などの社会的好悪を示す評価が続く。ここでは豊かさといった経済的指標はあまり見られない[69]。これらの語句の多くは 14 世紀の家リストにも引き継がれているが，それらが積極的な採用なのか，単なる繰り返しなのか言うことは難しい。ここでは全体的な分析を行うことは控え，家リストの主要 24 家について若干のコメントを行うだけにとどめておきたい。これら特に高貴であるとされた 24 家については，賢明さが 16 件，勇敢・強さなど軍事面での卓越を示す内容が 15 件と，家カタログの割合に比べてこれらの資質が目立っている。さらに親切，愛されている，平和的，調和的など，社会生活における評価も 15 件見られた。軍事能力，賢明さなどは当時のイタリア都市支配層一般に求められた資質である。家リストの叙述はヴェネツィア貴族が，古さにおいてはヴェネツィア独特の指標を持つものの，家の性質としては，都市支配層一般の基準に従っていたことを示していよう。

---

[68] ドリーゴによるとヴェネツィアでは，有力な家が自分の土地の一部を礼拝堂建設のために提供し，ついで人口が増えると教区司祭を迎えて教区が作られるという形をとった。従ってライネスは，教会建立は土地所有を示す補完的な要素であるとしている。D. Raines, *L'invention du mythe aristocratique*, p. 394 ; W. Dorigo, *Venezia origini. Fondamenti, ipotesi, metodi*, Milano, 1983, p. 229.

[69] D. Raines, *L'invention du mythe aristocratique*, pp. 88–91. なお家カタログの叙述は，「愚か」「嘘つき」など辛辣な形容詞も見られることが特徴であるが，家リストではこれらの叙述は変更されている場合がある。

第Ⅱ部　権力の変化と家・親族

(6) 紋章

　最後に，ライネスの分類項目には組み込まれていないが，14世紀の家リストを検討する上で重要なのが紋章である[70]。紋章については34家しか記載がなく，トリブーヌス出自ほど重要でないかのような印象を与えるかもしれない。しかしこれは家カタログには見られない内容であり，14世紀に初めて出現する情報であると同時に，各家の叙述の長さと明確な関係がある。家カタログと家リストの差は，幾つかの家，とりわけ高貴だとされた24家についての叙述量にもっともよく現れているが，その増大した叙述は，ダンドロの例が示すように，ほとんどが紋章の説明に費やされている。また14世紀のマルチャーナ写本を見れば，そこに多くの紋章の絵が彩色を伴って記されており，明らかに人目を引く。パリ写本はマルチャーナ写本ほど絵が記されていないが，絵に変えて言葉で紋章の模様が詳しく説明されており，やはり年代記作者の紋章への関心の高さを示している。24家のうち紋章の記述があるのは17家，そのうち紋章に関わる武勇（戦闘における勝利）に触れているのはミキエル，ジュスティニアン，モロシーニ，ダンドロ，ゾルジ，ゼノの6家であった。

　紋章は，もともとは戦士的領主階級のものであったが当時すでに彼らに排他的なものではなく，都市民にも広まっていた[71]。14世紀のフィレンツェ人サッケッティの短編が示すように紋章は「貴族風に」生きたい人々の野心の的であった[72]。14世紀の法学者バルトルスは『紋章について』という論

---

70)　紋章についてライネスは別の章で軽く触れている。*Ibid*., pp. 483-488.
71)　紋章については，岡崎敦「紋章学」高山博・池上俊一編『西洋中世学入門』，東京大学出版会，2005年，125-130頁，ミシェル・パストゥロー著（松村剛監修）『紋章の歴史』創元社，1997年，M. Pastoureau, "Stratégies hélardique et changements d'armoiries chez les magnats florentins du XIVe siècles", in *Annales ESC*. 43-II, 1988, pp. 1241-1256 ; *Bartolo da Sassoferrato. De insigniis et armis*, a cura di M. Cignosi, Roma, 1998, pp. 12-19. 15世紀イングランドの『紋章の書』を分析したものに，古城真由美「15世紀イングランドの紋章鑑にみるジェントリのアイデンティティ──パストン家の『紋章の書』の分析から」『九州歴史科学』，2013年，1-29頁。
72)　フランコ・サッケッティ（杉浦明平訳）『ルネッサンス巷談集』，第13話（偉大な画家ジョットに，ある身分の卑しい男が彼の楯に紋章を書いてくれと頼む話），岩波文庫，1981年，69-72頁。

第 7 章　家意識と貴族アイデンティティ

文の中で，名前と同じように人は自分の意思で紋章を持つことができ，それは男系子孫全てにおいて相続されること，紋章をつけるものとして衣服，盾，旗，壁，建物などがあることを述べている[73]。このようにイタリアでは 14 世紀半ばすでに紋章の習慣は広まっており，ヴェネツィア貴族もそれに漏れず紋章に関心を示したということになる。またクエリーニ・ティエポロの反乱における紋章の使用，その後反乱に使われた紋章をコムーネが禁止したことは，単なる嗜好を超えて，紋章が 14 世紀のヴェネツィアで家を確認する上で重要な要素となっていたことを示している[74]。さらに軍事的功績と絡めて紋章の変更を語る点は，先の性質で軍事面での卓越を示す指標が語られたことと合わせると，ヴェネツィア貴族においても軍事エリートであることが貴族の貴族たる所以として重視されていることを物語っているだろう[75]。

　近年カステルヌオーヴォは 13 世紀のイタリア都市エリート層に騎馬戦士としての共通の政治文化を認め，彼らは何よりも騎馬戦士としてコムーネのために戦う階層であり，それゆえ特権を得，社会的に評価されたのだとしている。つまり彼らは何よりも「政治的・軍事的エリート」であった[76]。これに対し，一般に中世ヴェネツィアの支配層は商人や船乗りの側面が強調されがちであるが，じつはイタリア本土の騎馬戦士の文化と接触していたことを示唆する史料はいくつかあり，海戦主体とはいえヴェネツィアのエリートが積極的に軍事活動に携わっていたことも一般に認められている。「政治的・軍事的エリートとしての一体感」は 13 世紀のヴェネツィア支配層にもあて

---

73)　*Bartolo da Sassoferrato. De insigniis et armis*, pp. 45-53；O. Cavallar, S. Degenring, J. Kirshner, *A Grammar of Signs. Bartolo da Sassoferrato's Tract on Insignia and Coats of Arms*, Berkelry, 1994, pp. 145-157. バルトルスの経歴については，佐々木有司「中世イタリアにおける普通法（ius commune）の研究（一）――バルトールス・デ・サクソフェルラートを中心として」『法學協會雑誌』84（1），1967 年，14-44 頁。

74)　すでに 1266 年，大評議会は「ヴェネツィアの重要人物 alicuius magni hominis de Veneciis」の紋章を他の人が描くことを禁止しており，都市支配層が，当時広まっていた紋章が一種の党派のシンボルとなることを恐れていたことがわかる。V. Lazzarini, "Le insigne antiche dei Quirini e dei Tiepolo", in *Nuovo archivio Veneto* 9, 1895, p. 221；*Deliberazioni del Maggior Consiglio*, II, p. 212. 主として 15 世紀の紋章の使用については，E. Crouzet-Pavan, "*Sopra le acque salse*", pp. 401-409.

75)　D. Raines, *L'invention du mythe aristocratique*, pp. 486-487.

76)　G. Catelnuovo, "L'identità politica delle nobiltà cittadine", pp. 202-205.

はまるということができるだろう[77]。14世紀の家リストに現れた軍事的卓越や紋章への関心は，軍事的含蓄を持つ貴族・騎士的アイデンティティがヴェネツィアでも取り入れられ，貴族の家意識の重要な一要素となっていたことを示しているのである。

以上より，家リストの検討は，まず何よりも，14世紀のヴェネツィア貴族がヴェネツィア独特の成立事情に由来する都市創建時に遡る家の古さをすでに重視していたことを示している。しかし彼らはそれだけでなく，他都市のエリート層とも共通するような性質や習慣をも貴族の家の指標としていたのである。

第4節　ヴェネツィア貴族の家意識

最後に，冒頭の問いに戻って，14世紀の同姓集団と家系の関係について考察しよう。この点に関して参考になる記述が家リストにはいくつか見られる。たとえば，チェッシの校訂版では，ミキエル家について，「彼ら全ては一つの紋章をもち，評議会から家系として退席しているにもかかわらず，ミキエルの間には高貴さと古さにおいて大きな違いがあることを知るべきである」，ファリエル家について「すべてのファリエルは一つではなく，たとえ一つの紋章を持ち，評議会で自らを［そのように］名付けているにも関わらず，彼らの間では高貴さが非常に異なっている。ファリエルは善き人々であるが，他のファリエルはそれほど善くはない」というような説明が見られる[78]。ここで言う「退席」は，第6章で示した親族故の評議会からの退席規

---

77) 拙稿「13世紀のヴェネツィア支配層と騎士」『神戸大学文学部紀要』第41号，2014年，121-142頁。

78) *Venetiarum historia*, p. 259 : 'Sed notandum est, quod maxima est differentia inter Michaeles nobilitate antiquitateque, licet omnes unam gerant armaturam et se pro prole expelant de Consilio', *Venetiarum historia*, p. 256 ; 'Est notantum, quod omnes Faledri non sunt unum, sed inter ipsos nobilitate plurimum interest, quamvis unam gerant armaturam, et se apelant de Consilio. Boni vero sunt Faledri, alii autem minus boni sunt Faletri'. パリ写本でも，ミキエル家が評議会で一つの家系や親族 stirpe et parentela として退出しているにもかかわらず一つでないことが記されている。ファリエル家についても se apelant のかわりに se expelant になっているなどの違いを除けば，まったく同じ文章である。BNF, Cod. Lat. 5877, ff. 56v, 58r.

第 7 章　家意識と貴族アイデンティティ

定に基づく行為を指していると考えられる。パリ写本はコンタリーニについて，さらにあからさまに「しかしサンタ・マリア・フォルモーザ地区の家に住んでいるコンタリーニはコンタリーニの紋章を持っており，親族として互いに評議会から退席しているが，古さ高貴さは類似のものではなく，ハンガリーからやってきて，合法的に生まれたのではない。」と述べている[79]。この評議会における家のふるまいや分家ごとの高貴さの違いについての叙述は『アルティーノ年代記』には一切見られず，まさに 14 世紀に登場した新しい観察結果に基づく記述である。ここからは，特に人数の多い家については，同姓集団の中にもさまざまな分家があるということを，当時の社会が認識していたことがわかるだろう。家の古さに代表される「高貴さ」は社会生活において，それぞれの家系あるいは分家を差別化しているのである。

　しかし，家リストの説明は，彼らは厳密には家系や高貴さが異なるにもかかわらず同姓であることを通じて評議会で一つの家として振舞っている，ということをも示している。このようなパフォーマンスは，たとえ分家内で高貴さや古さに差があっても，同姓集団が一つの家としての一体感を持っている，という感覚を評議会に参加している人々の間で助長することになっただろう。15 世紀初めのクエリーニ家に対する処置は，そのようなところから生じたのかもしれない。しかし，だからといって，すべての家について，同姓集団は評議会で同じ親族として振舞っている，とは断言できないところもある。たとえば，モロシーニ家は複数の紋章を持っており出身地も二つに分かれており，別々の家として存在しているような叙述になっているが，評議会での振る舞いについては記されていない[80]。この場合，姓は同じモロシーニでも別々の家として振舞っていた可能性は排除できない。結局，戸籍や家系図，家の覚書がない以上，ヴェネツィア貴族の家意識は漠然としたもので

---

79) BNF, Cod. Lat. 5877, f. 58r : 'Verum sunt aliqui qui se vocari faciunt de cha Contareno qui ad presens habitant ad sanctam Mariam Formosam in domibus propriis et gerunt armaturam principalem Contarenam quam quasi omnes gerunt e se pro parentela et prole expelunt ad invicem de consilio, qui non sunt ** neque antiquitate et nobilitate vel in aliquo alio se assimilant sed de Hungaria venerunt et non legiptiem procreati.'
80) *Venetiarum historia*, pp. 257-258 : 'Mauroceni, qui armaturam suam gerunt hoc modo, de Mantua venerunt', 'Mauroceni vero, qui armaturam suam hoc alio modo gerunt, de Sclavania venerunt'.

しかありえなかっただろう。家系の範囲を特定し，自らの祖先とのつながりを明確化する必要性はまだ感じられていなかったのである。系図の登場は16世紀をまたねばならない[81]。

むしろ彼らにとっては，都市年代記の中に集団として家の記憶を保持することが大事だったのではないだろうか。グラブはライネスの著書が発表される10年以上前に，『ヴェネツィアの年代記』と同様の家リストが存在することを指摘し，これらをフィレンツェの覚書に対比できるものとして考察した。すなわち，フィレンツェでは，各家が家独自の年代記とも言える覚書を記したのに対し，ヴェネツィアでは，各家の記憶は家リストのような集合的叙述の中に回収される。ヴェネツィアの都市の歴史を語る年代記とともに綴じられている家リストは，共和国を指導する集団的貴族の歴史の中に，個々の貴族の家の歴史を位置づけ，家の記憶を，集団としての貴族の記憶と一致させる働きをしたとするのである[82]。これに対しライネスは「家リストは家によって書かれたのではなく，貴族階級の古さを証明するために貴族の一員がコピーし利用したのであって，ここにフィレンツェの覚書に相当するような家意識を認めることはできない」と反論する[83]。しかしフィレンツェの覚書に対比できるような一種「明確な」系譜関係を伴う家意識は見られないとしても，同姓集団ごとの家の記述や，評議会での振る舞いを家名で認識する傾向（実際には姻族も含まれているはずである）は，家名が象徴する漠とした家意識の存在を示していることに変りなかろう。そして，そのような家の歴史が，何よりも集団としての貴族の歴史，さらにヴェネツィアの歴史と相互浸透しながら提示されるところ——すなわちヴェネツィアの建設は移住したトリブーヌスの一族たちの集団による建設であり，現在の貴族の家の歴史は都市の建設とともに始まるという，創建物語と家リストと出身地別リストが都市年代記の中で一体となって提示している物語——が，ヴェネツィア貴族の家

---

81) D. Raines, *L'invention du mythe aristocratique*, p. 458.
82) グラブはそれぞれの家の記述量や記述内容よりは家名が提示される順番に注目し，貴族の中にヒエラルヒーを認めず古い家も新しい家もランダムに一緒に並べるこの形式は，支配層の中の区別を消し去る効果を持ったとした。J. S. Grubb, "Memory and identity", pp. 375-387.
83) D. Raines, *L'invention du mythe aristocratique*, p. 460.

意識の特徴ということもできるのである。

おわりに

　前章では，現実の政治世界における親族と制度の相互作用に光をあてた。それに対して本章はむしろ，貴族の意識面における「家」や「家系」の存在とその中身を考察したと言えるだろう。彼らにとって家名は過去から現在まで世代を経て続く家の象徴であり，このような家名で弁別される貴族家系は，何よりも都市創建時に遡る古さと，賢明さや武勇など他都市の政治・軍事エリートとも共有される資質を兼ね備えた集団——しかし明確な系譜関係に裏打ちされたものではなく家名が象徴する漠とした集団——として，認識・表象されたのである。なお，貴族と家名の結合については，やはりセッラータの効果を指摘しておく必要はあろう。つまりセッラータによって，男系の祖先（父・祖父）が支配層に属すか否かを決定することになったが，その男系祖先とのつながりは何よりも家名を通じて意識されていた。このような状況にあってヴェネツィアの貴族層は，移住の記憶を伝える過去の家カタログを利用しながら，政治に参加できる人間を，個人ではなく，家としてリストアップし，その特徴を記そうとした。こうして13世紀末〜14世紀はじめの制度変化は，着実に貴族としての家意識を醸成していったと見ることができるのである。

　ところで第6章で見たように，14世紀の間に，ヴェネツィアの都市統治権力と個々の家族の関係は徐々に水平的なものから垂直的なものへと変化していったと考えられる。そのような時期に，支配層である貴族の家意識が創建物語と結合した形で提示されるようになっていった点は重要であろう。グラブが指摘するように，やはり個々の家族の記憶や高貴さよりも，集団的高貴さの意識が優越する助けになっていった，と考えられるからである。そして，このように集団として高貴さを担保するという意識が，今度は翻って制度に反映し，ますます貴族身分を血統との関係で厳密に定めようという動きに連なっていった考えられる。1376年には，合法的な婚姻の前に生まれた，貴族とある女性との間の子供は，大評議会に登録することができないとされ

ている。さらにホイナツキは15世紀初めの四つの法令を「第二のセッラータ」と呼び，セッラータと並ぶほどの貴族身分の明確化に役立ったとした[84]。

興味深いのは，これらの法令の中で，個人の高貴さと国家／統治政府 dominium の高貴さを結びつける言説が生まれてくることである。1376年法では，「我々の名誉と地位の安全と維持のために，かくも厳かな恵みである我々の大評議会に，我々の国家／統治政府 dominium の名誉と名声を汚すような人は決して参加しないようにしなければならない」とあり[85]，1414年法では「我々大評議会の恵みは非常に厳かなので，また我々政府の地位と名誉を守る為かくも偉大な国家／統治政府 dominium の名声，地位，名誉を汚すような人が大評議会に来ないようにしなければならない」とある[86]。ここでは個人の資質を問題にしているが，その後の処置が合法的な婚姻の前に生まれた子供の排除，金球くじの手続きの厳格化（今まで年齢の証明以外に言及がなかったが，ここでは父が大評議会のメンバーでなければならないと明言された）であることに鑑みれば，そこで問題になっているのが個人の徳ではなく，「貴族の家系に正しく属すこと」であることは明白である。こうして男系血縁関係をもとにする大評議会への参加資格が定着するにつれ，家系の高貴さと「国家／統治政府」の高貴さが同等に考えられるようになっていくのである。15世紀に向け，セッラータ後明確になっていく家意識＝貴族アイデンティティは，今度は14世紀の間に漸次的に登場しつつある「国家」のアイデンティティと，結び付けられていったと考えられるだろう。

---

84) S. Chojnacki, "Social identity in Renaissance Venice: the second Serrata", in *Renaissance Studies* 8, 1994, pp. 341-358.
85) V. Crescenzi, *Esse de Maiori*, p. 344：'Quia pro salute et conservatione honoris et status nostri facit omnino tenere modum, quod de nostro Maiori Consilio, quod est tam solemne beneficium, non veniant ullo modo persone alique, que habeant denigrare honorem et famam nostri dominii'.
86) V. Crescenzi, *Esse de Maiori Consiglio*, p. 349：'Cum beneficium nostri Consilii Maioris sit solenissimum et pro observatione status et honoris dominationis nostre omnino faciat tenere modum quod de ipso non veniant persone que habeant maculare famam, statum et honorem tanti dominii'.

第8章
家族生活と都市権力
―― 家産のゆくえ

はじめに

　第Ⅱ部を締めくくるにあたり，再び嫁資・相続（遺贈）という，すぐれて家族史的な問題に立ち戻り，今度は，13世紀末～14世紀という権力と制度の変化の中で，これらの問題が都市権力とどのような接点を持って行ったかを考察することにしたい。中世後期の家族史研究が女性史，ジェンダー史へとシフトしていったことは，第1章で述べたが，以下では，その流れに位置付けられる，嫁資と女性の影響力をめぐるホイナツキとシャボーの見解を出発点に，この問題に迫っていく。

　前章でも触れたホイナツキは，アメリカ学界で徐々に女性史やジェンダー史に対する関心が高まるのと呼応して，これらの分野にもフィールドを広げ2000年に『ルネサンス期ヴェネツィアの女性と男性』という著書をまとめた[1]。国家による婚姻や嫁資の規制を巡る法案の検討などを行うほか，遺言書や各種の公証人文書を用いて，実家と婚家の仲介者としての女性の役割を浮かび上がらせたことが大きな功績である。同時に，男性にとっても双系の親族関係が重要であることを明らかにし，これがヴェネツィア貴族層による安定した政体に寄与したとした。

　ところで，1970年代に始まる彼の研究は，ヴェネツィア貴族社会における女性の存在感を際立たせ，一種の論争を巻き起こす。すなわち，ルネサンス期の女性の活動余地や家族内における重要性を巡って，中世後期のヴェネツィアとフィレンツェはそれぞれ対極的なモデルを構成することになった。

フィレンツェで描かれた像は，日本でもよく知られているように，男系親族の利害が優先され，女性は周縁的存在としてあらわれるものである[2]。対するヴェネツィアは嫁資に基づく女性の家庭内での影響力やその社会的・政治的効果を重視し，女性の仲介者としての役割を浮き彫りにする。この差は，なぜ生じたのであろうか。史料の差か，視点の差か，あるいは現実の差か。実際，フィレンツェにおいても，女性の活動に注目するような論考が生まれ，周縁性のみを強調する姿勢は改められた。このような新しい動向は日本では2008年の高橋友子氏の論考に取り入れられている[3]。ただし，シャボーによれば，やはりフィレンツェの研究では女性を規制するシステムの再構成に目が向けられがちであったということである[4]。一方，ヴェネツィアに関しては，ホイナツキの他にもキング，グッツェッティなどが女性の活動に注目する研究を行っている[5]。

さて，この差に対して，ホイナツキは2000年の著書で構造と実践の対話が必要だと述べた。つまり，女性が影響力を行使できるという発見は，彼女たちの行動を拘束する多くの背景事象に照らしてのみ，意味を持つし，男性や制度が絶え間なく家父長制を強化し女性の活動を制限しようとする努力は，現実に女性が影響力を持っているという証拠に照らすと理解しやすくな

---

1) S. Chojnacki, *Women and Men in Renaissance Venice, Twelve Essays on Patrician Society*, Baltimore and London, 2000. とりわけ本章で議論の対象となるのは，母による嫁資の遺贈を扱った第六章 "Dowries and Kinsmen" と嫁入り道具を扱った第三章 "From Trousseau to Groomgift" である。
2) 大黒俊二「ヨーロッパ家族史への二つのアプローチ——イタリアからの視点」前川和也編著『家族・世帯・家門——工業化以前の世界から』ミネルヴァ書房，1993年，14-41頁。寡婦が中心であるが女性の活動範囲により目を向けたものとして，亀長洋子「中世後期のフィレンツェの寡婦像—Alessandra Macinghi degli Strozzi の事例を中心に—」『イタリア学会誌』42, 1992, 80-104頁。
3) 高橋友子「夫婦と親子」『イタリア都市社会史入門』，129-146頁。
4) 上記の研究史については，S. Chojnacki, *Women and Men*, pp. 1-24 ; I. Chabot, "A proposito di «Men and Women in Renaissance Venice» di Stanley Chojnacki", in *Quaderni Storici* 118, 2005, pp. 203-209, Eadem, "Richesse des femmes et parenté dans l'Italie de la Renaissance. Une relecture", in *La famille, les femmes et le quotidien* (*XIVe-XVIIIe siècle*). *Textes offerts à Christiane Klapisch-Zuber et rassemblés par Isabelle Chabot, Jérôme Hayez et Didier Lett*, Paris, 2006, pp.263-270.
5) L. Guzzetti, "Donne e scrittura a Venezia nel tardo Trecento", in *Archivio Veneto*, V serie, vol. CLII, 1999, pp. 5-31 ; M. L. King, *Humanism, Venice, and Women. Essays on the Italian Renaissance*, Ashgate (Variorum collected studies), Aldershot, 2005. など。

るというのである。一方，シャボーは2005年にホイナツキの書評論文を書く中で，このような姿勢に賛意を示しつつも，ヴェネツィアとフィレンツェの差は，用いられる史料の差に加えて，研究者の視点によるところも大きいと述べた[6]。フィレンツェの都市条例に精通した彼女は，ホイナツキがほとんど顧みない無遺言相続の原則に注目する。そして，ホイナツキのように嫁資と女性の影響力を等価と見るのではなく，ヴェネツィアにおいても嫁資額の上昇を財産の男系家系への集中過程と読み替える可能性を提示した。本章は，両者の見解を総合的に解釈した後，そこにさらに第3の要素として都市政府が立ち現れてくる可能性を指摘することになる。そして嫁資に見られるこのような流れが，第4章で検討した，遺言執行人としてのサン・マルコ財務官の働きでも見られることを，最後に確認する。

第1節　14世紀における嫁資の高騰と母の遺産

女性，嫁資，相続，この三者に関わる中世後期ヴェネツィア社会の重要な変化は，嫁資金額の高騰と母による嫁資の援助の増大である。一般に14世紀から15世紀にかけて物価の上昇につれて嫁資額は上昇するが，貴族の場合はその上昇率を超えて，嫁資が上昇していく。この背景には，高貴さや古さなど家の「格」がますます意識されるような流れの中で，「良い結婚」をするために嫁資がますます重要な財産とみなされていったということがあろう。嫁資額の上昇は他都市でも見られ，フィレンツェでは15世紀に嫁資基金が設立された。ヴェネツィアでは1420年に嫁資額制限立法が可決されている[7]。

---

[6]　A. Bellavitis, e I. Chabot, "A proposito di «Men and Women in Renaissance Venice»", pp. 203-238.
[7]　中世後期の嫁資金額の高騰については，清水廣一郎「家と家とを結ぶもの」同『イタリア中世の都市社会』岩波書店，1990年，203-213頁，にすでに指摘があるが，最近の実証や，上昇は認めた上で名目と実態の差に注意を喚起したものとして，L. Guzzetti, "Dowries in Fourteenth-Century Venice", in *Renaissance Studies*, 14-4, 2002, pp. 453-455 ; P. Lanaro, G. M, Varanini, "Funzione economiche della dote nell'Italia centro-settentrionale (tardo medioevo / inizi età moderna)", in *La famiglia nell'economia Europa, secoli XIII-XVIII*, a cura di S. Cavaciocchi, Firenze, 2009, p. 85.

さて、ホイナツキによれば 14-15 世紀にヴェネツィアでは嫁資が上昇するが、それに対処するため大きく貢献したのが、母が娘に、娘の将来の嫁資として役立てるために行う遺贈である。彼は 1300 年から 1450 年の 309 通のモロシーニ家の男女の遺言書を基礎史料とし、遺贈の目的が嫁資であることがはっきり明言されている 79 通の遺言書、125 件の遺贈について、その内訳を年代別に詳しく調査した。その結果、嫁資の増大につれて確かに父が娘に嫁資として遺贈する金額も上昇するが、顕著な増加を示すのは母親による遺贈額であること、そして後者は 15 世紀前半には嫁資として遺贈された額全体の 3 分の 1 を占めるようになったこと、を明らかにしたのである。母による娘の嫁資の援助は、1370、80 年代の遺言書を調査した別の研究からも指摘されており[8]、ヴェネツィア貴族における母から娘への富(厳密には嫁資)の流れ、その増大を中世後期に認めることは妥当であろう[9]。また、男性の遺贈が自身の家系に偏りがちなのに対し、女性の遺贈は婚家、実家双方にまたがっているだけでなく、他家に嫁いだ姉妹など広範な親族に対してなされていた。これらの現象から、ホイナツキは次のような結論を導き出している。すなわち、母は高額の嫁資という自身の財産の一部を、遺贈を通じて娘の嫁資に付け加えることで、嫁資が世代を経るごとに増加していくプロセスに貢献した、また実家の男性やさまざまな親族の女性に遺贈を行うことで、父系親族に偏らない社会的ネットワークの構築に貢献した、高額の嫁資を手にした女性はそれを遺言書で分配できるがゆえに経済的重要人物となった、ということである。これらを前提として、ホイナツキはさらに嫁資の増大と女性によるその遺贈パターンは、ヴェネツィア社会における父系原理すなわち男系による家系内の絆を緩和・補完し、家系の外に開かれたネットワークを通じて貴族社会を統合することに役だったとしている。

---

8) D. E. Queller and Th. F. Madden, "Fathers of the Brides : Fathers, Daughters and Dowries in Late Medieval and Early Renaissance Venice" in *Renaissance Quarterly* 46-4, 1993, p. 689.
9) 遺言書の総数に比べて、嫁資の遺贈をはっきり言明している遺言書が 3 分 1 にも満たないことは、娘が結婚する際に両親とも生きていた確率が比較的高く、遺言書によって嫁資を得る場合が主流でなかったことを示している。しかし少なくとも死に臨んだ母が、ますます娘に嫁資として多くの財産を残す意思を表明した、そして実際に彼女が死ねば、この財産は娘の嫁資に付け加えられたと言うことは認めて良いであろう。

しかし，そもそも嫁資は管理権も用益権も夫にあり，女性は自由に扱えない。また嫁資制度がイタリアで定着する13世紀において，女性は父親の財産の相続から排除されるようになるため，嫁資は相続排除料の側面も持っていた。このような嫁資が増大したからといって，女性の家庭内での影響力が強まるのであろうか。さらにそれが父系原理の緩和作用まで担うことができるのであろうか。このような疑問を背景に，ホイナツキの研究成果の再解釈を試みたのがシャボーである。

　彼女はまず，無遺言相続の原則に注目することで，ホイナツキが提示した母―娘への富の流れ，そのことによる嫁資の増加プロセスと女性の経済力の増大に疑問を提起する。ヴェネツィアでは母の財産は無遺言の場合，息子も娘も均分に相続した。そこで母が遺言書で娘に将来の嫁資のためとして自分の財産を遺贈した場合，残りの財産を誰が相続するのか，それを問いかける必要があるだろう。わざわざ遺言書を書くというのは，無遺言相続による財産の男女均等配分を是正したいからではないか。つまり嫁資準備金として一定の財産を渡すがゆえに，娘を母方の財産相続からも排除し，結果として息子により多くの財産を残すことになっているのではないか，というのがシャボーの再解釈である。つまり高額の嫁資は，結局母から息子への相続を通じて，夫側の家系に資することになるのである。また，母による娘の嫁資準備への貢献は，一方で，夫の家系の財産が嫁資支払いで減少することを防ぎ，他方で既婚の娘が母から相続する機会を奪っていくといえる[10]。実際12世紀末～14世紀にかけて，他のいくつかのイタリア都市の条例では，母の相続から娘が排除されていった。ヴェネツィアでは条例の修正は行われないが，まさに遺言書が，母の財産においても「嫁資ゆえの相続排除」を進める機能をもつことになったのだろう[11]。

　しかも，婚姻時には嫁資に加えて，あるいは嫁資に含めて[12]嫁入り道具corredoが準備されるのが常であったが，その質的変化と量的拡大が，さら

---

10)　I. Chabot, "A proposito di «Men and Women in Renaissance Venice»", pp. 211-214 ; Eadem, "Richesse des femmes", pp. 271-276.
11)　I. Chabot, "A proposito di «Men and Women in Renaissance Venice»", pp. 219-220 ; Eadem, "Richesse des femmes", pp. 283-285.

に夫側の家系による女性の富の浸食を示しているとシャボーは述べる。つまり、嫁入り道具はもともと女性の衣服や装飾品からなっていたが、14世紀にこの金額は上昇する。また15世紀初頭の婚姻契約は、これらが現金として望まれると同時に、夫への贈与、すなわち婚姻解消時に夫側には返還義務がない財産、の性格を獲得していくことを示しているのである。1420年の法令は、嫁資の上限を1600ドゥカートと定め、その3分の1が嫁入り道具として夫の手元に残ることを確認した。これは法で3分の1と定めなければ、夫側がより多額の嫁入り道具を要求するからだろう[13]。もともとローマ法では寡夫に嫁資を相続する権利はない。しかし、13-14世紀、北中部イタリアの都市条例は大多数、夫の家に有利にこの原則を変更し、寡夫に相続権を認めるようになるのである[14]。とすれば、ヴェネツィアにおける嫁入り道具の変化も、寡夫に有利に嫁資の行く末を定めるという、この傾向を反映しているのではないか。ヴェネツィアでは1242年の法が相続や嫁資の原則について定めた決定版であり、ここでは配偶者間の相続は認められていない。以後この原則が変更されることはないが、婚姻契約に見られる嫁入り道具の性格

---

12) 嫁入り道具と嫁資はその目的からして本質的には異なるが、婚姻時に女性が受け取る財産という点では同じであり、ホイナツキが紹介する婚姻契約でも両者を分けて記載しているもの、嫁資の一部が嫁入り道具として解釈されるとするものなど、さまざまである。さらに次に述べる1420年の法自体が、嫁資と嫁入り道具を区別しているのか嫁資の3分の1を嫁入り道具として認めるとしているのかわかりにくい。また13世紀はcorredoに相当すると思われるarcella（服地、装飾具などの貴重品を収納した箱のこと）は嫁資の一部として勘定されていた模様である。嫁資の内容をどう設定するか、嫁入り道具を如何に準備するかというのは主に、両家の交渉によって定まり、時間的にも変化していったのであろう。
13) 厳密には、この法令では婚姻時に女性に渡されるあらゆるものの合計評価額を1600ドゥカートと定め、そのうちの3分の1が嫁入り道具、残りが嫁資と見なされる（non possit ascendere ultra ducatos mille sexcentos, de quibus omnino intelligatur tertium pro corredis, reliqui pro dote…）、としている。しかし本法令のタイトルが「夫もしくは妻の死によって婚姻が解消したとき、いかにして嫁資の3分の1を放棄するか。Dotes quomodo amittant tertium soluto matrimoni per mortem viri, vel mulieris」というものなので、研究者はこの法令が嫁入り道具の上限を嫁資の3分の1に定めており、この3分の1について夫は返還する義務がないと解釈しているのである。*Volumen statutorum legum ac jurium d. Venetorum, Venezia*, 1564. f. 197r. by Google Books, cf. A. Bellavitis, *Identité, marriage, mobilité social. Citoyennes et citoyens à Venise au XVI e siècole*, Paris, 2001, pp. 156-157.
14) cf. M. Bellomo, *Ricerche sui rapporti patrimoniali tra coniugi*, Milano 1961, pp. 201-208; J. Kirshner, "Maritus Lucretur Dotem Uxoris Sue Premortue in Late Medieval Florence", in *Zeitschrift der Savigny-Stiftung für Rechtgeschichte* 108, 1991, p. 112.

変化は，実質的には夫に嫁資の3分の1の相続を認めるものであり，他都市で進行した条例修正の，ヴェネツィア版ともいうべきものであろう[15]。

結論において，シャボーはさらに次のように展望する。中世後期フィレンツェのエリートもヴェネツィアのエリートも，嫁資という法的には夫に完全な所有権のない財産を，できるだけ父系（夫の家）の財産に変えようと努力していたように思われる。このような再解釈は，女性の地位が高いヴェネツィア，女性が周縁的なフィレンツェという，従来強調されてきた差異を緩和する作用があろう。中世後期の新しい相続秩序は，貴族化していく社会の中で，父系による家産伝達システムが成熟していく過程を示しているのである[16]。

ここで両者の見解を，それが提示する社会像に注目してまとめておこう。まず，13世紀末―15世紀初のヴェネツィアは何度も述べたように男系世襲による貴族身分が確立していく時期であった。家と連動した貴族意識の高まりについては前章でも見たが，1403年，断絶した貴族の家の代わりに平民が大評議会に加入する提案が否決されたことは，貴族の身分意識が成熟したことを表していると言えよう[17]。さて，このような方向性は両者とも認めているところであるが，それに対して増大する女性の嫁資は，こうして政治的にも固定されていく父系原理を緩和し補完する，とするのがホイナツキであり，中世後期の嫁資を巡る現象は，むしろ政治的父系原理の強化に沿った形で，父系による家産管理を強めた，というのがシャボーである。ここで検証すべきは次の三点になろう。まず根本問題としてヴェネツィア女性の嫁資に対する権利をどの程度評価するか，ついで嫁入り道具の変化の持つ意味をどう解釈するか，嫁資の遺贈は本当に母――息子の関係を強めるためのものか，である。

まず，最初の問題から検討するが，この点において遺言書で自由に嫁資が処理できるというヴェネツィア女性の権限は無視すべきものではないと考え

---

15) I. Chabot, "A proposito di «Men and Women in Renaissance Venice»", pp. 214-217 ; Eadem, "Richesse des femmes", pp. 276-280.
16) I. Chabot, "A proposito di «Men and Women in Renaissance Venice»", pp. 223-224 ; Eadem, "Richesse des femmes", pp. 289-290.
17) 永井三明『ヴェネツィア貴族の世界――社会と意義』刀水書房，1994年，18頁。ASV, *Collegio Notatorio*, reg. 3, 111v. 家の原語は domus。

る。本書では第2章で女性の財産権についての詳細な検討を行ったが,基本的に1242法の内容が変化していない以上,嫁資に対する女性の権限も変化していないと見るのが妥当であろう。また,第3章の検討や,第4章の女性の事例を思い出せば,13世紀の女性が男性からかなり自立的に遺言書を作成していたことも十分推察可能である。マリア・ミグラーニはサン・マルコ財務官を遺言執行人に指定し,「夫がこの遺言に反対した場合,彼の取り分はなし」としていた[18]。ホイナツキも,娘への遺贈に対して夫が抵抗した場合に備え,サン・マルコ財務官を遺言執行の第一責任者とした妻の例を紹介している[19]。この遺言書は1464年のものであり,13世紀に見られた遺言書に対する女性の主導権は,基本的に維持されていたとみてよいだろう。グッツェッティも14世紀に女性が夫や息子から自立して遺言書を作成した例を提供している[20]。さらにホイナツキやグッツェッティが明らかにしてきた女性の多様な遺贈は,まさに彼女たちが自立的に遺言書を作成したことを物語っており,この点はシャボーも認めるところである。シャボーは,女性が夫の意志に反するような形で作成した散発的な遺言書の例や女性が行う多様な遺贈のリストから,嫁資の核となる部分がどのように使われたのかへと,注意を移動させる必要があるとする。しかし,やはり,嫁資という財産の所持そのものが,根本的なところでヴェネツィア女性に経済力とそれにともなう家庭内での影響力を保障したというホイナツキの前提は,押さえておかねばならないだろう。

　ただ,問題は,このようなヴェネツィア女性の嫁資に対する権利を認めた上で,中世後期に嫁資の増大とともに女性の経済力・社会的影響力も増すとするホイナツキの意見と,中世後期にむしろ女性の財産は夫の家がコントロールしやすい形に変えられていくというシャボーの意見をどのように整合的に解釈するのかということであろう。

---

18) 第4章注72参照。
19) S. Chojnacki, *Women and Men*, pp. 178-179.
20) L. Guzzetti, "Le donne a Venezia nel XIV secolo. uno studio sulla loro presenza nella società e nella famiglia", in *Studi veneziani*, n.s. 35, 1998, p. 66. この論文は14世紀の女性が遺言書で幅広い遺贈を行っていたことを明らかにし,また多くの統計データを提供しているが,残念ながら本論に直接資するデータはない。

このことを踏まえて，二点目と三点目の検討に移りたい。まず，嫁入り道具に関するシャボーの指摘は，ホイナツキによる女性の経済的影響力の評価を和らげることになろう。ホイナツキは嫁入り道具の性格変化について，娘のために良い夫を求める父親の意図を指摘するのみである。しかし，嫁入り道具が夫側の家系の資産に留まるとされた限り（つまり女性はこの部分に関しては，遺言書で処理を決めることができない），上昇した婚姻時の贈与の少なくとも一部は，夫側の家に吸収されていったと考えるのが妥当であろう。もちろん嫁入り道具にはいわゆる実家の富の見せびらかしの側面もあり，すべてが婚家の経済的利益に吸い込まれていったとは限らないが，婚姻時の贈与の上昇がかならずしも女性の経済力上昇に即結しないという指摘，さらにそれが実質的には寡夫に嫁資の相続を認める他都市の条例に準えられる効果を持ったという点は重要であると考える。ただ，1420年法は，都市権力との関連でさらに重要な内容を含んでおり，それについては次節で検討することにしたい。

　より解釈が難しいのが三点目つまり母の財産の相続において母―娘の流れを重視すべきか，母―息子の流れを重視すべきかという問題である。これに関しては，各々の遺言書に対して，娘に嫁資として割り当てられた遺贈金額と残された財産を比較すればすぐに結果がわかりそうなものだが，実はこの作業はほとんど不可能である。というのも，普通遺言書では「残りの全財産は某に」と書いてあっても，その財産がどの程度の金額，あるいは不動産からなるものか示していることは滅多にないからである。また女性が行う多くの他親族・友人への遺贈や宗教関係の遺贈を考えると，たとえ「残りの全財産」が息子に残されたとしても，それが娘に残された嫁資を上回るという保証はないであろう。遺言の目的に関しても第4章の検討を踏まえれば財産の分配に加えて魂の救いが大きな関心であったことは争えない。結局，個々の母親について家族の状況は異なるのであり，それぞれの女性について自分の嫁資のいかほどを娘に，いかほどを息子に遺しているのかが明らかにならない以上，二点目に関しては決着がつかないし，このような問題に耽溺するのはあまり生産的とは言えない。

　むしろこの問題に関するシャボーの貢献は，無遺言相続の規定への言及を

通じて，女性の財産は嫁資に限らない，ということを指摘した点にこそ，求めるべきだろう。つまりヴェネツィアでは実は，母親が無遺言で財産を残した場合，あるいは遺言書を書いたとしても相続財産として娘に財産を残した場合，この財産は婚姻後は娘の固有財産となった[21]。夫には所有権も用益権もない。しかし，いったんそれが嫁資として渡された場合，夫に用益権が生じるということなのである。一般には嫁資が相続排除料であることが強調されるあまり，女性の嫁資外財産についてはあまり言及されることがないだろう。しかしヴェネツィア女性が嫁資外に財産を所有する可能性があったこと，また既婚女性も夫の手に渡っていない財産については自由に証書を作成することが可能であったことは，第2章の検討で十分示されたことであった。またこのような視点で第3章に立ち戻ると，オタが嫁資以外に父であるオビッツォからかなりの動不動産を相続していたことに，あらためて気づかされる。確かにホイナツキもヴェネツィア女性が嫁資以外，すなわち相続などによって財産を得ていたことには言及している。しかし，彼は結局，女性の富の源泉，従って女性の経済的影響力の源泉として重要なのは嫁資だとしているのである[22]。そこで，もしも，もともとヴェネツィア女性が嫁資外に多くの財産を所有しており，それが嫁資に転換されていくのだとすれば，嫁入り道具の性格変化とも合わせて，シャボーの解釈の重要性は高まるであろう。

　では，実際母による嫁資のための遺贈が顕著になる14世紀後半以前，とりわけホイナツキが考慮していない13世紀において，女性はどのような財産を所持し，それをどのように処分していたのであろうか。14世紀における嫁資額の増大の持つ意義は，13世紀における女性と財産の関係と照らし

---

21) 第3章でも述べたように，家長権下にある息子に残された財産は，父親が用益権を持った。娘の場合，相続財産は基本的に父のものになったが，母方由来の財産に限り，婚姻後もしくは修道院にはいったあとは，娘が所有権を持つことになった。不動産が母方から与えられた場合も同様。子供に生前贈与された動産は父のものとなる。*Gli statuti veneziani di Jacopo Tiepolo*, p. 185（liber IV, cap. 8）: 'Dimissoria autem vel dona filie familias relicta vel data solummodo patris sint, nisi dimissoria relicta sibi fuerit a matre vel a propinquis matris, quam ad filiam volumus pertinere, ita quod pater eam penes se reineat et usufructum vel lucrum exinde percipiat, quamdiu filia uxoretur vel in religione intraverit. Idem, quando aliqua immobilia a matre vel a propinquis matris filie donantur. Mobilia autem donata filio vel filie familias a quibuscumque precise sint patris'.
22) S. Chojnacki, *Women and Men*, pp. 123-124.

合わせて考察することで，より明らかになるであろう．

第2節　13世紀の女性の富——遺言書の検討より

本節では，13世紀のヴェネツィア女性は嫁資外にどの程度財産を所有していたか，それを遺言書でどのように使用していたのかについての具体的情報を提供する．そのことを通じて，13世紀ヴェネツィア女性の家族生活における経済的影響力を改めて測ることにしたい．主に検討対象となるのは，サン・マルコ財務官に含まれた177件の遺言書（うち女性51件）と，パドヴァ大学の卒業論文として刊行された13世紀前半の女性の遺言書31件である[23]．遺言者である女性の経済状態はさまざまだが，中にはかなり裕福な者もおり，動産，不動産，公債などを所持していた[24]．

さて，女性が遺言書で言及する富のうち，嫁資がどの程度の割合を占めるのかを特定することはじつは大変難しい．中には嫁資の額を表明してそれを遺産分配するだけの遺言書[25]もあるが，そのような例はわずかある．しかし，女性の財産が嫁資以外にも由来することを証明する遺言書はいくつか挙げられる．たとえば，マリア・ゾルジは父や親族から公債を受け取ったことを表明しているし，マルキシーナ・マンノは自分の財産の内訳として「自分自身のもの，相続したもの，遺産として受け取ったもの，証書によって自分に属するもの」を挙げている．嫁資外財産の重要性が明らかであるのはマリア・ロンゴの場合であろう．彼女は嫁資として500リブラ[26]を夫に与えたことを述べているが，その他に土地の所有が記されていて，この土地は遺言執行人

---

[23] 現在この卒業論文に収められた史料は，*"Ego Quirina", testamenti di veneziane e forestiere (1200-1261), documenti trascritti da Laura Zamboni e Laura Levantino*, a cura di F. Sorelli, Roma, 2015で参照することが可能である．ここには1251-61年の遺言書も収められている．本章のもとになった論文は2012年に発表しているため出典を訂正することはしなかった．また1251-61年の遺言書の検討を加えても本論の論旨に大きな影響はない．

[24] ホイナツキやシャボーと同じ土俵で論じるためには，エリート層の遺言書に限るべきかもしれないが，大評議会への参加資格が世襲制となる以前の13世紀，とりわけその前半は政治支配層が未だ流動的であることから，ここではサンプル全体を検討対象とする．例はできるだけ有力な家からとることにするが，有力な家に属さない場合も興味深い遺言書は取り上げた．各家の政治への参加状況については本書表1，表2，表8参照．

[25] L. Zamboni, *Testamenti di donne a Venezia*, doc. XXII, pp. 120-122など．

である姉妹に割り当てられている。夫は存命中であるが，夫への遺贈は見られず，彼女の遺産の最大の受益者は土地を受け取った姉妹と，嫁資より200リブラを受け取った娘であった。またトッマシーナ・グラッソも嫁資以外に財産を所持していることが比較的明らかな例である。彼女は，自分の嫁資がサン・マルコ財務官に預けてあると表明しているが，その他に，銀のベルトを所持している。さらに，ある土地に対する権利も所持しており，この土地の上に彼女の夫が石造りの建物を建設していた。彼女は息子が夫より長生きした場合にはこの土地の権利を息子に譲るという条件で，夫にその土地に対する権利を残している[27]。この二人はいずれも寡婦ではなく夫が存命中の既婚女性であり，既婚女性が嫁資によらない財産（この場合は主として不動産）を所持し，それを遺言書で自由に処分していたさまがよくわかる。

では，男性の側から嫁資以外に女性に重要な遺贈が行われる場合はあるのだろうか。その点で興味深いのは，1287年のマリーノ・ザネのものである。遺言執行人は妻であり，庶出の息子に残した100リブラと孫娘に残した200リブラをヴェネツィア内またはヴェネツィア外で投資する権利が妻に与えられている。既婚の娘にも遺産300リブラが残されており，これも同様に妻が管理することになっていた。妻の死後はこのお金は娘のものとなり娘婿のものにはならないと断ってある。さらに不動産も娘のものとなり，彼女はこれを賃貸することができた[28]。この遺言書は既婚女性が父からも相続財産を得る場合があったことをよく示しているだろう。またトッマーゾ・トニストは姉妹が700リブラを5年以内に支払うことで，ヴェネツィアにある不動産を購入することを認めた。コスタンツォ・バラストロは姉妹に公債を遺贈することを表明しているし，1283年のバルトロメオ・コンタリーニも生まれて

---

26) ドゥカート金貨の鋳造が決定されたのは1284年だが，13世紀の末の換算率を用いると，1リブラ（ディ・ピッコロ）＝約0.4ドゥカートとなる。cf. 齊藤寛海「ヴェネツィアの貨幣体系」『イタリア学会誌』26，1978年，72-87頁。

27) 順に，ASV, *Procuratori di San Marco*, ultra, b. 325, 1261/8/27 ; F. Arbitrio, *Aspetti della società veneziana*, doc. 13, pp. 117-120, 1292/1/9 ; L. Zamboni, *Testamenti di donne a Venezia*, doc. XX, pp. 115-117, 1239/10/9 ; *Ibid.*, doc. XXVII, pp. 132-135, 1245/1/23.

28) ASV, *Procuratori di San Marco*, ultra, b. 318, Cf. 'Et post mortem sue matris dicte libris trecente veniant in manu dicte mee filie et non possit per ullam condicionem venire in manu sui mariti'.

くる子供が男性でなかった場合は，全動不動産を二人の娘に残すとしている[29]。男性側の遺言書は，女性が遺贈によってそれなりの財産——動産及び不動産を取得し，これを管理する機会があったことを示している。

　実際，筆者が見た限りでは，不動産を所持している女性は案外多い。卒業論文に含まれた 31 件の遺言書中，不動産を所持しているのは 15 件，サン・マルコ財務官の女性の遺言書に関しては，26 件が不動産の所持を表明していた。場所もヴェネツィア市内の借家などだけではなく，キオッジャやフェラーラの不動産，実際夫が住んでいる家そのものが女性の財産として挙げられている場合もある。この後者に関しては，一つは先程のトッマシーナ・グラッソの例で，ここでは遺言執行人は夫に加えてトッマシーナの姉妹が指定されていた。もう一つはペレラ・ペッカトーレで，彼女は夫と二人の娘を遺言執行人に指定している。さらにペレラは「夫が再婚しないなら娘たちとともに，この私の家に留まるが，再婚する場合は私の家には住まず，遺言執行人からもはずれる」と述べた[30]。この遺言書の顛末は不明であり，またペッカトーレは姓からしてエリート層には含まれないが，13 世紀の女性の財力と家族生活への影響力が良く窺える史料である。

　これらの不動産は何に由来するのか明らかでない場合も多い。しかし，1250 年の遺言書は父からの相続を，1256 年の遺言書は甥からの遺贈を表明しており，1267 年の記録からは，女性の所持していた家が死後売却によって別の女性の手に渡っていることが明らかになる[31]。1242 年の法で兄弟がいる場合女性は不動産相続から排除されるが，その後も，ヴェネツィア女性は相続・遺贈・購入などを通じて不動産を所有することができた様子が窺える。不動産は賃貸収入を生み出したから，不動産の所有は動産の所有にもつながった。第Ⅰ部では，13 世紀のヴェネツィア家族が，男系近親内で主要な不動産を維持する傾向を示していることを指摘した。しかしそれと並行して，

---

29) 順に，ASV, *Procuratori di San Marco*, ultra, b. 270, 1262/11/23, Candia ; ASV. *Procuratori di San Marco*, ultra, b. 23, 1270/3/9, Rialto ; ASV, *Procuratori di San Marco*, ultra, b. 98, 1283/8/11, Rilato.
30) *"Ego Quirina". Testamenti di veneziane e forestiere*, pp. 70–71.
31) 順に，ASV, *Procuratori di San Marco*, ultra, 1250/11/20, Rialto, ; ASV, *Procuratori di San Marco*, misti, b. 153, 1256/6/11, Rialto ; ASV, *Procuratori di San Marco*, ultra, b. 258.

おそらく余裕があれば，また適当な男系近親が不在であれば，相続や遺贈を通じて女性に不動産が渡っていたのである。

　こうして女性は不動産を含めてさまざまな財産を所持していたわけだが，遺言に際してその富はどのように利用されていたのだろうか。家族構成や富の内訳が余りに多様なため，また，遺産の処分にしても，複雑なものが多いため[32]，データは統計的処理にはあまり適さない。ただ，先行研究が指摘するような実家の親族を含めた多様な遺贈は十分観察できる。ここでは子供の婚姻に対する母の貢献度にしぼって見てみよう。

　ホイナツキは母による嫁資の遺贈を 14 世紀後半からの特徴として論を展開しているが，これはおおむね当てはまる。じつはデータからは男性による嫁資の遺贈もそれほど多くはないことが判明するが，それでも明らかに 10 件が未婚の娘に嫁資としてかなりの動産を残しているのに対して，母から嫁資として娘に残された動産は皆無であった[33]。未婚の娘にまとまった動産が残されている場合もあるが，それが将来嫁資に含まれるとは指示されていない。この時代，無遺言相続も含めて，母の財産は主として相続財産として娘に渡っていたことがわかる。嫁資の準備の責任は，あくまで父，兄弟など男性親族の範囲でまかなわれていたといえよう。ただし息子の婚姻に際して母の財産が重要な意味を持ちうる例が挙げられる。アニェーゼ・ポラーニは夫と息子を遺言執行人とし，彼らに不動産を残しているが，もし息子が父の意志に従って妻を迎えるならば，父の同意の下にこの財産を嫁資返還債務の担保とすることができるとした。パルマ・ベレーニョも息子に全財産を残し（ただし彼女の遺贈のために 200 リブラを支払うことを条件としている），彼が望んでいた妻を迎えるためこの財産を嫁資返還債務の担保とする権利を与えている[34]。ポラーニ家もベレーニョ家も 1297 年以降継続して貴族層に含まれた

---

32) たとえば，「息子と孫（息子の息子）が私の死後 2 年以内にこのブドウ畑を購入したいなら，私はこれを彼らに売却する。彼らは 200 リブラでこのブドウ畑を購入し，代金を 2 年以内に私の二人の娘に与える。もし彼らがブドウ畑を買う意志がないなら，二人の娘が，誰にでも適当な値段でこのブドウ畑を売却する権利を持つ」など。L. Zamboni, *Testamenti di donne a Venezia*, doc. I, pp. 53–55, 1206/12.

33) ただし，1232 年には家を嫁資として娘に遺贈している例があり，母による嫁資の遺贈は必ずしも 14 世紀後半以降に初めて出現したものではないことが指摘できる。

家である[35]。両者とも娘はいないので、遺言書の作成が、シャボーの言うように男女均分相続を避けて息子を優遇するためのものかどうか、いうことはできない。ここではエリート層の家系において女性の財産が大きな意味を持つ好例として、この二つの遺言書を位置づけるに留めたい。

こうして、13世紀の女性が遺言書で自由に処分できる財産には嫁資以外の財産が含まれており、嫁資の増大を待たなくてもそれら全てを利用して女性は家庭内で重要な役割を果たす可能性があることがわかった。また遺言書で見る限り、財産の管理権を所持している女性（寡婦、既婚）もあった[36]。さらに無遺言相続の規定と遺言による女性の遺贈に鑑みれば、女性が固有財産を所持する確率はそれなりにあったことが推察できる。そうだとすれば、14世紀後半〜15世紀前半に見られる遺言書を通じた女性の富の嫁資への集中は、やはりシャボーがいうように、少しでも夫の家系がコントロールしやすい形に女性の富が変えられていく過程と解釈することが可能であろう。第2章で不動産の購入において息子がいない場合、娘が男系親族よりも優先される法令を紹介したが、実はこの法令は1329年に廃止され、娘よりも直系の男系親族が優先されるようになっていた[37]。このことが端的に示すように、セッラータを経た14世紀において、やはり女性に財産がわたることをできるだけ制限しようとする傾向はあったと考えられる。

ただし、母からの遺贈額の増大に鑑みれば、「良い結婚」をするためにも、女性自身が嫁資を重要な財産とみなしていたことは間違いない。つまり、この議論は、女性に固有の財産として両親や親族から財産を受け取る場合と比べて夫側がコントロールしやすくなるという意味であって、ヴェネツィアで

---

34) ASV, *Procuratori di San Marco*, misti, b. 80, 1275/10/1, Rialto ; ASV, *Procuratori di San Marco*, ultra, b. 46, 1269/8/12, Rialto.
35) D. Raines, "Cooptazione, aggregazione e presenza al Maggior Consiglio : le casate del patriziato veneziano 1297–1797", in *Storia di Venezia-Rivista* I, Firenze, 2003, pp. 55–63 の表より。
36) 中世ヴェネツィア女性の経済活動については、F. Sorelli, "Capacità giuridiche e disponibilità economiche" ; Eadem, "Donne a Venezia nel medioevo（secoli XII–VIV）", *Università di Perugia, Lezioni–17*, Perugia, 2000 ; L. Guzzetti, "Le donne a Venezia nel XIV secolo" ; AAVV, *Storia di Venezia, città delle donne*, Venezia, 2008. ただしやはり男性に比べれば、その活動は微々たるものではある。
37) V. Crescenzi, "Il diritto civile", p. 439 ; *Liber sextus*, Cap. XXXVII, p. 87.

は嫁資が女性に家庭内での地位を保証し得たであろう点，遺言による女性の遺産分配の権利が父系原理に対する拮抗作用を果たしたであろう点は再度確認しておきたい。

　まとめると，14世紀の家族生活において重要な変化は，まさに父系による家意識が醸成されていく15世紀に向けて，女性の財産に対する法的権利がほぼ手付かずのまま，嫁資が増大していくということになろう。つまり嫁資額の増大は，女性の財産の嫁資への集中という現象が示す，一見，父系原理の強化に資するような方向性が進むのと拮抗する形で，まさにその父系原理を緩和する作用としての女性の重要性，影響力を高めていったと考えられるのである。ホイナツキが，構造と実践の対話が必要というのは，このことであろう。女性が遺産分配の権利を持ち，さらに寡婦になった場合使用可能な嫁資という財産の増加は，父系貴族社会の進展と照らし合わせてこそ，その効果を発揮するのではないだろうか。家族生活における女性の重要度，彼女たちの法的地位や財産権は，13世紀と14世紀で基本的には変わらないだろう。しかし，その中身は父系原理の進展に対応した形で変化していったのである。

　もっともヴェネツィアの場合，父系貴族社会といっても，そこで思い描かれる男系の「家」は14世紀はまだ漠然としたものであり，さらに評議会を支えた男系直系のきずなも姻族のきずなで補完されていたことは第6章，第7章で見たとおりである。女性が実家と婚家の双方と結ぶネットワークは，このような環境とも相互依存関係にあると考えられる。

第3節　ヴェネツィア政府と嫁資

　さて，14世紀の嫁資額の増大は，シャボーやホイナツキが論じたように夫と妻，あるいは夫の家系と妻の家系というような家同士の問題にとどまらない。というのも，先に予告したように，ヴェネツィアでは，嫁資に都市政府が関わってくるからである。そこで次にこの点を考察することにしたい[38)]。

　先の遺言書で，「嫁資がサン・マルコ財務官に預けられている」という例を紹介したが，これは何を意味するのであろうか。じつはヴェネツィアでは，

第Ⅰ部ですでに見たように 13 世紀初めより嫁資返還のための担保として拘束された財産を売却する場合，売却代金から嫁資分がサン・マルコ財務官に「女性の名前のもとに[39]」預けられなければならないという法令があった[40]。夫側は新たに担保を設定しない限り，この動産を自由に処分することはできなかったのである。つまり嫁資が不動産でもたらされた場合，あるいは嫁資の担保として不動産を準備した場合，この不動産を売却して商業に投資しようとしても，夫側は嫁資に相当する金額は自由に扱えなかった。では女性が自由に引き出して使えたかというと，それは嫁資の本質からして不可能であろう。つまりヴェネツィア全体で往来する嫁資額の一部は，都市政府の財務機関の一つであるサン・マルコ財務官に蓄積されることになったのである。13 世紀は東地中海での市場の拡大がヴェネツィアの経済活動を活発にし，多くの商人が上昇を遂げた時代である。市内や後背地での土地獲得も盛んになったが，商業活動への投資は全体として好まれ続けていた。嫁資としての不動産あるいは嫁資返還のための担保の不動産が売却されるケースは希ではなかったと考えられる。

ところで，サン・マルコ財務官に預けられている嫁資は基本的に手つかずの状態で保管されていたが[41]，1316 年小麦提供者から代金支払いのかなりの遅滞に不満を言われた政府は，代金支払いの責務を持つ穀物局の役人に，この嫁資を借りる許可を出した。サン・マルコ財務官は政府から金・銀の担保を受け取り，穀物局は元本返済まで「慣習に従って」利子を支払うという条件である[42]。ここから次のことがわかるであろう。第一は，この頃までに嫁資という私人の富がそれなりの額，都市政府の財務機関に集められていた

---

38) 以下サン・マルコ財務官や穀物局と嫁資の関係については，R. C. Mueller, "The Procurators of San Marco in the Thirteenth and Fourteenth Centuries : a Study of the Offices as a Financial and Trust Institution", in *Studi Veneziani* 13, 1971, pp. 175-184. 穀物局については，Idem, *The Venetian Money Market : Banks, Panics, and the Public Debt 1200-1500*, London, 1997, pp. 359-424.
39) E. Besta, "Gli statudi civili di Venezia", p. 295 : 'tantum in custodia procuratoris sancti Marci deponant ad nomen illarum mulierum'.
40) サン・マルコ財務官については，第 4 章参照。
41) 金・銀を担保とした場合，夫はこの動産を商業に投資することができた。しかし，1346 年に嫁資を穀物局に預けることを認めた法令によると，金・銀の担保はたまにしか設定されなかったらしい。cf. *Liber Sextus*, Cap. XXXI, p. 85.

こと。第二は，担保と利子の保証はあるものの，都市政府がそれを自分たちの都合に利用したということである。さらに 1329 年の法令は，サン・マルコ財務官に現在預けられている嫁資の現金と担保，今後預けられるであろう全ての嫁資について，次のことを定めた。すなわち，これらのお金は穀物局が受け取ることが可能であり，年 5 パーセントの利息を支払うのである。なお，この法令は 1346 年の法修正に盛り込まれ，その際，「可能」が「義務」に解釈された[43]。1347 年には穀物局がさらにサン・マルコ財務官やその他に預けられている「女性たちの嫁資」5000 ドゥカートを借り入れる許可が出されており[44]，政府がまとまった金額を利用するため，当面使用される予定のない嫁資を当てにする場合が少なからずあったことがわかる。

　では，嫁資の担保として拘束されている財産を売却した場合，嫁資額分を強制的に穀物局に預けるということは何を意味するのだろうか。そもそも穀物局は，小麦などの輸入管理のため 13 世紀半ば頃までには成立していた役所で，もとは小麦輸入のために多額のお金を集めて輸入業者に支払う働きが主であった。しかし 14 世紀初めには，輸入業者への前貸しに始まって一般の商工業者への融資も行うようになり，銀行のような機能を備えるようになる。預金の機能も 14 世紀初めには確立しており，一般の利息は，外国人が 3 パーセント[45]，ヴェネツィア人が 4 パーセントだった。従って 5 パーセントという嫁資の利息は，一般より高かったことになる。これは当時の公債（強制）の利息と同じであった。従って，穀物局への預金は，金・銀の担保がないままに無利息でサン・マルコ財務官に嫁資が眠っているよりは，夫にとって有利な条件を整えたことになろう。妻にとっても，担保を設定しないで投資に使われるより元本が守られやすいので，望ましい状況であったと考えられる[46]。しかし当時，ハイリスク・ハイリターンであった海外貿易への投資

---

42) Cf. *La regolazione delle entrate e delle spese* (*sec. XIII–XIV*), a cura di R. Cessi e L. Luzzatti, Padova, 1925, doc. 72, 73, p. 41.
43) R. C. Mueller, *The Venetian Money Market*, pp. 395–396.
44) *Ibid*., p. 396 ; *Venezia-Senato, deliberazioni miste, registro XXIV* (*1347–1349*), a cura di E. Orlando Venezia, 2007, p. 135 : 'Quod possit accipi per officiales furmenti a procuraria de dotibus dominarum et ab aliis usque ad V M ducatos cum prode consueto camera'.
45)　ヴェネツィアの政治的安定と経済的繁栄は，安全な財産の保管場所として他都市の領主を引きつけることになり，多額の預金が行われていた。

は別にしても，ミュラーによると一般のヴェネツィア市内の商工業者への貸し付けでも，14世紀は年あたりの利益は少なくとも8パーセント，多ければ12-15パーセントもしくはそれ以上に上った[47]。つまり夫側は嫁資額分を穀物局に預けることで，本来なら自己投資で儲かった分を幾分失っていることになるのである。さらに穀物局に蓄積されたお金は小麦の買い付けやヴェネツィアの商工業者への貸し付けに使われるだけでなく，政府が緊急に資金を必要とする場合の借り出しにも使われた。残念ながら穀物局の会計史料は残っていないため，そのメカニズムを具体的に再構成するのは不可能である。が，1375年のヴェネツィア在住ルッカ商人の例は外国人の目にこのヴェネツィアのシステムがどのように映っていたかをよく示していると言えよう。彼は，ヴェネツィア政府は彼の妻の嫁資を穀物局に預けるよう強要すると不満を述べている。彼は1354年ヴェネツィアの市民権を取得して，家を一軒購入し，それを160フィオリーノ・ディ・グロッソ（約1600ドゥカート）で売ろうとしているのだが，もし売却したら，ヴェネツィアの法に従って，嫁資額分を5パーセントの利息で穀物局に預けなければならない。彼は染物職人だったので，そのお金を自分の店に投資してもっと稼ぎたいのに，と述べているのである[48]。ヴェネツィア人エリート層が，嫁資額を穀物局に預けた史料も残っており，その際「慣習に従って」という文言が見られるので，史料は断片的なものの，14世紀中は穀物局への嫁資預金は一般に普及していたのであろう[49]。

　ただし，14世紀末の対ジェノヴァ戦争後の経済危機を経た後，嫁資の元本と利息の保証という穀物局の機能は一時衰えを見せることになる。対ジェノヴァ戦争では度重なる強制公債を支払うため，多くの嫁資担保に拘束されている不動産が売却され，嫁資分が穀物局に預けられたが，これは穀物局の

---

46) ミュラーによると，さらに女性は返還請求時に，嫁資の元本だけではなく，それに10パーセント，あるいは12,5パーセント上乗せした額を受け取ることができた。R. C. Mueller, "The Procurators of San Marco", p. 176.
47) R. C. Mueller, "The Procurators of San Marco", pp. 163-164.
48) R. C. Mueller, *The Venetian Money Market*, pp. 398.
49) S. Chojnacki, *Women and Men*, pp. 106-107. R. C. Mueller, *The Venetian Money Market*, pp. 400-401.

保証能力を超えていた。またこの戦争はヴェネツィア社会にも深刻な影響を及ぼした。15世紀にかけて嫁資はますます上昇し，1420年に嫁資額の上限が1600ドゥカートに定められるが，その背景には，おそらく，対ジェノヴァ戦争後の経済的混乱の中で，財産を失った貴族層は嫁資を通じて新たな財産の獲得を望んだこと，それまで不動産をあまり所持せず戦時中に暴落した公債を買い集めることなどによって新たに富を蓄えた新興層[50]は，多額の嫁資を支払うことで古くからの有力な家との婚姻を望んだこと，などがあったろう。この嫁資は先にも見たように母の財産からますます集められるようになっていったが，先にも述べたように，こうして嫁資に集められた女性の富が全て保証され続けたわけではない。ホイナツキの研究は嫁資担保の設定と嫁資返還が15-16世紀にかけても続き，その中で穀物局への投資も嫁資の元本保証のための一手段として選択されたことを示しているが[51]，ミュラーは15世紀前半，穀物局から嫁資を引き上げようとした寡婦が困難に直面する事態が生じるようになった——穀物局の側に準備がないため支払いを延期された——と指摘している。つまり政府によって嫁資の返還を保証されていたはずの一部の女性は，今度は，夫の家系ではなく，政府によって，自己の資産の一部を浸食されることになるのである。

　さらに重要なのは1420年法の内容である。この法令が，1600ドゥカートの上限を定めていることはすでに述べた。またこの法令には，他の多くの法令とは異なり，違反した場合の罰金が設定されていないこと，そのかわり1600ドゥカートを超えた場合は婚姻解消時に，夫と妻，もしくは彼らの相続人の間で財産が均等に分けられること，夫の親族が勝手に受け取った贈り物に関しては，2倍にして妻側に返却することもベッラヴィティスなどが指摘していることである。ただ，本章にもっとも関わりがあるのは，法令の終盤に，もし，女性が遺贈や相続によって1600ドゥカートを越える財産を持つ

---

50) Cf. R. C. Mueller, "Effetti della guerra di Chioggia (1378-1381) sulla vita economica e sociale di Venezia", *Ateneo Veneto*, n.s. 19, 1981, p. 32.
51) やがて，多額の嫁資をすべての娘に準備できないため，結婚できずに修道院に入る貴族女性が増加する現象は随所で指摘されている。ホイナツキは男性貴族側も嫁資担保の設定の負担などから独身率が上がる可能性を指摘している。Cf. S. Chojnacki, "Subaltern Patriarchs : Patrician Bachelors", in Idem, *Women and Men*, pp. 244-256.

た場合，彼女は1600ドゥカートの嫁資で結婚すると見なされること，動産の超過分は彼女の相続財産となり，彼女の親族によって政府公債に投資され，そこからの収入はいつでも彼女が使用できること，が付け加えられていることである[52]。超過額が女性の自由や女性の親族の自由，ましてや夫の自由になるのではなく，政府の公債に投資すると定められている点は，注目すべきであろう。なお，この頃にはキオッジャ戦争の頃に比べると公債の市場価格はもちなおしていた。

　こうしてヴェネツィア都市政府は，単に嫁資の元本が損なわれないように管理しようとするだけでなく，結果としてそこから政府が利益を得るようなシステムを13世紀末から15世紀初めにかけて整えていった。このシステムは，好況時には夫から自己投資の機会の一部を奪い，財政危機の際には寡婦への元本支払いを滞らせることで，夫と妻の双方から富を吸い上げる機能を持っていたと言えるだろう。しかし同時に，このシステムは，実家と婚家の間に政府という緩衝材が入ることで，嫁資が実家と婚家の間でのみ往来し，フィレンツェのように，いざ嫁資返還の際になって両家のあいだに緊張が生ずるというような事態を緩和する作用も担ったと考えられる。つまり，ヴェネツィアでは，嫁資が婚姻の際に重要な財産として定着し，経済活動や貴族社会の進展と相まってその価格が高騰していく中で，都市政府が，個々の女性と男性，個々の婚家と実家の緊張を緩和し，支配層の男性の総体としての都市政府の利益になるような形で，このますます重要性が増す嫁資という富を利用していったといえるのではないだろうか。嫁資の増大と，女性の富が嫁資に集中していく現象は，妻の影響力の増大と，夫がコントロールできる財産の増大という一見パラドクシカルな前節での考察結果を超えて，ヴェネ

---

52) *Volumen statutorum legum ac jurium d. Venetorum*, Venezia, 1564. f. 197r–v. by Google Books：'Ille vero virgines civium nostrorum cuiuscumque conditionis, que per aliqua haereditate, sive dimissoriis invenientur habere ultra dictos terminos precii, non possint tamen nubere, nisi supradicto modo, sed parentes earum, que habebunt eas commendatas, teneantur ponere id totum, quod invenient de mobile suo, ultra precium hic terminatum, ad imprestita remanendo capitale imprestitorum, et sua stabilia obligata, quae non possint vendi, nec tangi ullo modo, durante tempore coniunctionis earum et post dissolutionem, remaneant in ea conditione, in qua erant antequam nuberent. De prode imprestitorum et proventu possesionum valeat dicta nupta disponere ad libitum suae voluntatis omni tempore'.

ツィアの場合，そこに政府の財政と密接な関連を持つ財政関連部局が絡まることで，より複雑な様相を呈していたのである。そして，嫁資への都市政府の介入は，第5章で見た，家族に対する都市権力の増大の別の表れであるように思われる。キットリーニやタバッコのいう「より国家的体制への道程」は，婚姻という家族生活に密着した場面にも観察できるのである。

第4節　14世紀のサン・マルコ財務官

　家族生活を送る上で嫁資と並んで重要な財産移動は相続と遺贈である。この相続（遺贈）の実際，そこに現れる都市民の戦略という問題は，すでに第4章で扱い，そこから13世紀にサン・マルコ財務官を通じて都市民の家族共同体と都市政府の共生関係が生まれていく様を観察した。では，このような関係は14世紀以降，どのように変化していくのだろうか。本節では，14世紀のサン・マルコ財務官に関するミュラーのデータを手掛かりにこの問題に取り組み，遺言によって移動する財産と都市権力の関係を考察したい。

　まず，14世紀前半からの動きで容易に目につくのは，サン・マルコ財務官が集まった不動産を十分管理できず，徐々にその管理から撤退していくということである[53]。永続性が望まれて遺言執行人としてその職務を拡大してきたサン・マルコ財務官であったが，不動産の維持，そこからの収入の徴収と配分にはかなりの人出と手間が必要であるため，結局は不動産の永久管理という遺言者の望みは十分達成することができなくなっていったのであった。早くも，1333年に大評議会はヴェネツィア市内の不動産の移譲不可を命じいかなる条項も無効であると定めている。宗教的な目的のためにサン・マルコ財務官に不動産管理を委託する場合，遺言者は最大10年の期間を設定できるが，10年を過ぎた後，不動産は売却され，売却代金はもともと不動産収入を享受していた者，もしくは遺言で定められた者に行く，とし

---

53) もちろんそれなりの数の不動産が，近世に至ってもサン・マルコ財務官に管理されており，帳簿が現在に至るまで残っている場合もある。
54) R. C. Mueller, "The Procurators of San Marco", pp. 193-196.

たのである[54]。法令はその理由を,「自己の魂の解放と不動産についての死者の望みが欺かれている」からと簡潔にしか述べていないが[55],その後に続く措置から,不動産管理が負担であったことは明白であろう。このような措置は,1392年には宗教目的のものではない不動産にも拡大され,そこではより明確にこれらの不動産のおかれた状況が述べられている。

> 遺言書によって相続人から相続人へ受け継がれ決して売却・移譲してはならないとして遺された,我々のドガート内にある多くの財産が荒廃している。なぜならこの財産を所有している人がそれらを遺言書で定められたように修理しようとしないからである。そして完全に荒廃するに任せられているので,我々の土地にとって大きな不面目であり,我々当局 (dominii) の少なからぬ負担となっている。その上,それらの不動産は何も生まず故人の遺志を満たすことができない[56]。

この前文に続いて,売却を望む人は,嘆願を行い,裁判官による査定を受けることで売却が可能になること,サン・マルコ財務官も自分たちが管理している不動産を同様に売却することができること,が定められた。キオッジャ戦争後という時代背景も影響していると思われるが,この法令は,主として賃貸のための不動産の維持が難しかったことを示しているだろう。そしてこの文言からは,サン・マルコ財務官だけでなく,遺された子孫にとってもしばしば,不動産管理が負担であったことが窺えるのである。1398年には,売却可能な不動産の範囲は,テッラフェルマにも拡大された[57]。では,こうして私人の財産はふたたび市場に戻され,サン・マルコ財務官が管理する財

---

55) *Ibid*., p. 194, note 174, 'voluntates defunctorum circa bona sua inmobilia et liberationem animarum plurimum defradari'.
56) Maggior Consiglio, Leona, f. 68v (Maggior Consiglio, registri 21, 0135-066-v. jpg):'Cum sicut manifestum quamplures posssessiones in ducatu nostro site que per testamenta defunctorum dimittantur quod vadant de heredibus in heredem ** non possint unquam vendi alienari et aliter prout in dictis eorum testamentis contineatur, vadant in ruynam et desolationem et iam alique ex toto ruerunt, quonjam illi ad quos dicte possessions spectant seu deveniant non currant eas reficere nec reperare propter conditiones appositas in testamentis. Et sic permisse sunt ire totaliter in ruynam quod cedit ad maximam deformitatem terre nostre cum non parvo onere nostri dominii, ……'
57) これらの事実の紹介は,R. C. Mueller, "The Procurators of San Marco", pp. 192-202.

産は減り,都市政府と都市民の家の共生関係は解消して行ったのであろうか。また,不動産の売却は単に,サン・マルコ財務官の負担を減らすためだけに行われたのだろうか。次にこの問題を考えたい。

1333年に永久の不動産管理を違法とした大評議会は,1353年にサン・マルコ財務官が管理する不動産の大規模な売却を行っている。法令は売却の理由を,低い家賃収入と高い修繕費のために信託財産の維持が困難であり,そのような信託財産の保護とその財産をサン・マルコ財務官に委託した遺言者の魂のために売却を行ったのだと説明している[58]。この点では,さきの1333年法と同じ流れに位置付けられる措置であろう。しかし,この売却が行われた時代は,ジェノヴァとの3回目の大規模な戦争が行われた時期であり,戦費を賄うため,政府はかなりの支出を強いられていた。それらは都市民に対する強制公債で賄われていたが,度重なる公債買取りの負担は,ヴェネツィア・エリート層の経済活動を圧迫していたと考えられる。サン・マルコ財務官による大規模な不動産の放出は,そのような時期に行われたのであった。さらに,この法令は,売却代金を政府公債の額面価格で支払うことを指示していた。これらを背景として,ミュラーは,チェッシやルッツァットとともに,この措置に都市経済への一種のテコ入れを見出している。彼らの研究によれば,1350-53年のあいだに戦争による支出を補うため,強制公債は財産査定額の31パーセントに上っていた。従って多くの人々が強制公債によって現金を吸い上げられ,その結果,将来の利息よりは手近な収入を求めて市場に売りに出される公債が増え,公債の市場価格は額面価格の70-76パーセント程度に落ちていた。このような状況にあって,強制公債に圧迫されていた経済的中上層の人々にとって手持ちの公債の額面価格で不動産を購入できることは得策であり,また政府にとっても公債価格の維持につながった,というのである[59]。もっともルッツァットによると,実際の不動産の購入者には平民も含まれており,幅広い階層が購入に参加したようである。が,公債

---

58) R. C. Mueller, "The Procurators of San Marco", p. 196 ; G. Luzzatto, *I prestiti della repubblica di Venezia*, pp. 116-118.
59) R. C. Mueller, "The Procurators of San Marco", pp. 197-199.
60) G. Luzzatto, *I presititit della Repubblica di Venezia*, p. CIV. また公債を所持しているヴェローナの貴族も購入に参加していた。

第 8 章　家族生活と都市権力

の買い支えに貢献したことは事実であろう[60]。さらに，大評議会の見積もりによると，強制公債の支払いを逃れているサン・マルコ財務官所有の財産は 38000 ドゥカートに登ったため，新たに査定して売却することで強制公債の増収も見込めた。売却リストは現在では一部しか残っていないが，17 世紀に当時は残っていたと思われるこの資料を研究したオルモ修道院長によれば，その額は 175420 ドゥカートにのぼったということである[61]。確かに，サン・マルコ財務官自身が現金収入を得て，それを公債に投資したわけではないので，この売却により直接，都市の財政が潤ったわけではない。しかし，全体としての都市経済の活性化のために，また戦費を補うための公債を間接的に支えるために，サン・マルコ財務官が管理していた，もともとは個人の遺産に由来する不動産が，売却されたとも言えるだろう。こうして，都市政府と都市民の遺産の関係は，徐々に変質に向かっていくのである。

　そして，その方向が決定的になっていくのが，キオッジャ戦争後である。1392 年の売却に関する法令は，嘆願が通った場合，判事と監査官による競売を指示しているが，代金は公債に投資し，そこからの利息で遺言者の遺志を遂行することを義務づけた[62]。また先ほど述べた 1398 年の法令は，サン・マルコ財務官が，「決して売却したり移譲したりしてはならないと遺言書で条件づけられた，トレヴィーゾ，チェネダ，パドヴァ，パドヴァの従属領域，フェッラーラ，フェッラーラの従属領域，そしてイストリアにある，多くの家と土地を」，競売でできるだけ高く売り，そこから得られた現金を 2 ヶ月以内に公債に投資する，と定めている[63]。ここでは，現金収入を公債に変え

---

61) R. C. Mueller, "The Procurators of San Marco", pp. 196–198.
62) ASV, Maggior Consiglio deliberazione registri 21, 0135–066v: 'Et insuper debeant iudices seu officiales predicti exigere precium dictarum possessionum venditarum et de ipso pretio emere imprestita'.
63) G. Luzzatto, *I prestiti della repubblica di Venezia*, p. 243, doc. 205: 'Cum procurators nostri tam ecclesie Sancti Marci quam super commissariis habeant plures domos possessiones et territoria in partibus Tervisane et Cenete, Padue et Paduani districtus, Ferrarie et Ferrariensis, et in partibus Istrie, que per testamenta sunt taliter conditionate quod nullo modo vendi vel alienari possint；……vadit pars quod nunc et decetero sit in libertate dictorum procuratorum tales domos possessiones et territoria….. vendi ad publicum incantum pro illo meliori pretio quod poterunt habere, et pecunia que extrahetur de dictis domibus, possessionibus et territoriis ponatur ad imprestita per ipsos procurators infra duos menses postquam ipsam receperint.'

ることが命じられているので，不動産売却が政府の財政に貢献したことは明らかであろう。確かに法令が述べるように，公債への投資は，表向きは遺言者のために家賃が保証していた定期的収入を保証し続けることが目的であった。しかし，実質的には，上で述べてきたように，遺言を通じてサン・マルコ財務官の手に渡った家産が，都市経済の活性化や政府の資金確保に貢献したのである。

さて，ミュラーの研究によれば，1353年に売却された信託財産は，当初は公債に転換されることによって家賃収入よりわずかばかり高額の収入を生み出したようである[64]。しかし，14世紀が進むにつれ，公債はもはや14世紀前半までのように，安定して信頼できる収入源では，なくなって行きつつあった。1363年以降停止されていた元金の返却は，1375年，決定的に捨てられ[65]，公債の利息は14世紀末，打ち続く臨時課税によってますます落ちていく[66]。利息は1382年の法令ですでに5パーセントから4パーセントに下がり，さらに1386年に4パーセントから3パーセントになる[67]。つまり，サン・マルコ財務官の所有する公債からの収入は，減少の一途をたどったのであった。

このような不動産の公債への転換に加えて，もっと直接的に，政府がサン・マルコ財務官から借り入れを行う場合もあった。サン・マルコ財務官の帳簿の中には，政府の役人への貸付と無利子でのその返却を記録しているもの[68]，信託財産が直接政府の必要のために利用されたことを窺わせる史料もあり，嫁資と同じく，都市民の遺産も直接，政府の必要のために使用されていたこ

---

64) R. C. Mueller, "The Procurators of San Marco", pp. 199-200.
65) G. Luzzatto, *Il debito pubblico*, p. 114.
66) 資産高に応じた公債の買取は1379年には，計8回，1380年には，計9回強制されている。また，臨時課税の最たるものとしては，例えば，1382年7月3日，20000ドゥカートの必要のため，各人にすぐに1000リブラの評価につき5ドゥカート支払うことが決められたが，この借り入れは小麦で返却された。G. Luzzatto, *Il debito pubblico*, pp. 158-161, 181-182, 266. また，このような臨時課税に対応するため，多くの人が，手持ちの公債を手放さざるを得なくなり，その結果，公債の市場価格の暴落が起こったと考えられる。Cf. G. Luzzatto, *Il debito pubblico*, pp. 129-131, 271.
67) G. Luzzatto, *Il debito pubblico*, pp. 158-161, 181-182. 3パーセントになったのは，今まで資産評価に含まれていなかった公債を所持している人々であった。
68) R. C. Mueller, "The Procurators of San Marco", pp. 216-217.

とがわかる[69]。さらに，キオッジャ戦争の財政危機の時は，コムーネは必要に迫られて，サン・マルコ財務官から直接借り入れを行った[70]。運河向こうのサン・マルコ財務官だけで70000ドゥカートの貸付が行われており，法令は「サン・マルコ財務官の信託財産や，孤児たち，そのほかの貧しい人たちに対する多大なる不幸と損害とともに」貸付が行われたと述べている[71]。こうして，いわばサン・マルコ財務官というクッションをおいて，都市民の遺産を利用する形で財源の確保が行われたのである。確かに，不動産の公債への転換は，遺言者の遺志をよりよく遂行するためであり，貸付もできるだけ返却が目指されていたことは否定できない。ミュラーが紹介するいくつかの訴訟は，遺言執行人の職務をできる限り忠実に遂行しようとするサン・マルコ財務官の姿を描いている。しかし，先の史料のあからさまな記述は，キオッジャ戦争に至って，事態はそれを許さないほど危機的なものになり，都市民の遺産がコムーネの財政へと寄与させられたことを物語っているであろう[72]。折しも，1379年からは財政の必要を満たすため，impositionesと呼ばれる臨時税がしばしば課されるようになり，やがては15世紀の直接税へと発展していくのである[73]。

---

69) ミュラーによれば，トマ・タレンティの宗教的遺贈が大使の派遣のためにサン・マルコ財務官から国家（あるいは政府）dominioに貸し出された。R. C. Mueller, "The Procurators of San Marco", p. 218. オリジナルの史料は，保存状態，筆跡の双方が悪く読解できなかったが，700リブラがサン・マルコ財務官から貸し出されたことは確認できる。ASV, *Procuratori di San Marco*, citra, b. 141, commissaria Toma Tarrari, 1407-1412(n. 8): 'de dictis autem septigentis mutuatis dominio per ipsos dominos procuratores', 'quod est verum quod domini procurators mutuaverunt dominio ducatus septigentos pro expediendo certas ambasiatias de Tartaria….'
70) R. C. Mueller, "The Procurators of San Marco", p. 217.
71) G. Luzzatto, *I prestiti della repubblica di Venezia*, p. 229, doc. 194: 'Cum per procurators nostros de ultra canale, videlicet nobiles viros ser Iohannem Fuscareno, Leonardum Dandulo militem et sotios, in tempore guerre nuper preterite et quando terra nostra erat in maioribus laboribus et anguistiis, fuerit mutuata maxima quantitas pecunie nostro comuni ad summam ducatorum LXX M vel circa, computato suo prode imprestitorum, cum maximo sinistro et dampno commisssariarum suarum et pupilorum pupilarum orfanorum et aliarum pauperum personarum'.
72) このような，公債の市場価格の下落を利用して公債を買い集め，経済力を伸ばした都市民もいたことは先に述べた通りである。R. C. Mueller, "Efetti della guerra di Chioggia (1378-81)", p. 32 ; G. Luzzatto, *Il debito pubblico*, p. 172.

勿論，15世紀もサン・マルコ財務官を遺言執行人に頼むヴェネツィア人は多く存在した[74]。しかし，サン・マルコ財務官が親族に代わって喜捨や投資を行うなど遺産を直接管理していた（それは不動産の修理なども含む）共生関係の時代は終わり，徐々に，公債を通じて遺産が政府の財政に寄与させられるような，より「国家」に有利な体制が確立していったといえるのではないだろうか。

おわりに

13世紀末から15世紀にかけての北・中部イタリアは，ポデスタ制コムーネからポポロの寡頭制やシニョリーアへと移行し，都市を中心とする新たな領土の再編が進む時代である。そして，この時代の諸都市の趨勢に対する，イタリア学界の合意点は，すでに第5章で見たように，タバッコの言葉を借りれば，「制度の強化」「権力の競合状態に立脚する政体から，一種の国家的体制へ」の自発的な発展であり[75]，キットリーニによれば，「国家的組織，すなわちより安定して明確な統治構造の創生へと向かう傾向」[76]であった。

---

73) G. Luzzatto, *Il debito pubblico*, pp. 179-180, 259-265. impositiones は，所有している公債に応じても課されたので，今まで不動産を余り所持していなかったため税を免れていた都市民や，外国人も課税された。公債の利息が下がったというのは，この impositiones の課税によって実質的な利息が下がったということである。なお，キオッジャ戦争による公債価格の暴落はその後ある程度回復し，さらにテッラフェルマにおける新たな領土獲得は強制公債の償還に役立った。15世紀の強制公債と税の変遷については，中平希「借入金から租税へ——15～16世紀前半のヴェネツィア領域国家の成立と税構造」『西洋史学報』37, 2010年，195-211頁。

74) 文書館にあるサン・マルコ財務官の目録の抜粋検討によると，サン・マルコ財務官には15世紀の遺言書も多く保存されている。ただし，15世紀後半は14世紀前・後半や15世紀前半に比べると，少ないようである。また，S. Chojnacki, "The Power of Love: Wives and Husbands in Late Medieval Venice", in: *Women and Power in the Middle Ages*, ed. by M. Erler and M. Kowaleski, Athens and London, 1988, pp. 126-148 によると，15世紀には妻を遺言執行人に命じる夫の割合が上昇するという。

75) G. M. Varanini, "Dal comune allo stato regionale", in: *La Storia, I grandi problemi dal Medioevo all'Età contemporanea*, vol. 2, *Il Medioevo 2 : popoli e strutture politiche*, Torino, 1986, pp. 693-694 ; G. Tabacco, *Egemonie sociali e strutture del potere nel Medioevo italiano*, Torino, 1974, p. 352.

76) G. Chittolini, "Introduzione", in: *La crisi degli ordinamenti comunali e le origini dello stato del Rinascimento*, a cura di G. Chittolini, Bologna, 1979, p. 7.

第 8 章　家族生活と都市権力

　確かに最近は，序論で述べたように「国家」という言葉の使用は控えられるようになっている。また第 5 章が明示したのは，単線的な発展よりも，コムーネ時代の遺産と権力の集中や統治技法の明確化の流れとのあいだに生まれる「緊張と相互作用」により力点が置かれるようになっている，ということであった。しかし，2000 年移行の研究が都市社会内部の権力変化に注意を向け，その具体相を明らかにしてきたことは事実であり，この時代の変化に関心を持つ個別研究の課題が，変化のメカニズムの具体化であることに変わりはない。そうすると，14 世紀以降に見られるサン・マルコ財務官と都市民の家産の関係の変化，嫁資に対する政府の介入は，家族の視点からのこのような課題への応答と見ることができるだろう。

　さて，本章を閉じるにあたって，もう一度最初から内容を振り返っておこう。14 世紀に進展していく父系貴族社会や一般的物価上昇の中で，嫁資はますます高騰していくことになった。その背景には，娘や息子の結婚をめぐって駆け引きする父，母，そして親族の「家族の論理」が存在したと考えられる。よりよい結婚のため，父は嫁資を準備し，母も娘の嫁資を援助するようになり，嫁資はヴェネツィア貴族の家族生活にとって以前にも増して重要な富となる。この現象は，一方で父系貴族社会において夫の家系がコントロールできる財産を増やし，他方で，この財産に対する女性の権利とそれを利用した遺言実践によって進展する父系原理を緩和する，という二重の機能を担った。しかし，このような嫁資をめぐる行為は家族内の事柄にとどまらない。おそらくは家長としての立場から嫁資の問題に介入した都市政府の個々の貴族が，嫁資習慣が普及し政府の役所にこの富が蓄積するにつれて，今度は同時に都市政府の立場から嫁資を利用するようになっていくのである。このような傾向はサン・マルコ財務官が管理する都市民の遺産にも見られる。第 4 章で我々は，都市民の日常活動の実践がコムーネの必要より優先的に，ある役職の仕事内容を増加させ制度的発達を促してきた有様を確認することができた。この事実を踏まえれば，14 世紀は，都市民のイニシアチブが重要な時代から，嫁資や相続のように家族生活の基本的な問題に対する都市権力の関わり方の中で，徐々に個々の家族の利害を超えた抽象的権力としての「国家」の利益が優先される時代へと変化していく過程と読み解くことがで

273

きるのではないだろうか。相続や嫁資に見られる権力と家族の関係の変容は，恩恵に見られる権力と家族の関係の変容と一致しているといえよう。

結　論

　本書では中世のヴェネツィアを舞台に，都市国家の住民，特に支配層の具体的家族生活のありかたを明らかにし，そのような生活を営む都市民の家族・親族に関わる実践や言説と都市の制度的発展，権力の変遷を相互関連的に把握することを試みた。最後に本論の結果をふまえながら，12世紀末から15世紀に至るヴェネツィア都市国家の変遷を振り返ることで，全体のまとめとしたい。

　すでに十分な歴史を持つといえる中世イタリア都市国家の家族史研究は，現在，単に家族生活の諸相を明らかにするのみならず家族と権力の関係を問いかける方向へと進化してきている。しかし，このような方向性は主として中世後期から近世にかけての研究に見られる姿勢であり，中世盛期に関しては家族史の影響は長らくプロソポグラフィーにとどまって家族生活の実態を明らかにする試みは乏しかった。豊かな史料と研究蓄積を持つヴェネツィア史においても13世紀の家族生活の具体像は十分与えられておらず，まずは，親族の絆の実態，財産と家族の関係やそこに女性がどのように関与したかというような，家族の具体相に切り込む問題を明らかにする必要があった（第1章）。

　第2章，第3章は，このような課題に導かれ，都市条例，裁判関係史料などの調査を行った。12世紀末から13世紀前半のヴェネツィアは，都市条例の編纂が進み，従来の慣習がその時代の要求に対応しながら成文化されていく時期である。ヴェネツィア都市条例の特徴の一つは，女性の財産権が比較的保護されているということであった。ヴェネツィアでは不動産は男子の均分相続，女子は嫁資を受け取って財産とするという点で，他のイタリア都市

と共通しているが，適当な嫁資を請求する権利や嫁資の全額返還を請求する権利が認められていたり，傍系の男子より既婚であっても娘が優遇されるなど，その財産権は相対的に守られていた。そしてその背景には，都市条例が整備される時期に，ヴェネツィアは地中海に商業網を拡大し，支配層が女性の財産権を侵食する必要性をあまり感じなかったこと，ヴェネツィアが商都として人の移住を受け入れる立場にあり，女性が婚姻によって財産を都市外に持ち出す可能性が少なかったことなどがあったと考えられる。さらにヴィアロ家のケース・スタディからは，女性親族の活発な活動や発言が確認されると同時に，法よりも柔軟な父と息子関係，男女含めた家族の成員における財産への鋭い関心が浮かび上がった。なお，都市条例に含まれる相続・嫁資・不動産売買に関する規定や，ヴィアロ家の例が示す家族生活の具体像は，コムーネを構成する当時の人々にとって家族生活の論理——男系近親内での不動産保持や女性に対する十分な財産保証など——も無視できないものであったことを示している。そして，このような家族生活の論理，特に財産に対する関心がコムーネの制度的発達にも影響を及ぼすことが如実に見て取れるのが，遺言執行人としてのサン・マルコ財務官の発達であった（第4章）。

　サン・マルコ財務官は都市民の遺産を管理することで多くの動産・不動産を所有し，また集めた遺産から教会への喜捨や投資を行うことで，14世紀ヴェネツィアの社会・経済にとって非常に重要な役割を果たしていた役職である。そして，この役職にこうして財産が集まったのは，何もコムーネが強制的に集めたからではない。背後には都市民の個々の家族生活の要求——最初は上層から，やがて下層も含めた要求——があり，その要求に応える形で，この役職の機能が整ってきたのである。当時，家族共同体の連続と家族の絆の物質的基礎を担う相続・遺贈において，人々は，不動産の男系での保持・女性への財産保証・自分の魂の平安という互いに排他的な三つの要求を満たさねばならなかった。これらをうまく処理するために，13世紀後半，人々はより長期的で複雑な遺産の活用を考えるようになる。その中で，サン・マルコ財務官という都市財政と密接なつながりを持つ役職が，その永続性によって，遺言執行人として頼られるようになった。また，遺産の多くは公債に投資されコムーネの財政に役立つとともに，公債の利息は残された子の養

育や不動産の維持にも役立てられた。いわば，この役職を軸として，都市民の家産とコムーネの間に，密接な共生関係が確立していったのである。

　第二部は，こうして明らかになった家族の姿と13世紀末～14世紀の制度・権力がどのように関係し合いながら，ヴェネツィアという「国家」を発展させていくのか，その過程を描いた。昨今，13世紀末から14世紀の北・中部イタリア諸都市は，混乱と専制の時代という過去の像を塗り替え，コムーネ時代の制度の遺産と，より「国家的」な統治技術が共存しつつ変化していく過程として捉えられるようになっている（第5章）。そこで，刷新された見取り図のもとでヴェネツィア史を再考すること，また新しい動向と家族史を組み合わせて家族と権力の関係を読み解いていくことが重要な課題となるが，このような課題を受け，最も直接的に政治と家族の関係を問いかけたのが第6章であった。評議会決議，反乱，恩恵の検討は，ヴェネツィアでもこの時代，さまざまな制度が，親族の絆や家の事情にどのように対処するかという問題と向かい合っていたことを明らかにしている。まず，セッラータや金球くじは，親族の利害と制度の整備が生み出す緊張とダイナミズムの中で，以前は協力者の範囲として制限の対象になっていた親族 propinqui と男系直系血族が，逆に評議会制度を支える柱として制度化されていく過程であった。次に，クエリーニ・ティエポロの反乱は，確かに親族の絆を中心とする反政府陰謀であったが，そこで機能する親族集団は同姓集団＝家に及ぶものではなく，反乱後の処置もますます家がコムーネと対立して存在することを難しくした。最後に，セッラータやクエリーニ・ティエポロの反乱を経て成立する新たなコムーネ権力は，恩恵という新しい統治技法を通じて個々の家族と結びつきを強めていく。その過程で家族を養うことができない家長が「ドミニウム」に助けを乞うという実践・言説が広まり，やがてコムーネが単なる家の集合体，都市住民の共同体を超え，抽象的な「国家」として，家族の上に立ち現れることが可能になった。コムーネ，さらにドミニウムと呼ばれる統治権力が親族と対立するのではなく，親族を，それがもともと13世紀に備えていた協力の範囲をほぼ維持したまま，制度の中にとりこみ，さらに今度は個々の家族へ保護の手を差し伸べていったことに，13世紀末から14世紀にかけてのヴェネツィアの制度的発展，権力の変遷の特徴があると言えよ

う。

　こうして，ヴェネツィアに独特の貴族共和制は，13世紀後半〜14世紀のヴェネツィアに特徴的な親族と制度の相互作用の中で生まれてきたものだと考えることができるのである。この貴族身分について，さらに家意識との関係で考察するのが，第7章であった。14世紀半ばに作成された「家リスト」は，セッラータが支配層の間に家名によって貴族を弁別する態度を養ったことを示唆している。そして，こうして弁別された貴族の家は，自らの高貴さの指標として，出身地やトリブーヌスの称号が示す都市創建時に遡る古さと，賢明さや武勇など他都市の政治・軍事エリートととも共有される資質を好んで提示することになった。彼らは都市の創建物語と家の歴史を結びつけることで集団として高貴さの記憶を共有し，やがてこのような貴族身分と第6章でも登場した「国家」，すなわちドミニウムの名誉が一体のものとして考えられていく。ヴェネツィアで個々の家の年代記が発達せず，「国家」の歴史を語る年代記の巻末に家のリストが添えられるという形で家意識が発達していったことは，まさにこの家意識＝貴族アイデンティティ＝「国家」のアイデンティティの結合を表しているといえよう。

　第8章では，再び嫁資・相続というすぐれて家族史的な問題に立ち戻り，これと都市権力の接点や女性の役割の変化を考察した。14世紀における嫁資の高騰は，第Ⅰ部で観察した女性の法的地位や主体的な活動を背景に，二重の機能を担うことになる。その一方は，進展する父系貴族社会において夫の家系がコントロールできる財産を増やすということ，他方は，この財産に対する女性の権利と，それを利用した遺言実践によって，進展する父系原理を緩和する，というものであった。しかし，このような嫁資をめぐる行為は家族内の事柄にとどまらない。ヴェネツィアの場合，そこに政府の財政と密接な関連を持つ財政関連部局，すなわちサン・マルコ財務官と穀物局が絡まることで，より複雑な様相を呈していた。そして，嫁資への都市政府の介入は，第6章で見た，家族に対する都市権力の増大の別の表れであるように思われる。さらに，サン・マルコ財務官に集められた都市民の遺産も，14世紀後半にはさまざまな形で都市政府の財政へと寄与させられるようになった。第5章で確認した，13世紀末〜14世紀における権力変化のありかたと

しての「より国家的体制への道程」は，婚姻や遺産という家族生活に密着した場面にも観察できるのである。

　こうして，14 世紀の間に，大評議会への参加資格を法的に明確化することで制度的安定を確保したヴェネツィアの都市権力は，貴族の家意識の発展を促し，新たな統治技法を通じて家族に対する保護的立場を確保し，財政の分野でも家族生活に介入して家族の富を「国家」の必要へと利用していった。序章で述べた，家族の視点によるコムーネから「より国家的体制」への移行というのは，このようなものとして具体的に把握できるのである。

　最後に以上のまとめが，他のイタリア諸都市国家の経験にどのような展望を与えるのかを述べて，締めくくりとする。ヴェネツィアはよく知られたように，ドージェの支配からコムーネ体制に移行した都市である。ポポロと都市貴族の争いによる政権交代も見られず，シニョーレも現れなかった。このような政体の持続性は，13 世紀から継続してサン・マルコ財務官に都市民の富が集まることを可能にし，都市政府が強制公債の発行のみならず嫁資や遺産を通じても都市民の財産を利用することを可能にしていったと考えられる。しかし，こうした家族の富と都市政府の関係は，ヴェネツィアのみに存在するものではない。1433 年にフィレンツェで嫁資基金が軌道に乗ることは，財産面での家族生活への都市政府の介入が，時代的にはヴェネツィアより遅いとはいえ，フィレンツェでも見られたことを示しているだろう[1]。またジェノヴァでも，中世後期に女性の富，特に嫁資が公債に向かう傾向が指摘されている。ただしジェノヴァでは公債は 15 世紀にサン・ジョルジョ銀行の管理に委ねられるため[2]，政府機関への嫁資の集中とは言えず，家族の富と都市権力の関係について，また別の可能性を示している。財政は中世後

---

[1]　清水廣一郎「家と家とを結ぶもの」，210-213 頁。
[2]　亀長洋子『中世ジェノヴァ商人の「家」』，311-312, 333-338 頁。なお，ジェノヴァでは地中海貿易の進展期である 12 世紀にテルキアの廃止が行われている。テルキアの廃止については，第 2 章でも触れたように女性の財産権の制限の表れとして先行研究では触れられることが多いが，山辺氏は定額の婚姻前贈与は継続した点を明らかにし，海外投資の活発化と女性の財産権の制限は直接には結びつかないことを示している。そもそも第 2 章で述べた法制史家たちもテルキアの廃止のみで女性の財産権の制限を論じているわけではなく，12 世紀のジェノヴァでテルキアが廃止されたとしても，本論の議論とは矛盾しないだろう。山辺規子「12 世紀中頃ジェノヴァの婚姻時の贈与」，290-313 頁。

期から近世にかけての「国家」を考える上で伝統的なテーマである。このような財政と，嫁資や遺産などをめぐる個々の家族の実践を考えることは，都市民と権力がダイレクトに関わるイタリア都市国家の発展のメカニズムやその多様な発現形態を考える上で，一つの有効な視点となろう。

また親族のネットワークはしばしば非制度的なもの，すなわち制度的な形態を取らないものと考えられがちである。しかし，ヴェネツィアの事例は親族に関する法令が案外多く存在することを示している。つまり排除と配慮という二面性は持つものの，親族の絆の存在がまずは評議会の前提事項なのである。フィレンツェにおけるクラピッシュ＝ズュベールの研究が，豪族の親族関係に切り込むポポロ政府の制度を扱っていることはすでに述べた。ならば，他の都市でも親族と制度の多様な関わり合いを問いかけていく可能性，その中でコムーネの制度的発展と，そこからより「国家的」なしくみへと向かう道程を探る可能性はあろう。

以上のように展望を述べたものの，もちろんヴェネツィアにおいても「国家的権力」の登場と家族の関係については，恩恵史料や公債など，さらなる史料調査が必要であることは言うまでもない。都市国家の存立・発展の理解のためには，領域支配の側面に加えて，都市内部においても「公共善」や「正義」などの概念が重要なことは昨今の研究が強調しているところである。しかし，本書の分析によって，家族は都市の経済や政治と密接に関わっており[3]，一見「私的」で日々の取るに足らないような家族生活に関わる実践や言説がたとえゆっくりとではあっても，都市国家の制度や権力を変化させる力となり得ること，反対に都市制度が家意識の変容にも影響を及ぼすこと，つまり家族と都市権力は相互依存関係にあることは，示すことができたのではないだろうか。そして，そのことを通じて，家族生活に関わる日々の何気

---

3) かつてミッテラウアーは，労働の場に対応して家族類型が異なることを指摘した。歴史的な家族形態を主として経済活動に関わる社会的文脈の中で考察する有意味性は，家族史が向かった多様な方向性の中で影が薄くなった感もあるが，2002年にも提唱されている。M・ミッテラウアー（服部良久訳）「補論 ヨーロッパ家族史の特色――奉公人制度に重点をおいて」M・ミッテラウアー（若尾祐司・服部良久・森明子・肥前栄一・森謙二訳）『歴史人類学の家族研究――ヨーロッパ比較家族史の課題と方法』新曜社，1994年，347-373頁．M・ミッテラウアー「家族史の新しい文脈――世紀を超えて」（若尾祐司訳）比較家族史学会編『家族――世紀を超えて』日本経済評論社，2002年，197-214頁．

ない，しかし当事者にとっては切実な実践や言説が歴史変化の一つの重要な原動力であるという認識が実証できたのではないだろうか。このような認識がヴェネツィアやイタリア都市国家のみならず，ほかの時代・空間にも当てはまる可能性を持っていることを最後に確認して，筆をおくことにしたい。

あとがき

　中世イタリアの魅力の一つは，都市国家とその住民が繰り広げるダイナミックで活力に満ちた世界にある。そのような世界を少しでも詳しく知りたいと思い，14 世紀のヴェネツィアを対象に卒業論文を書いたのは今から 30 年近く前であった。

　本書は平成 9 年（1997 年）に京都大学に提出した課程博士論文を核に，その後の研究を付け加えてまとめたものである。各章の雑誌論文としての初出を以下に記す。

　　第 2 章　「13 世紀前半におけるヴェネツィア都市法の変遷とその社会的背景」『西洋史学』192 号，1999 年。

　　第 3 章　"Aspetti della vita parentale della nobiltà veneziana nel Duecento. L'esempio della famiglia Viaro del ramo di San Maurizio", *Archivio veneto*, V serie, CXLV, 1995.（第 1 節及び，第 2 節（1）に関しては，新たに考察を付け加えて「13 世紀ヴェネツィア社会における女性の地位と役割――ある貴族家系の結婚交渉の事例から」『西洋史学』180，1996 年，に発表）

　　第 4 章　「サン・マルコ財務官と中世ヴェネツィア都市民――遺言書史料に見る行政機構の発展」『史林』84-5，2001 年。"«Commissarii mei Procuratores Sancti Marci». Ricerche sulle competenze dell'ufficio della Procuratia di San Marco（1204-1270）". *Archivio veneto*, V serie, CLXVI, 2006.

　　第 6 章第 2 節，「都市国家ヴェネツィアにおける貴族の親族集団」『史林』75-2，1992 年。（第 1 節，第 3 節は 2015 年富山大学での西洋史学会大会での口頭発表に基づく）

　　第 8 章　「中世ヴェネツィアにおける嫁資と女性の富・権力」『神戸大学史学年報』27，2012 年。（第 4 節に関しては，課程博士論文，第 4 章の「結びにかえて」を発展させたもの）

　課程博士論文執筆後，単著を刊行するまでに実に 20 年という長大な時間がかかってしまった。途中，様々な理由で研究意欲を失っていた時期が数年

あっただけに，こうして単著がまとめられたことは奇跡のようである。恩師である京都大学名誉教授の服部良久先生には，困難な時期に折に触れて相談に乗ってくださったことに，まずお礼申し上げたい。

　研究上のブランクは各章の初出にも表れており，本書の第1部と第2部では主要な執筆時期が大きく異なっている。第2章〜第4章は課程博士論文の論旨をほぼそのまま生かしたものである。誤りの訂正（特に第2章）やその後の史料調査（第4章）などは含まれているが，遺言書の調査も2000年には一旦切りをつけており，いわば30歳をわずかに過ぎたばかりの頃の私の作品と言える。一方，第5章〜第7章は，2014年に神戸大学の特別研究制度で半年の研究期間をもらった後に書き下ろした部分である。もちろんヴェネツィアやイタリア都市国家に対する理解は博論執筆時よりも今の方が格段に深まっているが，谷間の時期が長かっただけに，第2部が第1部に比べて見劣りしないことを願う。なお，第1章は，博論をもとに単著をまとめることを考え始めた2010年頃に書いていた原稿をもとにしている。

　本書が14世紀の遺言書を本格的に検討していないことは責められるべきであろう。しかし，数点は手に取ってみたものの，果たして膨大な14世紀の遺言書を調査したとして有効な変化が浮かび上がるのか，ヴェネツィアやイタリア都市国家に対する理解が深まるのか，30代前半の私には大いに疑問であった。結局，まわりまわって卒論や修論で触れたテーマ・扱った史料を，新しい研究動向と，以前よりは幅広く深い史料の読解に基づいて位置づけ直すことになった。今までの研究に一区切りつけるためには，それで良かったと思うし，またそれが必要なことであったのだとも思う。特に第6章第3節で触れた「恩恵」についての英語論文は，卒業論文執筆時に出会ったものである。2010年発行のイタリアの論文集『権力の技法』に，この論文への言及を見つけたときの感慨はひとしおであった。もちろん，本書の手法が，全体としてどの程度成功しているのかは，読者の判断に委ねたい。

　さて，本書の軸ともなっている「家族史と政治史・制度史の接合」という方向は，修士論文で服部良久先生からいただいた宿題（というよりは目指すべき方向として示されたもの）である。遥かな時を経て，今，ようやくその宿題を何とか自分なりに納得いく形でまとめることができたわけだが，ここ

あとがき

まで来るには，実に多くの方々のお世話になった。まず第一に感謝を捧げるべきは，京都大学の先生方であろう。勢いだけで未熟な部分が多く残る私の修士論文を丁寧に読み，少しは見所があると思って博士課程に上げてくださった，故藤縄謙三先生，服部春彦先生，服部良久先生がいらっしゃらなければ，私の研究者としての人生はスタートしなかった。口頭試問では普段は穏やかな春彦先生が非常に厳しく，京大に来られたばかりの良久先生はむしろ慰める側であったことをなつかしく思い出す。また，博論をもとに単著を仕上げることは，課程博士論文審査後，良久先生に勧められたことであった。種々の理由・事情でその実現が大幅に遅れたにもかかわらず，今回，出版社をご紹介いただいた先生には，改めて深いお詫びと感謝の言葉を申し上げたい。学部生時代の助手であった南川高志先生，良久先生が来られるまで中世史ゼミでご指導いただいた江川温先生と八塚春児先生，山辺規子先生を始めとする京都大学の先輩後輩諸氏，人文科学研究所の研究会の先生方にも大変お世話になった。私自身の未熟さや認識不足のために，恵まれた環境を十分生かして学んできたとは言い難い部分もあるが，今に至る有形無形の財産を与えていただいた。改めて有難く思う。

関西中世史研究会，永井三明先生・齊藤寛海先生を始めとするイタリア史の先生方や友人たちからは，多くの刺激とアドヴァイスと励ましをいただいた。記して感謝したい。特に本書をまとめるにあたっては，原稿の一部を読んでくださったイタリア法制史の阪上眞千子さんとフィレンツェ史の三森のぞみさんにお礼申し上げる。もちろんあらゆる誤りや不足は私の責任である。

イタリアでは，元パドヴァ大学のフェルナンダ・ソレルリ先生にまず感謝を捧げるべきであろう。ヴィアロ家の史料の存在を教えてくださったのは先生である。留学中から大変お世話になり，私のイタリア語の論文は二つともソレルリ先生が添削して下さった。中・近世イタリア家族史の流れについて御教示くださったイザベル・シャボーさんにも感謝したい。ドリット・ライネス先生，ジュリアーノ・ミラーニ氏，エルマンノ・オルランド氏と直接お会いすることができたことも，本書を執筆する上で重要であった。また国立ヴェネツィア文書館のスタッフの方々には，さまざまな形でお世話になった。

現在の職場である神戸大学西洋史専修は，私が研究者として成長するため

に非常に恵まれた環境であった。毛利晶先生と大津留厚先生からは，担当教員全員で行う卒論ゼミ・大学院ゼミを通じて，史料の厳密な読解と研究史の重要性，人が生きた現場の具体的細部から歴史を考えることの醍醐味などを，改めて具体的かつ平易簡明に教えていただいたように思う。西川杉子さん，小山啓子さん，佐藤昇さんからもゼミや日常会話の中で多くを学ばせていただいた。特に小山さんには，子育ての話題から研究まで，いつも幅広く相談にのっていただいており，とても助かっている。また短い時間で本書の草稿を通読し，本書を少しでもわかりやすいものにすることに貢献してくれた博士後期課程の市原晋平君（現，在ハンガリー大使館専門調査員）と野村雄紀君，再校の手伝いをしてくれた博士前期課程の楠野優子さんと佐藤瑞恵さん，ドイツ語の読解に力を貸してくれたODの石井大輔君にも感謝する。本書の内容は折に触れて神大の特殊講義で扱ったものだが，講義に耳を傾け，ときに有益なコメントを書いてくれた学生諸氏にも感謝したい。2000年に神戸大学に就職した後数年は子育てで忙しく，また子供が小学校高学年に上がる頃からは，今度は高齢の両親に手がかかるようになり，スタッフの皆さんには迷惑のかけ通しである。いつも暖かくフォローして下さり，感謝に堪えない。ただ就職した頃に比べると大学業務は格段に忙しくなり，人文系を取り巻く状況も厳しくなった。いつまでも甘えているわけにはいかないだろう。

　出版に際しては，京都大学学術出版会の鈴木哲也編集長と國方栄二さんにお世話になった。特に國方さんには多大なご迷惑をかけたことをお詫び申し上げるとともに，こちらのペースに配慮しつつ，仕上げまで持って行ってくださったことに感謝したい。なお本書の刊行は，日本学術振興会平成28年度科学研究費助成事業（科学研究費補助金）（研究成果公開促進費　課題番号 16HP5101）の交付によって実現したものである。

　最後に，執筆に専念できるように気を使ってくれた家族皆に，心からのお礼をこめて。

2017年　立春

髙田　京比子

Famiglie e potere nella Venezia medievale

Keiko TAKADA

Indice

Introduzione

Parte I Aspetti della vita parentale a Venezia nel Duecento

  Capitolo 1 Venezia e la storia della famiglia in Italia nel Medioevo e nella prima età moderna

  Capitolo 2 La vita parentale in relazione alle norme successorie e dotali, sullo sfondo della realtà sociale dell'epoca

  Capitolo 3 Vicende e legami della famiglia Viaro del ramo di San Maurizio

  (già pubblicato come "Aspetti della vita parentale della nobiltà veneziana nel Duecento. L'esempio della famiglia Viaro del ramo di San Maurizio", in *Archivio veneto, V serie*, CXLV, 180, 1995, pp. 5-29.)

  Capitolo 4 I Procuratori di San Marco come esecutori testamentari e le strategie successorie dei veneziani

  (in parte già pubblicato come "«Commissarii mei Procuratores Sancti Marci». Ricerche sulle competenze dell'ufficio della Procuratia di San Marco (1204-1270)", in *Archivio veneto. V serie*, CLXVI, 201, 2006, pp. 33-58 ; in questo capitolo l'esame dei documenti è condotto fino alla fine del Duecento)

Parte II I mutamenti del potere e i gruppi parentali

  Capitolo 5 La vicende delle città italiane nei secoli XIII-XIV e Venezia. Le nuove prospettive storiografiche

  Capitolo 6 L'interazione tra i legami di parentela e il sistema istituzionale. Deliberazioni consiliari, congiura e grazie

Capitolo 7   Identità nobiliare e coscienza della casata
Capitolo 8   Vita parentale e potere cittadino. Doti ed eredità nel sistema finanziario dello Stato
Conclusione
Bibliografia

Sommario

Introduzione

In questo libro si è cercato di evidenziare i vari aspetti della vita parentale a Venezia nel Duecento e nel Trecento e di comprendere la vicenda del Comune nell'interazione tra il sistema istituzionale e il potere, da una parte, e l'operato di famiglia, parentele e casate, dall'altra. Nella storiografia su Venezia è stato finora prevalente il dibattito sulla sua unicità e la possibilità di confrontarla, o meno, con le altre città comunali. L'intento di questo lavoro è di prendere in esame il caso veneziano riguardo alla vita parentale e alle relazioni tra famiglie e potere del governo, in modo da offrire una base di confronto utile per meglio valutare anche la situazione degli altri Stati cittadini italiani, in rapporto alla presenza dei gruppi parentali.

Parte I   Aspetti della vita parentale a Venezia nel Duecento

Nella prima parte, consistente in quattro capitoli, si presenta un quadro generale della famiglia veneziana dal punto di vista normativo e si esaminano alcuni elementi della effettiva vita parentale dei veneziani, dopo aver situato l'impostazione della ricerca nel filone degli studi sulla famiglia in Italia nell'età comunale e rinascimentale. Questi aspetti sono considerati anche in rapporto con la vicende sociali, politiche e istituzionali del Comune veneziano.
Il capitolo 1 delinea lo sviluppo della storiografia sulla famiglia in Italia tra Medioevo ed età moderna e la posizione della storiografia su Venezia in par-

ticolare riguardo alle famiglie cittadine. La storia della famiglia nelle città medievali italiane ha evidenziato diversi aspetti della vita parentale ; recentemente si è manifestato un particolare interesse per le relazioni tra famiglie e poteri. Tuttavia tale interesse si avverte soprattutto negli studi sulle città italiane fra tardo Medioevo ed età moderna, mentre poca attenzione ha suscitato il secolo XIII. Per Venezia, anche se alcuni studi hanno considerato specificamente l'ascesa politica delle famiglie o qualche aspetto della vita quotidiana dei mercanti, rimangono da approfondire, attraverso le fonti normative e quelle private, molti caratteri della vita parentale.

Nei capitoli 2 e 3 si esaminano quindi gli statuti di Venezia e le fonti notarili, in specie i documenti relativi a liti familiari. Il capitolo 2 analizza le norme statutarie relative alle successioni e alle doti, con riferimento allo sfondo sociale in cui esse vanno collocate. Una particolarità degli statuti di Venezia (raccolti ed emanati dalla fine del secolo XII alla prima metà del XIII, quando entrarono in vigore quelli pubblicati da Jacopo Tiepolo nel 1242) è una maggiore protezione dei diritti di proprietà delle donne rispetto a quanto previsto in merito dagli statuti delle altre città italiane. In Venezia, come in altri centri italiani, solo i figli maschi ereditavano gli immobili paterni, mentre alle figlie maritate spettavano solo le doti. Le donne veneziane, però, avevano diritto a doti congrue per maritarsi e, da vedove, alla restituzione integrale delle medesime doti. In mancanza di figli, le figlie erano preferite ai maschi delle linee collaterali. Questa caratteristica normativa si può capire bene, secondo me, considerando i caratteri della società veneziana del tempo : proprio nel periodo in cui gli statuti furono promulgati, Venezia espandeva la propria presenza mercantile nel Mediterraneo ed i suoi uomini quindi si interessavano soprattutto al commercio e ai fatti d'oltremare, essendo spesso lontani dalla loro città. Questo fatto avrebbe contribuito al mantenimento, entro certi limiti, del diritto di proprietà da parte delle donne, le quali potevano anche essere coinvolte nella stipulazione di diversi atti, in assenza dei parenti maschi. D'altro lato, la possibilità che le donne portassero i loro beni fuori della città tramite il matrimonio sembra minima a Venezia, perché questa città fu semmai, come centro commerciale e produttivo, aperta piuttosto all' immigrazione. Anche questa situazione avrebbe perciò contribuito alla protezione dei diritti di proprietà delle veneziane.

Il capitolo 3 prende in considerazione il caso particolare di una famiglia del ceto medio-alto, i Viaro. I dati che emergono dai documenti notarili del fondo di San Matteo di Mazzorbo mettono in luce le vivaci attività delle componenti femminili di tale famiglia, i rapporti più elastici, rispetto alle norme, tra padri e figli, e la notevole attenzione per il patrimonio da parte di tutti, incluse le donne. Inoltre, le effettive relazioni parentali dei Viaro, insieme con il dettato degli statuti in materia di successioni, di doti, e di compravendita degli immobili, consentono di dimostrare come per i veneziani dell'epoca non fossero affatto trascurabili gli interessi familiari, ossia il mantenimento degli immobili nelle mani dei parenti stretti maschi o la sicura attribuzione di proprietà sufficienti alle donne. Invero, gli interessi familiari potevano influenzare anche lo sviluppo istituzionale del Comune, come dimostra il capitolo successivo.

Il capitolo 4 descrive lo sviluppo della Procuratia di San Marco, ufficio molto importante nella vita economica, finanziaria in specie, e sociale di Venezia nel Medioevo e nei successivi secoli della Repubblica, esaminando gli atteggiamenti e le aspettative dei testatori nei riguardi di questa istituzione nel Duecento. I Procuratori di San Marco gestivano molti beni, sia mobili che immobili, amministrando i patrimoni affidati ad essi, in qualità di esecutori testamentari, dagli abitanti, e quindi distribuendo elemosine, specialmente agli enti ecclesiastici, e compiendo investimenti. Il loro ruolo divenne perciò di grande rilievo. L'istituzione e il consolidamento dei Procuratori di San Marco come esecutori testamentari, però, non nasceva da provvedimenti legislativi, o da prese di posizione più o meno coercitive da parte del Comune, ma dalle richieste di singoli cittadini, dapprima dei ceti più elevati, poi anche di quelli inferiori. Al momento di lasciare il proprio patrimonio, i testatori avevano tre esigenze fondamentali : mantenere gli immobili nelle mani dei parenti maschi, assicurare beni sufficienti per le donne della famiglia, e provvedere alla salvezza della propria anima. Per realizzare bene tutto ciò, si cominciò a pensare di disporre dell'eredità secondo prospettive di lungo termine e per questo molti veneziani affidarono progressivamente le loro eredità ai Procuratori, i quali erano in grado, in quanto ufficio pubblico, di condurre il compito di esecutori testamentari perpetuamente. Inoltre, una parte non trascurabile dei lasciti fu investita negli imprestiti（titoli del debito pubblico）; così le eredità contribuirono a sostenere la finanza del Comune, mentre gli interessi degli imprestiti poterono essere utilizzati per il sostentamento dei figli minori rimasti orfani o per il mantenimento degli immobili. Si potrebbe dire che tra le eredità dei cittadini e la finanza del Comune si formasse una stretta interdipendenza, appunto tramite questo ufficio.

Parte II Mutamenti del potere e gruppi parentali

La parte seconda, consistente in quattro capitoli, descrive il procedimento della formazione dello Stato patrizio di Venezia, in rapporto con i gruppi parentali, anche a confronto con le vicende generali dei Comuni italiani dell'ultimo quarto del Duecento e del Trecento. Secondo gli studi più recenti, in questo periodo si può notare la tendenza verso sistemi istituzionali più stabili, dotati di un forte centro politico, anche se questo mutamento non fu lineare, ma complesso e contraddittorio. Tenendo conto di questa schema, si sono considerate le relazioni tra il potere pubblico e le famiglie, analizzando vari aspetti della vita politica, della mentalità e della realtà patrimoniale dei gruppi familiari.

Il capitolo 5 offre ai lettori giapponesi un quadro generale della storiografia sui comuni italiani del Due-Trecento, dagli anni Settanta del secolo scorso fino a qualche anno fa. Secondo un bilancio recente, gli studi usciti dopo il 2000 hanno evidenziato come il periodo compreso tra gli ultimi decenni del Duecento e la metà del Trecento sia caratterizzato dalla coesistenza e dalla tensione tra la cultura istituzionale dell'età comunale e la formazione di un centro politico in grado di interrenire sulla società cittadina più efficacemente.

Secondo questa impostazione, emergerebbe la necessità di ripensare la storia di Venezia tenendo conto di tale rinnovata prospettiva della storia dei comuni italiani da una parte, e, dall'altra, di leggere le relazioni tra famiglie e poteri combinando la storia dei gruppi familiari con quella dei cambiamenti politici e istituzionali delle città.

Nel capitolo 6 si trattano più direttamente le relazioni tra famiglie e potere politico. In primo luogo, sono analizzate le politiche parentali attraverso le deliberazioni consiliari, specie quelle relative alla Serrata del Maggior Consiglio. A Venezia (come nella Firenze studiata da Ch. Klapisch-Zuber, nel suo libro *Ritorno alla politica*), dalla fine del Duecento ai primi anni del Quattrocento il sistema istituzionale del Comune dovette affrontare il problema di come considerare i legami di parentela e gli interessi, o le ragioni, delle famiglie. Le deliberazioni della Serrata e l'istituzionalizzazione della Balla d'Oro, secondo me, si potrebbero interpretare come una risposta veneziana a questo problema: la Serrata e la Balla d'Oro fecero del lignaggio maschile (in linea diretta) e del gruppo parentale relativamente medio (compresi i parenti con legami di sangue fino al quarto grado e i parenti con legami coniugali fino al secondo grado) un pilastro importante per partecipare al Maggior Consiglio, cioè al potere, evitando però nello stesso tempo l'affermazione dei loro interessi nei diversi consigli e uffici, con l'emanazione di altre deliberazioni, soprattutto nella seconda metà del Duecento. Inoltre, considerando la congiura Tiepolo-Querini, si sono esaminati i comportamenti dei parenti nei conflitti cittadini e i provvedimenti giudiziari del Comune verso i congiurati dal punto di vista dei legami di famiglia. È vero che esistevano tentativi di avvicinamento al potere attraverso i legami parentali e l'impiego delle armi, ma i legami riscontrabili in questa congiura non potevano comprendere quasi tutti i componenti della casata, cioè del gruppo con lo stesso cognome. I provvedimenti del Comune dopo la congiura non colpirono i parenti dei congiurati estranei all'iniziativa (eccetto le mogli, i figli e le figlie dei congiurati stessi) dal punto di vista economico e politico; solo provvedimenti piuttosto simbolici come la proibizione dell'uso delle insegne riguardarono tutta la casata. Questi provvedimenti sembrano indebolire sempre più i legami delle parentele allargate e la solidarietà politico-militare dei gruppi parentali con lo stesso cognome, rendendo più difficile l'opposizione al Comune da parte appunto di tali vasti gruppi. Si sono poi considerati i caratteri e le finalità di un particolare tipo di provvedimenti, ossia di specifiche concessioni, denominate grazie. Mi sembra che l'analisi delle grazie riguardanti le famiglie consentano di affermare che il potere del Comune del Trecento, incarnato dalla Signoria (il doge, i sei consiglieri dogali e i tre capi della Quarantia) e dal Maggior Consiglio, rafforzasse i rapporti con le singole famiglie tramite la nuova procedura per l'ottenimento di vantaggi o favori ; attraverso tale procedura si determinarono anche particolari atteggiamenti anche da parte dei capifamiglia 'in debili conditione', i quali supplicavano il 'Dominium' per ottenere aiuto. Così la relazione tra le famiglie e il potere sarebbe diventata più verticale, e ciò avrebbe aiutato quest'ultimo ad elevarsi al di sopra delle singole famiglie, come astratto entità politica. La caratteristica dell'evoluzione del potere statuale in Venezia dalla fine del Duecento ai primi anni del Quattrocento, secondo tale punto di vista, risiederebbe nel fatto che il potere del governo, (Comune e poi Dominio), non si opponesse ai legami parentali, bensì li assorbisse nel sistema istituzionale, mantenendo l'ambito della solidarietà parentale esistente già nel Duecento e contribuendo nel contempo, quando necessario, alla tutela di singole famiglie.

Il capitolo 7 considera la relazione tra il potere e le famiglie nell'ambito della mentalità e nello stesso tempo esamina il ruolo dei gruppi caratterizzati dallo stesso cognome. In particolare, si è presa in esame la descrizione delle 'proles nobilium' in due testi (uno edito già da Cessi) della metà del Trecento in queste cosiddette 'family chronicles' (Raines), sono elencati i nobili secondo il cognome. Come dimostra l'esistenza stessa di questi elenchi, la Serrata sembra avere coltivato la tendenza, da parte delle famiglie, a riconoscere l'appartenenza al ceto nobiliare in base al cognome, anche se questa coscienza della casata era per il momento ancora vaga e non chiaramente fondata dal punto di vista genealogico. Le casate nobiliari vantavano come segni della propria condizione l'antichità delle origini, risalenti addirittura alla fondazione della città (precisando il luogo di origine, o l'appartenenza al gruppo dei tribuni), oltre a qualità più o meno comuni alle élites politico-militari delle altre città, quali la saggezza e la fortezza. Mi sembra importante questa combinazione tra la storia leggendaria della fondazione della città e il passato delle singole casate. Questa nobiltà, a sua volta, potrebbe venire ad identificare il suo proprio onore con quello di 'Dominio' come dimostrano alcune deliberazioni relative alla cosiddetta seconda Serrata.

Nel capitolo 8 si ritorna più propriamente al tema della storia di famiglia, con particolare riguardo alla questione delle doti e delle eredità, anche in relazione al controllo del potere. Nel Trecento a Venezia l'ammontare delle doti crebbe in modo rilevante ; in proposito, ci sono due opinioni : la crescita delle doti abbia contribuito ad accrescere l'influenza delle mogli nell'ambito della famiglia acquisita o ad aumentare la proprietà controllabile da parte dei mariti e dei loro figli. Secondo la mia opinione, il problema aveva aspetti piuttosto complessi, dato il coinvolgimento in tali rapporti patrimoniali di importanti istituzioni finanziarie, come i Procuratori di San Marco e l'Ufficio del Frumento. Sembra dunque che l'intervento da parte del governo comunale nelle questioni dotali corrispondesse all'aumento dell'autorità pubblica nei confronti delle singole famiglie, già emerso dall'analisi dei provvedimenti di grazia. Inoltre le proprietà affidate ai Procuratori di San Marco cominciarono ad essere sottoposte a contributi alla finanza pubblica, in diverse forme, nella seconda metà del Trecento. L'andamento verso 'un assetto statale' (Tabacco, Chittolini) del mondo comunale fra Duecento e Trecento, si potrebbe percepire così anche negli affari propriamente appartenenti alla vita di famiglia, come le doti e le eredità.

Conclusioni

Nella Venezia medievale, i legami di famiglia e parentela furono molto importanti nella realtà sociale, economica e politica : come, del resto, gli studiosi della storia della famiglia hanno già messo in luce per altre città italiane.

La particolarità della situazione veneziana, tuttavia, consiste nel notevole ruolo della presenza femminile, dei gruppi parentali di media entità, compresi i parenti acquisiti e, invece, nella relativa debolezza della solidarietà politico-militare della 'casata' (il più vasto gruppo dei parenti di sangue, inclusi quelli di linea collaterale). L'andamento del Comune di Venezia nel Duecento e nel Trecento si potrebbe vedere come il processo di formazione di un 'Dominio', nel quale tali caratteristiche familiari si intrecciavano via via con vari aspetti dell'attività pubblica. Resta infine da spiegare l'origine di tale peculiarità. Molto probabilmente sui caratteri delle parentele veneziane influirono la precoce crescita dell'economia mercantile e la scarsa importanza delle proprietà di Terraferma. Ma per ottenere una spiegazione più sicura andrebbe naturalmente eseguito un più vasto confronto con le altre realtà cittadine del tempo in Italia.

****

Ringrazio i professori, i ricercatori e gli archivisti in Italia per i suggerimenti e gli aiuti che mi hanno dato in diverse fasi del mio studio, anche se è naturalmente mia la responsabilità delle affermazioni contenute nel testo. Sono anche grata a tutti i miei amici italiani, che mi hanno regalato bellissimi ricordi del soggiorno nel loro paese, aiutandomi così a rinnovare la volontà di continuare la ricerca per la conoscenza della storia d'Italia.

主要文献目録

（1）欧文

マニュスクリプト
Archivio di Stato di Venezia

Lanfranchi Strina, B., *Inventario, Procuratori di San Marco. Misti*（*Commissarie*）, 394/1-8 ; *Procuratori di San Marco. De citra*（*Commissarie*）, 395/1-3 ; *Procuratori di San Marco. De ultra*（*Commissarie*）, 396/1-12.

Barbaro, M., *Arboli de'patritii veneti*, VII.

Cancelleria inferiore, Notai, b. 85, b. 138.
Cassiere della Bolla Ducale, Grazie, reg. n. 3.
Colleggio, promissioni, reg. 1.
Maggior Consiglio, Deliberazioni, liber Clericus civicus（1315-1319）, c. 115.
Maggior Consiglio, Deliberazioni, liber Fronesis（1318-1326）, c. 56, c. 239-240.
Maggior Consiglio, Deliberazioni, liber Leona（1384-1416）, f. 68v.
Procuratori di San Marco,
    de citra, b. 38, b. 41, b. 179, b. 230, b. 250（249c-250）.
    misti, b. 2, b. 6, b. 8A, b. 66, b. 77, b. 80, b. 92A, b. 119, b. 122, b. 123, b. 126A, b. 150, b. 153, b. 157, b. 160, b. 167, b. 166, b. 172, b. 180, b. 200, b. 208, b. 209A, b. 213, b. 215.
    de ultra, b. 1, b. 2, b. 5, b. 6, b. 8, b. 9, b. 18, b. 21, b. 23, b. 24, b. 26, b. 32, b. 35, b. 37, b. 41, b. 46, b. 51, b. 53, b. 67, b. 68, b. 73, b. 78, b. 88, b. 91, b. 102, b. 116, b. 121, b. 128, b. 134, b. 137, b. 156, b. 159, b. 160, b. 161, b. 166, b. 168, b. 169, b, 172, b. 176, b. 177, b. 181, b. 188, b. 191, b. 195, b. 197, b. 196, b. 199, b. 200, b. 210, b. 211, b. 212, b. 213, b. 214, b. 239, b. 240, b. 242, b. 243, b. 248, b. 256, b. 258, b. 261, b. 265, b. 266, b. 268, b. 270, b. 275, b. 276, b. 278, b. 296, b. 300, b. 305, b. 318, b. 320, b. 325.
    San Matteo di Mazzorbo, b. 1, b. 2, b. 3, b. 4.

主要文献目録

Biblioteca Nazionale Marciana
 Cod. Marc. Lat. X, 36a（=3326）
 Cod. Marc. Lat. X, 237（=3659）

Bibliothèque Nationale de France
 Cod. Lat. 5877

刊行史料

Andreae Danduli Chronica, Rerum Italicarum Scriptores, II serie, tomo XII, parte 1, a cura di E. Pastorello, Bologna, 1938.

Antichi testamenti tratti dagli archivi della congregazione di carità di Venezia, Venezia, 1 serie, 1882.

Arbitrio, F., *Aspetti della società veneziana del XIII secolo*（*sulla base di 37 testamenti trascritti e pubblicati*）, tesi di laurea dell'Università degli studi di Padova, a. a. 1979-1980.

Bartolo da Sassoferrato. De insigniis et armis, a cura di M. Cignosi, Roma, 1998.

Bellavitis, M. C., *Aspetti di vita veneziana del XIII secolo*（*sulla base di 26 testamenti trascritti e pubblicati*）, tesi di laurea dell'Università di Padova, a. a. 1976-1977.

Benvenuto de Brixano : notaio in Candia 1301-1302, a cura di R. Morozzo della Rocca, Venezia, 1950.

Bilanci generali della Repubblica di Venezia, vol. 1, tomo 1, a cura di F. Besta, Venezia, 1912.

Cassiere della Bolla Ducale, Grazie, Novus Liber（*1299-1305*）, a cura di E. Favaro, Venezia, 1962.

Cassiere della Bolla Ducale, Grazie, Registro, n. 16（*1364-1372*）, *anticamente Liber Gratiarum XIII*, 2 vols, a cura di S. Piasentini, Venezia, 2009.

Cavallar, O., Degenring, S., Kirshner, J., *A Grammar of Signs. Bartolo da Sassoferrato's Tract on Insignia and Coats of Arms*, Berkeley, 1994.

Consiglio dei Dieci. Deliberazioni Miste, Registri I-II（*1310-1325*）, a cura di F. Zago, Venezia, 1962.

Consiglio dei Dieci. Deliberazioni Miste, Registri III-IV（*1325-1335*）, a cura di F. Zago, Venezia, 1968.

Cronache. Scrittori della chiesa di Aquileia XII/2, a cura di G. Fedalto, L. A. Berto, Città Nuova, 2003.

Deliberazioni del Maggior Consiglio di Venezia. Atti delle assemblée costituzionali italiane dal Medio Evo al 1831, serie 3, sezione 1, 3 vols, a cura di R. Cessi Bologna,

1950, 1934, 1931（rist. anas., Bologna, 1971, 1970, 1970）.

Le deliberazioni del Consiglio del XL della Repubblica di Venezia, 3 vols, *Monumenti storici della deputazione di storia patria per le Venezie,* n.s., vol. 9, 12, 20, a cura di A. Lombardo, Venezia, 1957, 1958, 1967.

Documento del commercio veneziano nei secoli XI-XIII, a cura di R. Morozzo della Rocca, A. Lombardo, vol. 2, Roma, Torino, 1940.

Domenico prete di S. Maurizio : notaio in Venezia 1309-1316, a cura di M. F. Tiepolo, Venezia, 1970.

"*Ego Quirina*". *Testamenti di veneziane e forestiere（1200-1261）. Documenti trascritti da L. Zamboni e L. Levantino*, a cura di F. Sorelli, Venezia, 2015.

Hopf, K., *Chroniques gréco-romanes inédites ou peu connues*, Berlin, 1873.

Kohl, B. G.（ed. by R. C. Mueller）, "The Serrata of the Greater Council of Venice, 1282-1323 : the documents", in *Venice and Veneto during the Renaissance : the Legacy of Benjamin Kohl*, ed. by M. Knapton, J. E. Law, A. A. Smith, Reti Medievali E-Book（Firenze University Press）, pp. 3-34.

Leonardo Marcello : notaio in Candia 1278-1281, a cura di M. Chiaudano, A. Lombardo, Venezia, 1960.

Il liber communis detto anche Plegiorum, a cura di R. Predelli, Venezia, 1872.

Liber sextus. Addicionum, et correctionum conditarum super Statutis et legibus Venetorum…, Venezia, 1729.

Luzzatto, G., *I prestiti della Repubblica di Venezia（sec. XIII-XV）. Introduzione storica e documenti*, Padova, 1929.

Le magistrature giudiziarie veneziane e i loro capitolari fino al 1300, a cura di M. Roberti, Padova, 3 vols, Venezia, 1906, 1909, 1911.

Martin da Canal, Les estoires de Venise. Cronaca veneziana in lingua francese dalle origini al 1275, a cura di A. Limentani, Firenze, 1973.

Notaio di Venezia del sec. XIII（1290-1292）, a cura di M. Baroni, Venezia, 1977.

Nuovi documenti del commercio veneto dei secoli XI-XIII, a cura di A. Lombardo, R. Morozzo della Rocca, Venezia, 1953.

Origo civitatum Italie seu Venetiarum（Chronicon Altinate et Chronicon Gradense）, a cura di R. Cessi, Roma, 1933.

Le promissioni del Doge di Venezia dalle origini alla fine del Duecento, a cura di G. Graziano, Venezia, 1986.

Raphayni de Caresinis Chronica AA. 1343-1388, Rerum Italicarum Scriptores, II serie, tomo XII, parte II, a cura di E. Pastorello, Bologna, 1923.

La regolazione delle entrate e delle spese（sec. XIII-XIV）, a cura di R. Cessi, L. Luzzatti, Padova, 1925.

S. *Lorenzo di Ammiana*, a cura di L. Lanfranchi, Venezia, 1947.

San Maffio di Mazzorbo e Santa Margherita di Torcello, a cura di L. Frizziero, Firenze, 1965.

Simonsfeld, H., "Chronicon venetum quod vulgo dicunt Altinate", in Monumenta Germaniae Historica, Scriptores, Tom. XIV, Hannover, 1883, pp. 1–69.

"Gli statuti civili di Venezia anteriori al 1242 (statuti)", a cura di E. Besta, R. Predelli, *Nuovo Archivio Veneto*, n.s. 1, parte 2, 1901, pp. 205–300.

Gli statuti veneziani di Jacopo Tiepolo del 1242 e le loro glosse, a cura di R. Cessi, Venezia, 1938.

Tafel, G. L. Fr. und Thomas, G. M., *Urkunden zur älteren Handels und Staatsgeschichte der Republik Venedig mit besonderer Beziehung auf Byzanz und die Levante*, 2, Wien, 1856 (rist. anast. Amsterdam, 1964).

Thiriet, F., *Délibérations des Assemblées vénitiennes concernant la Romanie, Tome I, 1160–1363*, Paris, 1966.

Thiriet, F., *Délibérations des Assemblées vénitiennes concernant la Romanie, Tome II, 1364–1463*, Paris, 1971.

Venetiarum historia vulgo Petro Iustiniano Iustiniani filio adiudicata, a cura di R. Cessi, F. Bannato, Venezia, 1964.

Venezia, Senato, deliberazioni miste, registro XXIV (1347–1349), a cura di E. Orlando, Venezia, 2007.

Volumen statutorum legum ac jurium d. Venetorum, Venezia, 1564. by Google Books (https : //books.google.co.jp/books?id=MINkAAAAcAAJ 2016 年 10 月 5 日確認).

Zamboni, L., *Testamenti di donne a Venezia (1206–1250)*, tesi di laurea dell'Università degli studi di Padova, a. a. 1992–1993.

二次文献

Artifoni, E., "I podestà professionali e la fondazione retorica della politica comunale", *Quaderni storici* 63, n. 3, 1986, pp. 687–719.

Artifoni, E., "Corporazioni e società di «popolo»: un problema della politica comunale nel secolo XIII", *Quaderni storici* 74, 1990, pp. 387–404.

Artifoni, E., "Retorica e organizzazione del linguaggio politico nel Duecento italiano", in *Le forme della propaganda politica nel Due e nel Trecento*, a cura di P. Cammarosano, 1994, pp. 157–182.

Artifoni, E., "L'éloquence laïque dans l'Italie communale (fin du XIIe – XIVe siècle)", *Bibliothèque de l'ecole des chartes* 158, 2000, pp. 431–442.

Artifoni, E., "I governi di «popolo» e le istituzioni comunali nella seconda metà del secolo XIII", *Reti Medievali Rivista* 4, 2003, pp. 1-20.

Bellavitis, A., *Identité, marriage, mobilité social. Citoyennes et citoyens à Venise au XVIe siècle*, Paris, 2001.

Bellavitis, A., Chabot, I., "A proposito di «Men and Women in Renaissance Venice» di Stanley Chojnacki", *Quaderni Storici* 118, 2005, pp. 203-238.

Bellomo, M., *Ricerche sui rapporti patrimoniali tra coniugi*, Milano, 1961.

Berengo, M., "Profilo di Gino Luzzatto", *Rivista storica italiana* 76, 1964, pp. 879-925.

Besta, E., "Gli statuti civili di Venezia anteriori al 1242 (prefazione)", *Nuovo Archivio Veneto*, n. s. 1, parte 1, 1901, pp. 5-117.

Bordone, R., Castelnuovo, G., Varanini, G. M., *Le aristocrazie dai signori rurali al patriziato*, Roma, Bari, 2004.

Borsari, S., "Una famiglia veneziana del Medioevo : gli Ziani", *Archivio Veneto*, V. serie, 110, 1978, pp. 27-72.

Borsari, S., *Il dominio veneziano a Creta nel XIII secolo*, Napoli, 1963.

Bullard, M. M., Epstein, S. R., Kohl, B. G., Stuard, S. M., "Where History and Theory Interact : Frederic C. Lane on the Emergence of Capitalism", *Speculum* 79-1, 2004, pp. 88-119.

Calvi, G., "Diritti e legami. Madri, figli, Stato in Toscana (XIV-XVIII secolo)", in "Costruire la parentela", a cura di R. Ago, M. Palazzi, G. Pomata, *Quaderni storici* 86, 1994, pp. 487-510.

Calvi, G., "Chistiane Klapisch-Zuber, une historienne de la famille et des femmes en Italie", in *La famille, les femmes et le quotidien (XIVe - XVIIIe siècle). Textes offerts à Christiane Klapisch-Zuber et rassemblés par Isabelle Chabot, Jérôme Hayez et Didier Lett*, Paris, 2006, pp. 89-104.

Cammarosano, P., "Aspetti delle strutture familiari nelle città dell'Italia comunale : secoli XII-XIV", in *Famiglia e parentela nell'Italia medievale*, pp. 109-123.

Caravale, M., "Le istituzioni della Repubblica", in *Storia di Venezia dalle origini alla caduta della serenissima III, La formazione dello stato patrizio*, a cura di G. Arnaldi, G. Cracco, A. Tenenti, Roma, 1997, pp. 299-364.

Carile, A., "Note di cronachistica veneziana : Piero Gustinian e Nicolò Trevisan", *Studi veneziani* 9, 1967, pp. 119-125.

Carile, A., "Aspetti della cronachistica veneziana nei secoli XIII e XIV", in *La storiografia veneziana fino al secolo XVI. Aspetti e problemi*, a cura di A. Pertusi, Firenze, 1970, pp. 75-126.

Cassandro, G. I., "La curia di Petizion", *Archivio Veneto*, V serie, 20, 1937, pp. 1–210.

Cassandro, G., "Concetto, caratteri e struttura dello Stato veneziano", *Rivista di storia del diritto italiano* 36, 1963, pp. 23–49.

Castagnetti, A., "Il primo comune", in *Storia di Venezia dalle origini alla caduta della Serenissima II, L'età del comune*, a cura di G. Cracco, G. Ortalli, Roma, 1995, pp. 81–129.

Cecchetti, B., "I nobili e il popolo di Venezia", *Archivio Veneto* 3, 1872, pp. 421–448.

Cessi, R., *Storia della Repubblica di Venezia*, Firenze, 1981 (prima edizione, Milano, Messina, 2 vols, 1944, 1946).

I ceti dirigenti dell'età comunale nei secoli XII e XIII, Atti del II convegno, Firenze, 14–15 dicembre 1979, Pisa, 1982.

I ceti dirigenti in Toscana nell'età precomunale, Atti del I convegno, Firenze, 2 dicembre 1978, Pisa, 1981.

I ceti dirigenti nella Toscana tardo comunale, Atti del III convegno, Firenze, 5–7 dicembre 1980, Pisa, 1983.

Chabot, I., "La loi du lignage. Notes sur le système successoral florentin", *CLIO, Histoire, Femmes et Sociétés* 7, 1998, pp. 51–72.

Chabot, I., "Le gouvernement des pères : l'État florentin et la famille (XIVe – XVe siècles), in J. Boutier, S. Landi, O. Rouchon (dir.), *Florence et la Toscane, XIVe–XIXe siècles : les dynamiques d'un État italien*, Rennes, 2004, pp. 241–263.

Chabot, I., *La dette des familles. Femmes, lignage et patrimoine à Florence aux XIVe et XVe siècles*, Roma, 2011.

Chabot, I., "Richesse des femmes et parenté dans l'Italie de la Renaissance. Une relecture", *La famille, les femmes et le quotidien (XIVe – XVIIIe siècle). Textes offerts à Christiane Klapisch-Zuber et rassemblés par Isabelle Chabot, Jérôme Hayez et Didier Lett*, Paris, 2006, pp. 263–290.

Chiffoleau, J., *La comptabilité de l'au-dulà. Les hommes, la mort et la religion dans la région d'Avignon à la fin du Moyen Âge (vers 1320–vers 1480)*, Roma, 1980.

Chojnacki, S., "Crime, Punishment, and the Trecento Venetian State", in *Violence and Civil Disorder in Italian Cities, 1200–1500*, ed. by L. Martines, Berkeley, Los Angeles, London, 1972, pp. 184–228.

Chojnacki, S., "In Search of the Venetian Patriciate : Families and Factions in the Fourteenth Century", in *Renaissance Venice*, ed. by J. R. Hale, London, 1974, pp. 47–90.

Chojnacki, S., "Kinship Ties and Young Patricians in Fifteenth-Century Venice", *Renaissance Quarterly 38, 1985, pp. 240-270.

Chojnacki, S., "Social Identity in Renaissance Venice: the Second Serrata", *Renaissance Studies: journal of the Society for Renaissance Studies* 8, 1994, pp. 341-358.

Chojnacki, S., *Women and Men in Renaissance Venice, Twelve Essays on Patrician Society*, Baltimore, London, 2000.

Cohn, S. K., *The Cult of Remembrance and the Black Death: Six Renaissance Cities in Central Italy*. Baltimore, London, 1992.

Cochrane, E., Kirshner, J., "Review article. Deconstructing Lane's Venice", *Journal of Modern History* 47, n. 2, 1975, pp. 321-334.

Covini, M. N., "De gratia speciali. Sperimentazioni documentarie e pratiche di potere tra i Visconti e gli Sforza", in *Tecniche di potere nel tardo medioevo*. pp. 183-206.

Cowan, A., *Marriage, Manners and Mobility in Early Modern Venice*, Aldershot, Burling-ton, 2007.

Cracco, G., *Un «altro mondo». Venezia nel medioevo: dal secolo XI al secolo XIV*, Torino, 1986.

Cracco, G., "L'età del comune", in *Storia di Venezia dalle origini alla caduta della Serenissima II. L'età del comune*, a cura di G. Cracco, G. Ortalli, Roma, 1995, pp. 1-30.

Cracco, G., *Società e stato nel medioevo veneziano (secoli XII-XIV)*, Firenze, 1967.

Crescenzi, V., *Esse de Maiori Consilio. Legittimità civile e legittimazione politica nella Repubblica di Venezia (secc XIII-XVI)*, Roma, 1996.

Crescenzi, V., "Il diritto civile", in *Storia di Venezia dalle origini alla caduta della Serenissima III. La formazione dello stato patrizio*, a cura di G. Arnaldi, G. Cracco, A. Tenenti, Roma, 1997, pp. 409-473.

La crisi degli ordinamenti comunali e le origini dello stato del Rinascimento, a cura di G. Chittolini, Bologna, 1979.

Crouzet-Pavan, E., *"Sopra le acque salse". Espaces, pouvoir et société à Venise à la fin du Moyen Âge*, Roma, 1992.

Crouzet-Pavan, E., "La conquista e l'organizzazione dello spazio urbano", in *Storia di Venezia dalle origini alla caduta della Serenissima II. L'età del comune*, a cura di G. Cracco, G. Ortalli, 1995, pp. 549-574.

Epstein, S., *Wills and Wealth in Medieval Genoa, 1150-1250*, Cambrigde-Massachussetts, 1984.

Ercole, F., "Istituto dotale nella pratica e nella legislazione statutaria dell'Italia superiore", *Rivista italiana per le scienze giuridiche* 45, 1908, pp. 191-302 (parte 1).

Famiglia e comunità, a cura di G. Delille, E. Grendi, G. Levi, *Quaderni storici* 33,

1976.

Famiglia e parentela nell'Italia medievale. a cura di G. Duby, J. Le Goff, Bologna, 1981.

Famiglie e poteri in Italia tra medioevo ed età moderna, a cura di A. Bellavitis, I. Chabot. Roma, 2009.

Fasoli, G., "I fondamenti della storiografia veneziana", in *La storiografia veneziana fino al secolo XVI*, Firenze, 1970, pp. 11-44.

Fasoli, G., "Comune Veneciarum", in *Storia della civiltà veneziana I. Dalle origini al secolo di Marco Polo*, a cura di V. Branca, 1979, pp. 263-278.

Faugeron, F., "L'art du compromise politique : Venise au lendemain de la conjuration Tiepolo-Querini (1310)", *Journal des savants* 2, 2004, pp. 357-421.

Fees, I., *Ricchezza e potenza nella Venezia medioevale. La famiglia Ziani*, Roma, 2005 (*Reichtum und Macht im mittelalterlichen Venedig : Die Familie Ziani*, Tubingen, 1988).

Fiori, L., *Pietro Giustiniani e il suo codice autografo : problemi di trasmissione testuale*, tesi di dottorato dell'Università di Bologna, a. a. 2011-2012.

Florentine Tuscany. Structure and practice of Power, ed. by W. J. Connell, A. Zorzi, Cambridge, 2000.

Formazione e struttura dei ceti dominanti nel medioevo : marchesi, conti e visconti nel regno italico (secc. IX-XII), Atti del primo convegno di Pisa : 10-11 maggio 1983, Roma, 1988.

Gaspari, S., *I milites cittadini. Studi sulla cavalleria in Italia*, Roma, 1992.

Gaspari, S., "Les *milites* dans les villes de la Marche de Trévise (XIe-XIIIe siècles), in *Les élites urbaines au Moyen Âge. Actes des congrès de la Société des historiens médiévistes de l'enseignement supérieur public. 27e congrès, Rome 1996*, Paris, 1997, pp. 55-69.

Gatti, I., *S. Maria gloriosa dei Frari. Storia di una presenza francescana a Venezia*, Venezia, 1992.

Grubb, J. S., "When Myths Lose Power : Four Decades of Venetian Historiography", *Journal of Modern History* 58, n. 1, 1986, pp. 43-94.

Grubb, J. S., *The firstborn of Venice, Vicenza in the early Renaissance state*, Baltimore, 1988.

Grubb, J. S., "Memory and identity : why Venetians didn't keep *ricordanze*", in *Renaissance Studies* 8, n. 4, 1994, pp. 375-387.

Guerra Medici, M. T., *I diritti delle donne nella società altomedievale*, Napoli, 1986.

Guzzetti, L., "Donne e scrittura a Venezia nel tardo Trecento", *Archivio Veneto*, V serie, 152, 1999, pp. 5-31.

Guzzetti, L., "Le donne a Venezia nel XIV secolo. Uno studio sulla loro presenza nella società e nella famiglia", *Studi Veneziani*, n.s. 35, 1998, pp. 15-88.

Guzzetti, L., "Dowries in fourteenth-century Venice", *Renaissance Studies* 16, n. 4, 2002, pp. 430-473.

Guzzetti, L., "Le donne a Venezia nel XIV secolo", in *Storia di Venezia città delle donne*, Venezia, 2008.

Heers, J., *Family clans in the Middle Ages*, Amsterdam, New York, Oxford, 1977.

Hughes, D. O., "Struttura familiare e sistemi di successione ereditaria nei testamenti dell'Europa medievale", *Quaderni Storici* 33, 1976, pp. 929-952.

Istituzioni, società e potere nella Marca trevigiana e veronese, a cura di G. Ortalli, M. Knapton, Roma, 1988.

Italy in the Central Middle Ages 1000-1300, ed. by D. Abulafia, Oxford, 2004.

Kedar, B. Z., *Merchants in Crisis: Genoese and Venetian Men of Affairs and the Fourteenth-Century Depression*, New Haven, London, 1976.

King, M. L., *Humanism, Venice, and Women. Essays on the Italian Renaissance*, Ashgate (Variorum collected studies), Aldershot, 2005.

Kirshner, J., "Maritus Lucretur Dotem Uxoris Sue Premortue in Late Medieval Florence", *Zeitshrift der Savigny-Stiftung für Rechtsgeschichte* 108, 1991, pp. 111-155.

Klapisch, Ch., "«parenti, amici e vicini»: il territorio urbano d'una famiglia mercantile nel XV secolo", *Quaderni storici* 33, 1976, pp. 953-982.

Klapisch-Zuber, Ch., *La famiglia e le donne nel rinascimento a Firenze*, Roma, Bari, 1988.

Klapish-Zuber, Ch., "Ruptures de parenté et changement d'Identité chez les magnats florentins du XIVe siècle", *Annales ESC*, 1988, pp. 1205-1240.

Klapish-Zuber, Ch., *Ritorno alla politica. I magnati fiorentini 1340-1440*, Roma, 2009 (*Retour à la cité. Les magnats de Florence, 1300-1440*, Paris, 2006.).

Kuehn, Th., *Emancipation in late medieval Florence*, New Brunswick, 1982.

Kuha, M., "Note intorno alla tradizione manoscritta di Chronica Venetiarum di Benintendi de'Ravagnani", *Arctos. Acta Philologica Fennica* 46, 2012, pp. 79-94.

Lanaro, P., Varanini, G. M, "Funzione economiche della dote nell' Italia centro-settentrionale (tardo medioevo / inizi età moderna)", in *La famiglia nell'economia Europa, secoli XIII-XVIII*, a cura di S. Cavaciocchi, Firenze, 2009, pp. 81-102.

Lane, F. C., "Family Partnerships and Joint Ventures", *The Journal of Economic History* 4, 1944. (reprinted in *Venice and History: the Collected Papers of Frederic C.*

Lane, ed. by a Committee of Colleagues and Former Students, foreword by Fernand Braudel, Baltimore, London, 1966, pp. 36-55.)

Lane, F. C., *Andrea Barbarigo, Merchant of Venice 1418-1449*, Baltimore, 1944.

Lane, F. C., "The Enlargement of the Great Council of Venice", in *Studies in Venetian Social and Economic History : The Collected Papers of Frederic C. Lane*, London, Variorum Reprints, 1987 (*Florilegium Histriale : Essays Presented to Wallace K. Ferguson*, ed. by J. G. Rowe and W. H. Stockdale, Toronto, 1971, pp. 236-274.).

Lane, F. C., *Venice : A Maritime Republic*, Baltimore, London. 1973.

Lansing, C., *The Florentine Magnates. Lineage and Faction in a Medieval Commune*, Princeton, 1991.

Law, J. E., "Age Qualification and the Venetian Constitution : the Case of the Capello Family", *Papers of the British School at Rome* 39, 1971, pp. 125-137.

Lazzarini, I., *L'Italia degli Stati territoriali. Secoli XIII-XV*, Roma, Bari, 2003.

Lazzarini, V., "Aneddoti della congiura Quirini Tiepolo", *Nuovo Archivio Veneto* 10, 1895, pp. 81-96.

Lazzarini, V., " Le insegne antiche dei Quirini e dei Tiepolo", *Nuovo Archivio Veneto* 9, 1895, pp. 221-231.

Lazzarini, V., "Antiche leggi venete intorno ai proprietari nella terraferma", *Nuovo Archivio Veneto*, n.s. 38, 1919, pp. 5-31.

Leicht, P. S., *Storia del diritto italiano. Il diritto privato I, diritto dlle persone e di famiglia*, Milano, 1960 (rist. anas.).

Ling, L. A., "La presenza fondiaria veneziana nel padovano (secoli XIII-XIV)", in *Istituzioni, società e potere* nella *Marca trevigiana e veronese*, pp. 305-320.

Loenerts, R. J., *Les Ghisi : Dinastes vénitiens dans l'Archipel 1207-1390*, Firenze, 1975.

Luzzatto, G., "Les activités économiques du patriciat vénitien", *Annales d'Histoire économique e sociale* 9, 1939, pp. 25-57.

Luzzatto, G., "Capitale e lavoro nel commercio veneziano dei secoli XI e XII", in Idem, *Studi di storia economica veneziana*, Padova, 1954, pp. 89-116.

Luzzatto, G., *Il debito pubblico della Repubblica di Venezia*, Milano, 1963.

Luzzatto, G., *Storia economica di Venezia dall'xi al xvi secolo, introduzione di Marino Berengo*, Venezia, 1995 (1st ed. *Storia economica di Venezia dall'xi al xvi secolo*, Venezia, 1961).

Maire Vigueur, J-C., "Il commune popolare", in *Società e istituzioni dell'Italia comunale ; l'esempio di Perugia (secoli XII - XIV)*, Perugia, 1988, pp. 41-56.

Maire Vigueur, J-C., *Cavalieri e cittadini. Geurra, conflitti e società nell'Italia comunale, Bologna, 2004 (*Cavaliers et citoyens. Guerre, conflits et société dans XIIe-XIIIe siècles*, Paris, 2003).

Mannori, L., "Genesi dello stato e storia giuridica", *Quaderni fiorentini per la storia del pensiero giuridico moderno* 24, 1995, pp. 485-505.

Margetić, L., "Il diritto", in *Storia di Venezia dalle origini alla caduta della Serenissima I, Origini-Età ducale*, a cura di L. C. Luggini, M. Pavan, G. Cracco, G. Ortalli, Roma, 1992, pp. 677-692.

Martin, J., Romano, D., "Reconsidering Venice", in *Venice Reconsidered. The History and Civilization of an Italian City-State, 1297-1797*, ed. by J. Martin, D. Romano, pp. 1-35.

Melville-Jones, J., "Venetian History and Patrician Chroniclers", in *Chronicling History. Chroniclers and Histrorians in Medieval and Renaissance Italy*, ed. by S. Dale, A. Williams Lewin, D. J. Osheim, Pensylvania, 2007, pp. 197-221.

Merores, M., "Der große Rat von Venedig und die sogenannte Serrata vom Jahre 1297", in *Virteljahrschrift für Sozial-und Wirtschaftsgeshichte* 21, 1928, pp. 33-113.

Milani, G., *L'esclusione dal Comune. Conflitti e bandi politici a Bologna e in altre città tra XII e XIV secolo*, Roma, 2003.

Milani, G., *I comuni italiani. Secoli XII-XIV*, Roma, Bari, 2009 (1st ed. 2005).

Milani, G., "Banditi, Malesaldi e Ribelli. L'evoluzione del nemico pubblico nell'Italia comunale (secoli XII-XIV), *Quaderni fiorentini per la storia del pensiero giuridico moderno* 38, 2009, pp. 109-140.

Molho, A., "American Historians and the Italian Renaissance. An Overview", *Schifanoia : notizie dell'Istituto di studi rinascimentali di Ferrara* 1, 1986, pp. 9-17.

Molmenti, P., *La storia di Venezia nella vita privata 1. La grandezza*, Bergamo, 1927[7] (rist. anast. Trieste, 1973).

Mueller, R. C., "The Procurators of San Marco in the Thirteenth and Fourteenth Century", *Studi Veneziani* 13, 1971, pp. 105-220.

Mueller, R. C., "Effetti della guerra di Chioggia (1378-1381) sulla vita economica e sociale di Venezia", *Ateneo Veneto*, n.s. 19, 1981, pp. 27-42.

Mueller, R. C., *The Venetian Money Market : Banks, Panics, and the Public Debt, 1200-1500*, London, 1997.

Muir, E., "The Italian Renaissance in America", *The American Historical Review* 100, n. 4, 1995, pp. 1095-1118.

Najemy, J. M., "Stato, comune e «universitas»", in *Origini dello Stato*, pp. 647-669.

Nakaya, S., "The *Gratia* and the Expansion of Politics in Fourteenth-Century Lucca", in *The Southern African Journal of Medieval and Renaissance Studies*, vol. 22/23,

2012/2013. The Late Medieval and Renaissance Italian City-State and Beyond. Essays in Honour of M. E. Bratchel, 2015, pp. 107-134.

Neerfeld, C., *«Historia per forma di Diaria». La cronachistica veneziana contemporanea a cavallo tra il Quattro e il Cinquecento*, Venezia, 2006.

Nicol, D. M., *Byzantium and Venice. A study in diplomatic and cultural relations*, Cambridge, 1988.

Nobiltà e ceti dirigenti in Toscana nei secoli XI-XIII : strutture e concetti, Comitato di studi sulla storia dei ceti dirigenti in Toscana, Atti del IV convegno : Firenze 12 dicembre 1981, Firenze, 1982.

Occipinti, E., *L'Italia dei comuni. Secoli XI-XIII*, Roma, 2000.

Origini dello stato. Processi di formazione statale in Italia fra medioevo ed età moderna, a cura di G. Chittolini, A. Molho, P. Schiera, Bologna, 1997 (1st ed. 1994).

The Origin of the state in Italy 1300-1600, ed. by J. Kirshner, Chicago, 1995.

Orlando, E., *Altre Venezie. Il dogado veneziano nei secoli XIII e XIV (giurisdizione, territorio, giustizia e amministrazione)*, Venezia, 2008.

Orlando, E., "Politiche del diritto, amministrazione, giustizia. Venezia e Dalmatia nel basso medioevo", in *Venezia e Dalmatia*, a cura di U. Israel, O. J. Schmitt, Roma, 2013, pp. 9-61.

Ortalli, G., "Il procedimento per gratiam e gli ambienti ecclesiastici nella Venezia del primo Trecento. Tra amministrazione, politica e carità", in *Chiesa società e Stato a Venezia : miscellanea di studi in onore di Silvio Tramontin nel suo 75 anno di età*, a cura di B. Bertoli, Venezia, 1994, pp. 75-100.

Pastoureau, M., "Stratégies héraldique et changements d'armoiries chez les magnats florentins du XIVe siècles", *Annales ESC*. 43-II, 1988, pp. 1241-1256.

Pertile, A., *Storia del diritto italiano dalla caduta dell'Impero romano alla codificazione, vol. III, Storia del diritto privato*, Torino, 1894 (rist. anas. Bologna, 1968).

Poloni, A., *Trasformazioni della società e mutamenti delle forme politiche in un comune italiano : Il popolo a Pisa (1220-1330)*, Pisa, 2004.

Poloni, A., "Fisionomia sociale e identità politica dei gruppi dirigenti popolari nella seconda metà del Duecento. Spunti di riflessione su un tema classico della storiografia comunalistica italiana", *Società e storia* 110, 2005, pp. 799-821.

Poloni, A., "Il comune di popolo e le sue istituzioni tra Due e Trecento. Alcune riflessioni a partire dalla storiografia dell'ultimo quindicennio", *Reti Medievali Rivista* 13, n. 1, 2012, pp. 3-27.

Pozza, M., *I Badoer : Una famiglia veneziana dal X al XIII secolo*, Padova, 1982.

Pozza, M., "I proprietari fondiari in terraferma", in *Storia di Venezia dalle origini alla* caduta della Serenissima II. L'età del comune, a cura di G. Cracco, G. Ortalli, Roma, 1995, pp. 661-680.

Pullan, B., "F. C. Lane, Venice : A Maritime Republic, Baltimore and London, the Johns Hopkins University Press, 1973, pp. 505, 46 illustrazioni, 11 carte 3 tavole", Rivista Storica Italiana 88, 1976, pp. 574-579.

Queller, D. E., The Venetian Patriciate : Reality versus Myth, Chicago, 1986.

Queller, D. E., Madden, Th. F., "Fathers of the Brides : Fathers, Daughters, and Dowries in Late Medieval and Early Renaissance Venice", Renaissance Quarterly 46-4, 1993, pp. 685-711.

Raines, D., "Cooptazione, aggregazione e presenza al Maggior Consiglio : le casate del patriziato veneziano 1297-1797", Storia di Venezia——Rivista 1, 2003, pp. 1-64.

Raines, D., L'invention du mythe aristocratique. L'image de soi du patriciat vénitien au temps de la Sérénissime, 2 vols, Venezia, 2006.

Raines, D., "Social Debate and Harmful Publcation. The Family Chronicles of the Venetian Patriciate", in Scripta Volant, verba manent. Schriftkulturen in Europa zwischen 1500 und 1900 – Les cultures de l'écrit en Europe entre 1500 et 1900, ed. by A. Messerli, R. Chartier, Basel, 2007, pp. 283-313.

Raines, D., "The Private Political Archives of the Venetian Patriciate – Storing, Retrieving and Recordkeeping in the Fifteenth-Eighteenth Centuries", Journal of the Society of Archivists 32, n. 1, 2011, pp. 135-146.

Raggio, O., Faide e parentele. Lo stato Genovese visto dalla Fontanabuona, Torino, 1990.

Rao, R., Signori di Popolo. Signoria cittadina e società comunale nell'Italia nord-occidentale 1275-1350, Milano, 2011.

Renouard, Y., "Mercati e mercanti veneziani alla fine del Duecento", in Storia della civiltà veneziana I. Dalle origini al secolo di Marco Polo, a cura di V. Branca, Firenze, 1979, pp. 387-397.

Rigon, A., "Orientamenti religiosi e pratica testamentaria a Padova nei secoli XII-XIV (prime ricerche)", in Nolens intestatus decedere. Il testamento come fonte della storia religiosa e sociale, Perugia, 1985, pp. 41-63.

Romano, D., "Quod sibi fiat gratia : Adjustment of penalties and the exercise of influence in early Renaissance Venice", Journal of Medieval and Renaissance Studies 13, 1983, pp. 251-268.

Romano, D., Patricians and Popolani. The social foundations of the Venetian Renaissance State, Baltimore, London, 1987.

Rösch, G., Der Venezianische Adel bis zur Schließung des Großen Rats. Zur Genese *einer Führungsshicht*, Sigmaringen, 1989.

Rösch, G., "Lo sviluppo mercantile", in *Storia di Venezia dalle origini alla caduta della Serenissima II. L'età del comune*, a cura di G. Cracco, G. Ortalli, Roma, 1995, pp. 131–151.

Rösch, G., "Le strutture commerciali", in *Storia di Venezia dalle origini alla caduta della Serenissima II. L'età del comune*, a cura di G. Cracco, G. Ortalli, Roma, 1995, pp. 437–458.

Rösch, G., "The Serrata of the Great Council and Venetian Society, 1286–1323", in *Venice Reconsidered. The Histroy and Civilization of an Italian City-State 1297–1797*, ed. by J. Martin, D. Romano, Baltimore, London, 2000, pp. 67–88.

Rossetti, G., "Storia familiare e struttura sociale e politica a Pisa nei secoli XI e XII", in *Famiglia e parentela nell'Italia medievale*, 1981, pp. 89–108.

Ruggiero, G., *The Ten : Control of violence and social disorder in Trecento Venice*, Ph. D. diss., University of California at Los Angeles, 1972.

Ruggero, G., "Modernization and the Mythic State in Early Renaissance Venice : The Serrata revisited", *Viator* 10, 1979, pp. 245–256.

Saint-Guillain, G., "Tales of San Marco : Venetian Historiography and Thirteenth Century Byzantine Prosopography", in *Identities and Allegiances in the Eastern Mediteranean after 1204*, ed. by J. Herrin, G. Saint-Guillain, Farnham, 2011, pp. 265–290.

Sella, P., *Glossario latino italiano : Stato della Chiesa – Veneto, Abruzzi*, Città di Vaticano, 1944.

Serban, M. V., "Some consideration regarding the anonymous *Venetiarum Historia*", *Historical Yearbook* 7, 2010, pp. 177–194.

Serban, M. V., "Consideration regarding the place of Chronicon Altinate in the Venetian Historical Writing", *Revue des études sud-est Européennes* 51, 2013, pp. 83–103.

Soranzo, G., *La Guerra fra Venezia e la S. Sede per il dominio di Ferrara (1308–1313)*, Citta di Castello, 1905.

Sorelli, F., "La società", in *Storia di Venezia dalle origini alla caduta della Serenissima II. L'età del comune*, a cura di G. Cracco, G. Ortalli, Roma, 1995, pp. 509–548.

Sorelli, F., "Gli ordini mendicanti", in *Storia di Venezia dalle origini alla caduta della Serenissima II. L'età del comune*, a cura di G. Cracco, G. Ortalli, Roma, 1995, pp. 905–927.

Sorelli, F., "Donne a Venezia nel medioevo (secoli XII–VIV)", *Università di Perugia, Lezioni–17*, Perugia, 2000.

Sorelli, F., "Capacità giuridiche e disponibilità economiche delle donne a Venezia. Dai testamenti femminili medievali", in *Margini di libertà : testamenti femminili nel medioevo*, a cura di M. C. Rossi, Verona, 2010, pp. 183-203.

Lo stato territoriale fiorentino (secoli XIV-XV). Ricerche, linguaggi, confronti, a cura di A. Zorsi, W. J. Connell, Pisa, 2001.

Tabacco, G., *Egemonia sociali e strutture del potere nel Medioevo italiano*, Torino, 1979. (Tabacco, G., "La storia politica e sociale. Dal tramonto dell'Impero alle prime formazioni di Stati regionali", in *Storia d'Italia, 2. Dalla caduta dell'Impero romano al secolo XVIII*, Torino, 1974, pp. 5-274).

Tabacco, G., *The Struggle for Power in Medieval Italy. Structures of political rule*, Cambridge, 1989.

Takada, K., "«Commissarii mei Procuratores Sancti Marci». Ricerche sulle competenze dell'ufficio della Procuratia di San Marco (1204-1270)", *Archivio Veneto*, V serie. 166, 2006, pp. 33-58.

Tanzini, L., *Il governo delle leggi. Norme e pratiche delle istituzioni a Firenze dalla fine del Duecento all'inizio del Quattrocento*, Firenze, 2007.

Tanzini, L., "Emergenza, eccezione, deroga : tecniche e retoriche del potere nei comuni toscani del XIV secolo", in *Tecniche di potere nel tardo medioevo*, pp. 149-181.

Tanzini, L., "Delibere e verbali. Per una storia documentaria dei consigli nell'Italia comunale", *Reti Medievali Rivista* 14, n. 1, 2013, pp. 43-79.

Tecniche di potere nel tardo medioevo. Regimi comunali e signorie in Italia, a cura di M. Vallerani, Roma, 2010.

Tenenti, A., "Il senso dello Stato", in *Storia di Venezia dalle origini alla caduta della Serenissima IV. Il Rinascimento, politica e cultura*, a cura di A. Tenenti, U. Tucci, pp. 311-344.

Thiriet, F., *La Romanie vénitienne au Moyen Age : Le dévelopment et l'exploitation du domain colonial vénitien (xiie-xve siècle)*, Paris, 1975 (1st ed. 1959).

Thiriet, F., "L'importance de la chronique de Nicolò Trevisan", in Idem, *Études sur la Romanie gréco-vénitienne (Xe-XVe siècles)*, Variorum Reprints, London, 1977, XIX, pp. 407-414.

Vallerani, M., *Il sistema giudiziario del comune di Perugia. Conflitti, reati e processi nella seconda metà del XIII secolo*, Perugia, 1991.

Vallerani, M., "La città e le sue istituzioni. Ceti dirigenti, oligarchia e politica nella medievistica italiana del Novecento", *Annali dell'Istituto storico italo-germanico in Trento* 20, 1994, pp. 165-230.

Vallerani, M., *La giustizia pubblica medievale*, Bologna, 2005.

Vallerani, M., "Paradigmi dell'eccezione nel tardo medioevo", *Storia del pensiero polit-*

ico, anno 1, n. 2, 2012, pp. 185-211.

Varanini, G. M., "Dal comune allo stato regionale", in *La Storia. I grandi problemi dal Medioevo all'età contemporanea*, vol. 2, a cura di N. Tranfaglia, M. Firpo, Torino, 1986, pp. 693-724.

Varanini, G. M., "«Al magnifico e possente segnoro». Suppliche ai signori trecenteschi italiani fra cancelleria e corte ; l'esempio scaligero", in *Suppliche e «gravamia». Politica, amministrazione, giustizia in Europa (secoli XIV-XVIII)*, a cura di C. Nubola, A. Würgler, Bologna, 2002, pp. 65-106.

Violante, C., "Alcune caratteristiche delle strutture familiari in Lombardia, Emilia e Toscana durante i secoli IX-XII", in *Famiglia e parentela nell'Italia medievale*, pp. 19-83.

Zordan, G., "I vari aspetti della comunione familiare di beni nella Venezia dei secoli XI-XII", *Studi veneziani* 8, 1966, pp. 127-194.

Zordan, G., *Le persone nella storia del diritto veneziano prestatutario*, Padova, 1973.

Zordan, G., *L'ordinamento giuridico veneziano. Lezioni di storia del diritto veneziano con una nota bibliografica*, Padova, 1980.

Zorzi, A., "«Ius erat in armis». Faide e conflitti tra pratiche sociali e pratiche di governo", in *Origini dello stato*, pp. 609-629.

Zorzi, A., *La trasformazione di un quadro politico. Ricerche su politica e giustizia a Firenze dal comune allo Stato territoriale*, Firenze, 2008.

Zorzi, A., "I conflitti nell'Italia comunale. Reflessioni sullo stato degli studi e sulle prospettive di ricerca", in *Conflitti, paci e vendetta nell'Italia comunale*, a cura di A. Zorzi, Firenze, 2009, pp. 7-41.

Zorzi, A., *Le signorie cittadine in Italia (secoli XIII-XV)*, Milano, 2010.

(2) 和文

池上俊一『公共善の彼方に――後期シエナの社会』名古屋大学出版会, 2014 年。

ウェーバー, マックス (世良晃志朗訳)『都市の類型学』創文社, 1964 年。

江川溫「ヨーロッパの成長」『岩波講座世界歴史 8　ヨーロッパの成長』岩波書店, 1998 年, 3-75 頁。

大黒俊二「ヴェネツィアとロマニア――植民地帝国の興亡」歴史学研究会編『地中海世界史 2　多元的世界の展開』青木書店, 2003 年, 136-169 頁。

大黒俊二『嘘と貪欲――西洋中世の商業・商人観』名古屋大学出版会, 2006 年。

岡崎敦「紋章学」高山博・池上俊一編『西洋中世学入門』東京大学出版会, 2005 年, 125-130 頁。

オットカール，ニコラ（清水廣一郎・佐藤眞典訳）『中世の都市コムーネ』創文社，1972年。
カーザー，マックス（柴田光蔵訳）『ローマ私法概説』創文社，1979年。
加藤玄「「都市」と「農村」のはざまで——中世南フランス都市史研究の一動向」『年報　都市史研究』14，2006年，132-146頁。
亀長洋子「中世後期のフィレンツェの寡婦像——Alessandra Macinghi degli Strozzi の事例を中心に」『イタリア学会誌』42，1992年，80-104頁。
亀長洋子『中世ジェノヴァ商人の「家」——アルベルゴ・都市・商業活動』刀水書房，2001年。
亀長洋子「姓を変えること——中世ジェノヴァのアルベルゴに関する試論」歴史学研究会編『系図が語る世界史』青木書店，2002年，63-90頁。
亀長洋子「キオスに集う人々——中世ジェノヴァ公証人登記簿の検討から」村井章介責任編集『シリーズ港町の世界史１　港町と海域世界』青木書店，2005年，333-363頁。
亀長洋子「中世ジェノヴァ人居留地の遺言が語るもの」『学習院大学文学部研究年報』56，2009年，29-55頁。
亀長洋子『イタリアの中世都市』（世界史リブレット）山川出版社，2011年。
河原温『中世フランドルの都市と社会——慈善の社会史』中央大学出版部，2001年。
河原温『都市の創造力』岩波書店，2009年。
北原敦編『世界各国史15　イタリア史』山川出版社，2008年。
北村暁夫「移民における家族の戦略——南イタリアの事例研究から」『思想』842，1994年，80-102頁。
久保正旗『西洋法制史研究——フランク時代におけるゲルマン法とローマ法』岩波書店，1973年。
工藤達彦「16世紀教皇国家における地方統治——ペルージャの統治官モンテ・ヴァレンティの報告書を手がかりに」『史学研究』231号，2001年，61-79頁。
古城真由美「15世紀イングランドの紋章鑑にみるジェントリのアイデンティティ——パストン家の『紋章の書』の分析から」『九州歴史科学』41，2013年，1-29頁。
ゴヴァール，クロード（轟木広太郎訳）「恩赦と死刑——中世末期におけるフランス国王裁判の二つの相貌」服部良久編訳『紛争のなかのヨーロッパ中世』京都大学学術出版会，2006年，258-277頁。
齊藤寛海・山辺規子・藤内哲也編著『イタリア都市社会史入門——12世紀から16世紀まで』昭和堂，2008年。
齊藤寛海「ヴェネツィアの貨幣体系」『イタリア学会誌』26，1978年，72-87頁。
齊藤寛海「都市の権力構造とギルドのありかた——ヴェネツィアのギルドとフィレンツェのギルド」『史学雑誌』92編3号，1983年，66-92頁。

齊藤寬海『中世イタリアの商業と都市』知泉書館，2002 年。
齊藤寬海「ヴェネツィアの外来者」深沢克己責任編集『シリーズ港町の世界史 2　港町のトポグラフィ』青木書店，2006 年，271-295 頁。
阪上眞千子「13 世紀前半南イタリアにおける普通法，特有法と勅法」『阪大法学』54 (6)，2005 年，93-120 頁。
阪上眞千子「サン・マリーノ法史における妻の地位の変遷——特に財産権に注目して」『比較家族史研究』27，2013 年，156-184 頁。
佐々木有司「中世イタリアにおける普通法の研究 (一)(二)(三)」『法學協會雜誌』84 (1)；84 (4)；84 (8)，1967 年，1-70；1-51；12-38 頁。
佐々木有司「中世イタリアにおける普通法の研究 (四)」『法學協會雜誌』85 (8)，1968 年，21-48 頁。
佐藤彰一・池上俊一・高山博編『西洋中世史研究入門』名古屋大学出版会，2005 年。
佐藤公美『中世イタリアの地域と国家——紛争と平和の政治社会史』京都大学学術出版会，2012 年。
佐藤眞典『中世イタリア都市国家成立史研究』ミネルヴァ書房，2001 年。
サッケッティ，フランコ (杉浦明平訳)『ルネッサンス巷談集』岩波文庫，1981 年。
清水廣一郎「13 世紀フィレンツェの豪族について」『一橋論叢』50-2，1963 年，201-224 頁。
清水廣一郎『イタリア中世都市国家研究』岩波書店，1975 年。
清水廣一郎「家と家とを結ぶもの——中世末期イタリアにおける嫁資について」『社会史研究』6，1985 年，88-153 頁。
清水廣一郎『中世イタリアの都市と商人』洋泉社，1989 年。
清水廣一郎『イタリア中世の都市社会』岩波書店，1990 年。
シャボー，フェデリコ (須藤祐孝編訳)『ルネサンス・イタリアの〈国家〉・国家観』無限社，1993 年。
鈴木明日見「ランゴバルド諸法における男子未成年者の婚姻——リウトプランド王付加勅令 128 条，カロリング勅令 140 条を中心として」『駒沢史学』80，2013 年，139-170 頁。
鈴木明日見「ランゴバルド諸法における財産相続——未成年者と家父長の関係を中心として」『駒沢史学』84，2015 年，103-132 頁。
ストレイヤー，ジョゼフ (鷲見誠一訳)『近代国家の起源』岩波新書，1975 年。
セガレーヌ，マルチーヌ (片岡陽子・大木喜美子・国領苑子・柴山瑞代・鈴木峯子・藤木佳子訳)『家族の歴史人類学』新評論，1987 年。
髙田京比子「中世イタリアにおける支配層の家と都市農村関係——都市コムーネ理解に向けて」『史林』78 巻 3 号，1995 年，117-136 頁。
髙田京比子「サン・マルコ財務官とヴェネツィア都市民——遺言書史料に見る行政機

構の発展」『史林』84巻5号, 2001年, 34-65頁。

髙田京比子「中世イタリアにおける支配の変遷——2004年におけるひとつの到達点の紹介」『神戸大学文学部紀要』35, 2008年, 51-88頁。

髙田京比子「中世地中海における人の移動——キプロスとクレタの「ヴェネツィア人」」前川和也編著『空間と移動の社会史』ミネルヴァ書房, 2009年, 185-213頁。

髙田京比子「13世紀のヴェネツィア支配層と騎士」『神戸大学文学部紀要』41, 2014年, 121-142頁。

髙田京比子「ヴェネツィアの嫁資」『世界史のなかの女性たち』(アジア遊学186) 勉誠出版, 2015年, 84-96頁。

髙田京比子「交易にはポー川を通るべし——ヴェネツィアと内陸近隣諸都市の争い・秩序」服部良久編著『コミュニケーションから読む中近世ヨーロッパ史——紛争と秩序のタペストリー』ミネルヴァ書房, 2015年, 321-343頁。

髙田良太「中世クレタにおける見えないフロンティア——都市カンディアの共生社会」『駒沢史学』84号, 2015年, 54-90頁。

高橋友子「ドナート＝ヴェッルーティの『家の年代記』に見る14世紀フィレンツェ市民の「家」」『立命館文学』504, 1987年, 80-81 (1490-1491) 頁。

高橋友子『捨児たちのルネッサンス——15世紀イタリアの捨児養育院と都市・農村』名古屋大学出版会, 2000年。

高谷知佳「比較中世都市論への視点——西欧・イスラム・日本」中世後期研究会編『室町・戦国期研究を読みなおす』思文閣出版, 2007年, 295-324頁。

高山博『中世地中海世界とシチリア王国』東京大学出版会, 1993年。

高山博『中世シチリア王国の研究——異文化が交差する地中海世界』東京大学出版会, 2015年。

田中俊之「西洋中世都市研究の動向に関する一考察」『北陸史学』48, 1999年, 1-19頁。

千葉敏之「立ち上がる中世都市——素描：ドイツ中世都市史研究の流路」『年報 都市史研究』10, 2002年, 114-125頁。

藤内哲也『近世ヴェネツィアの権力と社会——「平穏なる共和国」の虚像と実像』昭和堂, 2005年。

徳橋曜「中世イタリア商人の覚書」『地中海学研究』15, 1992年, 97-121頁。

徳橋曜編著『環境と景観の社会史』文化書房博文社, 2004年。

永井三明『ヴェネツィア貴族の世界——社会と意識』刀水書房, 1994年。

中平希「15, 16世紀ヴェネツィアにおけるテッラフェルマ支配——イタリア領域国家の中央と地方」広島大学博士学位論文, 2005年。

中平希「税関連上訴に見る16世紀ヴェネツィア共和国の中央政府・地方都市・農村地域」佐藤眞典先生御退職記念論集準備会編『歴史家のパレット』溪水社, 2005

年, 128-149 頁.
中平希「借入金から租税へ——15〜16世紀前半のヴェネツィア領域国家の成立と税構造」『西洋史学報』37, 2010 年, 195-211 頁.
中谷惣「中世イタリアのコムーネと司法—紛争解決と公的秩序」『史林』89 巻 3 号, 2006 年, 106-125 頁.
中谷惣「中世後期イタリアにおける訴訟戦略と情報管理——ルッカの事例から」『史学雑誌』117 巻 11 号, 2008 年, 1-36 頁.
中谷惣「14 世紀ルッカの裁判記録簿の史料論的考察——作成・保管・利用」『西洋史学』242, 2011 年, 89-108 頁.
中谷惣「司法実践が作るコムーネ——14 世紀ルッカの民事裁判から」『歴史学研究』879, 2011 年, 15-33 頁.
二宮宏之・樺山紘一・福井憲彦責任編集, 二宮宏之・速水融　解説『アナール論文選 2——家の歴史社会学』新評論, 1983 年.
パストゥロー, ミシェル（松村剛監修）『紋章の歴史』創元社, 1997 年.
服部良久「ドイツ中世貴族史研究の一課題——貴族家門・権力構造・国制」『史学雑誌』102 巻 2 号, 1993 年, 78-99 頁.
原田亜希子「近世教会国家における地方統治——16 世紀のボローニャ都市政府」『都市文化研究』18 号, 2016 年, 2-15 頁.
比較家族史学会編『事典　家族』弘文堂, 1996 年.
比較家族史学会編『家族——世紀を超えて』日本経済評論社, 2002 年.
ピレンヌ, アンリ（佐々木克巳訳）『中世都市——社会経済史的試論』創文社, 1970 年.
福田真希『赦すことと罰すること——恩赦のフランス法制史』名古屋大学出版会, 2014 年.
プティ＝デュタイイ, シャルル（高橋清徳訳・解説）『西洋中世のコミューン』東洋書林, 1998 年.
船田享二『ローマ法, 第 4 巻, 私法第三分冊, 家族・相続』岩波書店, 1983 年.
ブラッカー, ジーン・A（森田義之・松本典明訳）『ルネサンス都市フィレンツェ』岩波書店, 2011 年.
ブローデル, フェルナン（村上光彦訳）『物質文明・経済・資本主義　15-18 世紀, III-1, 世界時間 1』みすず書房, 1995 年.
ベヴィラックワ, ピエロ（北村暁夫訳）『ヴェネツィアと水——環境と人間の歴史』岩波書店, 2008 年.
ベック, クリスチャン（仙北谷茅戸訳）『ヴェネツィア史』（文庫クセジュ）, 白水社, 2000 年.
マーニョ, アレッサンドロ・M（和栗珠里訳）『ゴンドラの文化史——運河を通して

見るヴェネツィア』白水社，2010年。

前川和也編著『家族・世帯・家門——工業化以前の世界から』ミネルヴァ書房，1993年。

マクニール，ウィリアム・H（清水廣一郎訳）『ヴェネツィア——東西ヨーロッパのかなめ，1081-1797』岩波現代選書，1979年。

増田四郎『都市』ちくま学芸文庫，1994年。

ミッテラウアー，ミヒャエル／ジーダー，ラインハルト（若尾祐司・若尾典子訳）『ヨーロッパ家族社会史』名古屋大学出版会，1993年。

ミッテラウアー，ミヒャエル（若尾祐司・服部良久・森明子・肥前栄一・森謙二訳）『歴史人類学の家族研究——ヨーロッパ比較家族史の課題と方法』新曜社，1994年。

三成美保「西欧前近代の家族に関する研究の現状——ドイツ・オーストリアを中心に」『法制史研究』38，1988年，123-164頁。

三成美保「死後の救済をもとめて——中世ウィーン市民の遺言から」関西中世史研究会編『西洋中世の秩序と多元性』法律文化社，1994年，291-310頁。

三森のぞみ「フィレンツェにおける近世的秩序の形成」『歴史学研究』822号，2006年，1-13頁。

ミラーニ，ジュリアーノ（三森のぞみ訳・解題）「「追放」と「財布」——中世イタリアにおいて「さらし絵」はどのように機能したか」『早稲田大学イタリア研究所研究紀要』3，2014年，173-200頁。

望田幸男・野村達郎・藤本和貴夫・川北稔・若尾祐司・阿河雄二郎編『西洋近現代史研究入門』名古屋大学出版会，2006年。

森征一「中世イタリアの都市コムーネと条例制定権（ius statuendi）理論1～4」『法学研究』49（8）；49（9）；49（10）；49（11），1976年，1008-1048；1094-1128；1208-1245；1289-1322頁。

森田鉄郎『ルネサンス期イタリア社会』吉川弘文館，1967年。

森田鉄郎編『世界各国史15，イタリア史』山川出版社，1976年。

森田鉄郎『中世イタリアの経済と社会——ルネサンスの背景』山川出版社，1987年。

森本芳樹編『西欧中世における都市と農村』九州大学出版会，1987年。

山辺規子「カノッサ家の盛衰——中世中期・北イタリアの貴族家系の一例」『奈良女子大学研究年報』37巻，1994年，83-100頁。

山辺規子「12世紀中頃ジェノヴァの遺言書に見る家族」関西中世史研究会編『西洋中世の秩序と多元性』法律文化社，1994年，231-250頁。

山辺規子「中世ボローニャの家の記録——法学者オドフレードの家」京都橘女子大学女性歴史文化研究所編『家と女性の社会史』日本エディタースクール出版部，1998年，221-245頁。

米山喜晟「ジョヴァンニ・ドミニチの『家政の指針』における「家」と教会」『大阪

外国語大学学報』61，1983 年，79-103 頁。

ラスレット，ピーター他（斎藤治編著）『家族と人口の歴史社会学——ケンブリッジ・グループの成果』リブロポート，1988 年。

若尾祐司編著『家族』（シリーズ・近代ヨーロッパの探求）ミネルヴァ書房，1998 年。

和栗珠里「土地所有とヴェネツィア富裕階級のメンタリティの変化」『文化史学』45，1989 年，153-172 頁。

和栗珠里「1520～1570 年におけるヴェネツィア人の土地所有——アルヴィーゼ・コルナーロの活動と思想」『地中海学研究』20，1997 年，103-126 頁。

和栗珠里「16 世紀ヴェネツィアの門閥家系——サン・マルコ財務官就任者の分析より」『桃山学院大学人間科学』39 号，2010 年，29-56 頁。

索　引

人名索引

[ア]

アンドレア・ダンドロ　73, 78, 182, 217

ヴァッレラーニ（Vallerani, Massimo）　146-149, 151-152, 156, 159, 194-195, 210

エルス（Heers, Jacques）　26, 30, 146

エンリコ・ダンドロ　55-56, 61, 63, 69, 167, 216

オットカール（Ottokar, Nicola）　25, 142, 146

[カ]

キットリーニ（Chittolini, Giorgio）　4, 32, 141-146, 152, 266, 272

クラッコ（Cracco, Giorgio）　17-18, 129, 160

クラピッシュ（＝ズュベール）（Klapisch-Zuber, Christiane）　24-25, 28-30, 33, 154-156, 280

[サ]

清水廣一郎　1-2, 9, 11-15, 31, 50, 141, 143, 146, 151, 159, 247, 279

シャボー（Cabot, Isabelle）　30, 209, 245-247, 249-255, 259-260

ジャコモ・ティエポロ　56, 65-66, 181, 185

[タ]

タバッコ（Tabacco, Giovanni）　4-5, 141-143, 145, 148, 150-152, 266, 272

チェッシ（Cessi, Roberto）　17-18, 84, 160, 214-215, 219-220, 222-223, 226, 228, 230, 233-234, 236, 240, 268

[ハ]

バイアモンテ・ティエポロ　182-183, 185-186, 191

ピエトロ・グラデニーゴ　163, 181, 183

ピエトロ・ツィアーニ　56, 62, 69, 79, 120, 123

ファゾーリ（Fasoli, Gina）　17-18, 221

ホイナツキ（Chojnacki, Stanley）　31, 33, 35, 37-38, 161, 176-177, 207, 214-215, 224, 244-255, 258, 260, 264

[マ]

マヌエル（ビザンツ皇帝）　42

マリーノ・ファリエル　179, 181, 191-192

ミュラー（Mueller, Reinholt C.）　105, 109-111, 114, 263-264, 266, 268, 270-271

ミラーニ（Milani, Giuliano）　5, 146, 148, 151-152, 285

[ラ]

ライネス（Raines, Dorit）　38, 161, 176, 214, 218-220, 225-226, 230, 233-234, 236-238, 242

ラニエリ・ダンドロ　56-57, 60, 66-67, 69, 108, 120

ルッツァット（Luzzatto, Gino）　40-44, 268

レーシュ（Rösch, Gerhard）　17, 35, 37, 114, 160-161, 223-224, 232, 236

レーン（Lane, Frederic C.）　44-45, 144-145, 160-161, 181

ロマーノ・マイラーノ　41-42, 44-45

事項索引

[ア]

遺言執行人，遺言書 → ヤ行
遺贈　114, 119, 121, 123, 125, 128, 130-132, 170, 245-246, 248-249, 251-254, 256-259, 264, 266, 271, 276
覚書　13, 24-25, 28, 156, 241-242
恩恵　2, 149, 159, 193-211, 274, 277, 282

[カ]

金球くじ　171, 174, 176-178, 211, 277
クレタ総督　65, 99, 165, 167, 185
結婚・婚姻　11-12, 24, 31, 39, 50-53, 71, 75, 78, 81, 86-93, 170, 176, 203, 243-245, 247-250, 253-254, 258-259, 264-266, 273, 276, 279-280
公債　103, 106-107, 109-110, 129-130, 134, 255-256, 262-265, 268-272, 276, 279, 282
豪族　30-31, 140, 142, 150, 153-156, 171, 188, 190, 281
国家(的,性)　1-6, 8-11, 13, 17-20, 29-30, 46, 49, 77, 140-143, 146, 149, 151, 156, 198, 202-204, 208-211, 213, 229, 244-245, 266, 271-273, 275, 277-279, 282
コッレガンツァ　41-42, 44, 56, 66, 76, 110, 128-129
コムーネ　1-6, 10, 15-20, 24-27, 31-33, 40, 46, 49, 51, 53-55, 60, 63, 65, 72, 77, 86, 101-107, 110-111, 129, 134-135, 139-141, 144-152, 155-156, 159, 162-163, 166, 176, 180-183, 186-189, 192-195, 206, 208-211, 232, 234, 239, 271-273, 276-277, 279-282
嫁資　11-13, 24-25, 28, 31, 50-55, 57-64, 67, 72-75, 78, 81-83, 86-93, 96, 98, 100-101, 104, 108, 118, 130, 132, 189, 203, 245-256, 258-266, 270, 273-276, 278-279
嫁資返還　61-62, 64, 108, 258, 261, 264-265
コンソリ　15-16, 27, 31, 145, 178
コンソルテリア　26

[サ]

サン・マルコ教会　77, 104-106, 119
サン・マルコ広場　72, 77, 106, 182
サン・マルコ財務官　62, 67, 103-114, 117-123, 126-131, 133-135, 181, 218, 247, 252, 255-257, 260-262, 266-273, 276, 278-279, 281
シニョリーア　135, 140-144, 149, 152, 194-195, 209, 272, 279
シニョーレ　3-4, 10, 15, 140-142, 193-195
十人会　16, 36, 103, 163-166, 168, 171-175, 178, 181, 186, 188, 190-192, 196, 207, 209-210
小評議会（ドージェ評議会）　16, 35-36, 103, 163, 164, 169, 172, 178, 190, 196, 207, 210
セッラータ　16, 34-35, 38, 156, 159-162, 164, 171-172, 178-179, 198, 211, 223, 229, 243-244, 259, 277-278
セナート　16, 103, 164, 166, 168-169
相続　12, 24-25, 29, 32, 45, 50-62, 64, 67-69, 71-75, 83, 94, 98-100, 103-105, 108, 110-111, 120-121, 130, 132-135, 208-209, 239, 245, 247, 249-251, 253- 259, 264-267, 273-278

[タ]

大評議会　14, 16, 34-36, 38, 41, 65, 81, 84, 99, 106, 114, 117, 130, 144, 160-161, 163-178, 181, 184-185, 187, 191, 196, 198-202, 205, 207, 210-211, 213, 224, 227, 235, 239, 243-244, 251, 255, 266, 268, 269, 279
第4回十字軍　55, 64, 66, 77, 216, 225
テッラフェルマ　8, 19, 45, 267, 272
都市条例　3, 47, 49-51, 53-55, 62, 64, 67, 71-75, 100, 104, 135, 149-150, 247, 250, 275-276
トリブーヌス　216-218, 221, 229-232, 235-238, 242, 278
ドージェ　15-18, 35, 50, 55-56, 61, 70, 76-77, 79-80, 84-86, 92, 104-105, 108, 125, 128,

138, 161-165, 167-168, 172, 174-175, 179-183, 185-186, 188, 190-192, 196-197, 205, 209-210, 216-217, 223, 226, 230-231, 234, 236, 279

[ハ]
反豪族立法　30-31, 142, 150, 188, 190
ポデスタ　15-16, 19, 80, 140, 145, 147-150, 154, 182, 199-202, 205, 217-218, 237, 272
ポポロ（平民）　15-17, 30-31, 135, 140, 144-147, 150-151, 153-155, 192, 272, 279, 281

[マ]
無遺言相続　56, 58-60, 67, 69, 71, 132, 247, 249, 253, 258-259
紋章　154-155, 190-191, 211, 214, 216-217, 228, 231-232, 238-241

[ヤ]
遺言執行人　67-68, 83, 95-96, 98, 104-105, 108-109, 111-114, 117-127, 130-134, 247, 252, 255, 256-258, 266, 271-272, 276

遺言書　3, 12, 24-25, 40, 47, 54, 56, 62, 65-68, 76, 79, 81, 83, 87, 94-95, 97, 105-106, 108, 110-114, 117-133, 170, 184-185, 229, 245, 248-249, 251-257, 259-260, 267, 269, 272
ユスティニアヌス法典　51, 53, 60
四十人会　16, 36, 103, 163-166, 168, 171-175, 178, 196, 207, 209-210

[ラ]
ラグーナ（潟）　2, 18, 41, 75, 82, 217, 221, 233
ランゴバルド　15, 51-53, 64, 217, 233-234
ルネサンス　4, 8-10, 28-30, 42-43, 141, 209, 245
ローマ法　51-54, 60, 98, 105, 250

[欧文]
propinqui　57, 59, 61, 69-71, 162, 166-169, 171, 173-176, 187, 189, 211, 254, 277
proles　166, 169, 189, 211, 215, 218, 228
dominium（ドミニウム）　209-211, 244, 277-278

地名索引

[ア]
アクイレイア　205, 217
アッコン　65, 116, 235
アドリア海　1, 15-16, 79, 129, 217, 221
アメリカ　9-10, 25, 29-30, 44, 144, 152, 245
アルティーノ　216, 220-221, 223-224, 231-233, 236, 241
アレクサンドリア　42, 65, 79, 82, 99, 184
イギリス　23-24
イストリア　41, 80, 123, 269
イタリア　1-20, 23-33, 39-43, 45-46, 49-55, 60, 68, 78, 80, 93, 100, 103-104, 111, 135, 139-153, 155-157, 160-162, 193-194, 209, 215, 222, 233-235, 237, 239, 246-247, 249-250, 256, 272, 275, 277, 279, 281-282
エクイロ　203, 217, 221, 229, 232-234
エラクレーア　16, 217, 221, 229-230, 232-234

オリーヴォロ　221

[カ]
カヴァルゼレ　218
カジエル　82-83
キオッジャ　80, 94-96, 116-117, 182, 218, 227, 257, 265, 267, 269, 271-272
ギリシア　42, 65, 80, 231-232
グラード　77, 218, 221
クレタ（島）　1, 9, 45, 80, 85-86, 115, 181, 183, 190, 200, 202-204, 206, 209
コローネ　65, 115, 182-183, 185, 200, 218
コンスタンティノープル　41, 64-65, 67-68, 115, 128, 216, 218

[サ]
ザーラ　78
シエナ　149, 280

ジェノヴァ　8-9, 11-12, 25-26, 36, 50, 65, 111-112, 128, 146, 179-180, 203, 263-264, 268, 279
シチリア　9, 32, 140

[タ]
地中海　1-2, 8-9, 17, 24, 34, 43, 46, 64-66, 74, 77, 80, 86, 100-101, 128, 261, 276, 280
チッタノーヴァ　82, 217, 221, 229
ドイツ（独）　6, 24, 50
トルチェッロ（島）　76, 217-218, 221, 231-232, 235
トレヴィーゾ　41, 76, 81-83, 95, 97, 140, 269

[ナ]
日本　3, 6, 8-13, 23, 26, 28, 30, 43-44, 49, 112, 141-142, 160, 183, 209, 246, 280-281
ネーデルラント　7-8
ネグロポンテ　65, 67-68, 76, 83, 116, 186

[ハ]
パヴィア　216
パドヴァ　41, 81, 105, 111, 123, 182, 192, 214, 255, 269
パポッツェ　186
ハンガリー　77, 226, 241
ビザンツ　15, 17, 52-53, 64, 128, 163, 216, 235
フィレンツェ　1, 3, 9, 11-14, 24-25, 28-31, 50, 64, 112, 132, 140-141, 144, 149-150, 154-156, 160, 171, 178, 188, 190, 238, 242, 245-247, 251, 265, 279-280
フェッラーラ　93, 140, 181-182, 186, 235, 257, 269
ブラーノ（島）　235
フランス（仏）　6, 8, 17, 23-25, 124, 193, 195
フリウリ　41, 234
ペルージャ　8, 112, 148
ポーラ　80-81, 117, 119-120
ボローニャ　8, 11-12, 148, 193-194

[マ]
マッサ（・フィスカリア）　93-96
マッゾルボ（島）　75, 82-83, 100
マラモッコ　16, 217
マントヴァ　234-235
ミラノ　1, 3, 140, 193-194
メッシーナ　32
モドーネ　65, 182-183, 185, 200, 218

[ヤ]
ユスティノポリス（カポディストリア）　216-217
ヨーロッパ　1-2, 4, 6-8, 11, 19, 23-24, 30, 34, 148, 150-152, 193, 233, 246, 281

[ラ]
ラグーザ　115, 119-120
リアルト　16, 68, 72, 75-76, 92, 96, 107, 115, 123, 128-129, 134, 169, 182, 187, 189, 217, 221, 229, 231-235
ルッカ　104, 149, 151, 193, 195, 263
レッジョ　231, 235
ロマニア　64, 66, 68, 80-81, 119, 184-186, 189, 206, 218

著者略歴

髙田京比子（たかだ　けいこ）

神戸大学大学院人文学研究科准教授
1965年生まれ。京都大学文学部卒業。
1997年京都大学大学院文学研究科博士後期課程修了。博士（文学）
京都大学人文科学研究所助手を経て，2000年より神戸大学に在職。

主な著書

『イタリア都市社会史入門――12世紀から16世紀まで』（共著，昭和堂，2008年）
『空間と移動の社会史』（共著，ミネルヴァ書房，2009年）
"Comments (on Giorgio Chittolini)", in *Political Order and Forms of Communication in Medieval and Early Modern Europe*, ed. by Yoshihisa Hattori, Roma (Viella), 2014.
『コミュニケーションから読む中近世ヨーロッパ史――紛争と秩序のタペストリー』（共著，ミネルヴァ書房，2015年）

中世ヴェネツィアの家族と権力

2017年2月28日　初版第一刷発行

著　者　　髙　田　京　比　子
発行人　　末　原　達　郎
発行所　　京都大学学術出版会
　　　　　京都市左京区吉田近衛町69
　　　　　京都大学吉田南構内（〒606-8315）
　　　　　電話　075(761)6182
　　　　　FAX　075(761)6190
　　　　　URL　http://www.kyoto-up.or.jp
　　　　　振替　01000-8-64677
装　幀　　谷なつ子
印刷・製本　亜細亜印刷株式会社

Ⓒ Keiko Takada 2017　　　　　　　　　　　　　Printed in Japan
ISBN978-4-8140-0069-2　　　　　定価はカバーに表示してあります

本書のコピー，スキャン，デジタル化等の無断複製は著作権法上での例外を除き禁じられています。本書を代行業者等の第三者に依頼してスキャンやデジタル化することは，たとえ個人や家庭内での利用でも著作権法違反です。